여자가 없다고 상상해봐

IMAGINE THERE'S NO WOMAN: Ethics and Sublimation
by Joan Copjec

여자가 없다고 상상해봐

윤리와 승화

조운 콥젝

김소연 · 박제철 · 정혁현 옮김

도서출판 b

내가 자부해온 그 이름, 안나의 딸로서 이 책을 썼다. 이제 이 책을 나의 어머니 앤 아멘토 콥젝Ann Armento Copjec과 나의 남동생 존 피터 콥젝John Peter Copjec에 대한 기억에 바친다. 이 두 사람에 관해 이 이상 말하는 것은 너무 적게 말하는 것일 터이다.

| 차 례 |

6

2부 악과 관람자의 눈

감사의 글

이 책은 내가 지난 몇 년간 연구기금을 수혜했던 다음 세 연구기관에서 일하는 동료들과의 유대로부터 혜택을 입었다. 그들의 후원에 따뜻한 감사를 보내고 싶다.

The Society for the Humanities, Cornell University(1995-1996). The Center for the Critical Analysis of Contemporary Culture, Rutgers University (1997-1998). Kulturwissenschaftliches Institut(독일 에센)의 "포스트모던한 이성의 이율배반들" 연구 그룹(2000-2002).

로저 코노버Roger Conover는 능동적이고 헌신적인 편집자였다. 그의 수많은 창의적 제안들에 감사한다. 최종 원고에 세심한 주의를 기울여준 주디 펠드먼 Judy Feldmann에게 감사한다. 캐롤 폴리노Carol Polino와 로버트 콥젝Robert Copjec은 프로젝트를 계속 진행시키는 데 절대적으로 중요했다. 관대함과 확고부동함을 가지고 그들은 가장 힘든 시간을 통과하는 나를 지켜봐주었다. 계속 갈래를 뻗어나가는 신비로운 인품의 원천을 가진 마이클 소킨Michael Sorkin은 기분전환거리들을 만들어주었고 격려를 나눠주었으며 나의 변덕스런 성미의 격발을 보아 넘겨주었다. 모두 필요한 것들이었다. 이 책은 그의 유연하고 선한 본성에 많은 것을 빚지고 있다.

서론

  윤리학의 물음들이 또다시 이론적인 의제의 화두에 오르기 시작하면
서 —— 대체로 칸트의 권위를 회복하고 싶어 하는 사람들을 포함하여
—— 모든 이들이 칸트에게 던질 돌 한두 개는 갖고 있는 것처럼 보인다.
하지만 라캉이 던진 것은 칸트의 사고의 건축물에 구멍을 내는 데 탁월
하게 효과적이다. 라캉이 겨냥하려고 갖고 있는 덩어리 —— "폴란드여
영원하라, 폴란드가 없다면 폴란드 사람도 없을 테니까!"[1] —— 는 알프레
드 자리의 『위뷔 왕』의 텍스트로부터 끄집어낸 습득 오브제라는 것을
즉각 알아차릴 수 있다.[2] 혹자는 무딘, 심지어는 유치한 도구라고까지

———— 1 | [알프레드 자리, 『위비왕』, 장혜영 옮김, 연극과 인간, 2003. 이 책의 68,
    107쪽에 "폴란드 만세!"라는 표현이 나오고, 114쪽에 이 희곡의 마지막
    대사로 "폴란드가 없었다면 폴란드 사람도 없었을 테니까!"라는 표현이
    나온다. 번역은 수정했다. 라캉은 이 둘을 그냥 있는 그대로 끄집어내어
    합쳐 놓았다.]

    2 | Jacques Lacan, "Kant with Sade", trans. James Swenson, October 51 (winter
    1989), p. 57. 이후 「라캉의 '칸트를 사드와 더불어'에 관한 논의」(Reading

9

말할는지 모른다. 하지만 그것이 내뱉는 바보같이 뻔한 말은 효과적이다. 그것이 동어반복들에 의존한다고 칸트를 조롱하기 때문이 아니라 그것은 진실이 아니기 때문이다. 왜냐하면 스스로를 폴란드인이라고 부르는 개인들의 실존 그 자체가 그들이 필연적으로 포함되는 논리적 정박처인 폴란드의 실존에 기본적으로 의존한다는 것은 말할 필요도 없어 보이지만 역사는 이 기초적인 논리를 지지하지 않았기 때문이다. 진정 폴란드인들을 — 그뿐만 아니라 유태인들, 아르메니아인들, 라트비아인들, 체첸인들, 코소보인들, 미국 원주민들까지도(이 목록은 근대기 몇몇 주요한 정치적 투쟁들에 대한 "커닝 페이퍼"처럼 읽힌다) — 부각시킨 것은 보호처인 고향의 결여에도 불구하고 말소에 저항할 수 있는 그들의 능력이다. 라캉의 불손한 주장은 칸트가 위뷔 아범처럼 그 자신을 위해 — 우리가 이미 갖고 있는 지식을 펼칠 수 있을 뿐 그것을 물질적으로 증대시키지 않는 — 분석 판단을 너무 좋아한다는 것이다. 칸트는 도덕법칙의 보편성에 관한 그의 테제를 무모순의 법칙에 기초하여 지지한다. 그렇기에 그는 가령 위뷔의 비세속적 비논리성을 반박할 수 있게 할 그런 류의 종합적, 역사적 판단들을 거의 주목하지 않는다.

이러한 비난은 현저하게 중요하지만 우리는 그것이 새로운 것이 아니라는 것을 인정해야 한다. 그것은 흔치 않은 비판이기는커녕 무수히 많은 다른 사람들이 칸트에게 던진 것과 동일한 돌이다. 그는 보편적 생각을 위해 경험적 정황에 대한 예민한 직관을 무시했다는 것이다. 표준적인 비판에 대한 라캉의 재정식화에서 나에게 흥미로운 것은 칸트

Seminars I and II: Lacan's Return to Freud, ed. Richard Feldstein, Bruce Fink, Maire Jaanus [New York: SUNY Press, 1996])로 출간된 한 계몽적인 세미나 발표에서 자크-알랭 밀레(Jacques-Alain Miller)는 처음으로 위뷔 아범의 준칙이 갖는 중요성에 주의를 기울이도록 했다.

의 적들이 칸트의 윤리학적 이론을 무효화하거나 교정하려고 내세운
바로 그 직관을 비틂으로써 그 적들을 불균형에 빠뜨리려는 짓궂은—그
렇지만 하찮지 않은—구상이다. 라캉이 여기서 겨냥하는 것은 칸트의
형식주의를 포기하는 것이라기보다는 그것을 지지하는 것이다. 왜냐하
면 그는 위뷔 아범의 자폐적 진술이 역사에 의해 반박된다는 것을 주목
하면서도 단지 형식주의를 비판하는 것이 아니라 어떻게 인간적 형식들
이 역사의 출현에 물질적으로 공헌하는가라는 물음을 제기하고 있기
때문이다.

　우리는 조롱거리로 선택된 그 준칙이 집합 이론적 용어들로 번역되
기를 요청하는 준칙이라는 점을 놓쳐서는 안 된다. 그것은 그 어떤 연장
延長도 없는 술어, 혹은 그 어떤 집합이나 전체—여기서는 폴란드—
도 상응하지 않는 술어—여기서는 폴란드인들—가 있을 수 있는가
라는 물음을 촉발한다. 우리가 방금 진술했듯이 역사적으로 입증된 대
답은 단호한 "그렇다"이다. 하지만 이 대답은 어떤 식으로든 유명론이
항상 필연적이라는 푸코의 간소한 충고에 응한다고 너무도 쉽게, 너무
도 자동적으로 가정될 것이다. 내 견해로는 많은 문화 이론은 유명론을
과잉섭취해왔고 따라서 라캉의 예에서 재빨리 특수한 인물들과 사물들이
있을 뿐이라는 자신의 입장에 대한 확증을 발견할 것이다. 문화가 국민
이건, 제도건, 정체성이건, 도덕법칙이건 간에 일련의 자의적이고 변경
가능한 보편자들을—한편으로 주어진 것으로 오해하면서—계속해
서 건설하고 허문다는 사실에도 불구하고 말이다. 유명론자들에게 보편
자들은 해체될 수 있고 분산될 수 있는 환영들로 보일 뿐이다.

　그렇지만 집합 이론이 궁극적으로 흡수해야만 하는 교훈—다시
말해 우리는 인물이나 사물에 귀속가능한 매 술어, 매 속성으로부터
하나의 집합, 하나의 전체를 형성할 수 있는 것은 아니다—을 진지하

게 받아들인다면 유명론의 입장 혹은 우리가 이제 "특수주의"라고 부르고 있는 것은 가차없이 비난받을 것이다. 설명을 위해 집합 이론의 중심적이지만 외상적인 이 교의敎義의 발생을 간단히 살펴보자. 고틀롭 프레게는 "집성적 사유"에 관해 — 즉 한 나라에 거주하는 시민들의 인구조사와 같은 통상적인 작업들을 수행하기 위해 사물과 사물을 더할 때 우리가 하는 일에 관해 — 호기심을 갖고 있었다. 그는 순수하게 논리적인 기초에서 산수의 법칙을 수립할 수 있으며 그럼으로써 그가 적절한 반감을 표현했던 다른, "심리학적 탐구 방법들"을 제거할 수 있다고 믿었다.[3] 그는 이 다른 방법들이 부득이하게 발생시킨 역사주의를 비난한 후에 셈하기의 법칙들을 더 확실한 지반에서 전개하려고 시도했다. 이를 위해 그는 수를 우리가 집합들을 형성하기 위해 경험적인 대상들을 개념들 아래(가령, 뚜렷한 수의 폴란드인의 집합을 형성하기 위해 구체적인 사람들을 "폴란드인의Polish"라는 개념이나 술어 아래) 포함시키는 절차에 의존하는 것으로서 정의했다. 달리 말하면 우리는 단순히 사물들을 세는 것이 아니다. 우리는 개념 아래 속하는 사물들을 센다. 하지만 이런 절차는 프레게가 생각했던 것만큼 견고한 지반을 갖는다고 판명되지는 않았다. 버트런드 러셀로부터 온 단 한 통의 편지는 프레게의 이론을 뒤흔들기에 충분했고 그 결과 그것을 복원하고자 행해진 몇몇 시도들은 모두 빈약하고 임시방편적인 것으로 보였다. 러셀은 그 중대한 편지에서 집합을 형성하는 것이 불가능한 개념(혹은 술어나 조건)을 제안했다. 그 개념은 "그 자신을 포함하지 않는 집합"이었다. 이 개념은 논리적 변종이기는커녕 가장 흔한 집합들을 기술하고 있

___

3 | Gottlob Frege, *The Foundations of Arithmetic*, trans. J. L. Austin, Evanston: Northwestern University Press: 1980, pp. iv, v. [고틀롭 프레게, 『산수의 기초』, 박준용·최원배 옮김, 아카넷, 2003, 31쪽, 32-3쪽.]

다. 가령 우리가 알프레드 히치콕의 영화들에 대해 수업하려 한다면 이런 류의 집합을 다루게 될 것이다. 강의 계획서를 준비할 때 우리는 <새>와 <파라다인 부인의 사랑>이 아무리 상이해 보이더라도 모두 다 "히치콕이 만든 영화들"이란 개념과 동일하며 따라서 그 수업에 포함되기에 적절한 후보들이라고 쉽게 결정할 것이다. 반면 클로드 샤브롤의 <도살자>는 히치콕의 영향을 받았기에 히치콕의 영화들과 몇 가지 인식가능한 점에서 유사하지만 "히치콕이 만든 영화들"이란 개념과 동일하지 않다는 근거로 배제될 것이다. 우리는 "히치콕이 만든 영화들의 집합" 그 자체는 배제될 것이라고 마찬가지로 쉽게 결정할 수 있을 것이다. 이번에는 그 수업이 영화에 관한 것이지 집합이나 집합 이론에 관한 것이 아니라는 이유로 말이다. 달리 말하면 "히치콕이 만든 영화들의 집합"은 그 자신의 성원이, 히치콕이 만든 영화들의 집합의 성원이 아니다. 그리고 왜 그런지를 이해하는 것은 어렵지 않다. 그 개념["그 자신을 포함하지 않는 집합"이라는 개념]은 그것의 기술記述 아래 속하지 않을 집합들이 있는 한에서 적절하다는 것 또한 분명하다. 가령 "히치콕 영화들이 아닌 것들의 집합"은 그 자신을 포함할 것이다(따라서 그것은 그 자신을 포함하지 않는 집합을 구성하지 않을 것이다). 문제는 오로지 우리가 "그 자신을 포함하지 않는 집합"이라는 개념으로부터 집합을, 이 조건에 합치되는 모든 집합들의 집합을 형성할 수 있는지를 묻게 될 때에만 발생한다. 왜냐하면 (우리가 방금 보았던 것과 같은) 이 완전하게 평범한 조건은 형식적인 모순을 산출하지 않고서는 연장을, 집합을 낳을 수 없기 때문이다. 그 자신을 포함하지 않는 집합들의 집합은 있을 수 없다. 왜냐하면 그런 집합은 용어상 논박의 여지가 없는 모순이기 때문이다.

이제 개념으로부터 가산 집합의 실존으로, 혹은 전부all나 전체whole

의 실존으로 자동적으로 이동해갈 수 없다는 악명 높은 이런 입증은 서로 대립되는 입장들을 확증하는 것으로 보일 수도 있다. 한편으로 그것은 그 어떤 종류의 집합이나 부류 혹은 보편자도 없다는 유명론적 입장을 지지하는 데 봉사하도록 강요될 수 있다. 러셀의 역설과 더불어 우리는 추상적 사유의 응보應報를 목격하고 있다고 볼 수도 있다. 왜냐하면 여기서 그러한 사유는 현실에 실존하지 않는 범주, 집합, 부류를 도입하려고 하다가 그 자신의 덫에 걸려들기 때문이다. 다른 한편으로 그 역설은 칸트의 초월적transcendental 입장을 예시하기 위해 취할 수 있다. 그 입장에 따르면 존재being는 술어가 아니다. 즉 존재 그 자체는 그것을 포착하려고 하는 모든 개념이나 이성 자체를 초월하며 그럼으로써 그것들을 실패하게 만든다. 그 역설은 첫 번째 경우에는 문제가 되는 존재의 비실존을, 그리고 두 번째 경우에는 그것의 실존을 확증하는 셈이지만, 각 경우마다 발가벗겨지는 것은 사유의 어떤 무능함일 것이다. 그렇지만 전투적인 수학자이자 라캉의 지극히 독립적인 제자인 알랭 바디우는 그 역설이 사유가 그 자신과 맺는 혼동된 관계를 드러내는 게 아니라 존재를 포착하는, 실존을 야기하는 사유 혹은 개념의 능력을 드러낸다고 설득력 있게 주장했다. 그는 러셀의 개념을 "다양-존재가 그것에 영향을 주는 진술들에 선행한다는 것을 입증하[는] 유물론적 논의"[4]로 기술하면서 그 역설로부터 그것이 갖는 **존재론적 중요성**을 이끌어낸다. 우리는 바디우의 결론을 다음과 같이 재진술할 수 있을

4 | Alain Badiou, "Frege", trans. Sam Gillespie and Justin Clemens, Umbr(a) 1(2000), p. 104. 이 에세이는 나의 서론의 이 부분 전체에 핵심을 제공한다. 자크-알랭 밀레 또한 그의 1985/1986 미출간 세미나, 「외밀성(Extimité)」의 5월 7일, 14일, 21일 강의에서 러셀의 역설에 대한 빛나는, 그리고 대부분 양립가능한 분석을 제시한다.

것이다. 프레게가 믿고 싶어 했던 것과 달리 우리가 하나의 개념에서 그것의 연장의 실존으로 혹은 그것이 서술하는 바의 총체의 실존으로 거침없이 나아갈 수 없다면 이는 어떤 지점에서 사유가 존재를 사유하려는 시도에서 비틀거리기 때문이 아니라 존재가 전부는-아니기not-all 때문이다. 즉 존재 자체는 결코 총체를 형성하지 않기 때문이다. 더욱이 존재의 전부를 불가능하게 하는 것은 바로 사유이다. 전부를 구성하는 것의 이런 불가능성을 (사유가 아니라) 존재의 속성으로 만드는 것은 바로 사유이다. 러셀은 우리가 존재의 전부를 사유할 수는 없다는 것이 아니라 존재의 전부는 존재하지is 않는다는 것을 입증했다(이는 그가 주장했다고 말하는 것이 아니다. 왜냐하면 그는 진정 자신이 무심결에 보여주었던 것에 저항하고 계속해서 그것을 무효화하려 했기 때문이다). 존재의 전체, "존재하는 전부all there is"는 존재하지 않으며 특수하게 존재하는 외양들만이 있을 뿐이다.

　　이런 입장은 유명론적 입장과 거리를 두려 하다가 거꾸로 그것으로 치닫게 되는 것은 아닌가? 혹은 라캉에 이어 바디우가 채택한 입장과 유명론 사이의 차이는 무엇인가? 라캉은 보편자들은 없으며 특수한 사물들만 있다고 주장하지 않는다. 오히려 그는 보편자들은 실재적real이다 라고 주장한다. 우리의 관찰을 외양들에만, 특수한 사물들에만 제한하는 것은 정확히 존재의 전부를 불가능하게 하는 것인 실재the real의 실존을 간과하는 일이다. 달리 말해 각기 특수한 외양들만이 있다면 이는 실재가, 사유의 부산물이나 잔여가 사유로부터 이탈되어 사유의 내적 한계를 형성한다는 사실에 기인한다. 이 한계는 한편으로 그 자신 주위로 사유를 선회시킴으로써 보편화를 수행하는 종합화synthesizing 기능을 가지며 동시에 사유로부터 그 자신을 감산하기에 탈총체화deto-talizing 기능을 갖는다. 이 감산은 이번에는 외양으로서의 존재의 질서

속에서 "균열, 이분화, 분열을 초래"한다.[5]

앞서 내가 거론한 돌 던지는 장면으로 돌아가 보자. 라캉은 무엇을 가지고 칸트를 타격하는가? 역사를 가지고라고 우리는 말했다. 프레드릭 제임슨은 따라서 옳다. 역사는 아픈 것이다. 이 경우는 왜냐하면, 역사는 순수하게 논리적이고 분석적인 주장이 거짓임을 폭로하기 때문이다. 하지만 라캉은 상이한 종류의 논리로 칸트의 논리에 반대함으로써 역사에 접근한다. 그것은 집합 이론의 논리이다.[6] 그럼으로써 그는 보편적인 것을 해체하거나 분산시키지 않는다. 오히려 그는 그것을 존재를 분산시키는 것으로서 재정의한다. 하지만 위뷔 아빔의 아둔한 준칙을 갖고 노는 것의 — 윤리를 위한 — 요점은 무엇인가? 나는 라캉이 새로운 윤리적 명령을 권하고 있다고 주장하고자 한다. 즉 "폴란드가 없다고 상상해봐!" 자크-알랭 밀레는 폴란드인과 폴란드 사이의 관계는 칸트가 제2『비판』에서 "네 행동의 준칙이 모두를 위한 준칙으로 간주될 수 있다는 듯이 행위하라"는 명령을 지지하려고 제시한 예에 나온 위탁금과 수탁자 사이의 관계를 모방한다고 지적했다.[7] 칸트는 거래 기록을 남기지 않은 채 죽어버린 누군가로부터 위탁금을 받은 탐욕스러운 수탁자를 상상해보길 권한다. 이 수탁자 개인은 위탁금의 수

5 | Jacques Lacan, *Seminar XI: The Four Fundamental Concepts of Psycho-Analysis*, trans. Alan Sheridan, Jacques-Alain Miller, ed. (London: Hogarth Press and the Institute of Psycho-Analysis, 1977), p. 106. [자크 라캉, 『정신분석의 네 가지 근본 개념』, 맹정현·이수련 옮김, 새물결, 2008, 165쪽.]

6 | 『칸트와 정밀과학들』(*Kant and the Exact Sciences*, Cambridge, MA: Harvard University Press, 1992)에서 마이클 프리드먼은 완전히 상이한 방식으로 칸트는 집합 이론적 개념의 결여로 인해 곤란을 겪었다고 주장한다. 칸트의 저술 시기에 그 개념들은 아직 정식화되지 않았다는 것이다.

7 | Miller, *Reading Seminars I and II*, p. 228.

령을 부인할지도 모르지만 그의 행동은 보편적 준칙으로, 모두를 위한 준칙으로 승격될 수는 없을 것이다. 그렇게 되면 위탁금 체계 자체가 파괴되고 말기 때문이다. 돈을 위탁한다는 기초적인 행위는 수탁자가 "그의 책무를 감당할 수 있을" 것을 요청한다.[8] 그렇다면 위탁금에 폴란드인이 상응한다면 수탁자에는 폴란드가 상응한다. 전자의 계속되는 실존은 후자의 보호에 의존한다. 라캉의 조롱의 분명한 표적은 어떤 행위가 윤리적이었는지 아닌지를 결정할 논리적 공식을 착안해낼 수 있다는 칸트의 믿음이다. 마치 행위의 정당함에 대한 외적 보증이 실존할 수도 있는 것처럼 말이다.

하지만 "폴란드가 없다고 상상해봐!"라는 명령은 이것 이상을 한다. 그것은 칸트의 존재론을 표적지대로 끌고 온다. 왜냐하면 "폴란드"가 없다고 말하는 것은 현상 너머 예지체noumena는 없다고, 외양 너머에는 아무것도 없다고 말하는 것과 같기 때문이다. "폴란드"에 대한 라캉의 공격은 근본적인 것이다. 그것은 초월적 범주들과 그것들이 우리에게 마련해주는 다음과 같은 확신들에 대한 공격이다. "표상 앞에서 나는… 나 자신이 표상은 단지 표상일 뿐이며 그 너머에는 사물, 사물 자체가 있다는 사실을 알고 있는 의식적 존재임을 확신하게 될 것이다. 예컨대 현상 이면에는 예지체가 있다는 것이다."[9] 요컨대 라캉이 칸트에게 던진 돌은 실재의 견고한 돌이다. 그것은 초월적 범주를 "끄집어내어" 현상에 구멍을 낸다. 다시 말해, 실재가 초월을 대체한다.

여성적 성욕sexuality에 관한 세미나[『앙코르』]의 서두에서 라캉은 여성

---

8 | Lacan, "Kant with Sade", p. 57. [칸트의 사례는 『실천이성비판』, 백종현 옮김, 아카넷, 2002, 79쪽을 볼 것.]

9 | Lacan, *Seminar XI*, p. 106. [라캉, 『정신분석의 네 가지 근본 개념』, 165쪽.]

이라는 주제를 다룰 때 또한 사실상 자신의 『윤리』 세미나를 다시 쓸 것이라는 것을 시사한다. 『정신분석의 윤리』가 한 여자의 행위, 즉 안티고네의 행위를 윤리 이론을 세공하는 과정에서 전시한 것은 진정 사실이지만 이제 윤리 그 자체가 여성적 성욕과 의미심장한 관계가 있을 수도 있다는 라캉의 시사는 아무리 보아도 처음엔 당혹스럽다. 그것이 "리센코주의Lysenkoism"를 암시하는 한, 즉 언젠가 프롤레타리아 과학의 합법성, 심지어는 그것의 우월성에 대해 행해진 부조리한 주장에 필적하는 것으로 보이는 한, 그 제안은 당혹스러움을 넘어 우려스럽기까지 하다. 프롤레타리아 과학이라는 개념이 소련 경제에 재앙이었던 것만큼이나 여성적 윤리라는 개념의 여파는 윤리에 재앙일 것이다. 과학처럼 윤리도 그 이름값을 하려면 보편적이어야 한다. 그 제안은 더욱이 정신분석적 측면에서도 직관에 반한다. 프로이트 이래로 대체로 여자는 소질상 남자보다 윤리적 의식을 덜 발전시킬 것 같다고 파악되어왔다는 점에서 말이다. 또 다른 우려들은 라캉이 서로 결부시키려고 하는 세미나들[『정신분석의 윤리』와 『앙코르』]에서 제시한 논변들로부터 나온다. 이전 작업[『정신분석의 윤리』]에서 그는 자신의 윤리는 "엄밀하게 무신론적"이라고 고집했으나 이후 세미나[『앙코르』]에서 그는 그 동일한 입으로 여성적 성욕과 신에 관해 말하고 베르니니의 조상彫像에 의해 표상된 신비주의자인 성 테레사의 황홀경의 향유에 관해 상술한다.

　『앙코르』는 『정신분석의 윤리』를 다시encore 제시하는 것 혹은 다시 쓰는 것이라는 ― 세미나 내내 반복되는 ― 서두에서의 시사를 이해하기 위해서는 ― 윤리 세미나의 에세이-요약이며 위뷔 아범의 인용문이 전략적 역할을 하고 있는 ― 「칸트를 사드와 더불어」를 통과하는 것이 좋다. 왜냐하면 『앙코르』가 다시 하고 있는 것은 위뷔의 인용문에 반대하는 명령을, 하지만 이제 "여자가 없다고 상상해봐!"라는 식으로 말이

바뀐 명령을 제시하는 것이기 때문이다. 라캉은 여성적 성욕을 고려하면서 이전 세미나에서 배경에 머물러 있었던 존재에 대한 물음으로 되돌아옴으로써 그리고 이제 그 물음을 전면에 내세움으로써 윤리의 문제 틀로 되돌아온다. 여성적 "전부는-아님"이라는 유명한 정식화, 즉 여성 전체는, 여성 "전부"는 없다는, 혹은 여성은 일자One가 아니라는 제안은 기본적으로 단지 여성적 존재라는 물음에 대한 대답이 아니라 존재 그 자체라는 물음에 대한 응답이다. 모여서 하나의 전체가 되는 것에 저항하는 것은 단지 여성적 존재가 아니라 존재 일반이다. 라캉은 이 점에서 모호성의 여지를 거의 남기지 않는다. 이는 그가 여성성에 관한 논변을 제시하는 와중에서 잠시 멈추고 다음과 같은 말을 할 때 그렇다. "존재에 관해 말해져 온 모든 것은 우리가 술어를 거부하고 가령 '인간은…이다[존재한다]Man is'라고 말할 수 있다는 것을 가정한다. 그것이 무엇인지 말하지 않은 채 말이다. 존재의 지위는 이렇게 술어를 베어내는 것과 긴밀히 연관되어 있다."[10]

라캉은 존재에 대한 이런 설명을 불편해한다. 그것은 정신분석가인 그에게 지나치게 철학의 기미를 띠기 때문이다. 철학자들이 존재는 술어를 갖지 않는다고 주장할 때, 그것은 존재한다는 것 말고는 그것에 관해 어떤 말도 할 수 없다고 주장할 때 그들은 존재가 모든 이에게 공통된 것임을 뜻하고 있다. 존재는 모든 인간에게 공통적이라는 것이다. 키가 작건 크건, 아랍인이건 유태인이건, 빌 게이츠만큼 부유하건 이주 노동자만큼 가난하건 간에 말이다. 철학자들의 존재는 광대하며 실존하는 모든 것에 의해 공유될 수 있다. 정신분석에서 그것은 다른

10 | Jacques Lacan, *Encore: On Feminine Sexuality, The Limits of Love and Knowledge* (S XX), ed. Jacques-Alain Miller, Bruce Fink, trans. (New York and London: Norton, 1998), p. 11.

문제이다. 왜냐하면 거기서 우리는 "성화된sexed 존재", 향유에 관여하는 존재에 대해서만 말하기 때문이다. 라캉은 철학자들의 광대하고 공유 가능한 존재를 무엇으로 대체하는가? 대상 a, 혹은 주체의 핵에 있는 비존재의 저 한 조각으로서의 향유. 라캉은 이것을 발명하지는 않는다. 내가 1장에서 보여줄 테지만 그 생각은 프로이트로부터 곧바로 유래한 것이다. 『쾌락원칙을 넘어서』에서 프로이트는 만족, 즉 충동의 대상이 가령 칸트에게서 존재를 정의하는 개념적 범주를 대체한다고 명시적으로 진술한다. 우리는 프로이트에게서 충동의 이론이 존재론을 대체한다는 것에 유의해야 한다.

비존재의 이 조각 — 만족, 즉 충동의 대상 — 에 대해서도 그 어떤 술어를 단정하는 것은 불가능하다. 하지만 이번에는 그것은 모든 것에 공통되기 때문이 아니라 그것이 단독적이기singular 때문이다. 주체의 단독적 지지물인 이 존재는 주체에 선재하지 않으며 어떤 "육체적 우연성"(SXX: 93)의 결과로서 일어난다. 향유는, 즉 신체의 경험은 순수하게 우연적인 방식으로 산출된다. 그것은 주체에게 불현듯 일어날 뿐이다. 더욱이 향유가 주체의 지지물로서 기능한다면, 그것은 철학자들의 존재와는 어떤 점에서 아주 다르다. 향유는, 근본 환상의 산출을 통해 그것에 대한 방어를 하는 주체로서는 감내할 수 없는, 지지될 수 없는 지지대이다. 따라서 철학자들의 전체적이자 공유가능한 존재는 라캉에게 설 자리가 없다. 그는 오히려 충동의 부분 대상들, 만족의 부분 대상들인 비존재를 생각한다. 그 대상들은 주체에게 유일무이하며 이제 주체는 유한한 방식으로, 즉 하나씩 하나씩 접근되어야 한다. 하지만 여러분은 라캉 자신의 논변의 실마리를 따라온 이 논의가 여성적 존재에 관한 특정한 주장으로부터 "성화된 존재" 그 자체에 관한 일반적 주장으로 이동해갔다는 것을 알아챌 것이다.

이런 이유로 라캉은 그의 『앙코르』 세미나에서 여성적인 것의 윤리를 따로 제안한다기보다는 윤리 일반에 관한 주장을 하고 있다고 이해되어야 한다. 그의 윤리학은 존재는 전부는-아니라는 혹은 존재의 전체는 존재하지 않는다는 제안으로부터 출발한다. 하지만 라캉의 분석에서 특권화되는 것이 여자라면 이는 여자는 존재의 진리에 더 근접한 채로 있는 반면 남자는 도래할 존재의 풍요에 대한 믿음을 유지할 수 있도록 하는 향수적, 이차적 작용을 통해 이 진리를 흐려놓기 때문이다. 이는 모든 여자는 윤리적으로 행위한다는 걸 말하는 것도, 그 어떤 남자도 그럴 수 없다는 걸 말하는 것도 아니며("바로 여자들만큼 선한 남자들이 있다. 그런 일은 일어난다."[SXX: 76]) 윤리적 행위는 그 자체 라캉의 용어상 여성적이라는 걸 말하는 것일 뿐이다. 존재의 전부는-아님의 수호자는 바로 여자다. 나는 이 구절을, 안티고네가 "범죄적 존재의 수호자"로 기술되는 윤리 세미나로부터 라캉이 존재를 전부는-아님으로 정의하는 『앙코르』에 이르는 흔적을 표시하는 방식으로서 제안한다. 라캉이 처음에 범죄적 존재라고 지칭한 것은 이후 작업에서 성적 존재가 된다.

여성성과 윤리 사이의 관계가 이전에 정신분석에서 가려져 있었던 이유 중 일부는 초자아가 종종 도덕성의 척도로 오해되었다는 것이다. 이 책의 전반부는 이 오류를 비판하고 그 대신 존재의 전부는-아님을 행위act의 윤리에 연결하는 수단으로 승화(프로이트에게서 이 범주의 미발달은 의미심장하게도 그의 여자 개념의 미발달에 필적하며 가까스로만 그것을 능가한다)에 호소함으로써 다음과 같은 것들을 탐구한다. 국가의 칙령에 대한 안티고네의 불복종의 논리, 젊은 흑인 예술가인 카라 워커의 논쟁적인 실루엣 작품들, 신디 셔먼의 <무제 영화 스틸>, 잘 알려진 멜로드라마 <스텔라 달라스>에서 딸을 향한 어머니의 마지막 제스처.

승화 개념이 프로이트의 글에서 그토록 불충분하게 발달한 것은 부분적으로 그의 보수적 예술 취향이라는 "인식론적 장애"에 기인한다. 프로이트가 미감적 쾌락을 "가벼운 마취 상태"[11]로 파악하는 미감적 쾌락 이론을 정식화하고 있었던 것과 동시에 뒤샹이 "취향이라는 습관 형성적 마약"에 대한 경멸로 주목을 얻고 있었다는 것은 역사의 아이러니다. 뒤샹은 그것을 부르주아 감식가가 아방가르드 예술의 동요시키는 실천들과 쾌락들을 혐오하는 원인으로서 비난한 것이다. 프로이트는 예술을 약한, "보상적인" 쾌락과 연관시켰고 삶의 작은 결여들을 틀어막는 잠정적 수단이나 미미한 실망들에 대한 완화제로 파악했다. 이는 물론 그 어떤 감각적이거나 육체적인 지지물도 제거된 쾌락, 실제로 실존하는 그 어떤 대상도 필요 없는 관조적 쾌락을 산출하는 것이라는 그의 승화 개념에 일조했다. 『문명 속의 불만』의 시기인 1930년에 프로이트는 거기서 "가령 피카소, 브랑쿠시, 슈비터스, 타틀린, 리시츠키"의 작업을 완전히 무시하는 식으로 예술의 성격을 규정했는데 이는 조심스럽게 말하자면 불행한 일이다. 그런 작업은 단 몇 년 안에 미술관에서 내쫓기고 어떤 경우엔 "이탈, 광기, 오만, 성병의 산물이자 아리아 인종의 '순수한' 문화에 대한 위협"[12]이라고 그것을 모욕할 파시스트 선동가

---

[11] | Sigmund Freud, *Civilization and its Discontents, The Standard Edition of the Complete Psychological Works of Sigmund Freud* (SE), trans. James Strachey (London: Hogarth Press and the Institute of Psychoanalysis, 1961), 21:83. [프로이트, 『문명 속의 불만』, 김석희 옮김, 열린책들, 2003, 254쪽.]

[12] | 그 예술가들 리스트와 그들 작업의 운명에 대한 묘사는 Benjamin Buchloh, "Statement", *The Destruction of Tilted Arc: Documents*, Clara Weyergraf and Martha Buskirk, eds. (Cambridge, MA: MIT Press, 1991), p. 92에서 가져왔다.

들에 의해 파괴될 운명이었다. 라캉은 예술을 다르게 이해하고 있었고 초현실주의 아방가르드와 긴밀하게 연관되어 있었기에 우리로 하여금 승화와 정화purification의 관계를 또 다른 시각으로 보게 한다. 모든 것은 우리가 예술로부터 무엇이 일소된다고 믿는가에 달려 있다. 프로이트가 그것은 "원시적 감각들"이나 "육감적 즐거움enjoyment"이라고 생각했다면 라캉은 그 대신 그것이 "두려움과 연민"이라고 주장했다. 즉 그는 초자아에 대한, 그리고 우리의 결점을 꾸짖기 위해 초자아가 설정하는 상상적 이상들에 대한 우리의 굴종을 촉진시키는 그런 감정들emotions을 지적한 것이다. 따라서 승화가 정념들passions을 완화하기에 이른다고 주장할 수 있다 하더라도 그것들은 칸트가 "감각들의 천민rabble"[13]에 속하는 것이라고 지칭한 정념들이 아니라 잔혹한 초자아의 정념들이다. 그렇지만 승화는 도덕주의적 격노를 그 어떤 절대적인 도덕(주의)적 작인agent 못지않게 끔찍하고 비인간적인 힘을 동원함으로써 경감시킨다. 우리는 이후 취하는 예들에서 그 힘의 끔찍한 비인간성을 목격하게 될 것이다.

"여자는 실존하지 않는다."라는 라캉의 악명 높은 명제는 어떤 충격 가치에 그 의미를 희생해왔다. 그 명제의 악명은 그것에서 실제로 충격적인 것을 이해하려는 진지한 노력들을 가로막아 온 것이다. 실제로 충격적인 것은 그 명제가 존재를 복수적이고 부분적인 것으로서, 충동의 작은 대상들로서 정의하는 것에 의존하고 있다는 점이다. 이 책에 동기를 부여하는 명령은 **여자**가 없다고 상상해봄으로써, 즉 이 명제가 내포하는 존재 개념의 여파가 ─ 윤리에 있어 ─ 어떠한 것인지를 상

─────
13 | [칸트는 『실용적 관점에서 본 인간학』(이남원 옮김, 울산대학교 출판부, 1998) 제8절에서 감성을 천민에 비유한다.]

상해봄으로써 그 명제를 진지하게 취급하라는 것이었다. 정신분석의 윤리는 존재론에 대한 그 기본적인 비판으로부터, 즉 충동과 승화의 이론으로부터 나온다. 정신분석은 주체의 존재론에 대한 철학적 탐문들을 충동과 승화의 이론으로 대체하기 때문이다. 이 윤리의 관심사는 주체가 존재의 이 작은 조각들과 맺는 관계이다. 주체가 타인들이나 대타자Other와 맺는 관계가 그 일차적인 관심사가 아니다.

『앙코르』의 서두에서 라캉이『정신분석의 윤리』를 쓰는 것과 현재의 세미나를 쓰는 것 사이의 간격을 "당신 먼저 가시죠after you"의 시간이라고 지칭할 때 레비나스를 염두에 두고 있었는지 우리는 알지 못한다.[14] 그 세미나의 여러 곳에서 레비나스의 방향에 대한 아이러니한 승인이 있는 건 아닌가 하는 혐의가 있지만 라캉과 레비나스 간에 유사성을 설정하려는 시도는 내게는 설득력이 부족해 보인다. 이 점에서『앙코르』에서 라캉이 신을 참조하는 것은 자신의 윤리는 "엄밀하게 무신론적"이라는 그의 이전 진술과 온전히 양립가능하다고 간주할 필요가 있다. 라캉이 말하는 여자의 향유는 상징계를 초월하거나 언어 밖에 실존할 수 있는 여자의 능력과는 아무 관계도 없다. 사실 남자보다 여자가 향유의 신에 더 쉽게 접근한다면 이는 여자가 남자보다 초월의 유혹에 덜 좌우되기 때문이다.

이 책의 제2부에서 나는 여자에 대한 이런 초점으로부터 벗어나서

---

14 | [레비나스는 타자에 대한 무한한 책임, 타자를 '나' 자신에 우선시하는 것을 핵심으로 하는 그의 철학을 설명하기 위해 두 사람이 동시에 문 앞에 왔을 때 "선생님, 먼저 가시죠After you, Sir!"라고 말하며 상대방에게 양보하는 일상적인 상황을 예로 든다. Emmanuel Levinas, *Ethics and Infinity, conversations with Philippe Nemo*, trans. Richard A. Cohen (Pittsburgh: Duquesne University Press, 1985), p. 89.]

윤리의 초자아적 이면을 검토한다. 여기에는 칸트가 최초에 제안한 근본 악의 개념, 시기envy가 평등과 정의에 대한 자유주의적 요구를 부패시키는 방식, 승화와 도착의 차이점들이 포함된다. 전반부에서 예술적 승화에 대해 초점을 맞추는 것에 상응하여 후반부는 가능한 한 그 논변들을 예술적 텍스트들과 관련시킬 것이다. 여기에는 파솔리니의 <살로>, 필름 느와르의 고전인 <로라>, 케네디 암살을 담은 자프루더 영화가 포함된다. 그러면서 후반부는 칸트의 『이성의 한계 안에서의 종교』, 존 롤스의 『정의론』, 일레인 스캐리의 『아름다움과 정의로움에 관해』, 조나단 크래리의 『관찰자의 기술』, 장-폴 사르트르의 『존재와 무』를 논의할 것이다.

　　윤리의 문제를 정신분석의 관점에서 접근하는 것은 혹자들에게는 쟁점을 협소화하고 논쟁을 특별한 언어의 용어들로 불필요하게 국한시키는 것으로 다가올지도 모른다. 여기서 나의 논변은 정신분석이 우리의 근대성의 모국어이며 우리 시대의 중요한 쟁점들은 그것이 주조해낸 개념들 밖에서는 거의 표명될 수 없다는 믿음을 전제로 한다. 몇몇 심드렁한 사람들은 우리가 이미 정신분석을 넘어서 있다고 주장하지만 진실은 우리가 아직 그것의 가장 혁명적인 통찰들을 따라잡지 못했다는 것이다.

1부 승화라는 여성적 행위

1
고집의 무덤
: 『안티고네』에 관하여

우리는 대개 그것을 그리스 비극이라 칭하지만 아티카 혹은 아테네 비극이라 말하는 게 더 정확할 것이다. 이 미적 형식은 오직 아테네라는 도시국가 안에서만 자양분을 얻고 자라난 것이기 때문이다. 하지만 이러한 정정조차도 이 특별한 도시를 이 특별한 형식과 결부시키는 친밀한 관계를 충분히 드러내지는 못한다. 비극은 아테네에서 (기원전 534년에서 530년 사이에) 정초되었고 그곳에서 (기원전 414년에 아리스토텔레스에 의해서) 그 죽음이 선언되었을 뿐만 아니라, 비극을 창안한 바로 그 도시의 창설을 돕기도 했기 때문이다.[1] 장—피에르 베르낭은 다음과 같이 주장한다.

---

[1] Jean-Pierre Vernant, "Greek Tragedy: Problems of Interpretations", in *The Structuralist Controversy*, ed. Richard Macksey and Eugenio Donato (Baltimore and London: Johns Hopkins University Press, 1972), pp. 278, 288.

(아테네) 비극은 그 도시(아테네) 및 그 도시의 법체계와 동시대적이다. … 비극은 그 자신에 관해, 그리고 자신이 조우하고 있던 법의 문제들에 관해 말하고 있다. 객석의 관객이 말하고 있고 관객에 관해 말해지고 있는 것이지만, 무엇보다도 바로 그 도시가… 스스로를 무대에 올리며 극화시킨다. … 비극은 그 자체를 무대 위에서 상연할 뿐 아니라… 그 고유의 문제들을 상연한다. 비극은 비극 고유의 내적 모순들을 문제 삼는 가운데… 비극의 진정한 주제는 사회적 사유임을… 바로 비극을 세공하는 과정에서… 드러낸다.[2]

다시 말해 아테네인들은 그들의 비극적 드라마들 속에 — 객석의 시민 판정단이 펼쳐지고 있는 비극을 동일한 경연을 위해 공연된 여타 비극들과 견주어 심사했던 것과 동일한 방식으로 주인공들의 행동을 판정하는 코러스 구성원으로서 — 끼어들었을 뿐만 아니라, 그들의 비극들을 통해 자신들이 현실에서 당면해 있는 법률적이고 윤리적인 문제들을 제기하기도 했다.

그러나 만일 아테네 비극의 형식이 너무도 국지적이어서 특정한 장소 및 정확히 시일을 추정할 수 있는 특정 시간에, 그리고 독특한 일련의 사회문제들에 묶여 있는 것이라면, 우리 시대의 역사주의적–상대주의적 사고에 따르자면 그것은 근대 도시에 의해 제기된 법률적, 윤리적 쟁점들을 충분히 사유하는 데에는 아무런 도움이 못 되는 것으로 보일 것이다. 사실, 아테네 비극을 참조하여 현대 도시의 쟁점들을 고찰하기 시작한다는 것은 자동적으로 시대착오라는 죄의 오명을 쓰는 일이다. 하지만 나는 질문이 항상 "어떻게 우리는 시대착오에서 벗어날 수 있는

---

2 | Ibid., pp. 278-279.

가?"여서는 안 된다고 제안하고 싶다. "시대착오의 의의는 무엇인가?"를 묻는 것이 때로는 더 적절하기 때문이다. 우리는 어떻게 과거 인물들의 시간적 유목주의nomadism를 설명할 수 있는가? 그리고 이러한 맥락에서 어떻게 안티고네의 드라마가 여전히 우리의 관심거리일 수 있는가?[3]

가장 단순한 최초의 대답은 독일 관념론이 안티고네를 우리 시대 초기에 **부활**시켰으며 그녀를 근대 윤리의 범례적 인물로서 다시 만들어 냈음을 지적하는 것일 터이다. 헤겔, 셸링, 횔덜린은 모두 이 젊은 아테네의 여인에게 깊이 매료되어 그녀에 관한 글을 썼으며, 그들의 그러한 매료됨은 안티고네에 대한 당대의 관심을 이끌었다.[4] 자신의 감상에 더하여 분명 동료들의 감상도 목소리에 담아서 헤겔은 『안티고네』를 "지금까지 인간의 노력이 깃든 작품들 가운데서 가장 숭고하고 모든 면에서 가장 완성된 작품 중 하나"[5]라고 선포했다. 하지만 이처럼 초역사적인 판정에도 불구하고 독일 관념론의 개입이 있기 전까지 이 연극

---

3 | 시대착오가 아테네 비극의 바로 그 실체의 일부를 형성했음에 주목하라. 베르낭이 언급하고 있듯이 "종종 지적되듯, 놀라운 사실은 그리스 비극에는 예컨대 서사시에서보다 더 고어들이 많았다는 것이다"(Ibid., 283쪽). 비록 아테네 시민들로 만들어진 코러스가 그들 자신의 것과 현저히 유사한 극적 상황들에 응답하기는 했지만 그들은 보통의 말과 비교해서 낡아 보이는 서정적이고 고상한 언어로 그려했다. 반대로 비극들의 극적 주인공들은 과거의 설화적 인물들을 재현했으나, 당대의 리듬과 통용어로 말했다. 비극의 이처럼 이상한 시대착오적 자료는 바로 피에르 파올로 파솔리니와 장-마리 스트라우브, 다니엘 위예의 영화들이 재전개하고자 하는 것이다.

4 | 소포클레스의 『안티고네』와 독일 관념론자들의 관계의 역사는 George Steiner, *Antigones* (Oxford: Clarendon, 1984)에서 찾아볼 수 있다.

5 | G. W. F. Hegel, *Aesthetics: Lectures on Fine Art*, trans. T. M. Knox (Oxford: Clarendon, 1975), p. 464.

은 그 어떤 특별한 주목도 받지 못했으며 사실상 상대적으로 무시되었다. 이 연극이 키르케고르, 브레히트, 아누이, 이리가레, 데리다, 그리고 물론 라캉의 것을 포함하는 윤리적 성찰의 주된 참조점이 된 것은 오직 헤겔의 것과 같은 찬가들이 이 연극을 소생시키기 시작한 이후의 일이었다. 1978년, 아홉 명의 뉴 저먼 시네마 감독들이 제작한 컴필레이션 필름[6] <가을의 독일>이 개봉되었다. 죽은 이를 매장할 가족의 권리와 정부에 반역할 수 있는 시민의 권리라는 문제에 초점을 맞추면서 이 영화는 독일 적군파와 바더-마인호프Baader-Meinhof 테러리스트들의 반反독일 활동을 크레온 및 도시국가 테베에 대항한 안티고네와 폴리네이케스의 반역과 느슨하게나마 결부시키고 있다. 더 최근에는 장-마리 스트라우브와 다니엘 위예가 횔덜린이 번역한 소포클레스의 『안티고네』를 브레히트가 각색한 것을 영화로 만들어 1992년에 개봉했는데, 이는 독일 관념론이 복구한 안티고네라는 유산이 계속해서 살아 있음을 보여준 것이었다. 만일 안티고네에 관한 우리의 관심이 의고주의라면, 그것은 각별히 근대적인 의고주의다. 다음의 분석에서 나의 관심사는 『안티고네』에 관해 다시 관심을 일깨웠던 역사적 조건들에 있다기보다는(독일 관념론의 헬레니즘적 경도는 널리 탐구되어왔다), 근대적 맥락 속에서 재독해되기 쉬운 이 연극 고유의 특성(어떻게 그처럼 오래된 드라마가 부활하는 것이 가능한가?)에 있다. 이 쟁점은 이 연극 속에서 제기된 윤리적 쟁점과 긴밀하게 연결되어 있기 때문이다.

이러한 쟁점들에 대해 나의 접근은 『안티고네』에 대한 단 하나의 재독해에서, 더 정확히 말하자면 이전의 재독해에 대한 재독해에서 시작한다. 『정신분석의 윤리』에서 라캉은 이 소포클레스의 연극을 재해석

---
6 | [compilation film. 옛 필름으로 편집한 영화.]

하는데, 이는 『정신현상학』에서의 헤겔의 해석에 도전하는 것이었다. 비록 헤겔이 나중에 『법철학』에서 이 연극을 단도직입적으로 윤리적 행동에 관한 근대적 드라마라고 독해하게 되지만, 『정신현상학』에서는 이를 자신이 그리스 도시국가 시기라고 (아마도 은유적으로) 기술하는 더 이전 시기에 속한 비극으로 읽고 있다. 이 시기에 보편적인 것과 특수한 것, 국가와 가족, 인간의 법과 신의 법, 남자와 여자 사이의 대립은 실질적으로 극복될 수 없었다. 헤겔은 고전적인 그리스 사회가 이러한 대립의 양 극단을 불확실한 평형상태 속에서 관습custom을 통해 함께 유지하고 있었으며 관습은 이 공동체에 구체적인 통일성을 제공했다고 논변한다. 그러나 어떤 결정적인 행동이 이루어졌을 때 이러한 평형상태는 붕괴하여 해소될 수 없는 실제적 갈등에 빠져들었다. 윤리적 행위act를 통해 윤리적 공동체는 와해되었다. "행위자로서의 자기의식과 의식에 대치하여 행위를 부정하는 현실 사이에 괴리가 생겨나는데, 이로써 자기의식은 행위deed로 인하여 책임을 지게 된다. … 그런데 책임이 지워진다는 것은 모름지기 '범죄'의 의미도 걸머진다는 것이 된다. 그럴 수밖에 없는 것이 단순한 인륜적 의식인 자기의식은 행위하는 데서 한쪽의 법칙에만 가담하고 다른 쪽의 법칙에는 등을 돌림으로써 결국 법칙을 침해하는 행위를 저지르게 되기 때문이다."[7] 그러므로 그리스 폴리스에서는 오직 무행동inaction만이 무죄로 남아 있을 수 있다. 모든 행위는 그 행위가 대립의 한쪽 극단을 선택하는 한, 즉 다른 법을 두고 하나의 법을 결정적으로 선택하는 한, 그 행위자를 죄가 있는 것으로 만들기

---

7 | G. W. F. Hegel, *The Phenomenology of Spirit*, trans. A. V. Miller (Oxford: Clarendon, 1977), para. 468: 이 저작에 대한 이후의 모든 인용은 이 판본에 의거할 것이며 문단 번호로 표시될 것이다. [『정신현상학 2』, 임석진 옮김, 한길사, 2005, 45쪽.]

때문이다. 이처럼 피할 수 없는 비극적 결과는 헤겔에 따르면 이러한 드라마들 일반의, 특별히 『안티고네』의 초점이다. 즉 거기서 각각의 주인공, 즉 각각의 인륜적 의식에게는 "정의는 한쪽에만 있고 다른 쪽에는 불의가 있는 것이 되므로, 신의 법칙에 따르는 의식으로 볼 때는 반대쪽에 인간의 가차 없는 폭력행위가 있는 것이 된다. 결국 인간의 법칙에 편입되어 있는 의식은 반대쪽에는 내면화된 독자존재의 아집과 불복종이 있다고 생각한다"(466문단 [42-43쪽]).

헤겔은 여기서 안티고네("신의 법칙에 따르는 의식")와 크레온("인간의 법칙에 편입되어 있는 의식")이 그들의 과단성과 비타협적 태도 속에서, 하나의 원칙을 포용하는 바로 그 행위를 통해 또 다른 원칙을 유기하거나 소외시키는 한, 둘 다 유죄이며 둘 다 그르다고 효과적으로 논변한다. 안티고네는 특수한 개인인 오빠를 대리해 행위하면서 공동체를 배신하고 국가를 공포에 빠뜨린 반면, 크레온은 도시국가를 대리해 행위함에 따라 폴리네이케스와 가족의 가치들을 희생시키고 있다는 것이다.

라캉은 결정적으로 안티고네를 편들기 위해 이러한 독해의 심각한 결정 불가능성을 공격하면서 안티고네의 행위만이 그 연극에서 유일하게 실재적이고 윤리적인 행위라며 칭송하고 크레온의 행동들은 범죄라고 힐난했다. 이러한 독해에서는 오직 크레온만이 자신의 행동들을 통해 유죄가 된다. 이는 안티고네의 달래기 힘든 면모를 라캉이 알아채지 못했다고 말하려는 것이 아니다. 오히려 라캉은 오이디푸스의 딸의 반역이 갖는 날것의 길들여지지 않는 비타협적 본성을 관찰하는 것에서 헤겔만큼이나 엄밀하다. "이 소녀는 자신이 성미 급한 아버지의 성미 급한 딸임을 보여주는구려. 불행 앞에 굽힐 줄 모르니 말이오"라는 것이 코러스가 그녀에 관해 한 말인데, 라캉은 망설임 없이 이에 동의한다.[8]

그러나 라캉은 분석가로서 — 여기서 우리는 정신분석이 철학이나 심리학과 다르다는 점을 일별한다 — 개별 주인공들의 **행동**behavior을 읽지 않는다. 그는 주인공들의 행위가 독해되어야 하는 그 **구조**를 규정한다. 따라서 안티고네와 크레온이 그들의 의무를 수행하는 가운데 똑같이 고집스러웠을지는 모르겠으나, 이 고집스러움이 어떠한 환상 구조에 진입하느냐에 따라 그 고집은 근본적으로 구별될 여지가 있게 된다. 라캉은 헤겔이 그토록 세심하게 구성한 [안티고네와 크레온의] 대칭성을 파괴하기 위해 바로 이러한 구분을 활용하려고 한다.

『성욕에 관한 세 편의 에세이』에서 프로이트는 우리에게 픽시르바르카이트Fixierarbeit — 일체의 외적인 제거 노력에도 불구하고 영속하는, 설명 불가능한 고착 — 를 하프트바르카이트Haftbarkeit와 혼동하지 말라고 경고한다.[9] 후자는 "아마도 '고집'이 가장 좋은 번역이겠지만 독일어에서는 '책임감', '헌신'을 의미하기도 하기에 묘한 공명을 갖는다."[10] 안티고네가, 그녀만이 홀로, 소포클레스 연극의 주인공이라는 라

---

8 | [소포클레스, 「안티고네」, 『소포클레스 비극 전집』, 천병희 옮김, 숲, 2008, 114쪽.]

9 | [『성욕에 관한 세 편의 에세이』, 김정일 옮김, 열린책들, 2003, 148-9쪽. 사실 여기서 프로이트는 Haftbarkeit(책임, 고집, 끈덕짐, 집착)와 Fixierung (고착)을 구분하고 있으며, 이때 Haftbarkeit의 동의어로 Fixierbarkeit(고착 가능성, 고착 수용성)를 병기한다. 그리고 Fixierarbeit라는 표현은 라캉의 세미나 7 영역본(SVII: p. 88)에 등장하는데, Fixierbarkeit의 오기다. 라캉은 여기서 프로이트가 Fixierbarkeit와 Haftbarkeit라는 두 연관어를 사용하고 있다고 말한다. 하지만 오히려 Fixierung과 Haftbarkeit라고 했어야 한다. 콥젝은 영역본의 오류를 인지하지 못하고 있다. 국역본은 Haftbarkeit를 "고착성"이라고 번역하고 "Fixierbarkeit"를 "고착 수용성"이라고 번역하고 있다.]

10 | Jacques lacan, *Seminar VII: The Ethics of Psychoanalysis (SVII)*, ed. Jacques-Alain Miller, trans. Dennis Porter (London: Routledge, 1992), p.

캉의 주장을 뒷받침하는 것은 프로이트가 도입했던 바로 이러한 구분이다. 오빠의 장례를 치르겠다는 그녀의 고집perseverance은 그의 장례에 대한 국가적 금지를 강행하는 것에 대한 크레온의 고착fixation과는 윤리적으로 다르다는 것이다.

프로이트가 어떻게 이 두 종류의 행위를 구분할 수 있는가는 우리가 결론지어야 할 어떤 것이겠지만, 라캉은 그 행위들을 가리켜 "개별적인 리비도적 모험"(SVII: 88)의 별개의 효과들이라고 하면서 하나의 단서를 제공한다. 그러한 구분에 관해 다른 무언가를 이야기할 필요가 있든 간에, 이 단서에 입각하자면 행위하는 주체의 **성적 존재**를 설명하지 않고서는 분명히 그 구분을 도출할 수 없다. 헤겔의 독해가 수많은 여성주의적 주목을 받아온 이유는, 그 연극의 주인공들을 분리하는 성차를 그의 독해가 전면에 내세우고 있는 한, 그 독해는 이러한 쟁점에 주의를 기울이는 듯 보이기 때문이다. 그러나 이러한 차원은 헤겔의 독해에서 성적 차이가 아니라 다만 젠더 차이나 생물학적 차이로 판명된다. 즉 안티고네와 크레온은 그들이 거하도록 허락되는 공간들 및 그들에게 장려되는 역할들에 따라 사회적으로 규정되는 분업을 실행하고 있을 뿐이라는 것이다. 사실 헤겔은 의식적으로 최대한 성을 회피하고자 하며, 때문에 그는 남편/아내 관계가 아니라 오누이 관계에 초점을 맞추는 쪽을 선택한다. 헤겔은 이러한 관계가 성적 욕망을 배제하는 것인 한, 성들 간의 차이에 관해 더 진실한 혹은 "혼합되지 않은"[11] 그림을 제공한다고 말한다. 이처럼 리비도로부터 자유로운 가족관계를 단정하는 것은 애초부터 문제가 있다. 프로이트와 푸코는 상이하고도 결정적인 방식으

88; 이 세미나에 대한 이후의 참조는 본문에서 할 것이다.

11. | [헤겔, 『정신현상학 2』, 34쪽. 국역본에는 "티 없이 맑은"이라고 되어 있다.]

로 가족이란 욕망하는 관계들의 온상임을 폭로한 바 있다. 하지만 여기서 문제가 되고 있는 그 가족이 오이디푸스의 가족이며 따라서 근친상간의 오명이 낯설지 않은 가족이라는 사실에 비추어보면 그러한 단정은 참으로 어이없는 것이다. 리비도적인 뉘앙스와 함께 자신의 오빠를 지칭하는 안티고네의 언급을 담고 있는 저 그리스의 텍스트는 우리 눈앞에서 벌어지는 그 비극이 어떤 의미에서는 오이디푸스와 그의 어머니 사이의 근친상간적 결합의 귀결이라는 사실을 결코 잊지 못하게 한다. 그러므로 『정신현상학』의 이 절에는 제대로 말하자면 어떠한 성도, 성적 차이도 없다고 결론지을 필요가 있다. 이는 노동work과 행위라는 개념이 성적 향유에 의해 교란되지 않게, 문제화되지 않게 해주는 효과가 있다.

하지만 프로이트에 따르면 성 혹은 리비도적 만족과 노동 사이에는 노동(혹은 행위)을 소멸시킬 위험이 있는 영구적인 적대가 있다. 그가 『문명 속의 불만』에서 주목하고 있듯이 "삶을 영위하는 기술 가운데 노동을 강조하는 것만큼 개인을 현실에 단단히 붙들어 매는 것은 없다. 노동은… 사회에서 존재의 보존과 정당화에 필수불가결한 것… 하지만 노동은… 사람들에게 낮게 평가된다. 사람들은 만족의 다른 가능성들을 쫓을 때만큼 열심히 노동을 추구하지는 않는다."[12] 쾌락 개념을 통해 노동 개념을 재고하면서 프로이트는 그 일체의 희소성 속에 있는 행위와

---

12 | Sigmund Freud, "Civilization and Its Discontents", *The Standard Edition of the Complete psychological Works of Sigmund Freud* (SE), vol. 21, trans. James Strachey (London: Hogarth, 1957), p. 80, 각주. Mary Ann Doane 역시 자신의 매혹적인 논문 "Sublimation and the Psychoanalysis of the Aesthetic" (*Femmes Fatales* [New York and London: Routledge, 1991])에서 이 각주를 강조하고 있다. [프로이트, 『문명 속의 불만』, 253쪽, 주15.]

단순한 **행동**에 대한 아리스토텔레스의 구분을 재규정하는데, 이러한 재규정 속에서 문제가 되는 것은 행위와 행동 각각이 성적 향유에 대하여 어떤 종류의 관계를 유지하는가이다. 만일 『윤리』세미나의 공언된 야심이 윤리 논의를 "별이 빛나는 하늘"로부터 제거하여 그 논의가 속해 있는 곳, 즉 "다른 어떤 곳도 아닌 우리의 육체들 속에" 자리 잡아주는 것이라면, 다시 말해 만일 그 야심이 **육화된**embodied 주체의 윤리를 규정하는 것이라면, 그 결정적인 일보는 쾌락의 장소로서의 육체와 노동의 관계를 전경화하는 것일 터이다. 이를 토대로 안티고네의 행위와 크레온의 행동을 구분하기 위해서 말이다.

이러한 관계들의 분석에 착수하기 전에 헤겔의 독해를 어떤 다른 관점에서 살펴보는 것이 유용할 텐데, 그 관점은 결국 쾌락 개념을 복잡하게 만들 것이다. 헤겔이 보기에 안티고네와 크레온을 똑같이 유죄로 만드는 것은, 행동의 방향을 선택할 때 그들이 그 선택으로 인해 무언가를 잃는다는 사실이다. 단순히 소모 가능한 그 무언가가 아니라 그들이 선택하는 바로 그것을 지탱하는 그 무엇을, 즉 그것의 필요조건인 그 무엇을 말이다. 안티고네와 크레온은 각각 특수한 것과 보편적인 것을 위해서 행동한다. 그러나 보편성 없이는 특수성도 없고 그 역도 마찬가지이므로 각자의 선택은 그 선택이 이루어진 바로 그것의 이름으로 그 선택을 배신하는 것으로 종결된다. 물론 헤겔에 관해 사유하면서 라캉은 그처럼 둘 중 하나를 선택하는 구조를 "소외의 양자택일vel"이라고 용어화했으며 "돈이 아니면 목숨을 내놔"라는 강도의 제안이 그러한 구조의 루즈/루즈[13] 가능성들을 예시한다고 언급했다.[14] 일단 그 선택항

---

13 | [lose/lose. '윈/윈'의 반대.]

14 | Jacques Lacan, *Seminar XI: The Four Fundamental Concepts of Psycho-Analysis*, ed. Jacques-Alain Miller, trans. Alan Sheridan (London: Hogarth

이 제시되면 당신은 무엇을 택하든 간에 이제 끝장이 나버린다는 것이다. 이러한 선택항들 사이에서 분명 유일하게 현실적인 선택은 목숨이다. 그러나 당신이 그것을 결정하는 순간부터 당신의 삶은 재산 상실로 인해 심각하게 제약될 것이다.

이제 혁명적 구호인 "자유가 아니면 죽음을" 역시 동일한 소외의 구조를 동반하는 선택을 제공하는 것으로 보일 것이다. 만일 당신이 자유를 선택하고 그에 따라 죽음의 위협을 무효화한다면, 헤겔이 「자연법」 논문에서 주장했듯이 당신은 삶의 상황으로부터의 자주성을 보여줄 길이 없게 된다. 다시 말해 당신은 당신의 선택이 자유로운 것임을 보여줄 길이 없게 된다. 따라서 이 경우 유일하게 현실적인 선택은 죽음이다. 죽음만이 당신의 선택이 자유롭게 이루어졌음을 입증하기 때문이다. 하지만 일단 이러한 결정이 이루어지면 당신은 죽을 자유 외에는 모든 자유를 상실하게 된다. 이것이 바로 헤겔이 "노예의 자유"라고 부른 것이다.

하지만 만일 좀 더 면밀하게 경청한다면 당신은 두 번째 선택, 즉 자유와 죽음 간의 윤리적 선택이 첫 번째 선택과 합치하지 않음을 알아차리게 될 것이다. 첫 번째 선택을 강도행위로 기술하는 것은 여기서 관건이 되는 것을 강조하려는 의도에서다. 그것은 이 특별한 선택이 전적으로 대타자의 법정에서 이루어지는 게임임을 시사하기 때문이다. 그 게임의 프로그램화된 시나리오에 걸려든다면 게임의 희생자인 당신이 그 누구더라도 상관없다. 만일 당신이 합리적인 사람이라면 순수하게 형식적인 방식으로, 즉 분석적 판단을 내리고 당신의 지갑을 넘겨주

Press, 1977), pp. 210-215. [자크 라캉, 『정신분석의 네 가지 근본 개념』, 맹정현 · 이수련 옮김, 새물결, 2008, 318-326쪽.]

는 것으로 반응해야만 한다. 칸트의 도덕법칙, 즉 "너의 행동의 준칙이 보편적 준칙으로서 수용될 수 있는 방식으로 행위하라"라는 법칙은 당신이 이처럼 도회적인 딜레마를 빠져나가게 하기에 충분할 것이다. 그것은 올바른 선택을 정해줄 것이다. 그러나 이는 도덕법칙의 이러한 진술과 더불어 문제를 부각시킬 뿐이다. 즉 그것은 법칙이 정해주는 어떤 선택을 — 그 선택이 얼마나 형식적인 것이든 간에 — 상상하며, 그 결과 보편적인 것이라는 개념을 공통적인 것이라는 개념으로 환원한다(SVII: 77). 이 경우에 모든 이는 동일한 방식으로 행위해야 한다. 그러나 그들은 필시 그 행위의 윤리적 함축을 상실할 것이다. 그들의 선택은 이제 외부의 인준으로부터 독립적이기보다는 그 인준에 의해 인도되기 때문이다.

하지만 두 번째 사례에서는 한 가지를 선택함으로써 선택되지 않은 것을 자동적으로 잃어버리지는 않으며 오히려 선택되지 않은 것의 일부를 얻는다. 라캉은 두 가지 사례의 차이를 두 번째 것에서의 죽음의 출현에 귀속시킨다. 혁명적 선택은 그의 말대로 "치사 인자"[15]의 도입을 통해 행위의 가능성을 연다. 행위가 자유를 희생시킨다고, 행위가 소외의 구조에 패해 자유를 잃어버린다고 말하는 것이 부적절한 그런 행위의 가능성을. 죽음의 선택은 자유를 획득한다. 두 번째 사례에서 우리가 선택하는 죽음이 첫 번째 사례에서 회피되는 것과 동일한 것이 아니라고 가정하지 않는다면 이 점을 완전히 이해할 길은 없다. 즉 죽음이 자유와 교차하는 지점에서 — 다시 말해 죽음이 주체와 교차하는 지점에서 —, 죽음은 문자 그대로나 생물학적으로나 파악할 수 없는 것이 된다. 이러한 관찰에서 권위자는 역시 프로이트인데, 그는 죽음이 주체

---

15 | [라캉, 『정신분석의 네 가지 근본 개념』, 322쪽.]

에게는 오직 "부정적인 내용을 가진 추상적인 개념"[16]이라고 논했다. 이런 이유로 죽음은 그 자체로는 정신분석에 들어오지 않으며 오직 죽음 충동의 형식으로만 들어온다. 그렇다면 우리는, 만일 우리가 추상적 주체라기보다는 육화된 주체에 관해 말하고 있는 것이라면, 자유와 죽음의 교차에서 쟁점이 되는 것은 생물학적 죽음이 아니라 죽음 충동이라고 가정해야만 할 것이다. 자유를 소외시키지도 않고 부가적 죄의식을 초래하지도 않는 윤리적 행위의 가능성은 죽음 충동 덕택이다. 더 상세히 말하자면, 이러한 가능성은 라캉의 설명에서 충동 그 자체와 엄밀하게 결부되어 있는 승화 덕택이다.

요컨대 내 논의는 라캉이 헤겔의 논의를 다음과 같이 공격한다는 것이다. (1) 노동을, 혹은 좀 더 나은 용어로는 행위를 성화sexualize함으로써, 그리고 (2) 두 경우 모두에서 윤리적 주체를 육체화하려는 노력 속에서 죽음을 탈생물화함으로써. 나는 이것이 하나의 모순을 불러일으키는 것처럼 보임을 잘 알고 있다. 다시 말해 윤리적 행동을 그렇게 선언한다면 승화가 행동에서 육체와 쾌락에 대한 모든 참조를 정화할 것으로 보이리라는 것을 말이다. 그러나 이처럼 겉보기에 명백한 모순은 승화에 관한 통상적이지만 잘못된 정의에서 나온다. 만일 우리가 "승화는 사실 어리석은 군중이 생각하는 그런 것이 아니다. … 승화가 반드시 성적 대상을 사라지게 만들지는 않는다. 절대 그런 것이 아니다"(SVII: 161)라는 것을 성공적으로 보여줄 수 있다면, 모순은 해소될 것이다.

---

16 | Sigmund Freud, "The Ego and the Id", SE. 19: 58. [프로이트, 「자아와 이드」, 『정신분석학의 근본 개념』, 박찬부 옮김, 열린책들, 2003, 405쪽.]

근대기의 불멸성

이제 마침내 안티고네의 행위에 관심을 집중하기로 하자. 그녀는 정확히 무엇을 하는가? 헤겔의 판본은 다음과 같다. 그녀는 오빠 폴리네이케스를 "불멸의 개체성"의 지위로 높이기 위해 그를 매장한다. 그녀는 오빠를 "공동세계의 이웃이 되도록 주선하는바, 이 공동세계는 사자死者를 마음 내키는 대로 파괴하려는 자연력이나 하등동물을 제압하고 무력화시킨 것이다"(452문단 [30쪽]). 다음은 라캉의 판본이다. "안티고네는… 범죄적인 것 그 자체의 존재의 수호자가 되기를 선택한다. … 공동체가 〖폴리네이케스의 매장을〗 거부하기 때문에, 〖안티고네에게는〗… 가족 아테family *Até*인 저 없어서는 안 될 존재를 유지하…는 것이 요구된다. 그리고 바로 그것이 비극 전체의 주제 혹은 진정한 축이다. 안티고네는 저 아테를 영속시키고 영구화하고 불멸화한다"(SVII: 283). 이 두 판본은 얼추 같아 보일 수도 있겠으나, 라캉이 단어 하나[17]를 도입함으로써 결정적인 차이(다른 차이들을 관찰하도록 이끄는 차이)가 생겨난다. 그 단어는 헤겔뿐만 아니라 근대기 전체가 너무나 직접적으로 혹은 가까이서 바라보고 싶지 않아 했던 하나의 개념에, 즉 계몽주의 시기 이후로 죽음보다 더 외설적인 것이 된 개념에 주목하게 만든다. 그것은 불멸성의 개념이다. "아테를 불멸화한다"는 것은 무엇을 의미하는가? 근대 시기에는 그리스어 아테뿐만 아니라 불멸화한다는 말도 시대착오적이라는 인상을 준다.

하지만 우리가 불멸성이라는 개념은 완전히 소멸하리라고, 이성을 세속화하는 계몽주의, 과거와의 결연을 분리시켜버린 계몽주의에 희생

---
17 | [아테.]

되리라고 기대했다 하더라도, 진실은 더 복잡한 것으로 판명된다. 왜냐하면 공식적으로 우리 근대인들은 죽음을 면할 수 없는 운명이라는 통념을 갖고 있지만, 그렇더라도 우리가 필히 죽을 수밖에 없는 것은 아니라는 비밀스럽고 설명할 수 없는 확신을 품고 있기 때문이다. 실로 한스 블루멘베르크가 기념비적인 저서인 『근대의 적법성』에서 알려주고 있듯이, 불멸성이라는 관념은 사라지지도 않을뿐더러 "레싱, 칸트, 헤르더에 의해 환생reincarnation이라는 관념으로까지 밀어붙여진다".[18] 그리고 「불멸성의 죽음?」에서 클로드 르포르는 블루멘베르크와 유사하게 근대기에 불멸성 개념이 집요하게 주장되었음을 드러내면서 "지난 세기 중반에 있었던 보나파르트의 쿠데타 이후에… 불멸성의 문제는… 정치적 중요성을… [띠고 있었다]. 우리에게 놀랍게 보일 수도 있겠지만, 진정한 공화주의자, 진정한 민주주의자, 혹은 진정한 사회주의자가 되기 위해서 사람들은 불멸성에 대한 믿음을 부정하거나 긍정해야 했다"[19]라고 언급했다. 블루멘베르크와 르포르는 모두 이 개념이, 대체된 과거를 단순히 못 버리고 있는 것이 아니라고, 즉 낡은 종교적 관념이 현재까지도 생존하고 있는 것이 아니라고 강조한다. 오히려 그것은 종교적 과거와의 단절이 낳은 새로운 산물이라는 것이다. 그러나 고전적인 불멸성 개념을 근대적 불멸성 개념과 구분할 필요가 있다는 것에는 일반적으로 그들의 의견이 일치하지만, 어떻게 그러한 구분이 이루어져야 하는지의

---

18 | Hans Blumenberg, *The Legitimacy of the Modern Age* (B), trans. Robert M. Wallace (Cambridge, MA: MIT Press, 1983), p. 443. 이후 이 저작의 인용은 이 책에 의거할 것이다.

19 | Claude Lefort, "The Death of Immortality?"(L), in *Democracy and Political Theory* (Minneapolis: Minnesota Press, 1988), p. 256. 이후 이 논문의 인용은 이 책에 의거할 것이다.

문제에 관해서는 이견을 보인다.

르포르의 설명에 따르면 그 고전적 개념은 위대한 작품이나 행동의 성취를 통해 — 비록 그 행동 자체는 궁극적으로 그 어떤 영속의 가망성도 갖고 있다고 생각되지 않지만 — 항구성에 참여하려는, 일종의 인간적mortal 야심에 붙여진 이름이다. 인간의 모든 노력은 시간에 묶여 있다고 이해되었기 때문에 그 누구도 그 노력을 시간의 흐름 너머로까지 상승시켜 영원성의 무시간적 영역 안에 자리 잡게 할 수 있으리라고는 바랄 수 없었다. 따라서 어떤 행동이 그것을 행한 이에게 상당한 영예나 불멸성을 안겨줄 수 있다 하더라도 영원성을 안겨줄 수는 없었는데, 이는 그 행동이 상대적으로 가치가 적음을 의미했다. 근대적 불멸성 개념은 영원의 영역에 대한 우리의 믿음의 붕괴로 득을 보았다. 이전 시기에는 시간으로부터 나와 영원성으로 들어갈 수 있을 만큼 고양시키는 게 불가능한 한에서 모든 행동은(그리고 능동적 삶 일반은) 실패하리라고 여겨졌다. 그러나 근대성 안에서는 행동이 역사적 시간을 시간 안에서 초월할 가능성이 있는 것으로서 재고되었다. 이것이 새로운 점이다. 즉 행위가 시간 밖으로 빠져나올 수 있을 정도로 고양되지 않고서도 무기력으로부터 나와, 혹은 그 역사적 조건들의 내재성으로부터 나와 고양될 수 있다는 이러한 생각 말이다. 행위가 — 혹은 이 특별한 의미에서의 노동이 — 고전기에는 가질 수 없었던 가치를 띠게 된 것은 이 시점에서다. 행위의 가치화는 불멸성과 "후대의 감각"(L, 267)을 새로이 연계시키는 데 도움이 되었다고 르포르는 주장한다. 18세기 말의 위대한 사회혁명들이 과거와의 모든 결연들을 끊었을 수도 있다. 하지만 그것은 역설적으로 시간 속에 영구성을 확립하기 위해서였다. 즉 이전에는 가능하지 않았던 인간 행동의 지속 가능성을 확립하기 위해서였다. 그 차이가 부상하는 것은 "후대의 감각"이 역사적 단절을 가로질러 이제 발생했기 때문이다. 그리하여 초래된 것은 "더 이상 존재하지 않는 어떤 것과 아직 존재하지 않는 것 간의 접속이라는 생각"이었다(L, 270).

블루멘베르크가 제시한 논의에서 후대라는 개념은 불멸성 개념과 연결되어 있지 않으며 오히려 불멸성 개념과 반대되거나 불멸성 개념을 대체한다. 이 논의는 좀 더 광범위한 논의 속에 끼어 있는데, 이 논의는 어떤 개인이든 간에 그가 완전한 지식을 획득한다는 것이 근대기에는 생각조차 해볼 수 없는 일로 간주되었다고 진술하고 있다. 근대성 안에서 지식은 과학적 **방법**을 통해 객관화되는데, 이는 지식이 더는 개인적 직관의 문제가 아니게 되었음을 의미한다. 즉 객관화의 방법들은 지식을 획득하는 과정을 개별 탐구자의 인지 범위 너머로, 심지어는 야심 너머로 무한히 연장되는 것으로 변형시킨다. 이러한 객관화와 함께, 지식이 생성되고 대체되고 쓸모없는 것으로 폐기되는 가파른 속도는 알고 싶어 하는 이들을 지식 과정의 직능인이 될 위기로, 또 지식의 소유를 가망 없을 정도로 덧없고 불완전한 것으로 만들 위기로 몰아넣는다. 이런 이유들 때문에, 개인이 아니라 오직 세대를 이루는 일련의 개인들만이 근대 지식의 주체가 될 수 있다.

블루멘베르크가 루트비히 포이어바흐의 불멸성 개념을 논의에 도입하는 것은 바로 이러한 논변을 매듭짓기 위해서다. 블루멘베르크의 요약에 따르면, 포이어바흐는 우리의 근대적 불멸성 개념 안에 감추어진 "인류학적 핵심의 추출"을 통해 다음과 같은 정의를 산출했다. "이론의 충족으로서 외삽된 불멸성은 종으로서의 인간과 연결된 '지식충동 Wissenstrieb'과 개체로서의 인간에게서 그 지식충동이 만족되지 않은 실제 상태 간의… 차이의 산물이다(B, 441). 앞으로 보게 되겠지만 이것은 초자아에 관한 프로이트의 이해의 기초를 형성할 것이다. 다시 말해 일단 근대 지식의 급속하고도 현저한 진보가 이 진보에 대한 개인의 제한적인 공유를 참을 수 없는 것으로 만들게 되면, 불멸성 개념은 종과 개체 사이에서의 상처를 치유하는 방법으로서, 즉 그들의 차이로부터 출현하는 구조적인 불만족을 누그러뜨리는 방법으로서 부상한다. 일종의 예변법prolepsis의 오류로서, 불멸성은 미래가 자신을 개인에게 내주려고 이미 기다리고 있는 공간적 너머를 설정하기 위해 역사를 부인한다. 이러한 오류는 근대적인 것이다. 그것이 보상을 예기하고 있다는 것은 아낌없이 주는 영원한 존재를 가정하는 것보다는 인간의 실제적, 시간적 진보를 지각하는 것에 기초해 있기 때문이다. 그것은 아직 실현되지 않은 시간적 진보를 공간적 낙원으로, 그것도 정당화될 수 없는 방식으로 변환시킨다는 점에서 **잘못된** 것이다.

이러한 신비화를 바로잡기 위해 포이어바흐는 인간이 불멸성 개념을 포기하고 그 자신의 죽음의 궁극성과 맞설 필요가 있다고 주장한다. 이것은 인간이 내세에 미혹되지 않고 에너지를 그의 "지식충동"의 추구에 집중할 수 있게 해줄 것인데, 이 지식충동이란 그에게는 **생물화된** 호기심을 일컫는 것으로서, 이를 통해 "종의 관심들이 의무로서 개인에게 부과되지만 동시에 개인은" 그 자신의 행복에 대한 "역관심을 주장한다"(B, 444). 이것이 말하는 바는 요컨대 오직 종만이 인간의 운명을 성취할 수 있으며 이 운명이란 지상에서의 인간의 행복이라는 것이다. 지식충동 ─ 포이어바흐가 "행복충동"이라고도 부르는 ─ 은 형이상학적 질문에 대한 답이 아니라 인간의 물질적 필요들을 만족시키도록 도와줄 진리만을 알고자 함으로써 얻는 행복을 지향한다. 따라서 그것은 인간을 단순한 톱니바퀴로 환원하지 않고 인간을 지식 추구의 협동적 기계 안에 배치한다. 왜냐하면 이 기계는 지상에서의 그의 이익을 위해, 즉 죽을 수밖에 없는 운명을 가진 존재의 이익을 위해 특별히 고안된 것이기 때문이다.

이러한 결론은 포이어바흐의 것이고, 사람들은 『근대의 적법성』에서 이 논의를 앞서거나 뒤따르는 칸트와 프로이트에 대한 논의들에서 블루멘베르크의 이견을 헛되이 찾아내려 한다. 하지만 그들은 오히려 지식충동이라는 개념에 대하여 이 사상가들 사이에 연속성이 있다는 미심쩍은 함축과 조우한다. 굳이 따지자면, 포이어바흐가 칸트를 약간 개선한 것으로 나온다. 왜냐하면 포이어바흐는 칸트의 입장 — 인간의 이성에는 부적합한, 우리가 알 수도 없고 알고자 해서도 안 되는 어떤 초감성적 관념들이 있다는 입장 — 을 넘겨받을 뿐만 아니라, 또한 칸트에게서 여전히 식별할 수 있는 한계에 대한 공간적 은유의 마지막 자취마저 제거하기 때문이다. 따라서 포이어바흐는 이성의 한계들을 순수하게 시간적인 것으로 볼 수 있게 해준다. 그는 마침내 인간은 그 어떤 "초자연적 지식충동"(B, 442)도 갖고 있지 않다고 가르쳐주는 것이다. 그리고 비록 프로이트의 지식충동 개념이 많은 점에서 포이어바흐의 개념과 유사한 것으로 제시되기는 하지만, 레오나르도 다빈치에 관한 연구에서 프로이트가 "[레오나르도의] 개인 전기傳記에 영향을 미치는 역사적 조건들"(B, 452)에 충분히 주목하지 않음을 우리는 경계해야 한다.

이러한 연속성 테제가 촉발하는 왜곡들은 무시할 수 없는 것이다. 나는 가장 기본적인 것만을 언급하고자 한다. 블루멘베르크가 단언하듯이 칸트의 해법은 자기-지식과 구원 사이의 긴장을, 혹은 주체의 내재적 운명과 초재적 운명 간의 긴장을 지워 없애지 않는다. 정반대다. 칸트에게 초감성적인 것은 포이어바흐와는 달리 단순히 지식과 사고의 영역에서 제거되지 않는다. 오히려 사고의 바로 그 조건으로서 보유된다. 다시 말해 초감성적인 것 없이는 어떠한 사고도 없다. 프로이트에 대한 비판을 보자면, 그가 레오나르도의 역사적 조건들을 과도하게 다루지 않는다는 것은 그의 이론이 갖는 약점이 아니라 그 이론의 긍정적 기여의 표시다. 프로이트에게서 지식충동은 승화라는 해법과 결부되어 있는데, 이때 문제는 어떻게 사고가 강박과 억제를 피하는 데 성공하는지를 설명하는 것, 혹은 어떻게 사고가 그 역사적 조건들의 단순한 증상이기를 피하는지를 설명하는 것이다.

지금까지 나는 르포르와 블루멘베르크(혹은 포이어바흐 — 왜냐하면 이 문제에 관해 주석가와 그가 주석을 달고 있는 저자를 분리시키는 어떠한 식별 가능한 거리도 찾아볼 수 없으므로) 간의 차이는 르포르가 불멸성과 후대를 연결시키는 반면 블루멘베르크는 양자를 대립시킨다는 사실에 달려 있다고 논해왔다. 그러나 그들 각자의 후대 개념에 영향을 미치는 또 다른 결정적 차이가 있으며, 그렇기에 후대 개념 역시 유사하지 않은 것으로 판명된다. 불멸성과 후대의 접속은 르포르에게 단독성 개념을 통해 나타나는데, 이 단독성 개념은 블루멘베르크에게는 없는 것이다.[20] 여기 르포르의 가장 간결한 진술이 있다. "불멸성의 감각은 점유할 수 없는 장소, 범접할 수 없는 장소의 정복과 밀접하게 결부되어 있음이 입증된다. 그 장소가 그와 같은 성격을 갖는 것은 그곳이… 자신의 인생에서 가장 단독적인 모든 것을 받아들임으로써 공간과 시간의 좌표에 복종하기를 거부하는, 그리고… 우리에게는… 죽지 않은 어떤 이의 장소이기 때문이다"(L, 279).

누군가는 죽으며, 또 그 자신보다도 오래 살아남을, 그리고 그 누구에 의해서도 채워질 수 없는 그의 장소를 남긴다. 이러한 생각은 사회적인 것에 관한 독특한 관념을 구성하는데, 그 관념 속에서 사회적인 것이란

---

20 | "위치들의 재점유"라는 블루멘베르크의 개념의 검토는 르포르와의 대조를 더 깊이 탐구하는 좋은 방법일 것이다. 나 자신은 블루멘베르크의 개념이 근본주의적인 것이라고 느끼지만 그것을 여기에서 논하지는 않으려 한다.

특수한 개인들과 그들 서로가 맺는 관계들로 이루어져 있을 뿐만 아니라 이 점유할 수 없는 장소들에 대한 관계로서 이루어져 있는 것으로 이해된다. 이것은 근대성이 시행하는 급속하고도 가차 없는 변경들에도 불구하고 사회에 어떤 실존을, 지속성을 부여한다. 만일 영원성의 붕괴와 더불어 근대 세계가 역사적 시간에 의해 훼손당하지 않는다면, 그것은 이 점유할 수 없는 장소가, 이 단독성의 감각이 어떤 식으로든 근대 세계를 시간 속에 함께 묶어놓기 때문이다. 대부분의 사람들에게 사회를 분산시키는 것으로 보이는 단독성 그 자체가 여기서는 어떤 근대적인 사회적 연대에 적대적이기보다는 필수불가결한 것으로서 상정되고 있다. 이뿐만 아니라 또 다른 역설이 이러한 연대를 규정하는 듯 보인다. 즉 단독성은 "공간과 시간 속에서 국지화되어"(L, 270) 있는 것으로서 기술되는 동시에 보편적인 것, 즉 공간과 시간의 좌표를 거부하는 것으로서, 시간 안에 놓일 수 없는 것으로서 기술되고 있다. (분명히 단독성은 특수성과는 구분된다. 특수성 역시 국지화되는 것이지만 우리는 일반적으로 그리고 올바르게도 그것을 시간 및 거리와 함께 희미해지는 것과, 즉 단명하는 것, 시속되지 못하는 것과 연결시킨다.)

주체의 행위에 묶여 있는 이러한 단독성 개념은 근대적인 것으로서 정의된다. 그것은 행위를 지시하거나 보장할 수 있을 선행하는 심급이나 우월한 심급에 관한 모든 관념을 훼손하는 것에 의존하기 때문이다. 영혼, 영원성, 절대권력 혹은 가부장적 권력, 이런 관념들이 우선 모두 파괴되어야만 행위는 유일무이한 것으로서, 자신에게 자신만의 필연성을 각인시킬 역량이 있는 것으로서 간주될 수 있다. "일단 탄생했다면 존재해야만 하는 어떤 것이라는 이상한 특징을" 띠며 따라서 죽을 수 없는(L, 279) 것을 우리는 단독적이라고 부른다. 의미심장하게도, 불멸성에 관한 우리의 막연한, 심지어는 무의식적이라고까지 말할 수 있을 감각을 초래하는 이 단독성 개념을 르포르는 작가와, 즉 승화와 연결시킨다.[21] 정확히 어떻게 단독성이 사회적 연대에 의해 말소되는 게 아니라 사회적 연대를 형상화할 수 있는지를 우리는 바로 정신분석적 승화 개념을 통해서 해명할 수 있기 때문이다.

이 시점에서 아무리 승화 개념이 불완전하다 하더라도, 그럼에도 불구하고 그 개념이 단독성과 사회성 간의 간극 사이에서 가교가 되게끔 의도되어 있다는 것은 분명하다. 그래서 다음과 같은 즉각적 질문이 떠오른다. 무엇 때문에 포이어바흐에게는 단독성 개념이 불필요해지는가? 혹은, 그의 이론에서 무엇이 단독성 혹은 시간적 불멸성에 대한 감각의 출현을 봉쇄하는가? 포이어바흐가 불멸성의 공간적 개념만을 즐겨 다루었다는 것(그리고 올바르게도 거부했다는 것)을 상기해보라. (시간 내에서 시간을 초월하는 것을 생각할 수 있게 해줄) 그 개념의 그 어떤 시간적 판본도 르포르와는 달리 그에게는 제시되지는 않았다. 왜 그랬을까? 포이어바흐가 착수한 일은 영원성 개념을 시간의 유한한 전방 운동 속에 —— 즉 전진 속에 —— 구현함으로써 초월의 모든 흔적을 제거하는 것이다. 하지만 이미 제안했듯이 영원성의 제거는 근대기에 독특한 문제를 제기한다. 그것은 시간의 통 속에 사회를 용해시킬 위험이 있는 것이다. 전진이 이해 가능한 것이 되기 위해서는 무언가가 지속

---

21 | "What is an Author?" (*Language, Counter-Memory, Practice*, ed. and trans. Donald Bouchard & Sherry Simon [Ithaca: Cornell Univ. Press, 1977]) [「저자란 무엇인가?」, 『구조주의를 넘어서』, 이정우 엮고 옮김, 인간사, 1990]에서 미셸 푸코는 두 명의 작가, 즉 마르크스와 프로이트를 위해 이 단독적이고 불멸한 지위를 확보해둔다. 누군가는 그 논문의 질문에 이런 식으로 답할지도 모르겠다. 한 사람의 작가는 우리에게는 죽지 않는, 그의 텍스트로 우리가 계속 되돌아가는, 그리고 그의 장소가 그 어떤 지성적 계승자에게도 점유되지 않는 한 사람의 필자writer라고 말이다.

되어야 하는 것으로 보인다. 실제로 칸트는 바로 이렇게 논했다. "무한한 전진은… 이성적 존재자의 무한히 지속하는 실존…을 전제하고서만 가능하다."[22] 그러나 그는 영혼의 불멸성에 대한 요청을 방어하는 가운데 이러한 논의를 내놓았던 반면, 주석가들은 그의 논의가 — 도대체가 의미가 있으려면 — 불멸의 육체를 요구한다고 지적해왔다.[23] 포이어바흐는 행복을 추구하는 육체들의 무한한 연속으로서의 후대라는 자신이 제안한 개념 속에서 그 문제와 그 문제의 해결을 위한 육체적 요구를 암묵적으로 인정하고 있다. 그런데 그 개념은 불멸의 개인적 육체라는 겉보기에 자기모순적인 개념을 멋지게 피해가고 있다.

이 해법의 골자는 순전하면서도 계속적인 연속이다. 그 어떤 육체도, 예컨대 구체제ancien régime 시기에 군주의 육체가 그러하다고 생각되었던 방식으로 불멸성을 혼자서 소유하거나 실현하지 않는다. 연속만이 개인 탐구자가 인간성의 한계들 없이 전체 내에 포섭, 포함될 수 있게 해주며, 또한 사회를 시간의 분쇄로부터 구해준다. 이러한 해법은 또한 하찮은 몫의 진보를 이루는 개인과 그 개인이 추구하는 행복을 "풍부하게 소유"[24]하는 후대 간의 구조적 불만족, 참을 수 없는 간극을 누그러뜨린다. 마지막으로, 이 해법은 인간 지식의 한계들이 단지 일시적일 뿐이며 따라서 점차 제거될 수 있다고 주장할 수 있게 해준다.

---

22 | Immanuel Kant, *Critique of Practical Reason*, trans. Mary Gregor (Cambridge: Cambridge University Press, 1997), pp. 102-103. [칸트, 『실천이성비판』, 백종현 옮김, 아카넷, 2004, 258-259쪽.]

23 | Lewis White Beck, *A Commentary on Kant's Critique of Practical Reason* (Chicago: Univ. of Chicago Press, 1960), pp. 270-71; 그리고 Alenka Zupančič, "Kant with Don Juan and Sade", in *Radical Evil*, ed. Joan Copjec (London and New York: Verso, 1996), pp. 118-19를 보라.

24 | [Blumenberg, *The Legitimacy of the Modern Age*, p. 445.]

포이어바흐가 삶을 역사적 시간 속에 끼워 넣기 위해 영원성으로부터 삶을 다시 낚아채고자 한 것은 옳은 일이다. 하지만 문제는 그에게 이러한 끼워 넣음이란 삶을 생물학적 측면에서만 이해할 수 있게 됨을 의미한다는 것이다. 다시 말해 삶을 유한한 것으로서, 혹은 삶의 시간적 한계인 죽음에 의해 정의되는 것으로서 이해할 수 있게 됨을 의미한다는 것이다. 개별 인간과 그/녀의 후대의 관계에 대한 포이어바흐의 기술은 동물 한 마리와 그 동물의 종種의 관계에 관한 아리스토텔레스의 기술에 대하여 하나의 대안을 제공하려는 노력인데, 이 관계는 동물을 영원한 것으로, 영원히-순환하는 생명의 일부로 간주한다고 아리스토텔레스는 주장한다. "자연은 순환을 통해 종들에게 영원한 존재를 보장하지만 개체에게는 그와 같은 영원한 존재를 보장할 수 없다."[25] 그러나 만일 인간의 생명에 대한 포이어바흐의 생물학적 정의가 그럼에도 불구하고 개별 주체를 그 "동물적 차원"으로 환원할 위험이 있다면, 이는 그 정의가 아리스토텔레스가 아니라 생명에 관한 근대의 문제적 정의와 너무도 많은 것을 공유하기 때문이다.

우리는 어떠한 개념을 참조하며, 또한 왜 그 개념은 문제적인가? 소논문 「폭력비판을 위하여」의 말미에서 발터 벤야민은 "한 존재의 행복과 정의보다 존재 자체가 더 상위에 있다"는 친숙한 주장을 경멸적으로 언급하면서 이 개념을 분리해낸다. 생명 자체의 신성함에 대한, 즉 "신체적인 생명, 동류의 인간에 의한 손상에 취약한 생명"의 신성함에 대한

25 | Aristotle, *Economics*, 1343b24; Hannah Arendt in *The Human Condition* (Chicago: Univ. of Chicago Press, 1958), p. 19에서 재인용. [한나 아렌트, 『인간의 조건』, 이진우·태정호 옮김, 한길사, 1996, 68쪽, 원주18.]

이러한 믿음을 "잘못되었고 심지어 천박"하다고 판정하면서, 그는 그 믿음이 아마도 최근의 기원에서, 즉 "취약해진 서구 전통의 마지막 혼란으로서, 그 전통이 잃어버린 성자를 우주론적으로 파고들어갈 수 없는 어떤 것 속에서 찾으려 하는 것"에서 나왔으리라고 추측한다.[26]

『호모 사케르: 주권 권력과 벌거벗은 생명』에서 조르조 아감벤은 벤야민의 제안을 더욱 파고들어 이러한 교의의 출현을 추적하는데, 거기서는 **벌거벗은 생명**, 혹은 그 어떤 정치적 형식이나 "보호복"도 벗겨진 생명 그 자체가 신성한 것으로 간주된다. 고대 그리스에서는 비오스 bios(정치적 영역 내에서 정의되는 삶의 형식이나 방식)가 조에zoe(짐승과 인간과 신 모두에게 공통되는, 살아 있음이라는 단순한 사실)와 구분될 수 있었고 또 체계적으로 구분되었던 반면, 근대 사회에서는 — 그가 주장하기를 — 비오스와 조에가 융합되면서 벌거벗은 생물학적 생명이 근대 정치의 문제 자체가 되었다. 그리하여 아감벤은 19세기 중반에 — 혹은 "생물학적 근대성의 문턱"에서 — 자연적 생명은 국가의 일차 관심사가 되었으며, 그 결과 정치는 **생명정치**가 되었다는 푸코의 테제를 채택한다. "생명 과학들"의 발전과 함께 (권력이 지리적 영토의 소유와 통제를 통해 자기를 내세웠던) 낡은 "영토 국가"는 (권력이 토지보다는 생명 그 자체를 통치하는) "인구 국가"에 길을 내주었다. "단순

---

26 | Walter Benjamin, "Critique of Violence", *Illuminations*, ed. Peter Demetz, trans. Edmund Jephcott (New York and London: Harecourt Brace Jovanovich, 1978), pp. 298-299. [발터 벤야민, 「폭력비판을 위하여」, 『발터 벤야민 선집 5』, 최성만 옮김, 도서출판 길, 2009, 113-115쪽.] 벤야민은 모든 몰역사적인 반대를 미연에 방지하기 위해 다음과 같이 덧붙인다. "살인을 금지하는 모든 종교적 계율들의 오랜 전통은 이것에 대해 아무것도 말해주지 못하는데, 그 이유는 그 계율들에는 현대의 정리의 경우와는 다른 사상이 바탕에 깔려 있기 때문이다." [115쪽.]

히 살아 있는 신체로서의 종과 개체가 한 사회의 정치 전략에서 중요한 관건이" 된다.[27] 생물학적 기반에서 나온 포이어바흐의 "행복충동" 개념은 이러한 배경 하에서 이해되어야 한다. 그것의 정치적 윤곽이 불길한 형태를 띠는 것은 이러한 맥락에서다.

조금 전에 말했듯이 근대의 정치권력이 그 권력이 주권을 발휘하는 생명과 동외연적이 되거나 **융합**된다면, 이는 너무도 역설적이게도 벌거 벗은 생명이 삶의 형식들로부터 — 즉 살아 있는 개인에게 일정한 권리와 권력이 부여되는 정치적 영역으로부터 — 분리될 수 있다고 선언함으로써 그렇게 되는 것이다. 다시 말해 벌거벗은 생명이 제기하는 예외상태에 의해 촉발되어 (항구적인) 예외상태를 선언함으로써만 근대 권력은 자기제한적인 법을 중지시키고 저 동일한 벌거벗은(혹은 이제, 정치적으로 취약한) 생명을 지배하는 절대적 권력을 떠맡을 수 있다. 이런 식으로 벌거벗은 생명은 정치권력 — 즉 벌거벗은 생명을 그 생명의 영역으로부터 배제된 것으로서, 동시에 정치권력이 지배하는 바로 그 영토로서 발명하는 정치권력 — 과 거의 구분할 수 없는 것이 된다. 하지만 그렇다고 하더라도『호모 사케르』는 — 권력의 전략들이 구성하는 벌거벗은 생명이라는 개념보다는 — 권력의 전략들을 탐구하는데 더 관심을 기울인다. 그러므로 그 책의 푸코 참조는『성의 역사』와『말해진 것과 씌어진 것』으로 제한되어 있다. 거기서 초점은 우선적으로 이러한 전략들에 있다. 즉 인간의 생명에 관한 생물학적 정의의 출현에 있다기보다는, 푸코가 말하는 대로, 개념상의 "인간의 동물화"에 있

---

27 | Giorgio Agamben, *Homo Sacer: Sovereign Power and Bare Life*, trans. Daniel Heller-Roazen (Stanford: Stanford University Press, 1998), p. 3. [조르조 아감벤,『호모 사케르: 주권 권력과 벌거벗은 생명』, 박진우 옮김, 새물결, 2008, 36-37쪽.] 이 문헌에 대한 이후의 참조는 본문에 표기될 것이다.

다. 그렇다면, 정치적 테크닉과 ("개인이 자신을 그 자신의 정체성과 의식에 결박하는 동시에 외부의 권력에 결박하도록 하는 주체화 과정"[28]에서 이용되는) 자아의 테크놀로지가 수렴하여 근대 주체를 특징짓는 저 "자발적 복종"의 형식을 산출하는 방식을 보여주는 데 실패했다면서 아감벤이 푸코를 흠잡을 때, 우리는 생명에 대한 생물학적 정의에 관해 더 많이 알아야 할 필요성을 인식한다. 어떻게 근대 권력이 그토록 철저하게 ― 그토록 지치지 않고 ― 벌거벗은 생명에 뿌리를 내릴 수 있는지를 설명할 수 있으려면 말이다. 생명에 대한 이러한 정의에서 도대체 무엇이 권력으로 하여금 생명을 그처럼 광범위하게, 심지어 모세혈관 속까지 장악할 수 있게 해주는 것일까?

이 질문에 대한 답은 아니지만, 『임상의학의 탄생』이, 그중에서도 푸코가 생물학적 모더니즘을 "죽음론mortalism"이라고 특징짓는 "시체를 열어보다"라는 장이 답을 제공하기 시작할 수도 있다. 프랑스의 생리학자 비샤를 이러한 모더니즘의 개념적 선봉에 위치시키면서 푸코는 비샤의 혁신을 다음과 같이 기술한다.

> 살아 있는 현상의 특수한 성질을 구분해내려는 가운데 비샤는 [죽음의] 위험성을 그 특수성에 연결시켰다. … 정의상 생명이 저항하는 죽음. 비샤는 죽음 개념을 상대화했고, 분리 불가능하고 결정적이며 회복 불가능한 사건으로 보이는 절대적인 모습을 죽음에서 제거했다. 그는 죽음 개념을 활성화시켜, 분리되고 부분적이며 점진적인 죽음, 너무 느리게 발생하기에 죽음 그 자체 너머로까지 연장되는 죽음의 형태로 죽음을 일상적인 삶 속에 퍼뜨렸다.[29]

---

28 | Ibid., p. 5 [같은 책, 40쪽.]

푸코가 『임상의학의 탄생』을 통해 이야기하는 "의학적 시선", 즉 아감벤의 용어로 주권 권력의 시선은 생명에 내재하는 어디에서나 죽음을 보는 눈, 어디에서나 생명에 대한 이 위협을 보는 눈, 그리고 바로 이러한 편재성 속에서 그 자신의 음험하고 똑같이 편재적인 통제를 위한 구실을 찾아내는 눈이다. 생명이 죽음에 의해 정의되는, 즉 생명에 죽음이 스며드는 것과 정확히 같은 정도로, 생명에 권력이 스며들게 된다.

벤야민의 정식으로 돌아가 보면, 19세기 이래로 "신체적인 생명"은 본질적으로 질병의 과정들뿐만 아니라 같은 인간으로 인해서도 "손상에 취약한" 생명으로 정의된다. 이러한 통념의 새로움을 가늠해보기 위해 벤야민은 그의 독자들에게 우리가 지금은 신성한 것으로 이름붙이기로 한 이 본질적인 취약성이 고대에는 죄의 표식을 띠고 있었다는 사실, 즉 그것은 비천함의 징표였다는 사실을 생각해 보라고 요구한다.[30] 물론 인간의 생명은 언제나 질병과 죽음에 취약한 것으로 알려져 있었다. 그러나 오직 19세기에야 이 취약함은 권력의 담론들에 의해 인간 생명의 본질적인 측면으로서 신성화되었다. 하지만 아감벤은 벌거벗은 생명이라는 이 개념을 단순히 이전 사고와의 단절로 보는 게 아니라 역사 전체에 걸쳐 벌거벗은 생명과 주권 권력 간의 연결이 점차 응결되는 것의 정점으로 봄으로써 푸코와 벤야민을 떠난다. 그리하여 그가 예컨대 "단순한 자연 생명이 아니라 죽음에 노출된 생명(벌거벗은 생명 혹은 신성한 생명)이 근원적인 정치적 요소이다"라고 선언하는 것은 로마법을

---

29 | Michel Foucault, *The Birth of the Clinic*, trans. A. M. Sheridan Smith (New York: Vintage, 1975), p. 145. [미셸 푸코, 『임상의학의 탄생』, 홍성민 옮김, 인간사랑, 1993, 244쪽.]

30 | Benjamin, "Critique of Violence", p. 299. [「폭력비판을 위하여」, 115쪽.]

논의하던 도중인데, 이런 의미에서 그것은 근대의 법률-사법 질서에 대한 논의와 그리 다르지 않다.[31]

『호모 사케르』의 끝에서 두 번째 장인 "죽음을 정치화하기"는 두 명의 프랑스 신경생리학자가 과혼수상태coma depassé라고 용어화했던 것에 관한 1959년의 연구를 참조하면서 시작된다. 그것은 혼수상태의 ― 즉 죽음이 삶을 침입한 상태의 ― 정도가 이전에 생명이 붙어 있는 것으로 통할 수 있었던 것보다 훨씬 더 많이 생명 기능을 상실한 정도에 이른 혼수상태 등급을 말한다. 그 장의 논의는 생명유지 테크놀로지의 발전이 죽음의 한계를 이전의 기준들이 설정한 한계 너머로 밀어붙임으로써 의학이 죽음을 재정의하도록 이끌었다는 것이다. 그리고 죽음의 한계가 연장됨에 따라 주권 권력의 도달범위도 연장되는데, 주권 권력은 이제 새로운 시민계급, 즉 "식물인간" 혹은 가짜 생체faux vivants, 다시 말해 권력이 독특한 종류의 통제를 가하는 새로운 "산주검living dead"의 운명을 결정하기 시작한다. 아감벤은 우리에게 다음과 같은 사실에 대해 증인이 되어줄 것을 요청한다. 즉 최근에 이처럼 생명 기능들의 정지 너머로 생명이 연장되고 그 결과 국가 권력이 증대된 것은 19세기에 ― 죽음을 절대적이고 유일무이한 사건이 아니라, 생명에 내재하며 시간을 통해 분산되고 "죽음 그 자체 너머로" 연장되는 다중적 현상으로 이해했던 ― 생명과학의 출현에 의해 가능해졌다는 사실이 그것이다. 하지만 아감벤의 논의에서 가장 독창적인 측면들 중 하나는, 앞에서 암시된 바와 같이, 역사적인 설명과 형이상학적 설명을 연결시킨 점이다. 아감벤이 생명정치의 중대한 범죄들에 근거하여(그의 서사 속에서는 나치의 강제수용소가 이 정치의 범례적인 사회정치적 단위로

31 | Agamben, *Homo Sacer*, p. 88. [『호모 사케르』, 184-185쪽.]

서 도시를 대체하게 된다) 고발하고자 하는 것은 결국 어떤 형이상학적 전통이다. 왜냐하면 그는 이렇게 주장하기 때문이다. 생명정치는 그 고유의 요소 — 벌거벗은 생명 — 를 분리해내는 방식에 의해 형이상학적 전통과의 근본적인 공모를 드러낸다. 다시 말해 그는 벌거벗은 생명을 정립하는 것과 순수한 존재를 정립하는 것은 엄밀하게 등가적이라고 본다. 양자 모두가 "무규정적이고 불가해한" "사유 불가능한 한계"와의 조우(그러고 나서 이 요소들은 그 한계 너머에 거주하는 것으로 가정된다)에 대한 응답으로서 나오는 것인 한에서 말이다.[32] 이러한 분석에 따르면 예외의 논리가 로마 시 건설[33] 이래로 자리 잡고 있으면서 정치적 삶의 질서의 한계와 너머를 정립했다. 이 논리는 결국 수용소 개념과 수용소의 건설을 지지했다. 따라서 고전적 도시에서 분열들이 일시적으로 명멸할 수 있었던 동안 안티고네는 크레온에 대항하여 한 번은 반역을 일으킬 수 있었겠지만, 이러한 분열과 저 반역은 주권 권력의 자양분이 되었던 예외의 논리에 의해 언제나 위험에 처해 있었다. 그리고 지금 "조에와 비오스, 사생활과 정치적 실존, 단순히 살아 있는 생명체로서 가정을 고유한 공간으로 삼는 인간과 정치적 주체로서 국가를 고유한 공간으로 삼는 인간 사이의 고전적 구분은 더 이상 찾아볼 수 없게 되었다."[34] 더욱이 "여러 인문과학, 사회학, 도시계획, 건축학이 그것의 핵심에는… 20세기의 거대 전체주의 국가들의 생명정치를 규정하는 벌거벗은 생명이 한결같이 자리 잡고 있다는 사실은 분명하게 깨닫지 못한 채 오늘날 전 세계 도시들의 공적 공간을 사유하고 조직하기 위해

---

32 | Ibid., p. 182. [같은 책, 343쪽.]

33 | [ab urbe condita. 즉, 기원전 753년.]

34 | Ibid., p. 187. [같은 책, 352쪽.]

사용하는"[35] 근거인 현재의 모델들은 이러한 벌거벗은 육체적 ─ 혹은
동물적 ─ 생명의 정치를 단순히 **영속시킬** 위험이 있다.

　사실상 이러한 정치를 영속시킬 위험이 없는 모델을 상상하는 것은
─ 독자에게뿐만 아니라, 의심해보건대, 구제 불가능할 정도로 암울한
최종판결을 내놓는 아감벤 자신에게도 ─ 거의 불가능하다. 아이러니
하게도『호모 사케르』의 분석이 지닌 설득력은 하나의 대안을 공식화한
다는 이미 어려운 과제에 또 다른 장애물을 덧붙인다. 아무리 생산적인
방식일지언정 역사적 연속성을 강조함으로써, 아감벤은 19세기 "생명
과학들"이 나타냈던 파열을 경시하는 쪽으로 이끌리니까 말이다. 그런
데 생명에게로 권력을 복원하기 위해 필요한 것은 바로 파열이라는 개
념, 즉 그 내재적 조건들과 단절할 수 있는 사유나 행위라는 개념이다.
하지만 우리가 직면한 가장 방심해서는 안 되는 난점은 죽음이 생명
속에 끼워 넣어져 있다는 교의에 우리 자신이 속고 있다는 사실이다.
다시 말해 우리는 이러한 과학들이 배양하는 육체적 유한성이라는 테
마, 혹은 벌거벗은 생명이라는 테마의 희생자로 남아 있다. 알랭 바디우
는『아트포럼』과의 인터뷰에서 다음과 같은 중요한 의견을 내놓는다.
"여전히 오늘날 우리와 함께 하는 진정한 낭만적 유산은 유한성의 테마
입니다. 인간 조건에 대한 파악은 근본적으로 그 조건의 유한성을 이해
하는 가운데 발생한다는 생각은 덧없으면서도 **신성한 거리**를 두고서
무한성을 유지합니다. … 바로 그 때문에 나는 니체 이래로 철학을 위한
진정 현대적인 유일의 요구는 **무한성의 세속화**라고 생각합니다"(강조는
나의 것).[36]

───
35 | Ibid., pp. 181-182. [같은 책, 342쪽.]

36 | Alain Badiou, "Being by Numbers", Lauren Sedofsky와 Badiou의 인터뷰,
　　Artforum, 1994년 10월호, p. 87. 바디우는 더 나아가 자신의 수학적이고

동물적 생명의 근대적 신성화를 폄하하는 벤야민과 푸코의 분석에 덧붙여진, 그처럼 언명된 이 진술은 오늘날의 어떤 상투어들에 대한 한참 뒤늦은 교정으로서 우리에게 충격을 준다. 하지만 육체적 유한성이란 우리의 낭만적인 허세들을 좌절시키는 냉정한 사실이라고 계속 오인하는 문화이론가들에게 그 판단은 이해할 수 없는 것으로 남을 것이다. 이 이론가들에게서 한계는— 그 한계가 정치적 모더니즘의 팽창주의 및 그것의 보편주의 개념, 의지 개념을 제한하리라고 가정되는 한— 거의 언제나 찬양받는다(이는 아주 약간만 캐리커처한 것일 뿐이다). 그렇다고 할 때 그들에게서 육체는 탁월한 한계, 즉 초월에 대한 여하한 주장에 종지부를 찍는 한계다. 하지만 바디우가 여기서 제안하는 것은 육체적 유한성에 관한 우리의 관념이 초월의 지점을 가정한다는 것이다. 아감벤처럼 바디우는 우리가 어떤 너머를 전제한다는 조건에서만 죽음은 육체 속에 내재화된다고 주장한다.

이 경우에 요구되는 것은 육체에 대한 현재의 관심을 포기하는 것이 아니라 그것을 재고해보는 것이다. 이러한 재고는 근본적인 재창안을 수반하지 않아도 될 것이다. 왜냐하면 사실상 육체에 대한 또 다른 개념이 바로 (벌거벗은) 생명 과학들이 제공한 것에 대한 도전으로서 이미

단호하게 무신론적인 기획을 다음과 같이 진술함으로써 요약한다. "무신론의 철학적 운명은 근본적인 의미에서 존재의 문제와 무한성의 문제 간의 상호작용에 놓여 있습니다. … 수학은 무한성을 가장 분명한 방식으로, 즉 그것을 형식화함으로써 세속화합니다. 수학이 존재론적이라는 테제는 철학을 존재의 문제로부터 분리하는 것, 그리고 유한성이라는 주제로부터 자유롭게 하는 것이라고 하는 이중의 부정적 가치를 갖고 있습니다." "죽음을-향한-존재"라는 하이데거적 관용구로 축도되며 해체에 의해 허풍쳐진, "인간의 유한성"이라는 암암리에 신학적인 주제는 이 쟁점에 관해 라캉에 충실하게(이 용어의 주의 깊게 이론화된 의미에서) 남아 있는 바디우에 의해서 준엄한 도전을 받는다.

제안되었기 때문이다. 내가 말하는 그 개념은 정신분석이 제안한 것이다. 정신분석에서 육체는 **죽음**의 자리로서 "생명정치적으로" 이해되기보다는 오히려 성의 자리로서 이해되고 있다. 푸코가 주장했던 것과는 반대로 정신분석에 의해 이루어지는 육체의 성화sexualization는 생명정치의 체제에 참여하지 않는다. 오히려 그것에 반대한다. 바디우의 표현을 빌자면 이런 식으로 말할 수 있을 것이다. 성화된 육체에 대한 정의를 통해 정신분석은 무한성에 대한 세속화된 개념을 세상에 제공했다. 혹은, 칸트가 분명하게 표명할 수 없었던 불멸의 개별 육체라는 개념은 마침내 프로이트에게서 사유 가능한 것이 된다.

하지만 악명 높게도, 『쾌락 원칙을 넘어서』에서 진술된 프로이트의 결론, 즉 **삶의 목적**은 **죽음**이다라는 결론은 표면적으로만 보면 내 주장과는 모순되는 것으로 보인다. 이 진술 하나로 제한할 때, 프로이트의 이론은 ─ 그 이론이 죽음 충동을 삶의 핵심에, 그리고 삶의 다양한 야심들의 핵심에 놓는 한 ─ 당시의 생-이론bio-theory과 조화를 이루고 있는 것으로 보일 것이다. 라캉은 이러한 결론에서 주춤거리지 않고, 심지어 프로이트에게는 어떠한 삶 충동도 없다고, 모든 충동은 죽음 충동이라고 주장함으로써 그 결론에 버팀목을 대준다. 하지만 그럼에도 불구하고 그는 죽음 충동에 대한 지나치게 단순한 해석을 문제 삼는다. 그러한 해석은 죽음 충동을 주체가 종종 자신의 안녕보다는 죽음이나 불행을 선택한다는 사실을 설명하는 것에 불과한 것으로 본다. 왜 사람들은 자살을 하거나 그 자신의 이익에 반하여 행위하는가? 죽음 충동 때문이다. 만일 이것이 죽음 충동에 있는 전부라면 그 충동은 프로이트 자신이 개념적 유효성에 대해 설정한 기준에 부응하지 못했을 것이다. 정의할 수 있는 거의 모든 행동을 설명하기 위해 창안된 충동들("수집 충동", "쇼핑 충동" 등)의 증식을 접하여, 불만에 찬 프로이트는 우리의 지식에 새로운 그 무엇도 추가하지 못하면서 이미 알려진 특정 효과에 실체화된 원인을 부과하는 데 불과한 개념은 공허하고 무용하다고 주장했다. 죽음 충동의 효과들 중 하나가 죽음의 자유로운 선택일 수도 있겠지만 이는 결코 그 충동의 유일하거나 심지어 확실시되는 결과가 아니다.

죽음 충동이란 왜 삶이 죽음을 목적으로 삼는가를 설명하는 것을 돕기 위해 고안된 사변적 개념이라는 프로이트의 역설적 주장은 사실상 이야기의 절반만을 말해줄 뿐이다. 나머지 절반은 두 번째 역설에 의해 드러난다. 죽음 충동은 그 목적을 성취하지 **않음**으로써 만족을 성취한다. 더욱이 충동이 목적을 성취하는 것을 막는 **억제**는 프로이트 이론 내에서 외래적이거나 외부적인 **장애물**에 기인한 것이라고 이해되지 않으며 오히려 충동 자체의 바로 그 **활동**의 일부인 것으로 이해된다. 죽음 충동의 온전한 역설은 그렇다면 이것이다. 즉 충동의 **목적Ziel**은 죽음인 반면, 충동의 고유하고 실정적인 활동은 그 목적의 달성을 억제하는 것이다. 충동은 그 자체로 zielgehemmt, 즉 자신의 목적에 대해 억제되어 있다. 즉 승화되어 있다. "목적의 억제를 통한 충동의 만족"은 바로 승화의 정의다. 그렇다면 승화에 대한 통속적인 이해와는 반대로, 승화란 특별한 상황 아래서 충동에 일어나는 어떤 것이 아니다. 그것은 충동의 고유한 운명이다. 충동과 승화의 이러한 제휴는 승화에 관한 진부한 오해, 즉 승화는 더 노골적이고 육욕적인 쾌락을 더 사회적으로 존중할 만하거나 정련된 쾌락으로 대체한다는 오해를 해명해준다. 라캉은 『윤리』 세미나에서 죽음 충동을 "창조주의적 승화"라고 몇 차례 지칭함으로써 죽음 충동에 관한 자신의 복잡한 논의를 요약한다. 의미심장하게도 『정신분석의 네 가지 근본 개념』에서 라캉은 충동에 관해 논의하던 중 헤라클레이토스의 다음과 같은 단편을 정신분석을 위해 전유하면서 인용한다. "활Biós의 이름은 삶Bíos이고, 그것이 하는 일은 죽음이다"(SXI: 177).[37] 그리스어 말장난은 말하자면 삶에 — 특히 삶의 형식에 — 고유한 강세를 주기 위해 강조되고 있다. 삶은 여기서 죽음과 합류할 수도 있지만, 곧 보게 될 것처럼 생명정치에서와 같은 방식으로 그런 것은 아니다.

비샤를 비롯한 인물들과 동시대인으로서 역사적으로 "생물학적 근대성의 문턱"에 위치해 있었으므로 헤겔은 안티고네의 행위를 죽음의 지점에서 고려했다. 그가 주장하기를, 그녀의 행동은 살아 있는 자가 아니라 죽은 자, 즉 "장기간에 걸친 온갖 삶의 굴곡을 거쳐서 하나의 완결된 형태로 자신을 마무리 지었으며, 우연에 휘둘려온 삶의 번거로움을 벗어던지고 단순하고 안정된 보편적인 모습을 띠기에 이른 사자死者"에 관심을 두고 있다(451문단 [『정신현상학 2』, 28쪽]). 다시 말해 안티고네의 행위는 보편적인 존재와 관계하고 그것의 특수한 측면에 관계하는 것이 아닌 한, 헤겔의 용어로 윤리적이라고 간주될 수도 있다. 그리고 그 행위는 죽은 자를 위해서 취해지고 그리하여 존재를 완성하는 한, 보편적인 존재와 관계한다. 하지만 죽음이 초래한 보편성, 즉 완전성은 그저 추상적인 것이기에 문제가 발생한다. 그것은 자기의식적 주체의 산물이 아니라 자연적인 생물학적 과정의 산물이기 때문이다. 그렇다면 안티고네의 임무는 그녀의 매장 행위를 통해 의식적으로 "두 번째 죽음"을 수행함으로써 이러한 첫 번째 생물학적 죽음과 추상적

───
37 | [라캉, 『정신분석의 네 가지 근본 개념』, 268쪽. bios는 첫 음절에 강세가 있을 때 '삶' 또는 '생명'이고 뒤의 음절에 강세가 있을 때 '활'이다. 『소크라테스 이전 철학자들의 단편 선집』(김인곤 외 옮김, 아카넷, 2005)에는 다음과 같이 번역되어 있다: "활toxon에게 그 이름은 삶bios이지만, 하는 일은 죽음이다"(242쪽).]

보편성으로부터 오빠를 구제하는 것이다. 그녀는 오빠가 — 그의 삶은 죽음에 의해 최종적으로 형태화되었다 — 더 이상 스스로 성취할 수 없는 자기의식적 삶의 반영적 순환을 오빠를 위해 완성해야만 한다. 그러나 이제는 그녀의 행위에 의해 축성되어 "보편적 개별성" — 여기서는 공동체적으로 인식된 개별성을 의미할 뿐인 — 의 존엄으로 고양된 그 자신의 특수성, 그 자신의 육체적 유한성 말고 무엇을 그녀가 그에게로 되돌려 반영할 수 있겠는가? 폴리네이케스는 이로써 그 자신의 "불멸의 개체성" 안에, 그 자신의 불멸의 유한성 안에 영원히 매장된다. 이런 식으로 벌거벗은 동물적인 생명은 존엄해졌고 신성해졌다.

헤겔이 보기에 잘못은 — 즉 안티고네의 행위가 궁극적으로 크레온의 행위만큼이나 타협적인 것이며 특수성을 위해 보편성을 희생시키는 결과가 된 이유는 — 죽음에 있다. 그것은 나가는 여정을 돌아오는 여정과 분리시키며, 자기반영성의 회로를 폴리네이케스의 시체로 표상되는 한낱 생물학적이거나 육체적인 생명(헤겔의 어휘로는 "한낱 존재자"[38])과 욕망이 일소된 육체 없는 행위로 분할한다. 죽은 자에게서 절연된 육체는 헤겔의 논의에서 오직 죽은 것으로만 나타난다. 그리고 행위는 육체의 유한성을 안치하는 것 이상의 일을 하기에는 무력하다. 라캉의 평가에 따르면 잘못은 헤겔이 최소한 이 지점에서 생물학적 죽음에 너무 많은 것을 양보한다는 데 있다. 비록 『정신현상학』 전체가 — 필립 아리에스의 방대한 연구에 따르면, 이 역사적 순간에 새롭게 외설적인 것이 된[39] — 육체적 유한성과 죽음을 통어하려는 일련의 연속적

---

38 | ["mere existent". 이는 한국어본에서 "운동의 출발점이 되는 존재"라고 번역된 것에서 "존재"에 해당한다(『정신현상학 2』, 29쪽). 헤겔은 "한낱"이라는 수식어를 붙이지 않았으며, "한낱"을 뜻하는 "mere"는 영역자가 의미 보충을 위해 넣은 것이다.]

노력으로 구성되어 있다 할지라도 말이다.

라캉의 해석은 육체가 오히려 어떤 다른 외설성 — 즉 무한성, 불멸성의 새로운 차원을 여는 향유 — 의 현장이라는 인식에 의존하고 있다. 따라서 라캉은 안티고네의 행동을 오빠에게 "불멸의 개체성"을 수여하는 것으로서가 아니라 "가족 아테의 불멸화"로서 기술하게 된다. 그러나 이 차이는 안티고네가 죽은 자, 그녀 가족의 과거, 혹은 그 도시와 맺고 있는 관계와 관련하여 무엇을 의미하는가? 또한 그것은, 더 이전 논의의 용어로 돌아가서, "개별적 유기체"(이는 프로이트 말대로 "세대 진행 과정에서 개체가 물려받은 준–불멸의 생식 세포질에 붙어 있는 일시적이고 유한한 부속물"[40]로 볼 수도 있다)와 종의 관계와 관련하여 무엇을 의미하는가? 마지막으로, 헤겔의 분석이 분리한 항목들인 육체와 행위를 라캉이 다시 연결시킨다는 우리의 논의는 승화가 행위를 — 그것이 물리적 행위든 사유의 행위든 — 육체의 통제로부터 떼어놓는다는 프로이트의 주장과 어떻게 화해할 수 있는가?

가장 기본적인 수준에서 시작해보자. 죽음은, 그리고 오직 죽음만이 모든 충동의 목적이다. 이것은 프로이트의 명제다. (동물에게서만 발견될 수 있는) 성 본능의 목적이 성적 재생산이라면, (때로 프로이트가 리비도적 충동이라고 부르는) 충동의 목적은 죽음이다.[41] 이것은 성교라

---

39 | Phillippe Ariès의 *Essais l'histoire de la mort en Occident, du Moyen Age à nos jours* (Paris: Seuil, 1975)는 르포르가 근대의 불멸성에 대한 분석을 위해 의존하는 자료 중 하나다. [필립 아리에스, 『죽음의 역사』, 이종민 옮김, 동문선, 1998.]

40 | Sigmund Freud, "Instincts and Their Vicissitudes", SE, 14: 125. [「본능과 그 변화」, 『정신분석학의 근본 개념』, 윤희기·박찬부 옮김, 열린책들, 2003, 111쪽.]

41 | 그러한 대조는 결코 이처럼 완고하게 진술되지 않는다. 오히려 본능은

는 목적을 위해 같은 종의 다른 개체를 향해 나아가도록 주체를 방향
짓는 그 어떤 기원적인 삶 충동도 없음을 의미할 뿐만 아니라, 가령 포이
어바흐가 믿었던 것처럼 단순한 호기심 때문에 주체를 외부 세계로 향
하게 하는 그 무엇[지식충동]도 없음을 의미한다. "개별 [주체들]은 죽
어야만 할지라도 [주체들의] 공동체는 살아남을 수" 있게 해줄 타인들
과의 여하한 종류의 융합을 향해, "생명의 연합"을 향해 나아가게끔
주체를 몰아대는 충동이란 없다. 그것은 프로이트가 "시인들과 철학자
들의 에로스"[42]라며 기각하는 개념이다. 프로이트는 "고도의 발전을 지향
하는 보편적인 본능이 존재하지 않는다는 것에는 의문의 여지가 있을 수
없다"고 단호하게 주장한다. 그렇다면 우리는 인간에게 완벽 혹은 진보
를 향한 충동이 있다는 "자애로운 환상illusion"을 확실하게 거절해야
한다(SE 18: 41: 강조는 나의 것 [같은 책, 314, 315쪽]). 충동은 통일체의
안정화나 발전의 미욱한 진보로부터 멀어지도록 혹은 그것에 반하도록
밀어붙인다. 그러나 쇼펜하우어 철학의 사유들("죽음은 '진실한 결과이

성적 재생산을 향한 생득적이고 생물학적인 "지식"/압력으로서 기술되는
반면 충동은 이러한 궤도의 일종의 탈선이라고 말해진다. 따라서 충동은
일종의 실패한 본능이 된다. 이러한 기술은 오해하기 쉬운 것인데, 왜냐하
면 그 기술은 (1) 비록 그것이 그것에 대항하고자 할지라도 견지하고자
하는 규범적 관점을 허용하기 때문이고, (2) 경험적 세계를 향한다기보다
는 그로부터 멀리 떨어져 있는 충동의 진정한 목적을 불명료하게 하며,
(3) 인간의 성sexuality의 개념화를 혼란시키고, (4) 죽음 충동의 이중의
역설을 지워 없애기 때문이다. 그 대조에 대한 나의 재진술은 이러한 문제
들을 교정하기 위해 고안된 전략적 개입이다.

42 | Sigmund Freud, *Beyond the Pleasure Principle*, SE, 18: 50. 이 문헌에
대한 앞으로의 참조는 본문 속에서 제시될 것이다. [「쾌락 원칙을 넘어서」,
『정신분석학의 근본 개념』, 윤희기·박찬부 옮김, 열린책들, 2003, 324-5
쪽.]

며 그러한 정도로 삶의 목적'이다'.[43])이 마음속에 떠올라 우리를 헤매게 하기 전에, 우리는 프로이트가 뒤얽힌 죽음 충동들이 쇼펜하우어의 것과 같은 그러한 체계의 목적론에 반해서 작동한다고, 그리고 그 대신에 주체를 위해 "잠재적 불멸이라고 간주할 만한 것"(SE 18: 40 [같은 책, 312쪽])을 획득해내는 방향으로 작동한다고 기술하고 있음을 상기해야 한다. 어떻게 그러하단 말인가?

구성된 세계를 향해 바깥으로가 아니라 그 세계로부터 벗어나는 쪽으로 방향을 잡고 있기에 죽음 충동은 과거를 겨냥한다. 즉 죽음 충동은 주체가 시간 속에 끼워 넣어진 채 죽음을 향해 나아가면서, 스스로를 지금 자신이 있는 곳에 정초하기 이전의 시간을 겨냥한다. 이처럼 후진하는 궤적은, 구성된 세계와 생물학적 죽음으로부터의 이러한 도피는 과연 무엇을 발견하는가? 프로이트가 충동의 실제 종착점으로 죽음이나 파멸의 무nothing를 지적함으로써 이 질문에 부정적으로 대답하지 않고 오히려 충동은 그 경로를 따라 무언가 긍정적인 것을, 즉 "시간이 어떤 방식으로도… 그 과정을 변화시키지 않으며 시간의 개념이… 적용될 수 없"는 어떤 "사고의 필연적 형식들"(SE 18: 28 [같은 책, 297쪽])을 발견한다고 논하고 있음을 알고는 많은 이들이 놀랄 것이다. 프로이트는 이 구절에서 다소 놀랍게도, 그러나 명시적으로 칸트를 인용한다. 왜일까? 그것은 사고의 가능성의 조건들과 관련하여 — 그것들은 시간적 변경이나 쇠퇴에 종속되지 않으며 사고 자체의 시간성 안에 흡수될 수 없는 것이다 — 그 철학자의 테제를 보강하기 위해서인가? 결코 그렇지 않다. 프로이트는 그의 충동 개념을 칸트의 철학에 대한 개입으로서 착상한 것이지만, 충동은 "시간과 공간은 '사고의 필연적 형식들'이

---

43 | [「쾌락 원칙을 넘어서」, 324쪽.]

라는[그 자체로는 사고 불가능하다는] 칸트의 정리定理"를 뒷받침해주지 않는다. 오히려 충동은 의미심장하게 그 정리를 수정한다. 앞으로 보게 되겠지만 프로이트의 정신분석 이론은 초월적 형식들을 공허하고 객관화 불가능한 대상들, 즉 충동의 대상들로 대체한다.

충동의 목적은 이미 말했듯이 죽음이다. 혹은 프로이트가 달리 설명하듯이 "이전 상태의 회복", 비활성 혹은 비활동 상태의 회복이다(SE 18: 37 [같은 책, 309쪽]). 그 이론에 따르면 이제 이 상태는 오직 소급적 환영으로서만 존재하며 실제 상태로는 결코 존재하지 않는다. 그러나 그러한 상태의 순수하게 신화적인 위상에도 불구하고 그 상태는 오랜 역사를 가지고 있다. 예를 들면 플라톤의 『티마이오스』는 구체로서 창조되어 모든 것을 보유하는 대지가 감각 기관들, 혹은 참으로 그 어떤 종류의 기관들도 필요하지 않았던, 유사하게 비활성적인 과거를 수십 세기 이전에 묘사했다. "자신 속에 자양을 받아들이는 한편으로 앞서 소화된 것은 다시 내보낼 수 있게 하는 어떤 기관도 가질 필요가 없었습니다. 아무것도 그것에서 나가지도 않았고, 어디에서고 그것에 들어오지도 않았기 때문입니다."[44] 정신분석은 이 신화적 상태를 시원적인 어머니-아이의 이자관계로 재기술하는데, 이 이자관계는 모든 것과 모든 행복을 보유하고 있는 것으로 가정되며 주체가 자기 생애에 걸쳐 이 관계로 되돌아가려고 애쓰는 그런 관계다.

만일 이것이 죽음 충동의 끝이라면(그리고 불행하게도 너무 많은 이들이 그렇다고 생각한다) 죽음 충동은 순수한 파괴 의지 혹은 니체적 의미의 "허무 의지"일 것이다. 이 본원적 상태는 신화적이므로 그것을 탐색하는 것은 헛된 일이고 그것을 무한히 만족하지 못하고 추구하는

───────
44 | 플라톤, 『티마이오스』, 33b-d.

것은 천상과 지상의 소멸로 귀결할 테니 말이다. 즉 죽음 충동은 언제나 불가피하게 죽음으로, 자살이나 황폐화로 끝날 것이다. 그러나 이러한 오류는 두 가지 본질적인 사실을 무시하고 있다. (1) 그 어떤 단일하고 완전한 충동도 없으며 오직 부분 충동들만 있을 뿐이고 따라서 현실화 가능한 그 어떤 파괴 의지도 없다는 사실. (2) 충동의 두 번째 역설, 즉 충동은 바로 그 활동의 일부로서 목적의 성취를 억제한다는 사실. 어떤 내재하는 장애 — 충동의 대상 — 가 충동에 제동을 거는 동시에 충동을 분쇄하고 제어하며, 그리하여 충동이 그 목적에 도달하지 못하게 하고 충동을 부분 충동들로 분할해버린다. 불만족을 소멸시키는 **무**Nothing를 추구하기보다, 이제 부분적인 충동들은 이 작은 무들nothings, 즉 그들을 만족시켜줄 이 대상들에 만족해한다. 라캉은 그 대상들에 대상 a라는 이름을 붙여준다. 그 대상들은 말하자면 상실된 (모성적) 대상의, 혹은 프로이트와 라캉 모두가 **사물**das Ding이라고 부르는 것의 시뮬라크르 다. 하지만 대상 a는 일반 명사다. 라캉은 응시, 목소리, 젖가슴, 남근이라 는 몇몇 특정 대상들을 지칭한다. 다시 말해 그는 그것들에 육체적 기관 의 이름을 부여한다. 왜 대상들에게 이러한 이름들이 주어지는지, 그리 고 그 대상들이 어떻게 칸트의 "사고의 필연적 형식들"을 대체하는지를 해명하기로 하자.

가장 먼저 주목할 것은, 현실 인식의 주관적 구성에 대한 프로이트의 분석은 발생하는 것에 관한 발생론적 설명에 집중하는 반면, 칸트의 분석은 적어도 첫 두 비판서에서 사고의 조건들에 관한 기술에 더 집중 한다는 점이다.[45] 프로이트에게 어머니-아이 이자관계가 처음부터 특권

---

45 | Gilles Deleuze, "The Idea of Genesis in Kant's Aesthetics", *Angelaki*, vol. 5, no. 3 (2000년 겨울호)를 보라.

화되어 있다는 사실은 부분적으로는 프로이트의 발생론적 지향성 때문
이다. 1895년의 「과학적 심리학 초고」 중 특히 "기억과 판단" 부분에서,
일찍이 이 이자관계는 네벤멘쉬Nebenmensch(스트레이치의 번역으로
는 "동료 인간")[46]의 형태로 나타나는 시원적 어머니와 함께 나타난다.
프로이트는 이 네벤멘쉬가 "최초로 충족을 가져다 준 대상"이라고 기술
하며, 아이의 "인지" 능력은 아이가 어머니와 맺는 관계에 달려 있다고
말한다. 애초부터 이 관계의 구조적 혼란이 있는 것처럼 보인다. 여기서
프로이트는 그 혼란을 네벤멘쉬/어머니의 분열로서 이론화한다. 그것은
"두 부분으로 나뉜다. 그중 하나는 그 항구적인 구조로써 인상을 남기며
사물로서als Ding 함께 머물러 있는 것이고, 다른 하나는 기억 활동을
통해 이해될 수 있는 것, 다시 말해 주체 자신의 육체로부터 정보를
추적할 수 있는 것이다."[47] 이 저작에 관한 해설에서 라캉은 네벤멘쉬에
대한 주체의 경험의 두 가지 구성요소를 다음과 같이 지칭한다. (1) das
Ding, 즉 "〖낯선Fremde〗 **사물**로서 함께 머물러 있는", 따라서 프로이트
가 말한 대로 "판단을 벗어나는"(SE 1: 334 [같은 책, 265쪽]) 부분, (2)
Vorstellungen, 즉 네벤멘쉬가 인지되거나 기억될 수 있도록 하는 관념들
이나 표상들. 그렇다면 판단 행위는, 프로이트가 「부정」에서 더욱 광범
위하게 세공하듯이 두 부분으로 나뉘며, 현실 감각은 네벤멘쉬/어머니
와 동의어인 최초의 만족을 재경험하거나 재발견하는 "특수 행동"[48]을

---

46 | [독일어 "Nebenmensch"는 "이웃"을 뜻한다. "neben"은 "곁", "옆"이라는
    뜻이고 "Mensch"는 사람이라는 뜻이므로 "옆 사람"이라고 할 수도 있겠다.
    '동료 인간'은 영어로 "fellow human-being"이다.]

47 | Freud, *Project for a Scientific Psychology*, SE, I: 331. [「과학적 심리학
    초고」, 『정신분석의 탄생』, 임진수 옮김, 2005, 262쪽.]

48 | [「과학적 심리학 초고」, 244쪽.]

통해 구성된다고 이야기된다. 어머니의 다양한 측면들, 즉 그녀가 무엇과 같았던가는 표상들Vortellungen에 의해, 즉 우리가 "동료 인간들"이나 이웃들과 공유하는 상대적으로 안정되고 친숙한 세계를 형성하는 표상들이나 기표들의 체계에 의해 포착될 것이다. 그러나 시원적 어머니의 어떤 측면들은 이러한 표상들로 번역될 수 없다. 왜냐하면 프로이트가 말하기를 그 측면들은 아이가 자기 자신에 대해 갖는 그 어떤 경험에 견주어도 "새롭고 비교 불가능한"[49] 것이기 때문이다. 따라서 기표들의 체계 내에는 하나의 구멍이 뚫린다. 우리가 어머니의 이 새롭고도 비교 불가능한, 혹은 단독적인 측면들을 상기할 수 있게 해줄 기표들은 간단히 말해 존재하지 않기 때문이다. Ding-요소는 네벤멘쉬의 이 낯설고도 번역 불가능한 부분이며, 따라서 그것은 주체에게는 영원히 상실된 것이고 라캉의 설명대로 "최초의 외부"(SVII: 52)를 구성하는 것이다.

이 지점까지는, 모성적 **사물**Thing이 기표의 결여로 인해 상실된다고, 다시 말해 잘못은 기표들에 있다고 단순하게 생각하는 것이 가능하다. 표상은 바로 그 본성으로 인해 **사물**의 존재를 포착하는 데 실패하며, 따라서 **사물**은 표상에 접근할 수 없는 것이다. 그리하여 칸트적인 유비가 하나 떠오를 것이다. 네벤멘쉬의 Ding-요소가 Vorstellungen-요소와 맺는 관계는 예지적인 **사물** 자체가 사물에 관한 우리의 관념, 사물의 현상적 외양과 맺는 관계와 같다는 것이다. 이는 이웃의 두 가지 구성요소를 사유와 존재의 철학적 분리에 대한 정신분석적 보증물로 만들 것이다. 즉 언어에 대한, 따라서 사유에 대한 접근권을 획득함에 따라 우리는 모성적 사물의 존재에 대한 접근권을 상실할 것이다. 프로이트

---

49 | [같은 글, 262쪽.]

의 텍스트에 나오는 수많은 구절들이 이 테제를 지지하는 것으로 마음 속에 떠오른다. 그중에는 『성욕에 관한 세 편의 에세이』에 나오는 다음과 같은 유명한 구절도 있다. "성적 만족의 첫 시작이 아직 양분의 섭취와 관련되어 있었을 때 성 본능은 아기의 몸 외부에 어머니의 유방이라는 형태로 성 대상을 가지고 있었다. 그러나 이 본능은 나중에 대상을 잃게 되는데, 어쩌면 아이가 자기에게 만족감을 주는 사람에 대해서 전체적인 생각을 형성하게 되는 것도 바로 그 시기일 것이다."[50] 아이는 사고를 통해 어머니에 관한 관념을 형성할 수 있으나, 바로 이 사고 때문에 아이는 어머니와의 연결을 몰수당한다.

라캉에 의한 프로이트의 급진화는 이러한 유비에 유혹되는 것을 거부한다. 잊을 수 없는, 그러나 영원히 상실된 **사물**이라고 하는 이 문제의 핵심에서 우리는 사유의 불가능성뿐만 아니라 존재의 공백 또한 발견한다. 문제는 내가 시원적 어머니를 사고할 수 없다는 것뿐만이 아니고 어머니의 상실이 존재 속에 구멍을 낸다는 것이다. 즉 어머니가 표상이나 사고를 벗어난다는 것이 아니라 나를 그녀에게 애착시켰던 향유가 상실되었으며 이 상실이 나의 존재 전부를 고갈시킨다는 것이다. 그러나 왜 우리는 **사물** 혹은 상실된 향유를 잊을 수 없다고 계속 주장하는가? 만일 우리가 하나의 전체로서 함께 머물러 있는 이 향유를 잊지 말아야 한다면 그것은 분명 그 향유의 어떤 흔적이 — 그 흔적의 본성은 다시 생각되어야 하더라도 — 남아 있기 때문일 것이다.

초점은 이것이다. 프로이트는 이웃을 두 부분으로 나누는 데 만족하지 않았다. 여기서처럼 오직 두 가지 구성요소만 있다면 아직은 어떠한

---

50 | Freud, *Three Essays on the Theory of Sexuality*, SE, 7: 222. [『성욕에 관한 세 편의 에세이』, 김정일 옮김, 열린책들, 2003, 125쪽.]

충동 개념도 없는 것이다. 충동은 오직 우리가 네벤멘쉬 콤플렉스를 지각하는 방식에 큰 영향력을 미치는 또 다른 용어가 도입되어야만 출현한다. 그 용어는 바로 표상의 대표자Vorstellungrepräsentanz, 혹은 스트레이치의 번역으로는 "관념적 대표ideational representative"다. 라캉은 프로이트의 사유의 뉘앙스에 동조하여 이 개념의 함축을 즉각 인식하고, 이를 다음과 같은 방식으로 정의한다. "표상의 대표자… 그것은 무의식적 체계 안에서, 기호의 형태로, 파악 기능으로서의 표상을 대표하는 어떤 것의 문제다."(SVII: 71). 파악 기능으로서의 표상을 대표한다고? 무엇을 파악한다는 말인가? 라캉은 이번에는 "**사물**das Ding이 가져오는 선善"이라고 대답한다. 비록 1쪽 앞에서 사물의 시원적 상실은 한때 고전적 윤리의 목표였던 최고선의 상실을 수반한다고 주장했지만 말이다. 더 이상 최고선은 존재하지 않는다. "하나의 사물thing로서", "항구적인 구조"로서, 혹은 일자로서 "함께 있는" **존재**Being가 더 이상 존재하지 않는 것처럼. 그러나 놀랍게도 라캉은 이제 우리에게 표상 혹은 사고가 "파악"할 수 있다고, 스스로 어떤 선을 붙잡을 수 있다고 알려준다. 사물의 일부가 아니라 — 이 가능성은 배척되는데, 왜냐하면 주체는 사물의 공백, 즉 **사물**의 부재라는 공백 위에 자리 잡고 있기 때문이다 — **사물**을 대신하는 어떤 선, 어떤 사물을. 다시 말해 표상의 대표자는, (표상이 존재의 상실뿐만 아니라 근친상간적 관계의 향유의 상실을 초래한다고 생각되는 한) 그 어떤 평범한 표상도 아니며, 우리에게 어떤 비존재, 어떤 향유나 만족을 붙잡을 수 있게 해주는 특이한 종류의 표상이다.

라캉은 다음과 같이 명확히 충동을 참조해 말하면서 표상의 대표자 개념의 함축에 살을 붙여나간다. "저는 사물의 균형은 표면과 그 너머의 것『사물과 사물 자체, 현상과 예지체』 사이의 변증법을 통해 이루어지는 것이 아니라고 생각합니다. 우리의 출발점은… 존재의 균열, 이분화, 분열을 초래하는 어떤 것이 있다는 사실입니다'(SXI: 106 [165쪽]). **사물**과 표상의 대표자 간의, 혹은 예지체적 어머니와 현상적 어머니 간의 낡은 변증법은 충동 개념의 전개와 함께 해산된다. 충동은 만족을 언제나 이미 상실된 것으로서가 아니라 주체가 획득할 수 있는 것으로서 이해하게 해주기 때문이다. 이것이 바로 우리가 프로이트가 충동의 대상, 즉 표상의 대표자를 칸트의 "사고의 필연적 형식들"과 대립시킨 『쾌락 원칙을 넘어서』에서 우리가 뒤따르고 있었던 논의로 복귀하는 곳이다. 예지체적 너머의 몰락, 그리고 라캉이 덧붙이기를, 외양들의 표면 질서 속에 그렇게 해서 설치되는 파열은 함께 출현하며, 또한 주체가 접근할 수 없는 새로운 향유 개념과 어떻게든 결부된다. 이 향유 혹은 만족은 젖가슴이나 목소리 같은, 어머니에게서 떨어져 나온 하나의 대상으로서 표상된다.

그러므로 표상의 대표자 개념의 발전은 네벤멘쉬 콤플렉스의 **사물**-요소를 두 부분으로, 즉 das Ding과 표상의 대표자로 갈라내기 위한 것으로 보인다. 비록 **사물**은 더 이상 예지체적 대상으로서 파악될 수 없으며 다만 표상의 대표자를 **부분적인** 것으로서 기술함으로써 보유되지만 말이다. 그러한 이론에 따른다면, 이 부분 대상이 그 현장에 도달할 때 그것이 **사물**에 관한 낡은 개념으로 가는 경로를 차단한다는 것은 분명하다. 이제 그러한 개념은 오직 소급적 환영일 뿐이다. 프로이트가 표상의 대표자, 혹은 관념적 대표를 심리 속에서의 육체의 "대리자dele-gate" ─ 특히 위임자를 배신하는 대리자 ─ 로 기술할 때, 그가 사실은 이 관념적 대표로 하여금 대리자로부터 떨어져 존재하는 육체라고 하는 소박한 개념으로 돌아가는 경로를 없애고 금하도록 허용하고 있다는 것도 마찬가지로 분명하다. 반역적 대리자와 부분 대상은 다른 곳에 존재하는 육체나 **사물**의 증거로서가 아니라 육체와 만족이 유기체적 육체와 예지체적 **사물**의 지지를 상실했다는 사실의 증거로서 작동한다. 외양들의 표면 질서의 파열, 즉 존재와 그 너머 사이에서의 균열이 아니라 존재 안에서의 균열을 야기하는 것은 이러한 지지의 상실이다.

다시 말해 표상의 대표자라는 항의 도입은 현상적 세계 안에 열리는 분열과 일치하는 동시에 어떤 향유의 획득과 일치한다. 좀 더 분명히 말해서, 이 항들 사이의 관계는 무엇인가? 이 질문은 오래도록 끌어온 오해를 해명할 기회를 제공한다. 충동의 목적은 그 자신의 만족이라고, 혹은 충동은 그 자신의 궤도의 반복 외에는 다른 목적을 갖지 않는다고 말하는 순간 우리는 그 당연한 귀결로서, 충동은 외부 대상들에 무관심하다고 주장하고 싶어진다. 사실상 그 어떤 대상이건 그 어떤 다른 대상만큼이나 충동을 잘 만족시킬 것이다. 충동은 대상이 아니라 대상으로부터 도출할 수 있는 만족을 목적으로 삼으니까 말이다. 여기서 대상은 정확히 충동에 대해 외적이거나 우발적인 상태로 남아 있다. 즉 만족이라는 결과를 제공하는 단순한 알리바이거나 소품prop이다. 비록 충동이 그러한 대상을 어쩔 수 없이 이용해야 하는 것이더라도, 이는 충동이 그 실제 목적, 즉 향유에 도달할 수 있도록 그러는 것이다.

가장 먼저 주목할 점은 이것이다. 즉 외부 대상에 대한 충동의 무관심이라는 이 착상은 "평범한 대상을 **사물**의 존엄으로 고양시키는 것"이라고 하는 승화에 대한 라캉의 정의와는 잘 맞아떨어지지 않는다는 것이다. 이 정식화는 분명 혼란스럽다. 그것은 승화와 이상화를 융합시키는 지점으로 라캉을 잘못 인도한다. 이러한 사례들에서 평범한 대상은 **사물**의, 예지체적 너머의 표상이 되는 것으로 보인다. 그리고 이는 향유에 대한 장벽을 세우는 효과가 있는데, 이제 향유는 접근 불가능한 것으로 파악된다. 그러나 고양이 이러한 표상 기능을 수반하는 것으로 보이지 않는 순간들, 오히려 ─ 승화에 대한 통상의 이해를 뒤집어 ─ **사물**을 평범한 대상으로 대체하는 것을 수반하는 순간들도 있다. 우리는 **사물**의 도착을 헛되이 기다리는 대상 대신 평범한 대상에서 만족을 추구한다. 이것이 바로 라캉이 그의 친구 자크 프레베르가 수집한 일련의 성냥갑들, 즉 발견된 대상들을 보았을 때 경험하는 만족을 이해할 유일한 길이다. 라캉에게 충격을 준 것은 이 작은 마분지 상자들의 비범한 존엄성, 그것들의 사물성thingness의 존엄성이다.[51]

본능의 대상의 존엄성에 관해 말하는 것은 물론 터무니없는 일일 터이다. 일단 발견되면 격식 따지지 않고 먹어치워지거나 다 써버리게 될 테니 말이다. 본능은 대상에 의해 물릴 정도로 만족되며 그뿐만 아니라 바로 이 만족에 의해 절멸된다. 본능과 본능의 대상은 말하자면 본능이 재빨리 그 대상을 충분히 가짐에 따라 말하자면 서로를 끝장낸다. 반면 충동은 그 대상과 그토록 쉽게 끝내기보다는 계속해서 그 둘레를 돈다. 마치 프레베르가 증식하는 일련의 성냥갑들을 계속해서 수집하고 정돈하듯이 말이다. 만일 충동이 대상에서 만족될 뿐만 아니라 대상에서 지속적으로 만족을 추구하고 도출한다면 이는 분명 라캉이 말하는, 외양의 질서 속에서의 분열과 연관이 있다. 요점은 충동이 평범한 대상을 넘어 그 대상의 다른 편 또는 저편에서 획득되는 만족을 목적으로 삼지 않는다는 것이다. 이것이 바로 구강 본능의 경우에 일어나는 일로서, 구강 본능에서 목표인 음식물은 배고픔의 만족을 확보하기 위해 이용된다. 여기서 음식물은 위장을 채우는 수단에 불과하다. 반대로 만일 충동이 그 어떤 목표goal를 갖지 않고 오직 목적aim만을 갖는다고 말해진다면, 이는 충동의 대상이 더 이상 만족을 획득하는 수단이 아니

---

51 | [*SVII*, pp. 113-114.]

라 그 자체로 목적end이기 때문이다. 충동의 대상은 직접적으로 만족을 준다. 그것은 그 자체와 다른 어떤 것을 위한 수단이 아니라, 그 스스로가 그 자체와 다르다. 이분화는 대상과 그 대상 너머의 만족 사이에서가 아니라 대상 내에서 발생한다. 라캉은 이 또 하나의 길을 『윤리』세미나에서 다루면서 이렇게 제안한다. 승화란 직접적인 성적 만족을 주는 대상을 문화적으로 가치가 부여된 대상으로 대체하는 것이 아니라 대상 그 자체의 변화로 여겨져야 한다. 충동의 대상은 결코 그 [대상] 자체와 동일하지 않다.[52]

이 점을 보여주는 사례는 분명 유용할 것이므로, 나는 재스퍼 존스의 작업을 고찰하고 싶다. 이러한 맥락에서 이 예술가를 떠올리게 하는 것은 해부학적 단편들 혹은 부분 대상들 — 캔버스 상의 채색된 과녁 위에 있는 상자들 속에 채색되어 견고하게 놓여 있는 손, 뒤꿈치, 귀, 발, 페니스 — 을 갖고 있는 특정 작품 — <석고 주조물이 있는 과녁 Target with Plaster Cast> — 뿐만은 아니다. 비평가 리오 스타인버그가 제기한 일련의 질문들에 대한 재스퍼 존스의 계몽적인, 하지만 사실에 입각한 답변들 또한 재스퍼 존스를 떠올리게 한다. 스타인버그는 존스의 작업 주제인 흔해빠진 대상들은 바로 "그것들이 그 누구의 선호물도 아니며, 심지어 그 자신의 선호물도 아니"기 때문에 선택된다는 점을 주시한다.[53] 예컨대 그의 몇몇 작품에 등장하는 옷걸이는 조롱으로건

---

52 | Alenka Zupančič는 "On Love as Comedy"(*Lacanian Ink*, 20[2002])에서 이러한 라캉의 논변을 훌륭하게 전개하고 설명하였다. 거기에서 그녀는 외양이 그 자체로부터 분열하는 것을 기술하기 위해 들뢰즈의 "최소 차이"라는 어구를 이용한다. 나는 그녀의 정교한 분석에 빚지고 있다. [주판치치의 이 글은 『정오의 그림자』, 조창호 옮김, 도서출판 b, 2005에 첨부의 글로 실려 있다.]

53 | Leo Steinberg, "Jasper Johns: The First Seven Years of His Art", in *Other*

칭송으로건 우아함이나 부유함의 가치를 암시하기 위해 선택되었을 법한 정교하게 제작된 나무 옷걸이가 아니다. 혹은 십대 소녀의 옷장에서 찾아볼 수 있을 법한 파스텔 색조의 옷걸이도 아니다. 그것들은 오히려 세탁소에서 딸려오는, 그 누구도 그다지 유의하지 않는 단순한 철사 옷걸이다. "그 어떤 분노, 아이러니, 유미주의의 태도도 [존스가 채색하는 대상들의] 외형을 바꾸어 놓지 않는다." 오히려 "[그의] 예술 고유의 주제는 사물들이 존재하는 바로 그 방식이다"(31). 어쩌면 그의 유명세에 가장 보탬이 되었을 미국 국기 또한 그 어떤 특별한 미국의 가치들을 "대변하지" 않는다. 그것들은 맹목적 애국주의자의 국기도 아니고 국기를 불태우는 이의 국기도 아니다. 하지만 스타인버그는 계속 압박하면서 존스의 대상 선택을 설명해줄 어떤 선호를 찾으려고 한다. 마침내 이 비평가는 이렇듯 최소한의 설명을 요청한다. "당신이 이 문자형들 [시판용 스텐실들]을 사용하는 것은 그것들이 마음에 들기 때문입니까, 아니면 스텐실이 그런 식으로 나오기 때문입니까?"(32) 이에 대해 존스가 대답한다. "하지만 그것이 바로 내가 그것들에서 마음에 드는 점입니다. 그것들이 그런 식으로 나온다는 것 말입니다." 정곡을 찔렀다! 이 대답은 적중했으며 스타인버그는 이를 인정하면서 그 대답을 존스와 그 대상들의 관계를 요약하기 위해 이용한다. "[물건들이] 나타나는 그 대로를 그가 그토록 고집하기 때문에 외부로부터 오는 것과 그가 선택하는 것을 구분할 수 없게 된다."

충동/승화에 관해 이보다 더 좋은 기술記述은 있을 수 없을 것이다. 즉 그것은 나타나는 그대로를 그토록 고집하기 때문에 그것이 발견하는 대상을 그것이 선택하는 대상과 구분할 수 없다. 충동과 대상뿐만 아니라 구성

Criteria (New York: Oxford, 1972).

과 발견, 사고와 존재가 함께 납땜된다. 이 기술에서는 충동이 무로부터 하나의 대상을, 즉 **사물**이라는 통일된 향유가 부재하는 바로 그 장소에 하나의 사물을 창조한다는 것이 환기되고 있다. 하지만 예술가-창조자라는 낭만적 이미지에 호소하지 않으면서 말이다. 반대로 존스는 사라지는 것처럼 보인다. 자신의 대상들이 스타인버그의 말처럼 "[그것들을] 둘러싼 그 어떤 인간적 태도도 없이" 스스로 서 있도록 남겨둔 채 말이다. 대상들은 홀로 서 있다. 그것들은 다른 어떤 것도 대변하지 않으며 다른 어떤 것도, 심지어는 그것들에 대한 존스의 태도조차도 반영하지 않는다. 이 대상들을 선택하는 의지는 절대적으로 존스의 것이지만, 또한 절대적으로 비인격적인 것이다. 라캉은 충동의 "머리 없는 주체"에 관해 말하면서 이러한 역설을 분명히 한다. 만일 존스의 작업의 평범한 대상들이 어떤 식으로든 신경을 거슬리게 한다면, 스타인버그처럼 그것들이 "인간의 그림자를 벗어나" 있다거나 "우리의 부재를 암시"한다고 말하는 것은 올바르지 않다. 그 대상들이 넌지시 암시하는 것은 우리를 외부의 환경에, 타인들의 의지와 욕망 — 선호 — 에 굽히게 하는, 혹은 그들의 고통과 슬픔에 연민을 느끼게 하는 자아본위의egoistic 자기-의식의 부재다. 존스의 작업은 그것이 채색하는 대상들에 의해 수동적으로 변용되는affected 게 아니라는 의미에서만 무감한affectless 것이다. 하지만 그렇다고 해서 그 작업에서 분별 가능한 그 어떤 주체도, 의지나 정념도 없다는 말은 아니다. 그 작업은 오히려 평이한 대상들에 대한 남다른 열정과 만족을 보여준다. 향유의 정동affect, 대상에서의 만족은 결코 수동적이지 않다. 그것은 사랑이라는 능동적 선물을 통해 자신을 일깨운다. 존스가 동일한 대상들을 거듭해서 채색한다면 그것은 그 대상들이 그를 매혹시킬 능력이 고갈될 수 없는 것이기 때문이다. 그 대상들이 그 자체 이상의 어떤 것을 대표하거나 재현하기 때문이 아니라, 그에게는 그 대상들이 언제나 그 자체 이상의 것이기 때문이다.

견디려는 고집스러운 욕망

우리가 말했듯이, 안티고네는 프로이트가 하프트바르카이트 — 즉 고집 — 라는 용어로 지칭하는 것을 그 용어가 상기시키는 모든 윤리적 함축들과 함께 예증한다. 그녀는 자신의 오빠를 매장하려는 완강한 결심의 실행을 확고부동하게 고집한다. 고분고분하고 보수적인 이스메네의 간언과 그녀의 공동체, 즉 코러스 — 마치 헤겔이 그러하게 되듯이 양측의 공과에 의해 동요되어 갈등에 빠지는 — 의 주저하는 우유부단함에도 불구하고 말이다. 사실상 헤겔과 라캉의 의미심장한 차이는 코러스에 대해 그들이 각각 맺고 있는 관계에 있다. 헤겔이 거칠게 말해 자신을 양측 사이에서 부분적으로 동요하는 중재자로서의 코러스의 역할에 놓는 반면, 라캉은 코러스를 더 회의적으로 본다. 더욱이 헤겔은 폴리네이케스를 "그를… 파괴하려는… 공동체의 구성원"[54]의 자리에 앉히는 안티고네의 행위의 장점에 초점을 맞추는 반면, 라캉은 애정

---

54 | [콥젝은 공동체가 죽은 폴리네이케스를 파괴하려 한다고 읽고 있으나 이는 오독이다. 한국어본의 번역으로 읽어보자. "이로써 가족은 사자로 하여금 공동세계의 이웃이 되도록 주선하는바, 이 공동세계는 사자를 마음 내키는 대로 파괴하려는 자연력이나 하등동물을 제압하고 무력화시킨 것이다"(『정신현상학 2』, 30쪽. 영문은 이렇다. "The Family thereby makes him a member of a community which prevails over and holds under control the forces of particular material elements and the lower forms of life, which sought to unloose themselves against him and to destroy him." 콥젝은 마지막 "which"의 선행사를 "community"로 잘못 본 것이다.]

어린 여동생의 행위를 그녀의 공동체와의 결정적 단절이라고 본다. "공동체가 『폴리네이케스의 매장을』 거부하기 때문에, 『안티고네에게는』… 가족 아테family *Até*인 저 없어서는 안 될 존재를 유지하…는 것이 요구된다." 다시 말해 안티고네가 떠맡는 행동은 공동체가 정한 가능성을 벗어나 불가능한 실재를 향해 가는 범죄적 충동의 경로를 밟아가고 있다. 그렇게 하도록 그녀에게 "요구"되고 있다는 것은 충동의 강박Zwang을 증언하는데, 이 강박은 타인들의 좋은 평가 같은 외적 기준에 무관심하다. 라캉에게는 그것이 식탁에 또 하나의 자리를 마련하는 문제, 공동체의 의식에서 이전에 배제된 한 오빠를 위해 자리를 만들어주는 문제가 아니라 공동체 내에서 불가능한 것의 이름으로 그 공동체를 파괴하는 문제일 것이다. 테베의 폴리스가 어떤 사고나 행동의 금지에 기초해서, 즉 그것들에 출입금지를 선언하는 것에 기초해서 세워져 있다고 말하려는 것이 아니다. 불가능한 것은 기존의 조건들 아래서 파악하는 것조차 불가능하다. 그렇다면 어떻게 금지될 수 있겠는가? 극중에서 이스메네의 일차적인 역할은 현재 가능한 것을 비추어주고 자기 언니의 결정적 행동이 생각조차 할 수 없는 성격의 것임을 명시하는 것이다. 그녀는 안티고네가 무법적 계획을 실행할 수 있으리라는 데 회의를 표하기에 이른다. 고집스런 언니에게서 꼭 그렇게 하고야 말겠다는 얘기를 듣고 이스메네는 이렇게 답한다. "그럴 수만 있다면. 하지만 언니는 지금 안 될 일을 하려 해요"(104-105행). 그리고 안티고네가 고집을 피울 때 이스메네의 회의는 경고로 바뀐다. "안 될 일은 아예 시작하지 말아야죠"(107-108행).

라캉은 안티고네를 자신의 길에 놓인 모든 것을 무효화시키는 데 필사적인 "작은 파시스트"로 그려내는 아누이의 초상[55]을 거부한다. 그가 반대하는 것은 그녀의 행동이 파괴적이라는 테제가 아니라 그것이 순수한 파괴의지의 발로에서 실행되고 있다는 테제다. 그런 식으로 성격을 규정하는 것은 안티고네의 행위가 그 그칠 수 없는 위력을 긍정과 만족으로부터 도출해낸다는 점을 간과하기 때문이다. 안티고네가 분명하게 긍정하는 것은 오빠에 대한 그녀의 사랑이다. 그녀가 주장하기를, 그 사랑은 공표되어야만 하고 백일하에 노출되어야만 한다. 이스메네는 언니를 도와줌에 있어서 겨우 이 정도까지만, 즉 안티고네의 범죄에 대해서 침묵할 것이고 누구에게도 말하지 않겠다는 정도까지만 가려고 한다. 안티고네에게서 최대치의 분노를 촉발하는 것은 바로 이러한 제안이다. "네가 입 다물고 이 일을 세상 사람들에게 알리지 않으면, 나는 네가 더 미워질 거야"(99-101행). 이 작은 교환은 문제의 심장부로 들어간다. 즉 오빠에 대한 안티고네의 사랑의 단독적 진실은 보편적 운명을 가져야만 하며, 공개적으로 선언되어야 한다는 것 말이다. 사랑의 공표는 몇몇 비평가에게 그것은 가필이었음이 언젠가 밝혀지리라는 소망이 생기게 할 만큼 이상한 다음의 한 구절에서 나온다. "남편이 죽으면 다른 남편을 구할 수 있을 것이며, 아이가 죽으면 다른 남자에게서 또 태어날 수 있을 거예요. 하지만 어머니도 아버지도 모두 하데스에 가 계시니 내게 오라비는 다시는 태어나지 않겠지요"(908-912행). 이는 우리가 어떤 이에 관해 "그들은 그를 만든 후에 주형을 깨뜨렸다"[56]고 말할 때 표현하는 감정이다. 안티고네는 자신의 오빠가 유일무이하고 대체할 수 없는 사람임을 우리에게 알려준다. 그와 같은 또 다른 이는 결코 없을 것이다. 그녀에게 오빠의 가치는 그가 했던 그 어떤 일에도, 그의 특질들 중 그 어떤 것에도 달려 있지 않다. 그녀는 오빠를 향한

---

55 | [장 아누이, 『장 아누이의 안티고네』, 안보옥 옮김, 지만지, 2011.]

56 | ["They broke the mold after they made him." 특별하고 단 하나밖에 없다는 뜻의 관용구.]

사랑에 이유를 부여함으로써 그 사랑을 정당화하는 것을 거부한다. 그녀는 오빠를 위해 자신이 떠맡는 행동을 승인 받기 위해 그 어떤 권위나 신성, 폴리스의 법규들에도 호소하지 않는다. 그녀는 그저 동어반복적으로 이렇게 말할 뿐이다. "내 관점에서는 나의 오빠는 나의 오빠다." 라캉은 그녀의 자세를 이런 식으로 요약한다. "안티고네는 그 권리[['이 오빠는 유일무이한 어떤 것이다'], 즉 있는 그대로의 것what is[57][['나의 오빠는 나의 오빠다']이라는 지울 수 없는 성격을 가진 언어 속에서 출현하는 권리 말고는 다른 그 어떤 권리도 불러내지 않는다. … 있는 것은 있다what is, is. 그리고 바로 이것에, 이 표면에 안티고네의 흔들리지 않으며 양보 없는 입장이 고정되어 있다"(SVII: 279).

라캉의 일부 독자들은 안티고네의 자세를 특정 유형의 공동체, 즉 "**타자**의 타자성"이 존중되고 차이가 관용되는 공동체, "단독성들"의 공동체(여기서 "단독성"은 공적인 것이 될 수 없는 것, 즉 공공성으로부터 물러나 있기에 다른 사람들이 접근할 수 없는 것을 의미한다)에 대한 요구로 바꾸고 싶을 것이다. 그러나 라캉이 발전시키는 논의는 그러한 추정을 지지하지 않는다. 그의 독해의 요점은 **타자**의 근본적이고 깊이를 잴 수 없는 타자성을 주장하는 것이 아니라 사실은 그 반대다. 오빠의 단독성은 의심의 여지가 없다. 문제가 되는 것은 오빠의 '타자성', 즉 오빠의 접근 불가능성이 아니다. 안티고네가 그녀의 사랑에 이유를 부여할 수 없다는 것이 그녀의 오빠가 그녀에게 불가해함을 함축하지는 않는다. 오히려 그것은, 심지어 코러스도 지각하고 있듯이, 그녀가 자율적임을 함축한다. 그녀는 자신에게 자기 자신의 법을 부여하며 그 어떤

<hr>

57 | ["what is"는 "있는 것"으로 읽을 수도 있고 "~인 것"으로 읽을 수도 있다. 바로 밑에 나오는 "what is, is" 역시 "~인 것은 ~이다"라고 읽을 수도 있다.]

다른 권위로부터의 인증도 구하지 않는다. 다시 말해 라캉의 해석이 주목하는 것은 타자성이 아니라 **타자**의 비존재다.

내가 지금 주장하고 있는, 안티고네의 사랑의 긍정은 재스퍼 존스의 긍정적 선언과 유사하다. "하지만 그것이 바로 내가 그것들에서 마음에 드는 점입니다. 그것들이 그런 식으로 나온다는 것 말입니다." 안티고네처럼 존스는 과녁이나 미국 국기나 특정한 시판용 스텐실 세트에 매료된 이유를 제시하기를 거절한다. 존스 또한 라캉의 표현으로 "있는 그대로의 것이라는 지울 수 없는 성격"을 입증한다. 우리는 다시 한 번 사랑의 동어반복을 맛보도록 초대된다. 그리고 아마도 이제야 우리는 사랑의 핵심이 무엇에 있는지에 관해, 다시 말해 충동과 그 대상의 일치 혹은 근접한 일치에 관해 이야기할 수 있을 것이다. 이것이 바로 라캉이 이따금 "사랑의 환영illusion"이라고 불렀던 것이다. 우리는 사랑받는 이를 — 그/녀에 대한 우리의 사랑이 우리의 만족 속에서 하는 역할을 인지하지 못한 채로 — 우리가 바랄 수 있는 전부라고 믿는다. 비록 오빠를 향한 그녀의 사랑이 오빠의 특질들 중 어떤 것에도 의존하고 있지 않지만, 안티고네는 그 특질들에 무관심하지 않다. 그녀는 그 모두를 사랑스럽다고 받아들인다. 사랑이란 타인의 있는 그대로what the other is를 사랑할 만한 것으로 만드는 것이니까 말이다. 이는 안티고네가 있는 그대로의 그인 것의 일부를 간과하고 있다는 말이 아니다. 즉 그녀의 오빠는 테베의 반역자라거나 개인적으로 흠이 있음을 안티고네가 보지 못한다는 말이 아니다. 그것은 그녀가 오빠를 있는 그대로, 그가 오는 방식 그 자체로 사랑함을 의미한다. 이는 그녀가 오빠 안에 있는 지울 수 없는 어떤 것, 불가해한 어떤 것을 사랑한다는 말과는 분명 다르다. 확실히 "나는 네 안에 있는 너 이상의 어떤 것을 사랑한다"라는 라캉의 말은 그 하나만 놓고 보면 두 해석 중 어느 쪽으로도 적용이 된다. 모든 것은 "이상의 어떤 것"을 어떻게 해석하느냐에 달려 있다. 절대적 타자성의 지지자들은 그것을 "접근 불가능한 이상"으로 볼 것이다. 나는 너의 접근 불가능성을, 네 안에 있는, 내가 도달할 수 없는 그것을 사랑한다고 말이다. 반면 라캉은 이 "이상의 어떤 것"이 사랑을 통해 접근된다는 의미로 말한다. 만일 어떤 사람이 똑같은 선물을, 혹은 그가 불운하게도 놓쳐버린 사건에 관한 똑같은 보고를 지인과 사랑하는 친구[58] 양쪽 모두에게서 받는다면, 그는 후자에게서 그 이상의 것을, 잉여 만족을 얻게 될 것이다. 사랑하는 친구가 준 선물은 선물 그 자체와 일치하지 않으며, 그 선물에다가 그 친구가 주었다는 사실을 더한 것이 될 것이다. 내가 사랑하는 이에게서 받는 모든 것, 모든 특질들, 그/녀인 모든 무엇임에 대해서도 마찬가지다. 즉 사랑받는 이의 "이다is"는 분열되어 있고 균열되어 있다. 사랑받는 이는 언제나 그녀 자신과는 약간 다르거나 그녀 자신 이상이다. 사랑받는 이를 내 관심의 그저 평범한 대상 이상의 것으로 만드는 것은 바로 이 이상, 이 여분이다.

나는 위에서 "근접한 일치"에 관해 말했다. 충동 이론은 일련의 그러한 근접한 일치들에서 — 충동과 그 대상의 근접한 일치에서뿐만 아니라 충동과 승화의 근접한 일치, 그리고 외부 대상과 대상 a의 근접한 일치에서도 — 나오는 것처럼 보인다. 마치 충동의 기능이 사물들 사이에 이처럼 끊임없이 작은 균열들을 열어놓는 것인 양 말이다. 안티고네의 사랑의 선언이 "있는 그대로의 것이라는 지울 수 없는 성격" 속에 표현되어 있음에 주목한 직후, 라캉은 있는 그대로의 것은 "변형들…의 홍수에도 불구하고" 지울 수 없다고 덧붙인다. 여기서 다시금 존재, 즉 충동의 대상인 "있는 그대로의 것"은 그 자체와는 아주 조금 다른 것으

---

58 | [the beloved friend. 나의 사랑을 받는 친구, 즉 내가 사랑하는 사람.]

로, 변형들의 홍수와 구분할 수 없는 것으로 기술된다. 폴리네이케스의 단독성, 즉 있는 그대로의 그임은 이 **표면적** 변형들, 즉 그의 외양의 질서 속에 생긴 파열들과 동의어다. 충동은 계속해서 대상 둘레를 돈다. 대상은 결코 대상 자체와 동일하지 않으며 자기 자신으로부터 분열되어 있기 때문이다.

라캉의 주장은 안티고네가 오빠를 기억하기 위해 기념비를 세우면서 그를 불멸화하는 것이 아니라 그녀가 가족 아테를, 즉 가족의 혈통이 무효화되거나 스스로를 전복하는 저 광기의 지점을 불멸화한다는 것이다. "불멸화한다"는 것은 여기서 기억 속에 보존함을 의미하는 것이 아니라, 우리를 "미치게" 하는 저 생동하는 파열을 계속 잊지 않음을, 변형 행위 속에서 계속 자신을 용해시킴을 의미한다. 안티고네가 자신의 행동을 실행하는 것에서 양보하지 않는다는 사실을 존재의 완고함과 혼동해서는 안 된다. 그녀가 자신의 공동체의 기존 법들과 그처럼 근본적으로 단절하는 것을 떠맡을 수 있다면, 이는 오직 그녀가 일차적으로 그녀 자신의 존재의 근본적 법으로부터 스스로를 풀어낼 수 있었기 때문이다. 충동의 대상만이 그 자신으로부터 분열되어 있는 것이 아니다. 주체 역시 충동의 반복들을 통해 균열되어 있다. 그 연극은 오빠의 죽음과 크레온의 잔혹한 포고라는 결정적 사건들 이후에서야 시작되기 때문에 어떤 독자들은 그녀를 단순히 자신의 존재의 바로 그 핵심에서 비타협적이고 변하지 않는 인물로 보도록 설득되었다. 그러나 반대로 안티고네는 근본적 변신의 형상으로 그려지는데, 그녀의 끔찍한 변형은 우리에게 목격하도록 허용되는 게 아니라 상상하도록 요구된다. 이 변신은 대부분 연극이 시작하기 직전에 발생한 것으로 가정될 것임에 틀림없다. 그러나 자기 오빠의 육체가 최초의 매장 후에 다시 노출되었음을 알고서 안티고네가 터뜨린 날카롭고 새된 울음에 관해 전달하는 메신저의 보고에는 변신의 흔적이 약간 남아 있다. 라캉의 분석의 주제는 바로 이러한 자기 자신으로부터의 거친 찢겨 나옴, 바로 이처럼 영웅적이라기보다는 비인간적인 변신이다. 정신분석의 윤리는 (윤리에 관한 수많은 현대의 연구가 그러하듯이) 타자에게 관심을 갖기보다는 (예기치 못했던 사건의 실재와 조우하는 순간 그녀 자신을 변신시키는) 주체에게 관심을 갖는 것이기 때문이다. 라캉의 윤리적 명령인 "너의 욕망을 양보하지 말라"란 자기 자신의 개인적인 역사에 완고하게 순응하라는 주장으로 제안되는 것이 전혀 아니다. 요컨대 정신분석의 윤리는 윤리적 진보란 근대 산업이 촉진하는 형태의 진보, 혹은 "선의 봉사"와는 하등 상관이 없으며 오히려 인성 전환의 문제, 즉 그 자신을 넘어설 주체적 필요성의 문제와 관련이 있다는 칸트의 논의와 긴밀한 관계가 있다.

정신분석에 대한 한 가지 지속되는 비난은 주체가 최초의 상태를 재생산하도록, 그 최초의 만족스런 대상을 재포착하거나 다시 발견하도록 충동된다는 프로이트의 테제가 결정론적이라는 것이다. 이러한 비난은 프로이트의 제자인 융이 창안한 원형 개념에 의해 확증되는 듯 보인다. 이 개념에 의하면 우리는 각각의 개별 주체의 심리에서 "어떤 시원적 관계나 사유의 원시적인 접근 방식, 우리의 세계를 통해 지속적으로 나타나는 고대의 음영과 같은 어떤 세계"(『정신분석의 네 가지 근본 개념』, 231쪽)를 발견할 수 있다. 그러나 프로이트는 융에 반대하여 『자아와 이드』에서 이렇게 주장한다. "어떠한 외부적 사건도 이드에 대한 외부세계의 대변체인 자아를 경유하지 않고서는 이드에 의해서 경험되거나 받아들여질 수 없다는 것을 알 수 있다. 그럼에도 불구하고 자아 속에서의 직접적인 유전을 말한다는 것은 있을 수 없다. 실제적 한 개인과 종의 개념 사이에 뛰어넘을 수 없는 큰 간격이 분명히 드러나는 곳이 바로 여기다."[59] 프로이트는 여기서 융으로부터만 거리를 취하는 게 아니다. 그는 또한 아리스토텔레스가 종의 지시에 대한 동물적 본능의 복종에 관해 제공하는 기술記述로부터도, 그리고 행복충동이 개별 주체의 요구들을 종이 수행하는 탐구들 속에 각인시킨다는 포이어바흐의 주장으로부터도 거리를 취한다. 프로이트의 견해에 따르면 이 셋 모두에서 잘못된 것은 그것들이 개체와 종 간의 간극을 어떤 방식으로 제거하고자 한다는 것이다. 프로이트는 이 간극이 결코 재합병될 수 없다고 주장한다. 더욱이 자신이 물려받는 역사에 의해 무화되는 것으로부터 벗어나 개별 주체이기를 허용해주는 것이 바로 이 간극의 유지다. 개인이 그녀의 종, 가족, 인종으로부터 물려받는 것은 단순히 진술 가능한 법이나 명령 속에만 놓여 있을 수 없으며, 오히려 법의 아테, 즉 법 속에서 분절될 수 없는 법 속의 과잉을 포함한다. 법은 이를테면 법이 자신의 머리를 잃는 이 미친 과잉을 포함하고 있기 때문에, 주체는 과거가 이미 예견하고 명령한 것을 현재 속에서 단순히 반복하지 않으면서 법을 이행하거나 가족의 성姓을 유지할 수 있는 것이다. 안티고네는 근친상간적 부모의 범죄로 인해 유사한 비극적 범죄를 지을 운명에 처해 있는 것이 아니다. 그녀가 호위하는 범죄적 존재는 법 자체의 범죄적 존재이며, 법은 그 자신의 위반을 포함하고 있다. 만일 안티고네가 가족 아테에 의해 운명지어져 있다면, 그것은 이러한 역설적인 의미에서다. 그녀는 자신의 행위를 통해 운명을 전복하도록 운명지어진 것이다.

안티고네의 하프트바르카이트, 즉 끝까지 가는 고집, 혹은 필히 그녀를 전복하게 될 행위의 중차대한 귀결로 가는 고집은 근대적 진보를 향한 전환 혹은 자기-파열로서의 크레온의 고착과 대조된다. 이러한

---

59 | Freud, *The Ego and the Id*, SE, 19: 38. [『정신분석학의 근본 개념』, 380쪽.]

대조는 "욕망의 실재에 순응하는 행위"와 자기본위적self-interested 행위, 즉 자기 자신과의 연속성을 보존하기 위한 행위의 차이를 관찰하게 해준다. 고착의 원칙을 라캉은 다음과 같이 상술한다. "노동work을 계속하라. 노동은 지속되어야 한다. … 욕망에 관해서는, 나중에 돌아오라. 욕망을 기다리게 만들라"(SVII: 315). 여기서 **노동**이란 행위와는 다른, 행위에 대립되는 어떤 것을 의미한다. 노동이 결코 결론에 도달하지 못하는 것인 한, 노동이 계속 지속되는 — 혹은 계속 기다리는 — 한 말이다. 만족을 자제하게 하는 것은 무엇인가? 크레온은 무엇에 고착되는가?

이에 대답하기 위해서는 억제 개념을 참조해야만 한다. 『억제, 증상, 그리고 불안』에서 프로이트는 쓰기라는 단순한 행위를 갑자기 수행할 수 없게 된 강박증자의 손을 억제의 기억할 만한 사례로서 제시한다. 자신의 손과 사고의 흐름을 풀어놓기 위해서 강박증자는 종종 말해지듯이 가장 먼저 쓰기와 생각하기의 과정을 탈성애화해야만 한다. 이 이론이 승화를 둘러싼 모종의 혼란에 기여해왔음은 의심의 여지가 없으며, 그리하여 승화는 사고를 성이나 향유로부터 분리하는 것에서 싹튼다고 가정된다. 그러나 승화에 관한 우리의 설명은 다른 그림을 그려낸다. 승화는 사고를 성으로부터 분리하지 않으며 오히려 안다고 가정된 주체, 즉 대타자로부터 분리한다. 왜냐하면 승화에 의한 충동의 만족은 우리가 지금까지 논의해왔듯이 주체의 자율성, 즉 대타자로부터의 주체의 독립성을 증언하는 것이기 때문이다. 그러나 충동의 만족이라는 성취된 목적에 의한 **충동의 억제**가 우리의 독립성을 증언한다면, 강박증자의 손의 억제는, 그리고 국가의 법들에 대한 크레온의 고착의 억제는 안다고 가정된 주체에 대한 향유의 의존을 드러낸다. 이는 향유가 추방됨을, 쾌락이 대타자에 의해 금지됨을 의미하는 것이 아니라 향유가 이제 처방됨을 의미한다. "이제부터 당신은 다음과 같은 방식으로 당신의 향유를 찾아낼 것이다!"

이 테제는 프로이트가 『쾌락 원칙을 넘어서』에서 말하는 어떤 것에서 지지를 얻는다. 『파우스트』에 나오는 메피스토펠레스의 한 구절을 인용하면서 프로이트는 "이미 얻은 지위에 멈추기를 허용치 않고 어느 시인의 표현대로 '억누를 수 없이 계속 앞으로 밀어붙이는ungebändigt immer vorwärts dringt' 추동적 요소"에 관해 이야기한다(SE 18: 42 [『정신분석학의 근본 개념』, 315쪽]). 이 구절은 전문적인 의미에서 크레온과 안티고네의 비타협성에 적용되는 듯한데, 크레온과 안티고네 모두는 충동된 것으로 보인다. 그러나 이내 프로이트는 승화를 생산하는 요소와 이 특수한 "추동적 요소"를 구분한다. 파우스트적인 충동당함driven-ness의 그 억누를 수 없는 압력은 무엇 덕분인가? 이것이 프로이트의 대답이다. "'억누를 수 없이 계속 앞으로 밀어붙이는' 추동적 요소를 제공하는 것은 바로 '요구되는' 만족의 쾌락과 실제로 '성취한' 것 사이의 양적 차이이다." 이 구절은 어떤 근대적인 불멸성 개념에 대한 포이어바흐의 혹평을 상기시킨다.

안티고네는 오빠를 향한 사랑이 주는 만족에 의해 충동되는데, 이는 행위에 필요한 압력이나 긴장을 제공한다. 반면에 크레온은 요구되는 만족과 노동을 통해 성취할 수 있는 만족 간의 차이를 이상화하는 것에 의해 충동된다. 정신분석적 용어로, 크레온은 초자아에 의해 충동된다고 말할 수 있는데, 여기서 초자아란 주체 내에서 세속적이고 타협된 쾌락에 대한 반감을 조장하며 우리를 불만족 상태로 유지시키는 심리적 작인이다. 잃어버린 대상에 대한 크레온의 고착은 그가 이용할 수 있는 다른 모든 것에 상대적으로 무관심하게 만든다. 그는 자신이 결코 획득하지 못할 이상에 접착된 채로 머물러 있다. 왜냐하면 그 이상은 그가 결코 소유하지 못했던 어떤 것에 대한 향수에서 도출된 것이기 때문이다. 우리는 초자아가 문화나 공동체의 법과 이상의 내면화라는 이야기를 종종 듣는다. 하지만 이러한 단순화는 공동체의 법과 이상 그 자체가 불만족의 이상화에 기초해서만 [거짓되게] 만들어진다는 사실을 놓치고 있다. 초자아가 항상 더 많은 희생, 더 많은 노동을 요구한다면, 이는 초자아가 주체 앞에 설정하는 그 이상이 주체가 과거지사로 돌릴 수 없는 상실에 의해 저 높은 곳에 유지되기 때문이다. 초자아는 더 이상 우리의 것일 수 없는 저 절대적 만족의 증인 또는 상기자reminder의 태도를 취함으로써 **타자**의 상실을 가리려 한다. 크레온이 보여주는 목적의 완고한 일관성은 그가 이러한 이상에 못 미치는 모든 것을 향해 — 심지어 그 자신의 자아를 향해 — 풀어놓는 공격성과 구분할 수 없다. 이러한 완고함은 따라서 그 연극이 결말을 향해 가면서 나타나는 그의 담력의 실패와, 여론에 대한 그의 굴복과 불일치하는 것이 아니다. 다시 말해 불만족에 대한 고착이 항상 성격의 일관성으로서 현시되는 것은 아니다. 왜냐하면 그러한 고착은 자아를 여론의 변천에 노출시키는데, 여론 속에서는 초자아의 가혹한 판정에 대한 확인을 발견하는 것이 언제나 가능하기 때문이다.

따라서 초자아는 우리에게 허용되는 만족과 그 너머에 있는 만족 간의 엄격한 구분을 유지한다. 이렇게 주장할 수 있겠다. 즉 아감벤이 **순수한 존재** — "무규정적이고 불가해한", 그리고 자신이 제공하는 모든 것으로부터 우리를 분리하는 "사유 불가능한 한계" 너머에 위치해 있는 **존재** — 의 영역에 대한 형이상학적 정립으로부터 "알몸의" 혹은 "벌거벗은" 생명이라는 개념이 출현하는 것을 관찰했던 곳에서 우리는 또한 초자아의 공작을 인식할 수 있다. 라캉이 논한 대로 크레온이 그 어떤 한계도 알지 못하는 최고의 법을 대표한다면, 그가 "한계 없는 모두의 선"을 추구한다면, 이는 순수한 만족이나 절대적 목표에 대한 그의 초자아적 정립이 세계에 대한 외적 한계를 그 이전에 정립하는 것에 기초해 있기 때문이다. 이러한 한계는 그의 모든 노력을, 그의 모든 만족을 망쳐놓고 텅 비게 하면서 그가 결코 획득하지 못할 목표를 아무 보람도 없이 추구하게 만든다. 크레온이 폴리네이케스를 죽음의 한계 너머로 몰아대는 것은 근대 과학이 주체를 죽음 너머로, 명백히 한계 없이, 과혼수상태의 (최소한 원칙적으로) 무한히 연장 가능한 상태들 속으로 몰아대는 것을 예시豫示한다. 오빠의 노출된 육체를 덮어줄 때, 안티고네는 크레온이 여전히 속박되어 있는 그 벌거벗은 실존의 조건들 밖으로 자기 자신을 고양시키고 있는 것이다.

2

나르시시즘, 비껴 접근하기

로크리스의 티마이오스의 입을 통해(그의 이름을 달고 있는 플라톤
의 대화편에서) 우리는 대지가 모든 것을 포함하고 있기 때문에 감각
기관들을, 혹은 실로 그 어떤 종류의 기관들도 필요로 하지 않는 구체로
창조되었음을 알게 된다. 티마이오스가 설명하는 대로, "아무것도 그것
에서 나가지도 않았고, 어디에서고 그것에 들어오지도 않았기 때문"에
"자신 속에 자양을 받아들이는 한편으로 앞서 소화된 것은 다시 내보낼
수 있게 하는" 기관에 대한 필요가 전혀 없었을 것이다.[1] 지구를 이처럼
불멸의 자기충족적인 "기관 없는 신체"로 묘사하는 것은 시대를 거치고
거쳐 (들뢰즈나 가타리의 저 유명한 표현이 입증하듯이) 우리 자신의
시대로까지 반향되어왔다. 예를 들어 노발리스는 근대 초기에 그러한
묘사를 불러낸다. "만일 모든 기관 부분이 영원한 생명–지속성을 갖는

---

[1] Plato, *Timaeus* (Cambridge: Loeb Classical Library, 1986), 33b-d. [『티마이오
스』, 박종현·김영균 옮김, 서광사, 2000.]

다면, 그것은 더 엄밀한 의미에서의 그 어떤 자양분도, 그 어떤 원기회복도, 그 어떤 배설도 필요하지 않았을 것이다."[2] 그러나 이 불멸의 육체의 위상은 우리 근대인들에게는 의심의 여지가 없는 것 같다. 즉 기이하고 다소 부조리한 개념으로서가 아니라면 그것은 존재할 수도 없고 존재하지도 않는다. 그리고 우리에게서 기원적 충만plenum이라는 관념, 즉 모든 것을 포함할 **전체**All라는 관념은 파괴되었다. 오늘날 우리는 보편성의 붕괴에 대해, 거대 사상의 종말에 대해 이야기한다. 총체성은 말하는 존재에게는 불가능성이다. 근대의 주체로서 우리는 시간 바깥의 영원한 안식의 장소에 대한 아무런 약속도 없는, 영원성에 대한 아무런 희망도 없는 역사적 시간 속으로 태어난다. 그리고 이러한 진실을 절실히 깨닫게 하는 것은 바로 우리의 육체다. 육화되었기에 우리는 시간에 묶여 있으며 유한성을 선고받는 것이다.

바로 이러한 확신과 함께 육체의 역사가들은 지금까지 몇 년 동안 우리의 필사성mortality의 기관들을 아주 기쁜 마음으로 발가벗겼다. 생물학 교과서의 근간 중 하나인 저 축자적이고도 형상적인 투명성을 통해서 말이다. 19세기 육체를 과학적 조사에 개방했던 예리한 의학적 시선에 관한 푸코의 폭로는 이러한 역사가들에 의해 전유되고 있다. 육체의 역사적 구성에 관한 그들의 수많은 연구를 승인하기 위해서, 혹은 다르게 말하자면 육체를 구성하는 역사적이고 제도적인 막들을 벗겨내는 것을 승인하기 위해서 말이다. 이런 방식으로 육체는 자기충족적인 실체도 아니고 영원히 지속하지도 않는, 오히려 유한하며 그 직접적인 환경에 —— 그 환경의 산물이 되는 정도로까지 —— 의존하는

---

2 | David Krell, *Contagion: Sexuality, Disease, and Death in German Idealism and Romanticism* (Bloomington: Indiana University Press, 1998)에서 재인용.

것으로 보여져왔다. 그렇다면 이러한 역사적 작업이 마침내 확실하게 육체에 기관을 부여했다고 생각하는 것도 가능하다. 심지어 이러한 작업과 콩디야크가 고안했던 18세기의 저 유명한 사고실험이 수행했던 작업 사이의 유사성을 위험을 무릅쓰고 주장할 수도 있을 것이다. 이 실험에서 철학자 콩디야크는 인간 조상彫像의 대리석 층을 마음속으로 깎아나간다. 그 대리석 층 아래 묻혀 있으리라고 가정되는 다양한 감각 기관들을 하나씩 드러내기 위해서 말이다. 첫째, 코가 노출되면서 그 조상에게 후각을 허락해준다. 그 다음에 입이 노출되어 미각을, 귀가 청각을, 눈이 시각을 허락하며, 마침내 육체 전체로부터 — 혹은 기관들의 가장 넓은 부분인 피부로부터 — 대리석을 전부 제거하여 촉각의 차원을 열어놓는다. 다시 말해 대리석이 모두 벗겨져나간 그 조상은 자신의 고전적이고 추상적인 이상을 상실하며 외부의 시간적인 세계에 의존하면서 그 세계와 접촉하는, 살아 있는 필사의 육체가 된다. 시간 자체가 육체로 쇄도해 들어가고 육체는 이제 시간성의 파괴적인 힘에 취약해진다. 더 이상 시간 속에 동결되어 있지 않은 육체는 서서히 후드득 소리를 내며 타다가 결국은 죽어버린다.

부분 대상

이제, **타자**는 존재하지 않으며 주체는 기원적인originary 결여로부터 구성된다고 주장하는 한, 정신분석은 육체의 필사성이라는 개념에도 동등하게 전념해야 한다고 사람들은 가정할 것이다. 정신분석에서도 역시 사람들은 육체가 죽음의 자리라고 기대할 것이다. 그러나 이러한 결론으로 성급히 달려가기 전에, 라캉이 플라톤에게서 발견되는 티마이오스의 신화를 대체하며 제시한 신화를 검토하는 것이 유용할 것이다. 티마이오스의 신화와 달리 이 신화는 "[그것의] 표층에 있는 수많은 입들"을 통해 세계 속으로 "맞물려 들어가는" 혹은 외부와 접촉하게 되는 육체의 이미지를 제공한다. 나는 라캉이 육체의 "촉진적 팽창성 palpating expansiveness"에 대한 월트 휘트먼의 서정적 묘사를 신화의 지위로 고양시킨 것을 참조하고 있는데, 그러한 팽창성은 주체로 하여금 "자신의 육체와 본래 열려 있고 떨고 있는 세계 간의 총체적이고 완전하며 표피적인 접촉"을 꿈꿀 수 있게 해준다.[3] 티마이오스에서 휘트먼으로 넘어오면서 육체와 그 외부의 관계에 관한 묘사에서 무언가가 변했다. 휘트먼의 육체에는 기관들, 즉 피부를 형성하며 육체를 외부세계와 연결시키는 무수한 입들이 부여되어 있으며, 그뿐만 아니라 티마이오스의 육체에는 부재하는 일종의 관능성이 그 시인의 육체에는 불어넣어져 있다. 입은 더 이상 단순히 삼키거나 뱉는 어떤 것에 불과한 것이 아니며, 중요하게는 키스하고 관능적으로 빠는 어떤 것이기도 하다. 이러한 변화의 이면에는 한층 더 큰, 체계적인 변화가 놓여 있다. 육체가 외부에 있는 것을 **통합**incorporating할 수 있다고 보는 고전적인 플라톤적 모델은 육체가 자신에게 타자적인 것을 **육화**incarnating할 수 있다고 보는 근대적 모델로 대체되었다.[4] 육체에 대한 정신분석적 관념은 두 번째 모델과, 즉 육체성의 탐닉적인 차원을 특권화하는 이 모델의 방식과 보조를 같이 한다. 하지만 이러한 변화를 이해하려면, 라캉이

---

3 | Jacques Lacan, *Seminar VII: The Ethics of Psychoanalysis*, ed. Jacques-Alain Miller, trans. Dennis Porter (London: Tavistock/Routledge, 1992), p. 93. 이후 이 세미나에서의 인용들은 세미나 번호 및 쪽수와 함께 표기할 것이다.

4 | 이러한 구분을 나는 Jean-Claude Milner, *Le triple du plaisir* (Paris: Verdier, 1997)에서 빌려왔다.

휘트먼을 인용하는 것은 단순히 그의 "팽창" 신화를 포용하기 위해서일 뿐만 아니라 또한 다음과 같은 이의를 기입하기 위해서이기도 하다는 것에 우선 유의할 필요가 있다. (시인과는 반대로 라캉이 말하기를) 우리는 세계와의 전적인 표피적 접촉을 통해 세계 속에 삽입되는 게 아니라, 더욱 협소하고도 정확하게 프로이트가 충동의 지점들이라고 지칭했던 저 제한되고 환원 불가능한 지점들에서 삽입된다는 것이다. 이러한 접합점들에서 우리는 "리비도의 태곳적 형태들의 잔여들"과 접촉하게 된다.

이것이 의미하는 바를 심사숙고해 보자. 첫째, 육체의 "입들"은 경험적 현실로부터 대상들을 받아들이고 통합하지 않는다. 오히려 그 입들은 리비도의 태곳적이거나 상실된 형태들을 작은 대상들 — 응시, 목소리, 젖가슴, 남근을 비롯한 부분 충동들의 대상들 — 의 형태로 재육화하고, 육체를 부여한다. 입의 두 번째 개념, 즉 육체적 열림으로의 이러한 전환에서 우리는 첫 번째 장소론topic에서 두 번째 장소론으로의 프로이트의 전환과 관련해 무언가를 인지할 수 있다. 지각-무의식-의식 체계로 구성되어 있는 첫 번째 장소론은 지각을 통해 심리에 침범하는 현실을 가정하는 반면, 심리내적intrapsychic 작인들인 자아, 이드, 초자아로 구성되어 있는 두 번째 장소론은 심리적 삶을 외부로부터 침범하는 지각들에서 유출되는 것으로서가 아니라 기억되지만 결코 경험되지는 않은 쾌락에 대한 갈망에서 유출되는 것으로서 이론화한다. 종종 주목되듯이, 첫 번째 장소론과 두 번째 장소론 사이의 단절은 프로이트의 1914년 논문 「나르시시즘 서론」으로 인해 촉진되었다. 바로 이와 같은 프로이트적 배경 하에서 우리는 다음과 같은 것을 알게 된다. 즉 육체에 관한 플라톤의 신화에서 그토록 중심적인 감각기관들은 수정된 휘트먼의 신화(이후 그것은 세미나 11권에서 박막lamella의 신화가 된다)에서 라캉이 "리비도의 기관"이라고 부르는 것이 선호되는 가운데 사실상 사라진다는 것이다. 이러한 정식화 — "리비도의 기관" — 는 놀라우며 확실히 놓쳐서는 안 되는 것이다. 즉 박막의 신화가 기관 없는 육체의 신화를 대체한다는 것이다. 라캉의 말을 들어보자. "이 박막은 존재하지 않는다는 특성을 갖지만 그럼에도 불구하고 하나의 기관…이다. 이것이 바로 리비도이다." 그리고 "삶의 순수한 본능으로서의…, 말하자면 불사의 삶, 억누를 수 없는 삶, 어떠한 기관도 필요로 하지 않는 삶, 단순화되고 파괴 불가능한 삶에 대한 본능"으로서의 이 리비도는, 그가 인정하기를(그가 인정하리라고 우리가 순진하게 기대했듯), "유성생식의 주기를 따름으로 인해 상실하게 되는 부분"이다.[5] 라캉은 여기서 이렇게 말하는 것 같다. 즉 인간의 육체는 "기관 없는 육체"가 아니며 불멸의 육체가 아니다. 파괴 불가능한 생명은 조이데르 해[6]처럼 육체로부터 흘러나갔으니까. 그러므로 육체는 죽으며, 오직 그 자신을 또 다른 세대 속에서 재생산함으로써만 "계속 살live on" 수 있다. 개별 육체는 파괴될 수 있으며 필멸한다. 오직 종만이 유성생식의 주기를 딛고 살아남는다. 그렇다면 우리의 원래의 소박한 기대는 부응된 셈이다. 우리는 심지어 여기 라캉에게서 독일 관념론의 뻔한 진리를 재발견한다. 유성생식은 죽음을 탄생시킨다는 것이다.

그러나 라캉의 논의의 성격을 이렇게 규정짓는 것은 성급한 것으로

---

5 | Jacques Lacan, *Seminar XI: The Four Fundamental Concepts of Psychoanalysis*, ed. Jacques-Alain Miller, trans. Alan Sheridan (London: Hogarth Press and the Institute of Psycho-Analysis, 1977), p. 198. [자크 라캉, 『정신분석의 네 가지 근본 개념』, 맹정현 · 이수련 옮김, 새물결, 2008, 299-300쪽.] 이후의 인용은 본문에서 숫자로 표기할 것이다.

6 | [Zuider Zee. 둑으로 바다와 차단된 네덜란드 북부의 만.]

판명된다. 비록 파괴 불가능한 불멸의 삶이 상실되었다 할지라도 그것의 (표상들이 아니라) 대표자들이 리비도화된 작은 대상들의 형태로 남아 있으니까 말이다. 이러한 논리를 약간 다른 방식으로 펼쳐보자. 그 자체가 순수하고 총체적인 자기충족성이기에 기관들을 전혀 필요로 하지 않는 저 기관— 리비도— 은 지금도 존재하지 않으며 결코 존재한 적도 없었다(혹은 그 어떤 기원적 충만도 없다). 그럼에도 불구하고 그 결코-존재하지 않는 신비적인 시간과 자기충족성 가운데 무언가가 남아 있다. 그 기원적이고 순수하게 신화적인 기관의 조각들은 부분 대상들의 형태로 뒤에 남아 있었다. 이 대상들에 대해서 라캉은 응시, 목소리, 젖가슴, 남근 등 신체기관들의 이름을 부여한다. 그러나 왜? 기관으로서의 리비도라는 이러한 개념을 설명하면서 그는 기관을 두 가지 의미로, 즉 유기체의 기관-부분과 기관-도구라는 의미로 사용한다고만 간명하게 말해둔다.

여기서 기관-도구라는 용어를 만나는 것은 이상하다. 왜냐하면 리비도의 기관은 미리 지정된 과제들에 대한 신체기관들의 적합성과 관련된 그 어떤 도구론적이거나 기능적인 논의로부터도 멀리 벗어나게 되어 있음이 이미 분명하기 때문이다. 라캉은 눈이 보기를 위해 고안되었고 입이 먹기를 위해 고안되었다는 식으로 추정하는 저 "목적성"의 주장을 승인하는 것과는 거리가 멀다. 그렇다면 코는 안경을 떠받치기 위해서, 혹은 손은 휴대전화를 들기 위해서 고안되었다는 것인가? 라캉의 논의 방향은 이처럼 신체기관들의 사전편성을 가정하는 것에서 벗어나 리비도의 기관이 우리의 감각기관들을 창안하는 방식을 설명하는 쪽으로 나아가는데, 그 감각기관들은 그것들을 사용하는 우리의 능력 덕분에 존재하는 것이다. 우리는 "유기체의 기관-부분"이라는 첫 번째 대답에 대해서도 즉흥적인, 그렇기에 겉으로만 그럴싸한 결론을 피하기 위해서 동일한 신중함을 기해 접근해야 한다. 여기서 **부분**은 도구 못지않게 까다롭다.

충동과 충동의 대상이 부분적이라고 말하는 것은 무엇을 뜻하는가? 자동적으로 대답이 나오지 못하도록 돕기 위해 나는 또 다른 영역으로, 그리고 어떤 다른 어휘로 도약할까 한다. 또 다른 영역이란 바로 영화이론이며, 나의 제안은 클로즈업이 시각장의 부분인 것과 같은 방식으로 기관은 유기체의 부분이라는 것이다. 들뢰즈는 헝가리의 영화이론가 벨라 발라즈를 따라 이 영화적 장치에 관해 이렇게 말한다. "클로즈업은 대상을 그 대상이 일부를 형성할 일련의 것으로부터 무리하게 떼어내지 않는다. … 반대로 클로즈업은 대상을 모든 시공간적 좌표들로부터 추상시킨다. 다시 말해 그것은 대상을 **존재자**Entity의 상태로 끌어올린다. 클로즈업은 확대가 아니다. … 그것은 차원의 변화를 의미하는데, 이는 절대적 변화다."[7]

들뢰즈는 클로즈업이 한 장면의 어떤 부분을 더 가까이서 보는 것이 아니라고 주장하고 있다. 다시 말해 클로즈업은 그 장면의 요소로 목록화될 수 있는 어떤 대상, 즉 전체로부터 뽑아낸 다음 우리의 주의를 집중시키기 위해 확대된 어떤 세부를 드러내는 것이 아니라는 것이다. 오히려 클로즈업은 장면 자체의 **전부**를, 혹은 들뢰즈의 말대로 그 장면의 "표현된" 전체를 드러낸다. 이러한 논의는 롤랑 바르트가 그의 논문 「현실 효과」에서 논했던 것과 놀라울 정도로 유사하다. 바르트는 플로베르[8]의 소설들 중 하나에 나오는 조밀하고도 리얼리즘적인 묘사를 신

---

7 | Gilles Deleuze, *Cinema I: The Movement-Image*, trans. Hugh Tomlinson and Barbara Habberjam (Minneapolis: University of Minnesota Press, 1986), pp. 95-96. [『시네마 I: 운동-이미지』, 유진상 옮김, 시각과 언어, 2002, 182쪽. 번역 수정.]

중하게 읽어내면서, 다른 세부들이 그러하듯 묘사에 덧붙거나 묘사를 진하게 만드는 방식으로 기능하지 않는 한에서 전혀 하나의 세부가 아닌 것으로 판명되는 어떤 세부를 구분해낸다. 그렇다면 그 세부의 기능은 무엇인가? 그것은 현실 효과 자체를 확립한다. 그것이 없었다면 다른 모든 세부들을 합쳐도 하나의 리얼리즘적인 장면을 구성하지 못하고 환각적인 장면을 구성했을 것이다. 플로베르에서의 기압계 — 바르트가 골라내는 기이한 세부 — 와 영화에서의 클로즈업은 장면에 **포함**되어 있음에도 적절하게 그 장면에 **속하지는** 않는 대상들을 나타낸다. 그것들은 장면을 구성하는 세부들의 집합의 요소로서 포함시킬 수 없다. 내가 주장하려는 것은, 충동의 부분 대상 역시 이와 동일한 논리를 예증한다는 것, 즉 그것은 유기체의 부분을 형성하는 것이 아니라 절대적인 변화를 함축한다는 것이다.

부분 충동에 관한 논의를 경유하여 전체에 속한 부분과 전체로서 기능하는 부분에 대한 구분을 해명하자고 제안하는 것은 언뜻 무모해 보일 수 있을 것이다. 바로 이 지점에서 프로이트의 이론은 특히 저항하는 듯 보이니까 말이다. 프로이트는 처음에 부분 충동들 — 혹은 "성분 본능들"[9] — 을 파편적이고 파편화하는 것으로 이해했다. 그것들은 분산된 육체를, 그리고 이후 오이디푸스와 거세라는 이차적 작용들에 취약한 다형적이고 도착적인 쾌락을 산출했는데, 그러한 작용들은 성분 본능들을 함께 묶어서 생식 기능의 우선성에 종속시킨다고 가정되었다. 따라서 이 제안된 시나리오에는 두 단계가 있다. 첫째 단계는 자기의 흩어진 육체 부분들에 대한 아이의 리비도적인 애착과 관련되어 있다.

---

8 | [본문은 '발자크'로 되어 있으나 이는 콥젝의 착각이다. 바르트는 플로베르의 단편 「단순한 마음」을 다루고 있다.]

9 | ["component instincts". 부분 대상에 대한 영역본 번역.]

둘째 단계는 거세의 위협을 경유하여 첫째 단계를 대체하는 것과 관련되어 있는데, 거세의 위협은 아이를 자기성애적 관계들로부터 단절시키며 리비도를 다른 사람을 향해 외부로 — 여기서 프로이트는 "이타적으로"라 말한다 — 향하게 한다.[10]

나르시시즘 이론이 이 시나리오에 어느 정도의 수정을 요구했는지는 종종 그 전모가 파악되지 않고 있다. 따라서 그 시나리오는 대중적 상상 속에서 손대지 않은 채로 존속하고 있다. 이는 장차 더 큰 오해로 귀결된다. 예를 들면 「나르시시즘 서론」의 우선적인 주장 — 아이의 기원적인 자기성애의 흩어진 사지들disjecta membra로부터의 자아의 출현을 설명하기 위해서는 "새로운 심리적 행동"[11]을 가정해야만 한다 — 은 자아가 이러한 심리적 행동으로부터 직접 출현함을 의미한다고 일반적으로 가정되고 있다. 하지만 프로이트가 실제로 말하는 것은 상당히 다르다. "자아의 발달은 일차적 나르시시즘으로부터 떠남departure에 있다."[12] 잘못된 해석은 프로이트의 첫 번째 이론의 개요(즉 자기성애적 확산은

10 | Sigmund Freud, *Three Essays on the Theory of Sexuality, The Standard Edition of the Complete Psychological Works of Sigmund Freud* (SE), trans. James Strachey (London: Hogarth Press and the Institute of Psycho-Analysis, 1957), 7: 207. [『성욕에 관한 세 편의 에세이』, 김정일 옮김, 열린책들, 2011, 107-108쪽.]

11 | [SE, 14: 77; 「나르시시즘 서론」, 『정신분석학의 근본 개념』, 50쪽.]

12 | Freud, "On Narcissism: An Introduction", SE, 14: 100. [「나르시시즘 서론」, 82쪽. 프로이트는 정상인의 나르시시즘과 정신분열증자의 나르시시즘을 각각 일차적primary/이차적secondary으로 구분하는데 국역본은 이를 근원적/부차적으로 번역한다.] 이 중요한 논의는 Leo Bersani가 "Erotic Assumptions: Narcissism and Sublimation in Freud", *The Culture of Redemption* (Cambridge: Harvard University Press, 1990)에서 발전시킨다. 이후 버사니의 논문은 쪽수와 함께 "Erotic"이라고 지시될 것이다.

나르시시즘적 전체성으로 대체된다)를 보유할 테지만, 그의 실제 진술은 세 단계 혹은 구조(자기성애, 일차적 나르시시즘, 그리고 "에고이즘" 혹은 "향수적" 나르시시즘)를 주장함으로써, 그리고 두 번째와 세 번째 구조를 적대적인 것으로 규정함으로써 그 이론을 심도 깊게 변경한다. 첫 번째와 세 번째 구조만이 프로이트의 원래 이론이 제공했던 용어들로 여전히 이해 가능할 것이다. 그러나 두 번째, 즉 일차적 나르시시즘 및 그것을 낳는 "새로운 심리적 행동"은 첫 번째 이론의 용어들에 대해서뿐만 아니라 대부분의 주석가들에게도 역시 불투명하다.

그렇다면 프로이트가 가리키는 "새로운 심리적 행동"이란 무엇인가? 이 질문에 대해 그는 이 논문에서든 이후의 논문에서든 결코 명시적인 대답을 제공한 적이 없으므로, 그가 실제로 말하는 것에서 한 가지 대답을 연역할 필요가 있다. 리오 버사니는 「성애적 가정들: 프로이트의 나르시시즘과 승화」에서 이 새로운 행동은 다름이 아니라 승화라고 상당히 설득력 있게 주장한다. 내가 보기에 이는 정확히 맞는 말이다. 따라서 나는 이 방향에서 버사니를 따를 것이다. 그러나 우선 나는 낡고 친숙한 행동 ─ 즉 거세 ─ 에 대한 이러한 수정 과정에서 무슨 일이 일어나는가를 고려하고 싶은데, 이 [거세] 개념은 그 과정에서 활력을 되찾는 듯 보인다. 나르시시즘에 관한 논문을 발표한 이듬해에 프로이트는 충동, 억압, 그리고 무의식의 재검토에 주의를 기울인다. 그 모두가, 의식과 무의식 간의 분열보다는 무의식 자체 내의 분열, 즉 충동의 대상들과 그 대상들을 초과하는 어떤 것 간의 분열을 더 강조하기 위해서였다. 일차적인 심리적 분할의 위치에 관한 이러한 변경에 촉발되어 라캉은 거세의 절단이 아이를 어머니로부터(거세의 절단이 가해진다고 통상 간주되는 곳인, 또한 위에서 고려된 프로이트의 첫 번째 이론에서 실로 거세의 절단이 가해지는 것으로 보이는 곳인 어머니) 분리하는

게 아니라 오히려 어머니를 젖가슴으로부터 분리한다며 어김없이 이의를 제기했다. 어머니와 아이라는 두 가지 대상이 아니라 이제 우리는 세 가지 대상을 갖는다. 엄마, 아이, 젖가슴이 그것인데, 이때 젖가슴은 시원적 어머니의 이상한 "대리물" 혹은 "대표자"로서 작용한다. 어머니는 무엇인가 — 젖가슴, 태반, 혹은 여타의 대상 — 가 엄마에게서 분리되는 바로 그 순간에 하나의 공백 속으로 떨어진다.

더욱이 거세는 이 새로운 배치 속에서 어떤 다른 기능을 떠맡는다. 이제 거세는 앞에서처럼 부분 대상들이 형성된 후에 뒤늦게 개입하고 부분 대상들을 함께 묶기보다는 부분 대상들의 **형성**에 참여하는 것으로 보인다. 라캉의 육체 탄생 신화를 알려주는 것은 사실상 이 후자의 거세 개념이다. 즉 거세는 불멸성으로부터 불멸성의 이 작은 대표들 혹은 육화들을 떼어냄으로써 우리를 불멸적 삶의 낙원으로부터 추방한다. **전체**, 기원적 충만 대신에 우리는 이 작은 대상들을 갖는데, 그것들은 우리의 불멸성의 원천이며, 상실된 모성적 일자의 부분적 육화들이다.

새로운 나르시시즘 및 거세 개념을 발전시키려고 하던 시기에 프로이트는 본인도 인정하듯이 주체가 그 자신과 맺는 관계에 관한 칸트의 이론을 염두에 두고 있다. 이 정도는 그의 1915년 논문 「무의식에 관하여」의 서두에서 알아낼 수 있는데, 거기서 그는 다음과 같은 문제를 제기한다. 어떻게 우리는 우리에게 결국은 낯선 우리 자신의 무의식을 우리에게 역시 낯선 또 다른 혹은 제2의 의식과 구분할 수 있는가? 즉 어떻게 우리의 무의식은 세계 속에서 "외부"로서보다는 "내부"로서 우리에게 나타나는가? 이는 외부 대상의 지각과 초월적 "나"의 통각 간의 차이에 관한 칸트의 질문의 변종이다. 문제는 만일 사고가 "나"를 사고의 그물망에 붙잡을 수 있다면, 혹은 의식이 무의식을 붙잡을 수 있다면, 붙잡히는 그것은 더 이상 본연의 그것 — 자연발생적인 사고 혹은 무의식 — 이 아닐 것이고, 그 대신 의식의 대상이 되리라는 것이다. 하지만 애초에 우리가 초월적 "나"나 무의식의 존재를 눈치 채고 그리하여 그것의 존재를 정립하게 하려면, 분명 무엇인가가 의식에 나타나야만 한다. 사고의 이 특이한 대상을 사고하고자 노력하는 가운데 — 그것이 그 어떤 객관성도 소유할 수 없다는 점에서 특이한(왜냐하면 이는 사고의 대상을 외부 대상과 구분할 수 없게 만들 것이기에) — 프로이트는 내부에 있지도 외부에 있지도 않은, 위치 설정이 불가능한 충동의 성격을 숙고하게 된다. 그의 논의를 인용해보자.

> 나는 사실 의식과 무의식의 대립을 본능에는 적용할 수 없다고 생각한다. 본능은 결코 의식의 대상이 될 수 없다. 오직 본능을 대표하는 표상만이 의식의 대상이 될 수 있다. 더욱이 무의식 속에서도 본능은 표상에 의해서가 아닌 다른 방식으로는 대표될 수 없다. 만일 본능이 그 자신을 표상에 부착시키지 않는다면, 혹은 그 자신을 정동적인 상태로 현시하지 않는다면, 우리는 본능에 관해 아무것도 알 수 없을 것이다. 그럼에도 우리가 무의식적인 본능충동이나 억압된 본능충동에 관해 이야기한다면 이는 무해한 표현상의 느슨함일 뿐이다. 우리는 다만 본능충동을 무의식적인 것의 표상의 대표자라는 의미로 볼 뿐이다. 다른 어떤 것도 고려할 수 없으니 말이다.[13]

이 구절에서 프로이트는 우리가 앞에서 이야기했던 분할, 즉 충동의 표상의 대표자 — Vorstellungrepräsentanz — 와 라캉이 "도래하게 될

---

13 | Freud, "The Unconscious", SE, 14: 177. [「무의식에 관하여」, 『정신분석학의 근본 개념』, 176쪽. 번역 수정.]

충동"[14]이라고 지칭한 것 간의 분할을 분명 무의식 내로 끌어들이고 있다. "도래하게 될 충동"이란 충동의 대상이 부분적이라는 관념을, 그것은 이 부분성으로부터 자유로워진 미래를 약속하지 않는다는 관념을 번역하고 있다. 프로이트의 구절에서 제기된 문제는 일단 충동 개념이 도입된 다음에 내부와 외부의 구분을 유지하는 것의 문제다. 그리고 이는 주체의 "나"를 더욱 파악하기 어렵게 만드는 추가적인 결과를 낳는다. 일단 주체가 충동을 통해 "세계 속으로 맞물려 들어가면", 그녀는 —— "사랑의 점착성"이라는 휘트먼의 묘사와 같이, 세계와 융합하기 시작하는 것이 아니라 —— 자신을 외부에 위치시킬 수 없게 되기 시작한다.

나르시시즘과 승화

프로이트가 나르시시즘에 관한 자신의 선구적이지만 뒤틀리고 거의 독해 불가능한 논문에서 직면한 중심 문제는 방금 인용했던 문제들의 복합체complex와 연결되어 있다. 만일 자기의식이 우리로 하여금 방향을 돌려 우리 자신을 붙잡을 수 있게 해주지 않는다면, 어떻게 우리는 우리가 의식의 주체로서 존재함을 알 수 있는가? 만일 내부와 외부의 구분이 흔들리기 시작하면, 어떻게 나는 의식으로부터 분리될 수 있는 "나"가 있다고 확신할 수 있는가? 언뜻 보기에 부분 대상과 부분 충동에 대한 이 뒤늦은 주목은 해법을 찾아낸다는 기획을 망치는 듯 보인다. 이 모든 명백한 파편화 가운데서는 무의식의 한 주체에 대해 이야기하는 것이 덜 어려운 게 아니라 오히려 더 어려워 보이지 않겠는가? 왜

---

14 | [라캉, 『정신분석의 네 가지 근본 개념』, 98쪽.]

주체가 자신의 경험들 가운데서 다만 스스로를 분해시키거나 분산시키지 않는가 하는 질문은 분산을 창출할 뿐인 것처럼 보이는 용어들로는 대답이 가능해 보이지 않는다. 거세 — 기억해 보자 — 는 더 이상 충동들이나 주체를 묶는 데 이용될 수 없다. 그것은 오히려 파편화된 유기체의 흩어진 사지와 주체의 부분 충동들 사이로 개입한다. 그렇다면 주체의 나르시시즘은 무엇에 있는가? 주체는 어떻게 그녀 자신을 자신의 경험들과는 별개인 어떤 것으로서 사랑하게 되는가?

앞에서 언급한 논문에서 버사니가 이미 프로이트의 설명에서 나타나는 중심적인 혼란을 파헤쳤기 때문에, 우리는 미궁을 통과하는 하나의 실마리로서 버사니의 독해를 따라갈 것이다. 비록 나르시시즘 개념이 "나"를 주체의 경험과 지각으로부터 떼어놓는 자기애를 명명하는 것이라 해도, 이 개념은 이 "나"에 관한 일관성 있는 이론을 제시하지는 않는다. 버사니는 그 논문[15]의 첫 부분에서 나르시시즘이 "비도덕적 마조히즘" 혹은 "열정적[정념적] 고통 겪기"와 동의어인데, 그 속에서 주체는 유아적 자아를 파괴하지 않으면서도 그 자아를 해체하는 것을 추구한다고 주장한다. 총체성을 산산조각내려는 바로 이러한 욕망을 통해서 "최초의 심리적 총체성", 즉 일차적 나르시시즘이 — "그 자신의 해체라는 [[자아의]] 예견된 쾌락에 의해 필연화되는 열정적[정념적] 추론"("Erotic", 37)에 다름 아닌 것으로서 — 존재하게 된다. 혹은, 주체는 산산조각내기에 기초해서 산산조각-나야-할-어떤 것, 즉 "나"를 추론한다. 하지만 이후 프로이트가 이전의 총체성, 상실된 전체성을 회복하기 위한 성인 주체의 노력에 관해 이야기하기 시작할 때, 그는 나르시시즘을 도덕주의적 용어로, 즉 자아가 "죄책감이 들도록 자아를 열등하게

───── 15 | [프로이트의 「나르시시즘 서론」.]

만드는 어떤 이상을 사랑하는 데서 쾌락을 찾는" 의무적이지만 불가피하게 마조히즘적인 노력으로서 재고한다("Erotic", 40). 이제 "나"는 주체가 자아를 해체하는 것에서 경험하는 쾌락으로부터가 아니라 어떤 이상을 획득하는 데 실패한 결과로서 경험하는 죄책감으로부터 추론될 수 있는 총체성, 하나의 전체이다. 이론적인 혼란 속에서 프로이트는 이 둘을, 즉 한편으로는 고유의 나르시시즘을, 다른 한편으로는 향수적 나르시시즘 혹은 에고이즘을 분리된 작용들로서 구분하기 위한 길을 명료하게 볼 수 없었다. 그 둘을 구별하면서 질문해야 하는 것은 이것이다. 자기보존, 즉 "나"의 보존은 각각의 경우에 무엇을 의미하는가?

버사니는 프로이트 논문의 두 번째 부분에 나타나는 이론적 후진이 충동은 외부 대상들에 대해 본래 무관심하다는 그 자신의 확신에 관한, 즉 인간의 성은 기본적으로 (예컨대 그가 『성욕에 관한 세 편의 에세이』에서 그렇게 믿는 경향이 있었던 것처럼) "타자–지향적"이거나 "이타적"이지 않으며 오히려 반대로 "자폐적"이거나 나르시시즘적이고 그 자신의 만족 외에는 그 어떤 목표도 없다는 그 자신의 확신에 관한 결의의 실패에 기인한다고 추측한다. 어쩌면 자폐적인 혼자만의 쾌락이라는 개념이 그의 이론 일반에 가져올 실제 결과들이 두려워서, 혹은 그것이 다른 이들에게 어떻게 비칠까 두려워서, 프로이트는 나르시시즘을 대상 관계들에서 파생된 것이라고 다시 사고하는 것으로 반응했다. 다시 말해 그는 나르시시즘을 대상으로서의 자기 자신을 사랑하는 것이라고 재파악했다. 그렇게 되면 대상 없는 향유라는 개념, 버사니의 용어로는 "자기–산산조각–내기의 쾌락"은, 프로이트의 논문에서 잠시 출현하지만, 재빨리 무대 뒤로 사라져버린다. 그것은 정확히 외설적인obscene[16]

---

16 | ["외설적인"을 뜻하는 "obscene"은 어원상 "off scene" 즉 "무대 바깥"이나

개념이 된다.

그러나 비록 그 두려움, 주저, 혼란이 버사니가 단언할 정도로 가시적이기는 하지만, 그럼에도 불구하고 프로이트가 — 내가 논해오고 있듯이 — 이후의 글들에서는 무의식적 분할에 관한 그의 근본적인 이론화를 고집하는 것이 사실이다. 그런데 오로지 그러한 이론화만이 나르시시즘에 관한 최초의 이론을 이해 가능한 것으로 만든다. 따라서 프로이트가 나르시시즘을 자아가 사랑받는/경멸되는 대상의 역할을 담당하는 일종의 대상-사랑으로서 개작하는 것처럼 보였던 순간에 실족해버렸다는 것에 동의해야 할지라도, 그의 논의의 이상한 비틀기와 전환들로부터 — 특히 그의 논의가 ("나"에 대한 성애적 정념을 설명해주는) 자아 리비도와 (외부의 대상들을 향하는) 대상 리비도의 뒤얽힘에 관련될 때 — 배울 것이 더 있다는 것 또한 납득이 가는 일이다. 더욱이 나르시시즘은 자기 자신을 대상으로서 사랑한다는 것을 의미할 수 없으며 (적어도 이런 의미에서) 나르시시즘은 대상이 없다는 것에서 버사니에게 동의할 수는 있지만, 승화가 어떠한 대상도 갖고 있지 않다는 제안을 받아들이는 것은 불가능하다. 승화를 대상 없는 것으로 만들겠다는 버사니의 결정, 즉 승화를 "대상-고착적 활동으로부터 또 다른 '더 높은 목적'으로의, … 〔요컨대〕 성애화된 의식의 활동을 반복한다는" 목적으로의 "성적 본능〔충동〕 최초의 굴절"("Erotic", 37)로 정의하겠다는 결정은, 이 주제에 관한 작업으로 버사니 자신의 사유에 영향을 끼쳤던 장 라플랑슈가 프로이트에게는 승화가 "대상들의 발생genesis"[17]과 연결되어 있음에 주목했다는 사실을 고려하면 더더욱 놀라운 일이다. 이제

"무대 이면"에서 온 말이다.]

17 | Jean Laplanche, "To Situate Sublimation", *October* 28 (spring 1984), p. 9.

승화에 관한 통속적인 잘못된 해석은— 프로이트 자신도 그처럼 잘못된 해석에서 항상 면제되어 있지는 않다— 승화가 문화적으로 가치화되지 않은 성적 대상이나 목표를 문화적으로 가치화된 대상이나 목표로 대체한다는 것이다. 예를 들면 배설물 보유의 항문적 성애를 질서 잡힌 예산이나 회계를 입안하는 것의 쾌락으로 바꾸는 식으로 말이다. 버사니는 설득력 있게 이 널리 퍼진 오해를 공격하며 승화에 동반되는 성적 향유를 승화에 돌려준다. 이는 의미심장한 성취다. 그러나 그 성취는 문화적으로 가치화된 대상의 승화뿐 아니라 그 어떤 대상의 승화도 모두 부정함으로써 도를 넘어버린다.

대상에 관한 질문에는 두 가지 방향에서 접근해야 한다. 즉 그것이 나르시시즘과 관련되어 있는 바로서, 그리고 그것이 승화와 관련되어 있는 바로서. 하지만 나르시시즘과 승화의 관계에 관한 버사니의 개념화는 우리가 그것들을 구별할 수 있게 해줄 만큼 충분히 표출되고 있지 않다. 그의 설명에서는 나르시시즘과 승화 모두가 자기 산산조각내기의 쾌락에 있는 것으로 보인다. 그렇다면 그 둘을 파고들어 떼어놓는 노력은 우리에게 남겨진 셈이다. 버사니는 라플랑슈에게서 자기-산산조각-내기 개념을 빌려오는데, 라플랑슈는 그것을 모든 심적인 자기-묶기 노력을 압도하는 것으로서의 성sex이라는 프로이트의 개념에서 도출했다. 성은 정확히 이러한 의미에서 바로 그 본성상 외상적이다. 즉 성은 자아의 경계들을 파괴한다. 그러나 버사니가 확립하는 승화와 나르시시즘의 관계는 푸코에 뿌리를 두는 것일 수도 있다. 「저자란 무엇인가?」에서 우리는 승화에 관한 버사니의 정의와 아주 가까운 글쓰기의 정의를 발견한다. 푸코는 글쓰기란 "자아의 자발적인 말소"[18]라고 말한다. 계속

18 | Michel Foucault, "What is an Author?" in *Language, Counter-Memory,*

해서 그는 "[전근대적] 작품이 불멸성을 창출할 의무를 가지고 있었던 곳에서 이제 그것은 죽일 권리를, 즉 그 저자의 살해자가 될 권리를 획득한다"라고 말한다. 정신분석적 사상가인 버사니는 이러한 진술로부터, 역사주의자들과는 달리, 산산조각내기가 주체를 무화한다는 결론을 내리지 않는 법을 알고 있다. 그에게 초점은 주체가 말소된다는 것이 아니라 이러한 말소가 하나의 분리된 존재로서, 즉 "나"로서의 자기 자신에 대한 주체의 경험을 구성한다는 것이다. 이러한 말소는 동일성의 요소 속에, 즉 이러한 산산조각내기의 주체로서의 그 자신에 대한 주체의 정념적인 관심 속에 위치한다. 그 말소는 주체의 "해체"의 증거가 아니라 주체의 실존의 증거가 된다. 하지만 프로이트의 취지는 이러한 경로를 통해서 산산조각내기의 경험 "뒤" 혹은 "아래"에 있는 실체적 주체를, 향유의 파괴력을 견뎌내는 주체의 본질을 재도입하는 것이 아니다. 주체 혹은 "나"는 오히려 그저 논리적 추론물로서 논증 속으로 미끄러져 들어간다. "일차적 나르시시즘을… 직접적 관찰에 의해 파악하는 것은 그것을 다른 곳으로부터의 추론에 의해 확증하는 것보다 쉽지 않다"(SE 14: 90 [「나르시시즘 서론」, 69쪽]). 그러므로 버사니가 "최초의 심리적 총체성" 혹은 주체 자체를 자기-산산조각-내기의 향유에서 도출되는 "열정적[정념적] 추론"에 다름 아니라고 정의할 때 채택하는 것은 바로 프로이트의 해법이다. 만일 버사니의 논의에서 나르시시즘과 승화 사이의 차이를 거의 지각할 수 없다면, 우리는 이것이 부분적으로는 나르시시즘 개념이 자기-말소적 승화에 아무것도, 그 어떤 실정

_____ *Practice: Selected Essays and Interviews*, ed. Donald Bouchard, trans. Donald Bouchard and Sherry Simon (Ithaca: Cornell University Press, 1977), p. 117. [「저자란 무엇인가?」, 『구조주의를 넘어서』, 이정우 엮고 옮김, 인간사, 1990, 44쪽. 번역 수정.]

적인 너머도 덧붙이지 않기 때문이라고 추정할 것이다. 나르시시즘은 무언가로서의 X의 소급적 정립에 지나지 않는 것으로 보인다. 무언가로서? 칸트와 함께 "승화의 가능성의 조건으로서"라고 말하는 것은 더 이상은 불가능하다. 한정사 정념적인의 추가는 나르시시즘을 초월적 조건들의 논리로부터 제거하기 때문이다.

나르시시즘에 배속된 그림자 같은 실존에도 불구하고 우리는 그 실존이 승화 개념 속으로 사라지게 해서는 안 되며, 버사니가 두 용어를 거의 융합시켜 놓은 것을 더더욱 탐문해야 한다. 나르시시즘이 그 어떤 대상도 갖고 있지 않다는 결론에 도달하는 것은 자아가 나르시시즘적 사랑의 대상이라는 거의 보편적인 가정을 신뢰하지 않음으로써 이루어진다. 승화가 그 어떤 대상도 갖고 있지 않다는 결론은, 이미 말했듯이, 이 승화의 과정이 사회적으로 가치화된 대상을 획득하기 위해 애쓴다는 가정을 신뢰하지 않는 것에 의해 부분적으로 뒷받침된다. 하지만 그것은 또한 충동 일반이 외부의 대상들에 대해 무관심하다는 견해에 의해서도 뒷받침된다. 라캉이 설명했듯이 "여러분이 입 — 충동이라는 영역에서 벌어지는 입 — 에 음식을 가득 채울 때조차도 입이 만족하는 것은 음식 때문이 아니다. 그것은 흔히 말하듯 입의 쾌감 때문이다"(*SXI*, 167 [『정신분석의 네 가지 근본 개념』, 253쪽]). 충동의 입은 성애적인 동요 속에서 이 특수한 대상을 취하기 위해, 휘트먼이라면 이렇게 말했을 텐데, "전기가 오르듯 전격적으로electrically" 열린다. "선택적으로 electively"가 아니고 말이다. 버사니는 승화를 "성적 흥분을 그것의 우발적인 기회들 일체로부터 증류시킨다는 기획"이라고 정의함으로써, "기회를 태워버리는 것, 혹은 순수하게 불태우기의 꿈"("Erotic", 37)이라고 정의함으로써 이러한 견해를 인준한다. 입의 쾌락은 입이 무엇이든-상관-없는-것으로 채워지는 데 의존한다. 중요한 것은 성애적 자극,

산산조각내기의 흥분, 저 채우는 기회들이다. 입을 채우는 특수한 대상이 아니고 말이다. 그 어떤 대상이든 다른 것만큼 괜찮을 것이다.

그러나 이는 참이 아니다. 마지막 장이 이러한 입장에 대한 논박을 담고 있으므로 여기서는 간략하게만 다루어도 되겠다. 충동의 등록소에서 열리는 입이 젖으로 만족되는 게 아니라고 말하는 것으로는 불충분하다. 그럼에도 불구하고 충동은 — 젖가슴에 의해 — 만족된다는 것을 즉각 덧붙여야 한다. 즉 충동의 대상이 있으며 이 대상은 어떠한 사회적 수용도 필요로 하지 않는다. 이것은 어떤 종류의 대상인가? 구강 충동을 실컷 만족시킬 수 있는 이 젖가슴, 혹은 시각 충동을 실컷 만족시키는 이 응시는? 이 목소리는? 라캉은 이를 "결여의 대상들"이라고 부른다. 그렇다면 이것은 결정적 차이다. 즉 버사니가 대상의 **결여**를 발견하는 곳에서, 그렇기에 오직 산산조각내기만을 발견하는 곳에서, 라캉은 **결여의 대상**을 발견하는데, 이 대상은 충동의 열림 속에 들어가서 그것을 채운다.

"결여의 대상"이라는 이 용어는 그 대상이 도출된 티마이오스/박막의 신화 밖에서는 이해될 수가 없다. 부분 대상 혹은 결여의 대상은 **결여**로부터, 즉 기원적 충만이나 **사물**das Ding의 상실에 의해 열린 공백으로부터 출현하는 대상이다. 모성적 **사물**Thing과 한 몸이 되는 것에서 도출되는 신화적인 만족의 자리에서, 주체는 이제 이 부분 대상에서 만족을 경험한다. 그러나 만족을 주는 것이 젖(혹은 어떤 다른 실제 대상)이라기보다는 이 대상, 즉 젖가슴이라고 말하는 것은 젖이 만족에 무관하다거나 부차적이라고 말하는 것이 아니다. 젖가슴은 젖과는 다른 어떤 것, 즉 젖이 표상하거나 "대표"하는 어떤 것이 아니다. 그것은 젖 자체에 대한 젖의 타자성이다. 우리는 또 다른 방향에서 이 점에 접근할 수 있다. 즉 젖보다는 젖가슴이 만족을 준다는 게 아니라, 젖은 위장 그 이상을 채운다는 것, 젖은 충동의 식도를 채운다는 것이다. 대상 a — 이 경우에는 젖가슴 — 는 외적 대상인 젖 속에 있는 그 이상의 어떤 것인데, 이는 이 대상에 — 그것이 충동을 만족시킨다는 것 말고 는 — 아무것도 덧붙이지 않으며, 이 대상에 관해 더 이상 아무것도 서술하지 않는다. 버사니는 마치 두 개의 대상이 있다는 듯이, 혹은 오히려 외적 대상이란 비-대상의, 자기-산산조각-내기 향유의 우발적 기회에 불과하다는 듯이 나아간다. 그러나 라캉에게는 오직 하나의 충동의 대상이 있을 뿐이다. 대상 a와 외적 대상은 두 개의 다른 대상이 아니라, 충동의 대상들로서 자기 자신과 일치하지 않는다는 특이한 "자질"을 지닌 단일한 대상이다. 충동의 외적 대상 — 젖의 사례에 머물러 보자 — 이 젖가슴의 지위(즉 입과 위장 이상의 어떤 것을 만족시킬 수 있는 대상의 지위)로까지 고양되는 것은 그것이 다른 대상들과 비교하여 갖는 문화적이거나 사회적인 가치에 의존하지 않는다. 그것의 말하자면 잉여 "젖가슴 가치"는 오직 충동이 그것을 만족의 대상으로 선택했다는 것에만 의존한다. 따라서 버사니가 초점 맞추는 자기-산산조각-내기의 향유는 스스로를 초과하면서 향유를 접근 가능한 것으로 만드는 "산산조각난" 대상에 의존한다.

버사니의 훌륭한 논변은 프로이트의 나르시시즘 논문에 있는 주요한 혼란을 가려낸다. 그러나 그것은 프로이트가 이 모든 혼란 가운데서도 단호하게 해설하고자 노력했던 주요한 발견들 중 하나 — 즉 자아 리비도와 대상 리비도의 뒤얽힌 관계의 발견 — 를 구출하는 데에는 실패한다. 버사니는 우리로 하여금 "자아 리비도"라는 용어의 적합성을 문제 삼도록 강제한다. 나르시시즘은 자아가 아니라 주체나 "나"에 고유한 리비도에 관계하기 때문이다. 그러나 이 점을 염두에 두면서도 우리는 이제 프로이트의 논의에서 다음과 같은 핵심적인 순간으로 주목의 방향을 돌려야 한다.

우리는 기원적인 자아 리비도집중cathexis이라는 관념을 형성한다. 그중 일부가 나중에 대상에게 주어진다. 그러나 자아 리비도집중은 근본적으로 계속 존속하며, 마치 아메바의 몸통이 그 몸통이 내뻗는 위족과 관계하듯이 대상 리비도집중과 관계한다. … 리비도의 배치의 이러한 부분은 애초부터 필연적으로 우리에게는 감추어져 있었다. 내보냈다고 다시 거두어들일 수 있는 이 리비도의 발산, 대상 리비도집중이 우리 눈에 띄는 전부였다. 또한 크게 말해서 우리는 자아 리비도와 대상 리비도 사이의 대립을 본다. 한쪽이 더 많이 소비할수록 다른 쪽은 더 빈곤해진다. 대상 리비도가 도달할 수 있는 최고의 발전 국면은 사랑에 빠진 상태 속에서 나타난다. 주체는 대상 리비도집중을 위해 자신의 개성을 포기하는 듯이 보인다(SE, 14: 75-76 [「나르시시즘 서론」, 48-49쪽]).

이 중요한 구절에서 프로이트는 모든 리비도는 자아에 속하기 때문에 나르시시즘적이라고 진술한다. 이후 그의 작업은 (나르시시즘적인) 리비도를 충동에, 즉 충동의 "머리 없는" 혹은 자아 없는 주체에 재할당할 수 있게 해준다. 하지만 대상들에 대한 리비도집중이 없다면 리비도의 — 혹은 그 문제라면, 나르시시즘의 — 현존을 탐색하는 것은 불가능했을 것이다. 나르시시즘적 리비도는 결코 직접적으로 자명하지는 않다. 우리는 그것을 오직 대상 리비도나 대상 리비도집중을 기초로 해서 추론할 뿐이다. 조금 뒤에 프로이트는 이 점을 이렇게 되풀이한다. "나르시시즘의 상태에 있는 동안 〖자아 리비도와 대상 리비도는〗 한데 모여 있으며, 우리의 분석은 그것들을 구분하기에는 섬세하지 못하다.

대상 리비도집중이 일어나기 전까지는 성적 에너지 — 리비도 — 를 자아 본능 에너지와 구별하는 것이 불가능하다"(SE, 14: 76 [「나르시시즘 서론」, 49쪽]). 이는 대상 리비도집중으로부터 나르시시즘을 추론하는 프로이트와 대상 없는 자기-산산조각-내기로부터 나르시시즘을 추론하는 버사니 간의 분명한 차이를 말해준다.

이 차이의 관건은 무엇인가? 그로부터 무엇이 따라나오는가? 승화뿐만 아니라 나르시시즘도 그 어떤 대상 리비도집중으로부터 독립적인 것이라고 이해하기 때문에 버사니는 성애적 정념이라는 일종의 자폐적 개념과 함께 남겨진다. 그러나 그의 작업의 이 단계에서 이런 방식으로 관계성 내지는 사회성을 희생시킨 결과, 그는 이후에 정신분석 너머로 나아감으로써 (『카라바지오의 비밀』 및 그 후에 씌어진 논문들에서) "연결성connectedness" 개념을 재도입해야 할 입장에 처한다. 승화에 대한 그의 오랜 이론적 관심이 승화는 — 그의 견해대로 — 경계선상의 개념이었다는 사실과, 즉 정신분석이 자신의 한계들을 찬찬히 살펴보고 그 직무를 벗어나(이 직무가 해석의 직무로 규정될 수 있었던 한) 자기 자신에 관해 쓰기 시작했던 지점과 적어도 부분적으로라도 관련이 있었음을 고려한다면, 확실히 그는 얼마 동안 정신분석에서 약간은 벗어나고 있었던 것으로 보일 수 있다. 그러나 버사니의 최근 작업은 정신분석의 한계들을 탐구하겠다는 이러한 결정을 한층 더 멀리까지 가져가고 있다.

최근의 한 논문에서 버사니는 자신의 이전 작업이 프랑스 라캉학파 Ecole lacanienne로부터 열렬한 환영을 받았던 일로 상당히 당혹스러웠다고 고백한다. 프랑스 라캉학파는 거기서 라캉의 경구 "성관계는 없다"에 대한 확인을 보고 기뻐했던 것이다. 이는 프랑스인이라고 해서 자동적으로 라캉을 이해할 자격을 갖는 것은 아님을 보여줄 뿐이다.

왜냐하면 라캉은 라캉학파가 설명하듯이 "성적인 것은 **관계들의 부재,** **연결의 실패**"[19]라고 주장하지 않았기 때문이다. 라캉은 다만 그 어떤 성적 비율이나 공식도, 성적 충동의 그 어떤 사전규정된 목적도 없다고 말할 뿐이다. 그는 성적 조우가 일어날 수 있다는 것을, 지침이나 목표없이 맹목적으로 작동하는 충동이 실로 이따금씩 만족스러운 대상을 만난다는 것을 완전히 인정한다. 그리고 우리는 오직 우리 자신의 향유를 경험할 뿐이라는 의미에서 비록 향유가 고독한 사태라 할지라도, 이는 주체가 다른 이와의 관계를 통해 이러한 경험을 할 수 없음을 의미하지는 않는다. 성애적 사랑은 분명 존재한다. 라캉은 프로이트에게 동의하는데, 프로이트는 「나르시시즘 서론」에 나오는 이미 인용한 구절 — "대상 리비도가 도달할 수 있는 최고의 발전 국면은 사랑에 빠진 상태 속에서 나타난다" — 에서 이러한 성취를 찬미한다. 하지만 이 단순한 선언에 관한 사람들의 이해는 양끝에서 풀려나가기 시작한다. 그 중간부를 무효화하겠다는 위협을 가하면서 말이다. 첫째, 사랑에 빠진 상태를 그 "최고의 발전" 국면으로 갖는 대상 리비도는 사실상 자아 리비도의 "위족"의 하나임이 드러난다. 즉 근본적으로 나르시시즘 적임이 드러난다. 둘째, 사랑에 빠진 이러한 상태 속에서 주체의 개성은 포기된다고 말해진다. 그렇다면 프로이트의 관찰은, 그 증류된 형태에서는, 대상으로부터 주체로, 다시 대상으로 오고가는 시소 타기로 보인다. 즉 대상 리비도집중의 최고 형태인 사랑은 근본적으로 나르시시즘적이며 주체의 개성의 포기를 수반한다.

미클 보크–야콥슨은 프로이트의 논의를 주의 깊게 지성적으로 읽으

---

19 | Bersani, "Society and Sexuality", *Critical Inquiry*, vol. 26, no. 4 (summer 2000).

면서도 그 논의가 실속 없고 부조리하다고, 상상해보자면 "한 사람이 숫염소 밑에 체를 받치고 있는 동안 다른 사람이 젖을 짜는"[20] 것과 유사한 어떤 것이라고 본다. 내 마음속에 처음 떠오른 것이 이 비유라면, 이는 의심의 여지없이 다음과 같은 사실 때문이다. 즉 프로이트의 나르 시시즘 이론에서 보크-야콥슨을 그토록 교란하는 것은 그 이론이 그에게는 대상 리비도와 자아 리비도의 구분을 붕괴시키는 것으로 보인다는 것, 그뿐만 아니라 이러한 붕괴가 남성적 리비도와 여성적 리비도의 구분을 더불어 끌어내린다는 것이다.

프로이트가 여자를 나르시수스의 역할에 배치하기를 고집할 때 우리는 그 자신이 정부와 노예의 이러한 "변증법" 속에서 노예의 위치를 점하고 있음을 확신할 수 있을 것이다. 사랑에 관한 이 이론 전체는 타자의 나르시시즘을 믿는, 그가 그녀에게 "그 자신의 것"을 양도했음을 보고자 하지 않는, 그리하여 언제나 이미 "양도된" 것이 아닌 나르시시즘은 없음을⋯ 노예상태에 의존하지 않는 지배mastery란 없음을 인정하기를 회피하는 노예의 흐릿한 관점에서 씌어진 것이다.[21]

보크-야콥슨이 느끼는 격앙을 보여주는 정동의 과잉이 여기에 있다.

---

20 │ Freud, "Psycho-analytic Notes on an Autobiographical Account of a Case of Paranoia", SE, 12: 34. [「편집증 환자 슈레버: 자서전적 기록에 의한 정신분석」, 『늑대인간』, 김명희 옮김, 열린책들, 2003, 135쪽.]

21 │ Mikkel Borch-Jacobsen, "Ecco Ego", in The Freudian Subject, trans. Catherine Porter (Stanford: Standford University Press, 1988), p. 113: 이후 쪽수와 함께 "Ecco"라고 표기한다.

프로이트의 논문을 세심하게 검토하면서 그가 보는 전부는 혼란이니 말이다. 문제는 보크-야콥슨이, 프로이트가 자아-사랑과 대상-사랑 사이에서 확립하고자 하는 복잡한 관계를 버사니와는 달리 올바르게 보고 있지만, 일차적 나르시시즘을 자아에 의한 주체의 상상적 사로잡힘과 혼동하는 실수를, 버사니의 독서가 교정하고 있는 실수를 범한다는 것이다. 따라서 그는 프로이트가 나르시시즘을 "상상적인 것의 위상학"("Ecco", 125)에 가두었다면서 프로이트를 비난하게 된다. 다시 말해 그는 프로이트의 논문에서 주체의 정체성의 빈곤화와 대상의 타성alterity 사이에서 미해결 상태로 오락가락하는 것만을 볼 뿐이다. 그는 나르시시즘에 관한 그 논문이 다음과 같은 두 개의 수용할 수 없는 대안들을 제공한다고 믿는다. "자아는 대상들 속에 그 자신을 반영하고 그 반영 속에서 자기 자신을 나르시시즘적으로 즐기는 하나의 '모델'"이거나 아니면 "자아는 대상을 '자신의 모델로 삼거나' 타자의 '이미지 속에서 스스로를 형성한다'"("Ecco", 118).

버사니는 승화란 나르시시즘이 자기성애를 대체하게 해주는 "새로운 심리적 행동"이라고 봄으로써 나르시시즘을 상상계의 문제틀에서 떼어내 충동의 문제틀 속에 끼워 넣는데, 충동의 원환궤도는 상상적 거울반영과는 아무 관계도 없다. 대상을 향해 나아갔다가 주체에게로 되돌아오는 충동의 운동은 반영이나 동일시의 운동이 아니라 만족 획득의 운동이다. 이는 중요한 점인데, 왜냐하면 충동은 나르시시즘적 사랑을 현상학적 사변의 포획으로부터 떼어놓기 때문이다. 더욱이 사랑에 빠진 나르시시즘적 상태 속의 주체가 자신의 개성을 포기하는 것으로 보인다면 그것은 그녀가 사랑의 대상과 융합하거나 그 대상 앞에서 자기 자신을 지워버리기 때문이 아니다. 일단 거울반영specularity 혹은 자기반영의 문제틀이 — 이제 우리가 충동의 문제라고 결정한 — 사랑을 설명하기에는 부적당한 것으로 한쪽으로 치워진 이상, 우리는 더 이상 주체를 상상적 동일시들의 침적들 사이에서, 다시 말해 개성의 증거 속에서 찾아내리라고 기대할 수 없다. 나르시시즘의 증거는 단연코 비개성적이다. 재스퍼 존스가 그린 대상들을 둘러싸고 있는, 개성 — 혹은 "인간적인 태도" — 의 현저한 부재와 관련한 리오 스타인버그의 통찰을 바꿔쓰기해 보자면, 사랑에 빠진 상태 속의 주체는 자신의 사랑의 대상을 너무도 원하기 때문에 외부로부터, 사랑받는 이로부터 오는 것을 주체가 선택하는 것과 구분할 수 없다. 그것이 나르시시즘이다. 그것은 주체가 최면을 걸 듯 마음을 사로잡는 대상과 함께 융합하거나 섞여 버리는 것도 아니고, 주체가 자기 외부의 모든 곳에서 자신이 보는 대상들 속에서 자신의 반영을 발견하는 것도 아니다. 오히려 그것은 비개성적인 충동과 있는 그대로의 대상 간의 조우다.

좀 더 관찰해보자. 상황은 보크-야콥슨이 두려워하는 것과 확실히 정반대다. 나르시시즘적 사랑에 관한 프로이트의 이론에서 성들sexes은 구별 불가능해지지 않는다. 반대로 성들의 근본적인 분리disjunction가 노출되는 것은 바로 사랑을 통해서다. 이것이 바로 라캉이 나르시시즘적 사랑 개념에서 도출하는 결론들 중의 하나다. 라캉이 말하기를, 그 개념에서 "늙은 아버지 프로이트는 신기원을 열었다."[22] 사랑이라는 관념은 라캉이 설명하듯이 "일자와의 관계"로부터, 즉 "우리는 하나"라는 관념으로부터 출발하지만, 프로이트는 이 사랑의 일자를 융합적인 방식으로 접근하지 않았다. 사랑하는 이와 사랑받는 이는 서로에게로 사라져서 — 말하자면 할리우드 영화의 목표 내지는 플라톤의 『향연』에 나

22 | Lacan, *Seminar XX: On Femine Sexuality, the Limits of Love and Knowledge*, ed. Jacques-Alain Miller, trans. Bruce Fink (New York and London: W. W. Norton, 1998), p. 47.

오는 아리스토파네스의 신화였던 — 단일한 존재자, 커플을 형성하지 않는다. 사랑하는 이는 다른 이를 사랑하면서 그녀 자신을 떠나지 않으며 자신을 버리지 않는다. 우리는 이것이 프로이트가 「나르시시즘 서론」에서 제시하는 논점이라는 것에 주목한 바 있다. 그리고 이제 우리는 라캉이 사랑의 일자("일자와의 관계")의 역설적 본성을 강조하는 바로 그 순간에 성들의 근본적인 내분이나 부조화를 주장함으로써("성관계는 없다") 이 논점을 새로운 수준의 인식으로 밀고 나아가는 것을 목격한다. 라캉은 무엇을 하고 있는 것일까? 그는 사랑의 일자를 환영이라며, 모든 애정관계의 현실적 실패에 관한 "허위의식"이라며 일소해 버리려는 것일까? 아니다. 그렇게 생각하면 잘못일 것이다. 그는 일자를 보존하고자, 프로이트의 발견을 고수하고자 한다. 사랑의 일자는 사랑에 빠진 둘 — 주체와 대상, 성별이 무엇이든 간에 사랑하는 이와 사랑받는 이, 혹은 남자와 여자 — 을 하나로 융합하지 않으며 오히려 그들의 분리를 노출한다.

그러나 왜 그러해야 하는가? 왜 다른 이들은 — 매혹당한 주체가 사랑받는 대상 속으로 융해하는 것이건 아니면 대상의 타성alterity이 자기 자신에게 매혹당한 주체의 관심 속으로 융해하는 것이건 — 오직 융해만을 식별했던 곳에서 내분이나 분리를 주장해야 하는가? 나르시시즘 이론은 충동에 관한 프로이트의 성숙한 사변의 시작을 알리는데, 충동은 — 그 이론이 보여주겠지만 — 기원적 충만이나 융합적 일자가 붕괴한 바로 그 지점에서 주체에게 향유를 보장한다. 충동의 향유는, 리비도의 기관의 향유는 시원적인 합일, 즉 기관들 없는 신체의 더없이 행복한 상태에 귀속되는 향유를 대체한다. 그러나 기원적 충만이 더 이상 존재하지 않는다면, 남는 것은 오직 우리의 내재성의 조건뿐이다. 이는 사랑에 빠진 둘이 둘로 셈해질 수 있게 해주는 그 어떤 초월성의 지점도

없음을 의미한다. 그렇다면 우리는,

> 사랑과 (남녀 한) 쌍을 조심스럽게 구분해야 한다. 쌍은 사랑에서
> 제3자에게 보이는 것이다. 쌍은 셋이 있는 상황에서 세어진 둘이다.
> … 따라서 그가 셈하는 둘은… 분리된 둘에 완전히 외재적인 둘이다.
> 셈의 외재적 법칙에 종속된 쌍의 현상적 외양은 사랑에 대해서는
> 아무것도 말해주지 않는다. 쌍은 사랑을 명명하는 것이 아니라 사랑
> 의 상태(더 나아가 국가)를, 사랑의 제시가 아니라 사랑의 표상을
> 명명하는 것이다. 셋의 관점에서 세어진 둘이 있는 것은 사랑에서가
> 아니다. 사랑에서는 셋이 없다. 사랑의 둘은 모든 셈에서 벗어난다.[23]

다시 말해 사랑에 빠진 둘은 두 개의 구분되는 일자로서 구별되거나
분리될 수 없으며 "일자와 **타자**"로서 구별된다. "그리고 **타자**는 어떤
식으로든 일자로서 취해질 수 없다"(SXX, 49). 대신 우리가 갖는 것은
일자 더하기 a (1+a), 즉 하나의 존재 + 여하한 "대상성" 없는 혹은 독립
된 존재자로서 대상화될 수 없는 하나의 대상이다. 사랑에 빠진 둘,
즉 일자와 **타자** 간의 비대칭은 『앙코르』에서 성들의 비대칭으로서 등장
하게 되는데, 거기서 여자는 "**다른** 성the Other sex" 혹은 "일자가 아닌"
성으로 정의된다.

그러나 이 비대칭을 가지고 어떻게 할 것인가? 알다시피 성적 차이에
관한 정신분석 이론은 성들을 상보적인 것으로, 즉 바디우의 경멸적인
의미에서, 서로에게 외적이지만 함께 모여 하나의 커플을 형성할 수

23 | Alain Badiou, "What is Love?", trans. Justin Clemens in *Umbr(a)* 1 (1996),
special issue, ed., Sam Gillespie and Sigi Jottkandt, p. 44. [알랭 바디우,
『조건들』, 이종영 옮김, 새물결, 2007, 347쪽.]

있는 두 분리된 항들로서 구성하지 않는다. 그러나 만일 라캉의 대수학에서 남자가 일자(1)이고 여자는 a라면, 이것이 여자에 관해 함축하는 것은 무엇인가? 그녀가 남자들의 따분한 나라에 있는 하나의 흠이나 얼룩, 즉 왜상이라는 뜻인가? 그리고 만일 여자가 그렇다고 말한다면, 이것이 무엇을 의미하는지를 우리는 알고자 하는가? 방금 인용한 탁월한 논문 「사랑이란 무엇인가?」를 쓴 알랭 바디우는 라캉이 두 성들의 애정적 분리(별리라기보다는)의 역설을 기술하기 위해 구성하는 성구분sexuation 공식이 결국은 여자에게 너무나 "고전적인" 역할을 할당하는 것일 수도 있음을 우려한다. 왜냐하면 남성적 위치에 전칭 양화사를 귀속시키고 여자를 비전체not-all로 정의함으로써 라캉은 여성이 "공동체의 영원한 아이러니"라는, 다시 말해 "남자들이 강화시키려는 전체에 구멍을 내는" "존재의 경계"라는 헤겔의 유명한 기술을 넘어서지 않기 때문이다.[24] 만일 바디우의 두려움이 정당화된다면, 라캉의 얼룩이나 왜상 개념은 헤겔의 아이러니 개념에 상당하는 것이 되어야 하겠지만, 실상은 그렇지 않다.

만일 우리가 프로이트의 나르시시즘적 사랑 개념을 배경으로 해서 성구분 공식을 검토한다면, 그 공식 속에서 여성의 위치는 바디우가 가정하는 것보다 훨씬 덜 "고전적인" 것으로서 부상한다. 프로이트처럼 라캉은 여성이 남성들보다 더 강하게 나르시시즘에 기우는 경향이 있다고 여기는 듯 보인다. 물론 프로이트는 여성들의 "매혹적인 접근 불가능성"을 어린 아이, 고양이, 커다란 맹수의 매혹적인 접근 불가능성과 등치시키는 — 중상모략적이지는 않더라도 — 서투른 유비를 통해 그러한 관찰을 소개함으로써 애초부터 이러한 관찰을 혹평한다. 하지만 정

---

24 | Ibid., p. 53. [『조건들』, 361쪽.]

신분석적 입장은, 아무리 시대에 역행하는 것처럼 보인다 할지라도, 우리가 나르시시즘에 관해 금방 말한 모든 것이 제시하는 유리한 관점에서 재검토될 필요가 있다. 그 유비의 명예훼손적인 내용은 제쳐놓고, 그것이 나르시시즘적인 여성에게로 돌리는 접근 불가능성의 성격을 좀 더 상세하게 살펴보자. 잠시 동안 프로이트는 자신을 망각하고서는 이러한 접근 불가능성이 일종의 내향성이나 도달 불가능성을, 이 여자들의 도도한 무정함unlovingness을 지시하도록 용인하는데, 그 여자들에 관해서 그는 또한 이렇게 말한다. "그런 여성들의 욕구는 사랑하는 것에 있는 것이 아니라 사랑 받는 것에 있다"(SE 14: 89 [「나르시시즘 서론」, 66쪽]). 그러나 그가 말한 것을 여기서 액면 그대로 취하는 것은 그가 나르시시즘에 관해 발견하는 과정에 있는 그 무엇을 무시하는 일일 것이다. 즉 그것은 접근 불가능하다기보다는 **오직 간접적으로 — 대상 리비도집중을 통해 — 접근 가능하다는** 점 말이다. 지금까지는 이것이 바디우의 아이러니로서의 왜상 테제에 대한 추가적인 지지로 보일 수도 있을 것이다. 그러나 이 지지는 다음 단계에서 비틀거린다. 왜냐하면 프로이트가 나르시시즘적 여성의 성격이라고 규정하는 바의 함축들에도 불구하고 그의 나르시시즘 개념은 여자들이 사랑받기를 원하는 것, 여자들의 나르시시즘이 사랑함과 대립되지 않으며 오히려 오직 사랑함을 통해서만 표현 가능하다고 말하기 때문이다. 사랑한다는 것은 사랑받기를 원하는 것이다. 사랑은 언제나 나르시시즘적이다. 우리는 이러한 진술들이 사랑의 문제에 대한 현상학적 접근에서 나오는 것이 아님을 기억해야 한다. 그러므로 그 진술들은 "나는 당신이 되받아 나를 사랑하도록 유도하기 위해서 당신을 사랑한다"나 "나는 당신이 내게 나 자신을 상기시키기 때문에 당신을 사랑한다"는 것을 의미하지 않는다. 우리는 — 비록 우리가 나르시시즘적인 여성이라 할지라도 — 자기 자신을 직접 사랑할 수 없다. 왜냐하면 자기 자신을 대상으로서 취할 수 없기 때문이다. 주체의 "나"는 존재 속의 구멍이다. 그렇다면 어떻게 우리는 자기 자신을 사랑할 수 있는가? 나르시시즘이 의존하고 있는 "자기 자신"의 경험은 어디에서 오는가? 우리가 다른 사람을 사랑하는 것에서 경험하는 산산조각내기의 향유로부터 온다. 버사니가 올바로 이야기하듯, "나"는 대상 리비도집중으로부터 오는 "열정적[정념적] 추론", 육체의 경험이다. 처음에 조바심 나게 수동적인 자세처럼 보이는 것 — 사랑받기를 원하는 것 — 은 사실 사랑하려는 충동의 귀환 곡선 return curve이다.

「나르시시즘 서론」을 출판한 이듬해에 프로이트는 『성욕에 관한 세 편의 에세이』의 새 편집본에 덧붙인 구절에서 나르시시즘의 능동적 본성을 분명하게 서술한다. "자아 리비도는 성적 대상들에 집중하도록 이용되었을 때, 즉 대상 리비도가 되었을 때만 분석적 연구에서 쉽게 접근할 수 있다. 그렇게 되면 우리는 그것이 대상들에 집중하는 것을, 대상들에 고착되거나 대상들을 포기하는 것을, 하나의 대상에서 또 다른 대상으로 옮겨가는 것을, 그리고… 주체의 성적 활동을 방향 짓는 것을 지각할 수 있다"(SE 7: 217 [『성욕에 관한 세 편의 에세이』, 119 쪽]). 이 인용구와 관련하여 즉각 우리에게 떠오르는 것은 그것이 레오나르도 다빈치에 관한 프로이트의 묘사와 닮았다는 점이다. 다빈치는 그림들과 모티프들을 끊임없이 취했다가 버렸으며, 하나를 중단시키고 또 다른 것으로 옮겨갔다. 이러한 유사성은 나르시시즘이 승화를 경유해서만 접근될 수 있다는 버사니의 테제를 더더욱 확증해 주지만, 그렇게 하면서도 이 관계에서의 대상 리비도집중의 역할을 분명히 한다. 동시에 나르시시즘과 승화의 본질적 연계에 대한 이러한 재확증은 성들 간의 비대칭적 관계에 대한 우리의 지각을 돌려놓는다. 비록 바디우의 관찰은 이 비대칭이 통상 읽히는 방식과 일치하기는 하지만 — 그것은 여자, 즉 **"다른 성"**을 다만 공동체의 영원한 아이러니 혹은 해악(프로이트의 어휘로는 문명의 파괴자)일 뿐이라는 결손default의 위치에 남겨놓는다 —, 이제는 라캉적 의미에서의 왜상 혹은 얼룩으로서 여자가 탁월한 주체이다라는 것을 확인하는 게 가능하다. 세계의 대상들 가운데서 오직 간접적으로만 나타나는 것은 주체, "나", "새로운 정념들의 단조자鍛造者"니까 말이다.

━━━ 신디 셔먼의 <무제 영화 스틸>

　　오늘날 실천되는 가장 대중적인 형식의 비평 중 하나에 따르면, 어떤 종류가 됐든 텍스트는 특정 순간에 생각할 수 있는 것의 틀을 형성하는 그 역사적 맥락context의 산물로서 검토되어야 한다. 텍스트뿐만 아니라 역사적으로 위치지어진 주체들 역시 이 틀이 허용하는 것에 따라 자신들을 이해한다고 이야기된다. 이러한 믿음은 문화이론의 많은 부분에, 그리고 1977년부터 1980년 사이에 제작된 신디 셔먼의 이름 짓기 시리즈 <무제 영화 스틸>의 수용의 거의 대부분에 퍼져 있다. 이 사진들에서 셔먼은 어떤 할리우드 시기, 장르, 혹은 연출 스타일을 상기시키기 위해 자신이 디자인한 다양한 배경 세팅에 맞는 의상으로 가장하고 있다. 초기의 글에서 주디스 윌리엄슨은 이후의 비평에서 그 사진들의 중심 쟁점이 될 것을 확실히 지적했다. "상상된 내러티브에서 나오는 것은 특히 여성성이다. 그것은 드러내어지는 일련의 여성적 표현들일 뿐만 아니라 어떤 효과로서의, 수행된 어떤 것으로서의 '여성적인' 것의 과정이기도 하다."[25] 여성적인 것의 수동성은 그 사진들이 환기시키는 문화 속에서 여성에게는 "시선의 담지자"가 되는 것이 허용되지 않으며 시선의 대상이 되도록 운명지어져 있다는 사실을 가리킨다. 그녀는 그녀에 관해 문화가 생산하는 이미지들 속에서 자기 자신을 보도록 — 남자들이 그러는 것보다 더 그러도록 — 강제된다. 그녀는 그 이미지들을 통해서 자신을 구성하고 그 이미지들이 전제하는 응시를 위해 자신을 구성해야 한다.

그에 따라 셔먼의 사진들은 거의 항상 문화적으로 승인된 여러 형태로 자기 자신을 보고자 하는 여자들의 이미지들로, 자기 자신을 스테레오타입에 순응시키려 하는 여자들로 읽힌다. 이들은 사랑받고 싶어 하는 여자들이다. 때로는, 사진이 그 자체의 "구성됨"을 드러내고 있다는 데 주목하게 함으로써 이 여자들을 그들의 자기-제시를 알려주는 이미지로부터 떼어놓으려는 비평적 시도가 이루어진다. 이데올로기가 여자를 구성할 수도 있겠지만 사진이나 비평가는 이데올로기를 해체할 수 있다. 또 다른 전략은 이 여자들의 열망이 그 열망을 추구하는 육체들에 의해 뒤둥그러진다는 점을 지적한다. 그 사진들은 여자들이 본받으려 하는 이상적인 이미지들과 [그 이미지에] 부응하지 못하는, 그들이 육체적으로 실제로 어떠한가 하는 사실, 그들의 현실적인 육체적 상황 사이의 간격을 열어놓는다. 즉 이 여자의 팔뚝은 약간 굵고 발목은 너무 두꺼우며, 저 여자의 값싸고 번지르르한 옷차림은 그녀가 환상으로 꿈꾸는 낭만적인 시나리오와는 어긋나는 것이다. 여자의 육체는 언제나 이러한 독해들 속에서 문화이론적 의미에서 "유한"하다. 첫 번째 경우에는 그것이 사진처럼 단지 구성된 것이기 때문에, 즉 그저 다른 곳에

───── 25 | Judith Williamson, "Images of 'Women' — the Photographs of Cindy Sherman", *Screen*, vol. 24, no. 6 (Nov.-Dec. 1983), p. 104. 나의 대조적인 관점에도 불구하고 여전히 매우 유용한 논문이다.

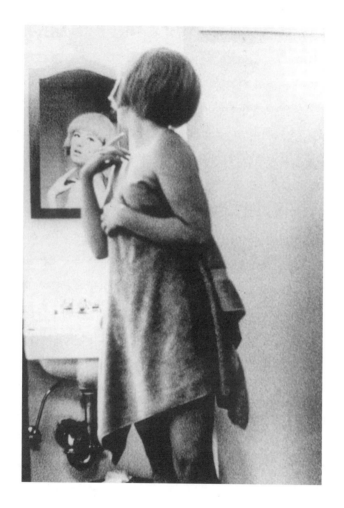

그림 2.1. 신디 셔먼, <무제 영화 스틸>, #2(1977), Courtesy Metro Pictures.

그림 2.2. 신디 셔먼, <무제 영화 스틸>, #56(1980), Courtesy Metro Pictures.

그림 2.3. 신디 셔먼, <무제 영화 스틸>, #35(1979), Courtesy Metro Pictures.

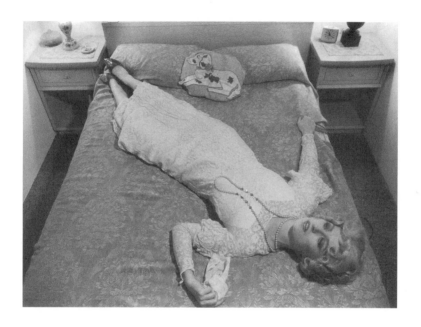

그림 2.4. 신디 셔먼, <무제 영화 스틸>, #11(1978), Courtesy Metro Pictures.

그림 2.5. 신디 셔먼, <무제 영화 스틸>, #46(1979), Courtesy Metro Pictures.

존재하는 조건들을 구현한 것이기 때문이다. 두 번째 경우에 육체는 이중으로 유한하다. 즉 그녀의 육체는 관객의 시선이나 디에게시스die-gesis적으로 파악할 수 있는 행인의 시선에 노출된 대상에 불과하며 또한 여자의 희망에 찬 시선에 저항하는 단순한 불투명성, 즉 그녀의 이상화하는 요구에 굴복하지 않는 비활성체다.

하지만 내 주장은 이렇다. 그 간격에 관한, 일반적으로 뒤따르는 선제적 내러티브화에 양보하지 않고서도, 우리는 여자들과 그들의 직접적인 환경들 사이의 간격을 <무제 영화 스틸> 안에 위치시킬 수 있다. 내러티브화를 향한 돌진에는, 즉 이 여자들이 지금 자신들을 발견하는 장소들에 있게 만든 배경 이야기를 구성하는 것에는 많은 점에서 문제가 있다. 첫째, 여자를 그녀의 구체적인 환경과 연결하는 이러한 독해 전략은 마치 각각의 사진이 상이한 여자를 포함하고 있는 것처럼 진행된다. 다시 말해 그 전략은 각각의 여성을 완전히 디에게시스화한다. 그 전략은 특수한 상황을 그 상황 안에 포함된 특수한 여자와 묶어주는 관계들에 초점을 맞출 것을 우리에게 요청한다. 이러한 내러티브를 구성하는 바로 그 과정이 그 내러티브가 찾아내는 특수성을 산출한다는 것을, 혹은 더 제대로 말하자면 그 내러티브가 찾아내는 것을 특수성으로 환원한다는 것을 인지하지 못한 채로 말이다. 아니, 이 사진들에는 여러 명의 상이한 여자들이 있는 것이 아니라 오직 한 명의 **동일한** 여자, 즉 계속 다시 출현하는 신디 셔먼이 있을 뿐이다. 만일 그녀의 사진에 또다시 나타나는 이가 그녀 자신이라는 사실을 우리의 분석에서 특별취급하지 않는다면, 그 사진이 제기하는 근본적인 물음 중 하나 — "그녀의 외양들이 전부 다르다면 어떻게 동일한 사람일 수 있는가?" — 는 등한시되고 만다. 이는 여성적 존재 그 자체에 의해, 여성성에 의해 제기되는 물음인데, 바디우의 용어를 다시 원용하자면 여성성이란 "다수적 존재" 혹은 다수적 외양들/가면쓰기들masquerading이다. 여기서의 함축은 여성성의 가면쓰기가 저변에 있는 존재를 감추는 허울semblance 에 불과하다는 것이 아니라 그 허울 혹은 외양이야말로 여성적 존재라 는 것이다. 하지만 다른 한편으로, 셔먼이 그녀의 모든 이미지들의 주체 라는 사실, 그녀가 자기 자신을 그 이미지들 속에 전시하기로 일관되게 선택했다는 사실을 알아채지 못하는 사람은 거의 없었다. 사실 그녀의 그 가정된 나르시시즘은 비평문에서 끊임없이 다루어지고 있다. 문제는 이러한 평가를 지탱하는 나르시시즘 개념이 너무도 얄팍해서 그저 메아 리를 만들기 위해 반복을 요구하는 것 같다는 것이다. 즉 셔먼은 보여지 기를 너무도 사랑하기 때문에 그녀 스스로는 오직 자신을 바라보는 것 에서 쾌락을 얻는다는 것이다. 더욱이 셔먼의 나르시시즘이라는 쟁점은 (복수화된 채로 남아 있는) 여자들이 그들의 사진 속 환경들과 맺고 있는 관계에 대한 분석에 결코 통합되지 않는다. "그들" 역시 그들 자신 의 자기관심이라는 빈약한 식단으로 스스로에게 양분을 제공하고 있다 고 제안하는 것 말고는 말이다.

그 사진들에 대한 내러티브적 독해 — 그리고 (반드시 지적되어야만 하는) **심리화하는 독해** — 와 관련한 두 번째 주된 어려움은 첫 번째 어려움의 당연한 결과다. 그것은 여자의 얼굴에서 내러티브의 먹이가 될 수 있는 것을 뺀 모든 표현을 걸러내버린다. 이는 표현의 어떤 확고한 애매성, 예를 들면 두려움과 반항 또는 갈망과 체념 사이에서의 배회를 이러한 독해들이 놓쳤다는 것이 아니다. 그러나 **상황 자체가** — 아무리 모호하다 하더라도 — 여자의 얼굴에 새겨진다고 언제나 가정되고 있다. 그녀에게는 자신의 배경이 도장처럼 찍혀 있다. 따라서 간과되는 것은 셔먼의 사진 실험이 갖는 쿨레쇼프적 성격이다.

최초의 소비에트 몽타주 이론가 중 한 명인 레프 쿨레쇼프는 몽타주에 관한 이후의 사유 대부분의 기초가 되었던 실험들을 고안해냈다. (실행되었다는 분명한 증거가 있지는 않은) 이 실험들 중 하나에서 유명한 남자배우(소련 배우 모주킨)의 얼굴 클로즈업 숏 하나를 세 개의 상이한 영화적 장면들과 병치시킨다는 것이 계획되었다. 그러한 연결의 상상적 지리를 창조하기 위해서 말이다. 첫 번째 장면에서 모주킨은 감옥 안에 앉아서 창문 밖 풍경 위로 태양이 떠오르는 것을 바라보는 것으로 보인다. 그 다음 장면에서 그는 절반쯤은 벗고 있는 여자를 바라보는 것으로 보인다. 세 번째 장면에서 그는 아이의 관을 바라보는 것으로 보인다. 그 영화가 영사되었을 때 모주킨은 그의 얼굴 숏과 병치된 장면에 따라 일련의 감정들을, 즉 기쁨과 자유에의 갈망, 음탕함, 슬픔을 표현하는 것으로 지각되리라 예견되었다. 제안된 이 실험은 통상적으로 대상과의 결합이 얼굴 표정의 의미를 정박시키거나 결정하는 방식을 보여주기 위해 선택된다. 반면 질 들뢰즈는 오히려 그 반대인 것 같다고 주장한다. 얼굴 표정의 애매성이야말로 그 얼굴 표정이 그토록 많은 상이한 장면들, 그 표정의 의미를 고갈시키지 않는 장면들을 "수용"하도록, 혹은 그 장면들과 적절하게 병치되도록 허용해준다는 것이다.

들뢰즈는 헝가리의 영화이론가 벨라 발라즈의 선구적인 클로즈업 연구에서 단서를 얻는다. 예를 들어 본격적인 드라마가 펼쳐지는 시퀀스들에 삽입되는 클로즈업 — 이를테면 샌프란시스코 지붕들을 가로지르는 경찰 추격전의 한가운데서 스코티(제임스 스튜어트 분)의 얼굴 클로즈업을 보여주는 <현기증>의 도입부를 상상해보자 — 에 관해 쓰면서 발라즈는 다음과 같이 말했다. "그 벼랑이 얼마만큼이나 현기증의 원인이건, 그것은 얼굴에 나타난 표정을 설명하지 못한다. 혹은, 어떤 사람이 몸을 내밀고 있는 벼랑은 그의 공포의 표정을 설명해줄 수는 있겠지만 그것을 만들어내지는 않는다. 표정은 정당화 없이도 존재하니까. 어떤 상황이 그것과 연결되기 때문에 그것이 표정이 되는 것은 아니다."[26] 발라즈의 관찰에서 들뢰즈가 끌어내는 요점은 얼굴의 클로즈업이 장면의 부분이 아니라는 것, 어떤 확대된 세부—— 그 장면의 "나머지" (공포의 표정/반항의 표정)와의 연속성 혹은 불연속성이 내러티브 기술 記述 속에서 설정될 수 있는 세부—— 가 아니라는 것이다. 클로즈업은 그 장면의 시공간적 좌표에 끼워 맞춰질 수 없다. 클로즈업은 상이한 차원을 향해, 즉 시공간적 질서가 아닌 차원을 향해 열려 있기 때문이다.

발라즈와 달리 모든 클로즈업을 얼굴로서, "얼굴화된" 것으로서 보는 들뢰즈는 이러한 근거 위에서 클로즈업을 부분 대상이라는 정신분석 개념과 구별하고자 노력하지만("클로즈업, 특히 얼굴의 클로즈업은 부분 대상과 아무 관계도 없다"[27]), 우리의 논의에 비추어 볼 때 그가 그 정신분석 개념을 오해했음이 명백하다. 그것은 어떤 전체의 부분임을 주장하지 않으며, 오히려 전체를 대체하는 부분이다. 이런 의미에서 부분 대상은, 필요한 부분만 약간 수정하자면, 들뢰즈의 얼굴 개념과 상당히 유사하다. 사실, 얼굴의 지위에 관한 이 논의와 응시의 지위와 관련한 라캉의 논의 사이에서 우리는 더 폭넓은 유사성을 탐지할 수 있는데, 라캉의 응시 역시 회화나 영화의 장場의 일부가 아니면서도 그 장 안에 나타난다. <무제 영화 스틸>에서의 여자의 얼굴은 클로즈업보다는 응시와 더 유사하게 기능한다. 그 사진들 속에서 여자의 얼굴이 장면들과 나란히 나타나기보다는 그 장면들 내부에서 나타난다는 점에서 말이다. 하지만 이 차이는 아주 사소하며, 스틸 사진과 동영상의 차이와 연관이

---

26 | Béla Balázs, *L'Esprit du cinéma*, Payot, 1977, p. 131. [발라즈의 *Theory of the Film*, p. 136에서 인용했다는 원서의 주는 오류다.]: Deleuze, *Cinema I*, p. 102에서 재인용. [『운동―이미지』, 196쪽.]

27 | Deleuze, *Cinema I*, p. 95. [『운동―이미지』, 182쪽.]

있을 뿐, 그 두 개념들의 실제 이론적 불일치와는 아무 연관이 없다. 기본적으로 내 주장은 신디 셔먼의 얼굴 이미지가 <무제 영화 스틸>에서 클로즈업으로서 기능한다는 것이다. 그 얼굴 이미지들이 셔먼의 이후 작업에서 순수하게 기술적인 의미에서 실제로 클로즈업이 되기 전임에도 말이다. 그러므로 이 사진 연작의 다양한 디에게시스적 공간 속에 포함되어 있다 하더라도 셔먼의 얼굴은 그 공간에 속해 있지는 않다.

셔먼의 얼굴은 요컨대 통상적인 얼굴의 역할을 맡지 않는다. 그러한 역할을 들뢰즈는 다음과 같이 기술한다. "개별화(그것은 각각을 구분짓거나 성격짓는다), … 사회화(그것은 사회적 역할을 표시한다), … 관계적이거나 소통적(그것은 두 사람 사이의 의사소통뿐만 아니라 한 사람 안에서도 그의 성격과 역할 간의 내적 일치를 확실하게 해준다)."[28] 개별화, 사회화, 관계적이거나 소통적. 다시 말해 얼굴은 차별적으로 정의되는 바로서의 개인의 **특수성**의 자질들을 다른 사람들과 대상들과의 관계나 상황과의 관계들을 통해 드러낸다. 즉 얼굴은 어떤 사람을 그의 환경과 연관시킨다. 하지만 클로즈업에서는 얼굴의 통상적인 역할이 중지된다. 얼굴은 더 이상 그 사람을 개별화하지 않으며 반대로 그녀를 탈개별화하거나 비개성화하는 데 복무한다. 클로즈업은 주체의 탈술어화dep-redication를, 개성의 비워냄을 드러낸다. 따라서 얼굴은 재현된 공간으로부터 물러나며, 들뢰즈의 말대로, "또 다른 차원"으로 후퇴한다. 이러한 물러남은 클로즈업에 중대하게 의존하는 많은 영화들에서 주제화되고 있다. 들뢰즈는 특별히 잉마르 베리만의 <페르소나>(이 영화에서는 한 여성이 자신의 이전 삶을 저버리고 자신의 직업뿐만 아니라 아내와 엄마로서의 역할까지도 포기하며 거의 총체적인 무언無言의 상태로 후

---

28 | [『운동-이미지』, 187-188쪽.]

퇴한다. 요컨대 그녀는 그녀를 개별화하는 그 모든 것으로부터 그녀 자신을 비타협적으로 분리한다)와 칼 드레이어의 <잔다르크의 열정> (이 영화에서 잔다르크는 거의 클로즈업으로만 촬영되며, 그녀 자신을 역사적 사태 — 그녀의 고소인들은 그녀가 그러한 사태에 대답하게 만들려고 노력하지만 성공하지 못한다 — 로부터 떼어놓은 것으로 보인다)에 대해 언급한다.

클로즈업의 공간과 영화의 디에게시스적 공간의 이처럼 이율배반적인 관계는 응시와 표상된 공간의 이율배반적 관계에 관한 라캉의 설명에서 되울리고 있다. 그 이율배반은 표상의 두 층위의 차이를 규정한다. 응시의 출현으로써 표식되는 언표행위의 층위와 진술 혹은 표상된 공간의 층위가 그것이다. 다시 말해 잉여 대상은 그 자신을 표상된 것의 일부로서가 아니라 그것이 자신을 보여주는 질서와는 상이한 질서 가운데 있는 존재로서 알리면서 장場 안에 출현한다. 라캉은 언표행위와 진술, 응시와 표상 간의 이러한 분열을 확인하는 방식을 데카르트의 근본적 의심의 절차와 연결시키는데, 그러한 의심 속에서 표상된 것의 내용 전체는 의문에 던져짐으로써 효과적으로 부정된다. 하지만 이 절차의 끝에서 무언가가 남아 있으며, 무언가가 의심에 의한 침해에 저항하는데, 코기토 혹은 언표행위의 심급이 그것이다. 다른 모든 것을 무너뜨리는 무효화의 제스처를 코기토가 피한다는 사실은 코기토가 표상된 혹은 사유된 것과 동일하지 않다는 증거다.

하지만 이러한 분열의 이론에는 함정이 있는데, <무제 영화 스틸>은 우리가 이 함정을 피해갈 수 있게 도와준다. (데카르트로부터 라캉을 거쳐 들뢰즈에 이르는) 다양한 입장들을 (어떤 평균적 논변을 위해서) 함께 가동시키면서, 그 사진들에 관해 이 논변이 명백하게 제시하는 독해를 고려해보자. 우리는 셔먼의 얼굴에서 마치 공상 속을 헤매는 듯한, 그래서 자신의 현재 상황에 머물러 있지 못하는 듯한, 어떤 점에서는 현재 상황의 영향을 받지 않는 듯한 어떤 산만함을 탐지한다. 모든 사진 속의 유일한 인물이며 각각의 사진 속의 외로운 인물인 그녀는 아무와도 상호작용하지 않으며 고요히 생각에 잠겨 있는 것 외에는 그 어떤 활동에도 몰입해 있지 않다. 들뢰즈가 논의하는 영화 속 여자들의 타협 없는 물러남, 그저 자기만의 방을 원할 뿐인 여자들의 곧잘 언급된 고독함, 심지어는 "공동체의 아이러니스트들"이라는 이미 언급된 역할, 이 모두는 이러한 독해를 지지하며 문득 마음속에 떠올라 그 독해에 공명과 신빙성을 부여한다. 유일한 난점은 그 사진들 자체는 그러한 독해에 굴하지 않는다는 것이다. 말하자면 그 사진들은 사람들이 어린 아이, 고양이, 커다란 맹수에게서 발견하는 것과 같은 매력적인 접근 불가능성을 여자에게 귀속시키려는 유비의 충동에 저항한다. 이 사진들에 나오는 여자 얼굴의 몽상적 표정 — 회화나 영화의 친숙한 토포스 (여러분이 그동안 보아온, 창문 밖이나 그저 프레임 밖을 꿈꾸듯이 내다보는 여자들의 셀 수 없는 이미지들을 생각해보라) — 은 그녀를 둘러싸고 있는 공간으로부터 그녀를 들어 올리지 않는다. 왜? 왜냐하면 그녀가 환상을 갖고 있다고 우리가 상상하는 바로 그러한 종류의 상상된 다른 곳인 영화적 공간이나 스크린 공간에서, 즉 "여성적 환상"의 멜로드라마적 공간들에서 마침 그녀가 재현되기 때문이다. 마치 이 사진들은 여자의 스크린 이미지 근접성과 관련한 영화이론가들의 테제를 지지하고 있는 것만 같다. 이미지로부터, 외양으로부터 분리할 수 없기에 여자는 이미지와 외양으로부터 거리를 둘 수 없다고, 그 너머의 위치를 점유할 수 없다고 이론화된다. 대신에 여자는 외양들의 세계에 빠져든 채로 남아 있다. 그러나 영화 이론가들이 여자와 이미지의 이러한 이론적, 영화적 융합을 비난했던 곳에서 <무제 영화 스틸>은 그러지 않는다.

그것은 여성이 외양의 층위를 빠져나갈 "출구 없음no exit"을, "여성다움"은 언제나 다만 가면놀이이다라는 것을 받아들인다.

이것이 바로 그 사진들이 내가 잠시 전에 언급했던 함정을 피하는 방식이다. 그러나 무엇이 피해야 할 함정인가? 그것은 다른 곳에 있는 세계, 우리가 자기 존재의 귀중한 중핵을 보호하기 위해 고독 속에서 물러날 수 있는 장소를 믿는 것이다. 누군가는 프로이트 자신이 슈레버의 정신병에 관한 그의 연구에서 이러한 믿음의 거짓된 유혹에 이상한 방식으로 굴복했다고 주장할 수도 있을 것이다. 모든 대상 리비도집중의 철회를 통해 슈레버가 자신의 세계를 통째로 파괴한 것을, 즉 "세계의 종말"이라는 정신병적 현상을 조사한 이후에 프로이트가 발견하기를, 어떤 것, 하나의 것이 ― 즉 슈레버의 나르시시즘이 ― 온전히 남아 있었다는 것이다. 이러한 정신병 이론은 코기토의 귀중한 중핵을 생산하기 위해서 모든 것이 의심 속에서 파괴되는 데카르트의 근본적 의심의 절차에 대한 일종의 패러디로 읽힌다. 다만 여기서는, 이성적 사유의 흔들리지 않는 초석 대신에 그 과정이 과대망상을 촉발시킨다. 거의 즉각적으로 프로이트는 정신병에 관한 자신의 설명이 무엇보다도 나르시시즘 이론에 대한 시급한 필요의 증거였음을 인식했다. 실제로 슈레버 사례 연구는 「나르시시즘 서론」 집필의 주된 추진력 중 하나가 되었다. 프로이트가 슈레버에게서 배우는 것은 요컨대 일차적 나르시시즘 ― 즉 주체 자신의 통합성, 세계로부터의 분리 가능성에 대한 주체의 리비도적 감각은 세계의 부정이나 탈-리비도집중 같은 단순한 어떤 것으로부터 올 수 없다 ― 이다. 그러한 것은 파괴 외에는 그 무엇도 뒤에 남겨놓지 않으며, 세계만이 아니라 자기도 파괴하는데, 그리고 나서 그것은 과대망상이라는 정념적 형태로 상상적으로 재구성된다. 일차적 나르시시즘은 다른 경로에 의해 이론화되어야만 한다.

프로이트가 이 나르시시즘 이론을 개척하는 데 성공하게 해주었던 이론적 행위의 대담함은 라캉이 전이에 관한 세미나에서 거절Versagung의 행위라고 부른 것으로서 가장 잘 이해된다. 라캉은 (폴 클로델의 쿠퐁텐 삼부작에 나오는) 여주인공 시뉴 드 쿠퐁텐에 관해 쓰고 있는데, 그녀는 자신에게 가장 귀중한 윤리적 원칙, 즉 그녀 자신이 그것과 동일시하고 있으며 이전에는 그것을 위해서라면 다른 모든 것을 희생할 준비가 되어 있었던 그 원칙을 희생시킨다.[29] 희생될 수 없었던 유일한 것, 희생 가능한 것들의 목록에서 예외이던 것의 희생을 라캉은 탁월한 윤리적인 제스처라고 기술한다. 그것이 최종적으로 포기하는 것은 우리가 결정과 행동의 전쟁터 너머로 우리 자신을 고양시킬 수 있게 해줄 받침대니까 말이다. 만일 「나르시시즘 서론」이 그러한 행위라면, 이는 프로이트가 거기서 세계의 질서 전체로부터 자신을 제외하는 코기토라는 개념에 치명적인 일격을 가하기 때문이다. 혹은, 만일 이 글에서 보여준 프로이트의 제스처가 라캉이 주장하듯 신기원을 연 것이라면, 이는 그 제스처가 자아는 사유나 행동 바깥에서 안전한 정박처를 찾을 수 있다는 생각으로부터 정신분석을 분리시키기 때문이다. 그 제스처가 내놓는 명제인 "나는 사랑한다. 고로 나는 존재한다"는 "나는 생각한다. 고로 나는 존재한다"보다 더 위험하고 대담한 것임을 우리에게 각인시킬 수 있다. 왜냐하면 그것은 세계보다 더 우리에게 소중한 어떤 것,

---

29 | 라캉의 논의를 분석하기 위해서는 Alenka Zupančič의 뛰어난 저작인 *Ethics of the Real: Kant, Lacan* (London and New York: Verso Press, 2000) [알렌카 주판치치, 『실재의 윤리: 칸트와 라캉』, 이성민 옮김, 도서출판 b, 2004]의 8장과 슬라보예 지젝이 여러 군데에서 했던 통찰력 있는 언급들, 그중에서도 특히 *The Fragile Absolute - or, Why Is the Christian Legacy Worth Fighting For?* (London and New York: Verso Press, 2000), pp. 143-160 [『무너지기 쉬운 절대성』, 김재영 옮김, 인간사랑, 2004]을 보라.

요컨대 "나"를 위험에 처하게 하는 것으로 보이기 때문이다. 의심보다도 더, 대상 리비도집중은 주체를 자리에서 몰아내겠다는 위협을 가하지만, 바로 그 대상 리비도집중을 통해서 "나"에 대한 주체의 확인에 도달한다고 프로이트는 제안했다.

왜 프로이트가 자신의 이력에서 그토록 늦게 여성 주체를 이론화할 필요를 인식하게 되었느냐는 질문이 종종 제기된다. 가능한 하나의 대답은(물론 하나로는 충분하지 않지만) 그가 자신의 나르시시즘 이론의 발전을 기다려야 했다는 것이다. 왜냐하면 이 시점 이전에, 즉 자아 혹은 자기 보존 충동들과 성 충동들이 너무나 엄격하게 떨어져 있었고 주체는 너무도 완고하게 리비도에 대립해 놓여 있을 때, 이 동일한 주체는 세계의 나머지로부터 떨어져 있는 장소를 점유하는 것으로 보일 수 있었을 테니까 말이다. 나르시시즘 이론의 발전과 함께 여성 주체, 혹은 여성적 존재의 문제틀이 활짝 열렸다. 이제 주체는 더 이상 그 리비도 투자 너머의 지점에서 추구되지 않을 것이기 때문이다. 이 순간 여자는 정신분석 이론이 오직 간접적으로 접근가능한 — 나는 [직접] 접근가능하다고 말하지는 않겠다 — 것이 되기 시작했다.

물론 초점은 「나르시시즘 서론」이 사랑의 존재론적 역설에 관해 우리에게 가르쳐준 모든 것을 잊지 않는 것, 따라서 사랑을 그 현상학적 표상들과 혼동하지 않는 것이다. 여자와 사랑의 연결은 그 둘 모두를 양육과 돌봄의 감상적 층위로 끌어내리는 길고도 역겨운 역사를 갖고 있다. 프로이트의 글을 재독해하는 것과 더불어, 아마도 <무제 영화 스틸>에 대한 또 다른 시선은 사랑의 역설을 이런 식으로 해소해버리는 것을 근절하지는 못해도 최소한 늦추는 데 도움이 될 것이다. 여자의 클로즈업이나 얼굴은 그녀의 꿈꾸는 듯한 표정에도 불구하고 그녀가 있는 공간 밖으로 그녀를 이동시키지 못함에 우리는 주목했다. 프레임

밖을 향하고 있는 그녀의 텅 빈 혹은 대상 없는 갈망의 시선은 그녀를 둘러싸고 있는 장면들로 채워져 있다. 여자의 텅 빈 시선을 막거나 채우면서 그 사진들은 상상된 다른 곳으로부터 주의를 돌려 그것들이 실제로 재현하는 대상으로 향하게 한다. 무엇이 그 대상인가? 다양한 시기들과 스타일들을 재생산하는 일련의 장면들에 재현된 영화, 시네마가 그것이다. <무제 영화 스틸>은 영화를 호색적 매혹의 대상으로서 재현한다.

시네마에 대한 사랑이 연작 사진들을 위한 진부한 주제가 되지 않게 해주는 것은 사랑이란 어떤 사랑이 됐든 언제나 근본적으로 나르시시즘적이라는 프로이트의 테제의 진실을 그 연작이 훌륭하게 보여준다는 것이다. 다시 말해 우리가 무언가를 사랑할 때 우리는 그것 안에 있는 그것 이상의 어떤 것을, 그 자신에 대한 그것의 비동일성을 사랑한다. 그러나 이제 새로운 논지를, 전에는 부적절하게만 표현되었던 논지를 주장할 수 있게 되었다. 우리가 대상 속에서 사랑하는 것이 그 대상 이상의 어떤 것이라고 말한다는 것은, 우리가 대상 속의 저 실재적 지점 ── 즉 그곳에서부터 대상이 자기 자신과 다른 어떤 것이 되기 위해 과거의 자기이기를 멈출 수 있는 지점 ── 을 사랑한다고 말하는 것일 뿐만 아니라, 우리가 대상 속에서 사랑하는 것은 우리 자신이다라고 말하는 것이기도 하다. 우리는 이러한 관찰을 닮음의 문제로 만듦으로써 그 관찰을 진부한 것으로 되돌려놓으려는 유혹에 넘어가지 말아야 한다. 앞서 지적했듯이 우리는 사랑받는 대상 속에서 우리 자신의 이미지의 반영을 발견하는 것이 아니다. 오히려 우리는 그것을 사랑하는 일이 제공하는 향유 속에서 자기의 육체적 경험을 발견한다. 우리가 사랑의 대상을 칸트적 의미에서의 "정념적" 대상과 구분하는 것도 마찬가지로 중요하다. 그 차이는 수동성과 능동성의 구분에만 관계가 있는(우리는 사랑의 대상에게 수동적으로 영향을 받는 것이 아니다, 우리는 그 대상을 사랑함으로써 우리 자신에게 능동적으로 영향을 준다) 것이 아니라 대상의 본성과도 관계가 있다. 왜냐하면 정념적 대상은 — 사랑의 대상과는 달리 — 그 대상이 그 자신과 차이나는 지점으로부터 우리에게 영향을 미치는 게 아니기 때문이다.

라캉이 사랑에는 두 일자가 있는 것이 아니라 일자와 **타자**가 있다고, 혹은 일자 더하기 a가 있다고 주장할 때, 우리는 일자를 사랑하는 자가 아니라 사랑받는 대상으로 이해해야만 한다. 프로이트의 나르시시즘 이론은 우리가 라캉의 진술을 적어도 이러한 방식으로 이해할 것을 요구한다. 반대로 사랑하는 자는 오직 대상 a, 즉 사랑 행위의 부분 대상 혹은 나눌 수 없는 잔여 속에만 위치할 수 있다. (시공간적 좌표들로 환원될 수 없기에) 나눌 수 없으며, 또한 그 어떤 나눔의 산물도 아니고, 그 어떤 전체의 부분도 아닌 것. 그렇다면 신디 셔먼의 모든 사진들에서 신디 셔먼의 얼굴이 일관되게 (들뢰즈의 의미에서) 클로즈업으로서 혹은 대상 a로서 되돌아오는 것 — 시네마적–사진적 이미지에 대한 그녀의 사랑의 지속적인 잔여 — 을 발견하고 놀라지 말아야 한다. 오히려 우리는 그녀의 사진들이 가르치는 교훈을 심중으로 받아들여야 할 것이다. 진정한 사랑은 결코 몰아적selfless이지 않다는 것, 또한, 그 점에 대해서는, 승화도 그렇다는 것을 말이다. 이 교훈은 냉소주의와는 정반대의 것이다.

3

이집트인 모세와 남북전쟁 이전 남부의 뚱뚱한 흑인 유모

: 프로이트의 인종과 역사(카라 워커와 더불어)

　　지금까지 제작된 카라 워커의 거의 모든 작품들은 동일한 기법을 이용한다. 즉 흰색의 갤러리 벽에 검은 종이를 오려내어 붙인다. 여러분에게 그 맛을 보여주기 위해 몇몇 작품의 제목을 인용해 보자. <가버린: 한 젊은 여자 니그로의 거무스름한 넓적다리와 그녀의 심장 사이에서 발생한 한 내전에 관한 야담>(1994), <엉클 톰의 종말과 하늘의 에바에 관한 거대한 알레고리 장면」(1995), <애틀랜타 전투: 욕망의 불꽃 속에서 한 여자 니그로 내러티브의 생성 — 하나의 재구성>(1995), <내가 남부를 통과해 갈 때 그려졌으며 계몽된 청중들이 있는 어디에서건 그들을 위해 유색인인 나 K. E. B. 워커에 의해 재구성된 니그로 장면들의 제시>(1997). 이 오린 그림들은 띄엄띄엄 놓인 장식술 같은 풍경 가운데 있는, 실물보다 큰 인간 형상을 묘사하고 있는데, 그 풍경은 남북전쟁 이전의 남부에 관한 내러티브 단편들 안에 배치된 것이다. 검은 종이로 구성되어 있기에 모든 인간 형상들은 엄밀히 따지자면 검은색이다. 하지만 우리는 정형화된 옆모습과 자세 및 복장을 근거로 이야기 속의

145

흰 "사람들"을 이야기 속의 흑인과 구별할 수 있다. 벽에 붙여놓은 그 형상들은 평평한 벽면의 일부가 된다. 만일 형상들을 캔버스 위에 올려놓았다면 그것들은 벽면에서 앞쪽으로 두드러졌을 것이다. 깊이는 형상들 사이의 관계에서도 제거되었다. 형상들은 서로에 대해 그다지 전면에 있거나 배후에 있지 않다. 그것들은 뒤섞여 있고 분리되어 있으며, 서로로부터 돌출하는 동시에 서로 융합한다.

이 평평한 검은 형상들은 몇몇 원-사진적 기법들을 상기시킨다. 기묘하게도 무게감 없고 장소 없는atopic 이미지들이 있는 19세기의 그림자 극장, 역사적 사건들을 과장된 규모로 재구성하여 관람객을 포위함으로써 관람객을 왜소하게 만들었던 원형 파노라마(이는 영화에 의해 영구적으로 대체되기 전인 19세기 말엽에 엄청나게 인기가 있었다), 그리고 이것들에 비길 만한 것으로 사랑하는 연인의 초상을 보존하는 신속하고도 저렴한 수단이었던, 사진의 도래에 앞서거나 부분적으로 겹치는 저 검은 종이 실루엣이 그것들이다. 그렇다면, 워커의 종이 오리기는 남북전쟁 이전의 남부를 그 당시에 살았던 사람들이 쉽게 접할 수 있었던 종류의 이미지를 통해 상기시키는 것이다. 하지만 워커의 작품이 그녀를 그녀의 형상들과 분리시키는 거리를 지우려 하고 있다고 결론짓는다면 잘못일 것이다. 워커는 자신의 작품에 "K. 워커 양, 주목할 만한 재능을 가진 자유로운 여자 니그로"라고[1], 즉 자신이 재창조하는 야담들의 양식으로 서명하면서, 자신이 그리는 "검둥이 계집아이" 가운데 하나인 양 자신에 대해 쓴다. 하지만 워커는 그 시대의 의상을 입고 있으면서도 자신을 그녀의 외부에, 즉 옛 남부에서 유래하는 이들

---

[1] Dan Cameron, "Kara Walker: Rubbing History the Wrong Way", *On Paper*, vol. 2 (Sept./Oct. 1997), p. 11.

형상들 속에 위치 지우려 애쓰지 않는다. 요약하면 그녀는 그들과 직접적이거나 순진하게 동일시하지 않는다. 예를 들어 "나는 지난 세기의 전환기 이전에 나 같은 여자가 만들어야 했던 예술 작품을 만들 수 있을까? 그녀가 쓸 수 있었던 바로 그 방법을 사용하는 것은 드높은 야망과 파란만장한 과거와 어울렸을까?"[2]라는, 그녀가 자신의 기법에 동기를 부여하는 질문에 관해 설명할 때, 우리는 그녀의 말 속에서 마치 우리가 그들 자신의 실루엣 안에서 보는 것처럼 그녀에게 속한 "드높은 야망"과 "파란만장한 과거"를 그녀가 시대착오적 성격을 부여해준 세기 전환기의 형상들로부터 분리하는 해학적 거리 — 우리가 실루엣 그 자체 속에서 보는 것과 꼭 같은 — 를 느끼지 않을 수 없다. 다시 말해서 워커는 자신을 남북전쟁 이전의 과거와 분리시키는 깊은 간극을 인정한다. 그녀가 그 과거와 맺고 있는 관계를 숙고하고 자백하는 동안에도 말이다. 젊은 중산층에 RISD(로드아일랜드 디자인 스쿨)에서 수학했으며 대체로 도회지에 거주하는 카라 워커는 흑인 예술가이며, 기성 예술 제도로부터 넘치는 명예를 누려왔다. 그녀가 그리는 인물들의 삶의 체험은 그녀에게는 현저히 이질적인 것이다. 그리고 그녀의 작업이 탐구하는 것은 어떻게 이 대부분 외래적인 과거가 여전히 그녀 자신의 일부를 형성한다고 말할 수 있는지를 알아내는 것이다. 그리하여 이 심미적 탐구는 표준적인 접근법과는 상반된 방식으로 정체성의 문제에 접근한다. 통상적으로는 어떻게 한 집단이 — 예컨대 흑인들이 — 다른 집단들과 다른지에 관한 물음이 제기된다. 워커는 어떻게, 구성원들 간의 차이가 주어졌을 때, 그 집단의 구성원이 동일 집단에 속하는 것으로

---

2 | Kara Walker, "The Emancipation Approximation", *Heart Quartery*, vol. 3, no. 4(spring 2000), p. 25.

간주될 수 있는지를 묻는다.

"플랜테이션 가족 로망스"[3] — 워커는 자신의 작품들을 이렇게 부른
다 — 를 모든 사람이 따뜻하게 맞이한 것은 아니었다. 특히 흑인 공동
체에서 그것들은 여전히 논쟁을 일으킨다. 많은 흑인들은 그 작업에
격렬하게 반대하며 심지어 그녀의 전시회에 항의하기 위한 편지쓰기
캠페인을 벌이기도 한다. 이러한 항의자들이 보기에 문제는 이렇다. 인
종의 존엄을 확인해주는 내러티브나 짓밟혀도 용기를 잃지 않는 사람들
의 현실적 성취와 한결같은 고결함을 반영하는 내러티브 대신에, 도전
적인 흑인 노예나 자기희생적이고 고결한 흑인 노예의 긍정적이고 고양
된 이미지 대신에, 워커의 자장가풍의 추잡한 작품들은 불쾌한 "성적인
흑인 원주민들"sex pickaninnies을 내놓는다는 것이다.[4] 호텐토트족의
hottentot 창부들, 흑인혼혈인들, 만딩고들, 톰 아저씨들, 온갖 종류의
더러운 놈들이 분만, 비역, 식인, 똥 먹기 같은 난폭하고 음탕한 행위들
과 그 밖에 어떻게 명명해야 할지 모르겠는 행위들을 태연하게 벌이고
있다. 워커에게 쏟아진 비난은 다음과 같다. 그녀의 재현은 성적으로나
인종적으로 경멸스러운 동시에, 전혀 사실무근이다. 그저 인종주의적인
기록이나 미국박물지에서 찾은 정형들을 재활용했을 뿐이다. 워커는
다른 대다수 흑인들처럼 그것이 수집된 것이라는 사실을 시인한다. 이
러한 비평이 함축하는 것은 그녀가 자신의 "내적 플랜테이션"이라고

---

3 | Kara Walker, "남북전쟁 이전 남부의 뚱뚱한 흑인 유모는 역사의 구현이다",
  in Kara Walker, The Reaissance Society at the University of Chicago, Jan.
  12-Feb. 23, 1977, 페이지는 표시되지 않음.

4 | James Hannaham, "The Shadow Knows: An Hysterical Tragedy of One Young
  Negress and Her Art," New Histories (Boston: The Institute of Contemporary
  Art, 1996), p. 177.

그림 3.1. 카라 워커, <내가 남부를 통과해 갈 때 그려졌으며 계몽된 청중들이 있는 어디에서건 그들을 위해 유색인인 나 K. E. B. 워커에 의해 재구성된 니그로 장면들의 제시>(1997). Courtesy Brent Sikkema. New York City.

그림 3.2. 워커, <노예제! 노예제!>(1997), Courtesy Brent Sikkema. New York City.

그림 3.3. 워커, <캠프타운 경마장의 아가씨들>(1998), Courtesy Brent Sikkema. New York City.

그림 3.4. 워커, <African't>(1996), Courtesy Brent Sikkema. New York City.

그림 3.5. 워커, <진행 중인 노동>(1998), Courtesy Brent Sikkema. New York City.

그림 3.6. 워커, <엉클 톰의 종말과 하늘의 에바에 관한 거대한 알레고리 장면>(1995),
Courtesy Brent Sikkema. New York City.

부르는 것이 백인 인종주의자들에 의해 그녀에게 이식된 것이라는 사실이다. 워커가 그녀 자신에게, 그리고 그녀가 속한 인종에게 해야 할 의무라고 생각하는 것은 이러한 허구들을 재창조하는 것이 아니라 자신의 실제적이고 진실하며 더불어 영광스러운 기원들의 회복을 통해 그 허구들을 축출하는 것이다

첫째로 주목할 것은 이렇다. 워커는 프로이트가 발명한 가족 로망스의 플랜테이션 변이형을 재치 있게 작품으로 만든다. 프로이트는 역사에 대한 혹은 자신들이 승인한 역사 개념에 대한 충분한 존경심을 프로이트가 보여주지 않았다고 생각한 역사가들만이 아니라, 프로이트 자신의 인종에 속하는 다른 사람들이 보기에도 동일하게 추문을 불러일으키는 제스처를 취했다.『모세와 일신교』에서 프로이트는 유태인의 인종적 정체성에 관한 이론을 펼쳐놓았다. 이 이론은 유태인들의 가장 소중한 선조인 모세를 찬양하기보다는 오히려 유태인의 기원을 더 이전의 증명할 수 없는 근원에 다시 위치시킴으로써 결과적으로 유태인들에게서 모세를 앗아갔다. 그의 주장에 따르면, 이전의 이집트인 모세는 "파라오의" 아텐Aten 유일신교의 열렬한 추종자였다. 결국 셈족은 그들에게 자신의 종교를 주입시키고자 했던 모세를 살해한다. 이 첫 번째 모세는 몇 세기 뒤에 되돌아와 유태 예언자들의 가르침을 고무한다. 기겁을 한 어니스트 존스는, 어리석게도, 프로이트가 다윈의 이론을 통해 계몽되지 않은 것 같다는 이야기를 내놓았다. 뭐가 뭔지를 모르고 있는 이러한 언급은 단순히 "계통발생적 유전phylogenetic inheritance"이라는 프로이트의 서툴게 명명된 개념(이는 "자아가 아닌 무의식적인 과거의 전달"과 같은 것을 의미한다)이 결코 실증주의 역사가들이 사용하는 도구가 되지는 않으리라는 사실을 강조해줄 따름이다. 그들은 원숭이 집단에 있는 오랑우탄이나 거대한 고릴라의 존재는 관찰될 수 있기 때

문에 쉽게 인정할 수 있었다. 하지만 이집트인 모세는 그럴 수 없었는데, 왜냐하면 그러한 모세는 현실 경험에서 그 어떤 좌표도 가지고 있지 않았기 때문이다.[5] 프로이트는 물론 존스가 생각하는 바보가 아니다. 유태인의 정체성의 기원과 그들이 매우 지난한 상황들 속에서도 생존한 이유에 대한 프로이트의 이론은 경험주의 정신을 가진 그의 전기 작가를 어지럽힌 것과는 다른 역사적 신조에 근거해 세워졌다. 존스와 동료들에게 역사란 메울 수 없는 틈새를 포함해서는 안 되고 구체적으로 증거자료가 있어야만 하는 것이다. 하지만 프로이트는 살해되고 부활한 이집트인 모세에 관한 그의 이른바 개연성 없고 증거자료를 제시할 수 없는 이야기의 '역사적 진실'을 주장했으며, 그것을 '객관적' 역사가들의 '물질적 진실'과 명쾌하게 대조시켰다.[6]

그렇다면 워커와 프로이트는 인종적 정체성의 근거로서 경험적인 (그리고 희망컨대, 고상한) 선조들이 지닌 특질과의 동일시를 피하고 있다는 점에서 동일하다. 그리고 둘 모두는, 자신들을 그들 인종의 다른 사람들과 분리시키는 차이가 어떻게 해서 자신들이 그 인종의 일원이 될 자격을 자동적으로 박탈하지 못하는가를 궁금해 하면서 자신들의 탐구를 시작한다. 예컨대 (『모세와 일신교』의 이론적 선구인)『토템과 터부』의 히브리어 번역본에서 프로이트는 히브리어에 대한 무지, 종교적 확신의 결여, 유태적인 민족주의적 이상들로부터의 이탈을 인정한 후에, 즉 전통적으로 유태인 정체성의 두드러진 특징들로 간주되는 것이 자신에게 부재함을 인정한 후에, 예리하게도 이렇게 자문한다. "너에

| Jacques Lacan, *Le seminaire XVIII: L'envers de la psychanalyse* (Paris: Seuil), p. 128.

6 | Freud, *Moses and Monotheism*, SE, 23: 129. [프로이트,「인간 모세와 유일신교」,『종교의 기원』, 이윤기 옮김, 열린책들, 2003, 418쪽.]

게 유태적인 무엇이 남아 있는가?"[7] 프로이트가 서문에서 보여준 반격에서 전형적으로 현대적인 조치를 인지해내는 것은 어려운 일이 아니다. 그는 유태성의 모든 실정적 특질들을 벗겨내고 나서 혹은 지워버리고 나서, 도대체 무엇이 그러한 제거를 견디고 살아남겠느냐고 묻는다. 그가 전형적으로 현대적인 답을 찾아내지 않는다는 것은 놀랍다. 그러한 답이라면 정해진 것이 없는 상태tabula rasa, 그 누구일 수도 없을 아무것도 아닌 자, 밋밋하고 텅 빈 캔버스나 스크린이나 지면 같았을 것이다. 정치에서 미학에 이르기까지, 모더니즘을 정의하게 해준 부정적 제스처, 즉 지우기는 서판을 말끔하게 닦아낼 수 있었으며, 그리하여 순수하고 원래적이고 일반화 가능한 물질적 지탱물 그 자체에 이르게 되었다. 물질적 지탱물이란 인간성 그 자체, 있는 그대로의 존재, 중립적이고 데카르트적인 격자, 모든 시대의 회화들이 동등하게 적절하게 전시될 수 있는 현대 미술관의 흰 벽 등등이었다. 하지만 프로이트가 이를 시도할 때, 그는 무언가가 그의 지우기의 노력에 저항한다는 것을, 무언가가 지워지기를 거부한다는 것을 발견한다. 자신의 유태인성을 폭로하는 원천이었어야 하는 특질들을 벗어던지면서 그는 실로 어떤 무특질의 '비인격성'에 도달한다. 하지만 그렇다고 해서 그가 그 자신 내부에 저 중립적이고 굴절되지 않고 아무런 색조도 없으며 정념이 사라진 인간성이, 모더니스트들이 종종 발견했다고 주장했던 혹은 우리로 하여금 기대하라고 독려했던 인간성이 매장되어 있음을 발견한다는 말은 아니다. 프로이트는 우리를 놀라게 한다. 그리고 아마도 그가 가장 놀랐을 것이다. 그는 어쨌든 자신이 유태인이라는 사실을 발견한다. 유태인성의 모든 실정적 특질들이 지워진 이후에도 말이다. 또한 우리는 다음과 같은

---

7 | Freud, *Totem and Taboo*, SE, 13: xv.

사실을 잊지 말아야 한다. 이러한 발견은 프로이트가 정신분석은 그 자체로 하나의 과학이지 유태적인 과학이 아니라는 것, 그리고 유태인의 종교의 가장 위대한 공헌 가운데 하나는 일신교, 즉 하나의 신에 대한 믿음이라는 것을 지속적으로 주장하는 바로 그 순간에 이루어졌다는 것이다. 그리하여, 과학과 종교는 모든 사람에게 말을 건네야 한다는 것을 여전히 확신하면서도 그는 이러한 필연성이 반드시 모든 사람이 공유하는 보편적 인간성에 의존한다거나 그러한 인간성에서 연원한다고 믿는 것으로 귀결하지 않는다.

이 경우 무엇이 발생해서 그 통상적인 현대적 제스처를 방해하게 된 것인가? 프로이트가 중립적 정체성을 갖는 깨끗한 서판에 도달하리라고 기대했을 수도 있는 그 부정, 그 지우기에 저항하는 것은 무엇인가? 그것은 이집트인 모세, 즉 프로이트뿐만이 아니라 역사와 죽음 그 자체도 지워버릴 수 없었다고 판명된 검은 얼룩이었다. 이 이집트인은 현대에서 오로지 비죽음undead만이 그 권리를 주장할 수 있는 일종의 "불사의 삶, 억누를 수 없는 삶"을 부여받은 것으로 보인다.[8] 워커의 미술작품은 이와 유사한 방식으로 현대적 제스처의 의표를 찌른다. 왜냐하면 그녀는 오래전에 죽었지만 죽기를 거부하는 괴상하고 외설적인 유령들과 오래전에 신체를 상실한 실루엣들을 가지고 자신이 보여주는 전시공간의 흰 벽을 얼룩지게 하기 때문이다. 우리는 이 실루엣들에 신체들이 달라붙어 있었을 것이라고 생각할 수도 있다. 그리하여 갤러리 공간의 텅 빈 흰 홀들은 남북전쟁 이전 과거의 "열병에서… 아직도 회복중인, 뒤를 바라보고 있는 고집 센 유령들로 가득한 일련의 막사

---

8 | 이것들은 우리는 그로부터 분리되었지만 대상 a가 표상하는 순수한 생명 본능을 묘사하기 위해 라캉이 사용하는 용어들이다. 라캉, 『정신분석의 네 가지 근본개념』, 300쪽.

들"[9]로 바뀐다.

지우기 과정의 이 나눌 수 없으며 정복할 수 없는 잔여 —— 라캉이 실재를 일컫는 이 "견고한 중핵" —— 를 역사의 우연적 과정들을 피해가는 어떤 본질로 혹은 유사-초월적인 아프리오리로 착각하지 않도록 유의해야 한다. 주디스 버틀러는, 지속적으로 실재를 논하면서도, 이러한 오해를 풀고 싶어 하지 않는 것처럼 보인다. 하지만 나는 그럴 만한 아무런 이유도 알지 못한다. 사실상 실재는 그 무엇도 역사를 피해가지 못하도록 보증하는 무엇이다. 지우기를 특권적인 현대적 실천으로서 동기화하는 것은 무엇인가? 그것은 무엇을 성취하기를 바라는가? 지우기는 정확히 역사적 우연성을 전경前景화하기 위해서 의도된 것이다. 즉 이런저런 주체에 의한 특수한 특질들의 증대, 즉 쌓아올린 자아 동일시들의 퇴적물들이 어쩌면 달랐을 수도 있는 역사적 상황들의 결과이며 따라서 이 특수한 특질들은 비본질적임을 보여주기 위해서 의도된 것이다. 그것들은 연속하는 혹은 대안적인 상황들에 의해 쉽게 벗겨지고 삭제될 수 있다. 그렇지만 모더니스트들이 실천하는 이와 같은 지우기 과정은 그 자체의 한계나 예외의 산출에서 정점에 이른다. 그 자기-제시에도 불구하고, 지우기는 텅 빈 지면이나 빈 서판에 도달할 때, 과정이 마침내 성취되었다는 증거가 아니라 자신의 한계와 조우한다. 이 텅 빈 지탱물 —— 굴절되지 않은 중립적인 인간성, 균일한 **하나**로서의 존재 —— 이 배후에 남아 있는 한에서, 우리는 무언가가 역사적 우연성의 과정들에 의해 침해되지 않은 채로 살아남았다는 것을 확신할 수 있다. 보편적 인간성이라는 관념은 역사의 외부에 서서 역사를 길들이며, 역사를 이미 결정된 자신의 각본에 대한 다만 지엽적인 변이들의 작인으

---

9 | William Faulkner, *The Sound and the Fury*, p. 6.

로 만든다.

  나는 앞에서 특징들을 지우는 시도를 통해 프로이트에 의해 발견된 이집트인 모세가 근절될 수 없는 얼룩의 형태로 지우기 과정에 대한 한계나 예외를 나타낸다고 주장하였다. 이러한 설명은 정확한 동시에 전적으로 혼란을 유발한다. 프로이트도 역사도 그리고 죽음 그 자체도 첫 번째 모세의 영원회귀를 끝장낼 수 없고, 그를 최종적으로 억압할 수 없다는 것이 여전히 참이라 하더라도, 이는 이집트인 모세가 역사의 범위 바깥에 있다거나 근본적 우연성의 지배를 제한하고 있기 때문이 아니다. 반대로, 프로이트가 유태 인종과 관련해 고안한 역사 속에 이 이집트의 잔여가 버티고 있다는 점은 정신분석의 아버지가 다른 모더니스트들보다 더욱 무겁게 그의 역사적 지우개를 내리눌렀다는 사실을 입증한다. 그가 지우기를 벗어나는 그 무엇도, 그 어떤 예외도 허용하지 않았다는, 그가 역사 속에 붙잡힘을 피해가는 그 무엇도 허용하지 않았다는 사실을 말이다. 프로이트는 지우기의 예외를 근절함으로써 유태인 모세의 유령과 같은 분신double과 조우한다. 그가 실제로 말하는 것은 역사는 그 어떤 외부도 갖지 않으므로, 모든 것은 역사의 영역에 속한다는 것이다. 즉 역사가 그 어떤 외부도 갖지 않는다면 ― 그리고 적어도 이 점에 대해서 프로이트는 유태식 교육의 도움을 받았던 것처럼 보이는데, 유태식 교육은 죽음 이후의 혹은 역사적으로 살아낸 것 너머의 삶을 믿지 말도록 그를 가르쳤던 것이다 ―, 역사에 그 어떤 한계도 없다면, 역사는 무한한 것, 결코 끝나지 않는 것, 죽지 않는 반복, 비죽음을 받아들여야만 하거나 그러한 것에 의해 침범을 당해야만 한다. 이러한 추리는, 역사는 미래로 무한정 뻗치는 진행과정이라고 하는 판에 박힌 단순한 문구와는 다른 무언가를 제안한다. 그것은 역사가 단순히 길고 긴 "'사람은 죽는다'의 행렬" 이상의 어떤 것으로, 즉 한날 실존의 유한성, 왔다가 사라지는 유한성 이상의 어떤 것으로 이루어진다는 것을 제안한다.

들뢰즈는 푸코가 『성의 역사』의 저술과 더불어 스스로 궁지에 빠졌음을 깨달았다고 서술한다. 즉 푸코는 권력 관계가 아무런 외부도 갖지 않는다는 자신의 테제가 — 이 테제는 "더 이상 권력의 진리가 아닌 '진리의 권력'을, 저항의 횡단선들은 해방시키고 권력의 적분적 선들은 해방시키지 않을 하나의 진리를 상상"하는[10] 것을 불가능하게 만들기 때문에 — 막다름에 이르렀음을 알았다는 것이다. 들뢰즈의 독해에서 푸코는 『쾌락의 활용』에서 성욕을 단순히 권력에 의해 구성될 수 있는 어떤 것으로서가 아니라 권력의 외부의 내재화로서 혹은 권력의 외부를 내부로 되접기로서 재개념화함으로써 이 곤궁을 돌파했다. 여러분은 이러한 수정이 권력이 그 어떤 외부도 갖지 않는다는 으뜸가는 테제를 손상시키지 않는다는 사실을 알아차릴 것이다. 그것은 손대지 않은 채 남아 있다. 이제 권력 내부에 외부가 있음에도 불구하고, 권력의 다른 쪽에는 여전히 그 어떤 외부도 없다. 들뢰즈는 이와 같은 성 이론의 수정을 푸코가 끊임없이 분신에 매료된 것으로 여겨지는 것과 연계하기 때문에, 우리는 푸코가 어떤 면에서 프로이트의 견해를 강화해준다고 의심해볼 용기를 갖게 된다. 프로이트 또한 섬뜩한 분신 — 우리가 고찰하고 있는 경우에는, 이집트인 모세 — 을 너머로서 간주되는 외부의 근절과 연결시킨다.

이러한 추리의 단계들은 무엇인가? 푸코는 『성욕의 역사』에서 "억압가설"에 즉각 반대하면서 논의에 착수한다. 억압가설이 주장하는 것과는 반대로 권력은 "안 돼"라고 말하지 않으며, 너머를 산출하는 부정을

---

10 | 질 들뢰즈, 『들뢰즈의 푸코』, 권영숙·조형근 옮김, 새길, 1995, 144쪽.

행사하지 않는다는 근거에서 말이다. 권력이 눈살을 찌푸리는 것은 내쳐지지 않으며, 그럼으로써 법 바깥으로 혹은 권력 바깥으로 떨어지지 않는다. 오히려 그것들은 권력 자신의 영토의, 권력이 적극적으로 만들어내는 것의 일부이다. 푸코의 설명에서 성은 법 바깥으로 떨어지지 않으며, 그렇다면, 권력에 반대할 힘을 갖지 않는다. 물론 문제는 권력이지 않은 그 무엇도 없다면, 그 무엇도 권력에 반대하지 않는다면, 권력은 그 의미를 상실한다는 것이다. 푸코는 부정에 너무나도 사소한 역할만을 준 것처럼 보인다. 그리고 부정의 상대적 태만은 권력을 의미 없는 상태로 방치하며, 위조된 힘만을 부여한다. 하지만 어떻게 부정의 역할을, 동시에 외부를 재설치하지 않으면서, 수선할 수 있을까?

이 물음에 들뢰즈가 주는 대답은 무엇일까? 혹은 오히려, 들뢰즈에 따르면, 푸코는 그의 딜레마를 해결하기 위해서 무엇을 하는가? 그는 우리에게 어떻게 그리스인들이 힘을 접었는지를, 힘을 힘 자신에게로 다시 구부렸는지를 보여준다. 이러한 설명은, 그리스인들의 성적 엄격함의 관행이 포기나 희생의 도덕에 의해 동기화된 것이 아니며 오히려 자기형성의 행위를, 자기의 변형을 목표로 하는 자기지배의 훈련을 구성했다는 푸코의 논변에 준거하고 있다. 그리스인들이 자신들의 성적 충동에 대한 자기제한이나 억제를 행한 것은 자신들을 성적인 수동성으로부터 자유롭게 하기 위함이었고, 정념의 노예가 되는 것을 피하기 위함이었다. 들뢰즈의 독해에서 이 자기억제는, 성욕의 금욕적 삭감으로 등장하기보다는, (이제 — 타인들에 대한 것이라기보다는 오히려 — 우선적으로 자기 자신에 대한, 외적인 규정에 저항하는 관계로서 보이는 바) 성욕 그 자체에 대한 정의로서 등장한다. 들뢰즈의 글에서 우리는 정신분석적인 성적 충동 개념의 메아리를 듣는다. 즉 정신분석적 성적 충동은 외적인 대상이 아니라 내적인 대상을 에워싸기 위해 스스로에게로 되돌아오는 힘으로서 이론화된다. 들뢰즈가 이와 유사하게도 되접기 한 힘의 궤적을 내재적 외부의 에워쌈으로서 기술하는 것은 놀랍다.

별안간 힘이 굽을 수 있게 해주는 것, 즉 자기-제한적일 수 있도록 해주는 것은 무엇인가? 그것은 실재의 침입이라고 주장할 수도 있을 것이다. 만일 권력이 아무런 외부도 갖지 않으려면, 만일 푸코의 주장대로 어떤 사람이나 어떤 국가 기관이 권력의 연결망 안에 얽혀들지 않은 채 권력을 장악하고 권력을 원거리에서 통제할 수 있을 권력 너머의 그 어떤 장소도 없으려면, 권력 자체 안에, 권력을 피할 수 있는 가능성을 부정하는 무언가가 있어야만 한다. 그리고 이러한 가능성을 부정하는 그것은 그 자체로 부정할 수 없어야 할 것인데, 왜냐하면 그것의 제거나 부정은 푸코가 규정하고자 하는 바로서의 권력 자체의 붕괴를 격발할 것이기 때문이다. 실재에 대한 라캉의 정의는 바로 이것이다. 즉 언어나 상징계 안에 그 어떤 메타차원이나 메타언어의 가능성도 부정하는 것. 바로 이 몰아낼 수 없는 부정, 상징계 중심부에 있는 이 완고한 중핵이야말로 기표로 하여금 자기 자신으로부터 떨어져 나와 그 자신에 맞서도록 강제하는 것이다. 왜냐하면 여하한 메타언어의 부재 속에서 기표는 또 다른 기표를 지시함으로써 의미화할 수 있을 뿐이니까 말이다. 요점은 이렇다. 외부의 형성을 막으려고 한다면, 이미 이야기했듯이 — 가령 불멸자들의 영역이 사멸자들의 영역을 제한하듯이, 혹은 날개 달린 두 발 동물이 날개 없는 것들의 영역을 제한하듯이 — 외부로부터 권력을 제한할 어떤 영역이 출현할지도 모른다는 두려움 때문에 어떠한 부정도 회피해서는 안 된다. 이러한 유형의 부정은 언어 안에 기입된 부정처럼 보일 것이다. 기표 스스로 자기에게 부과하는 일종의 무능, 그 자신의 권력에 대한 일종의 능동적 저지. 어떤 다른 곳의 실존을 정립하기는커녕, 상징계의 내적 한계 — 즉 기표의 바로 그 무능 — 로서의 실재는 상징계로부터 혹은 상징계 위로 떠오를 가능성을 뭉개는 장애물이다. 마치 상징계는 스스로를 저지함으로써, 외부를 정립하는 것을 능동적으로 자제함으로써 자신의 권력을 증진시키는 것만 같다. 권력이 기표처럼 오직 스스로에 의해서만, 스스로 부과하는 무능에 의해서만 제한할 수 있는 것으로서 파악될 때에만, 주체는 그것의 연결망으로부터 풀려날 수 없음에도 불구하고 권력에 수동적으로 종속되었다기보다는 주체화의 역량이 있는 것으로 생각되어질 수 있다. 왜냐하면, 주체가 권력의 내적 한계, 권력을 권력 자체로부터 분리시키는 최소 틈새 내부에 붙들려 있는 한에서만 주체는 자기 자신의 규정되어 있고 규정적인 동일성의 강력한 견인력에 대한 종속에서 자유로워질 수 있기 때문이다. 요약하자. 권력의 외부는 없으며 따라서 권력에 반대하는 그 무엇도 없다고 말하는 것은 정확하지 못하다. 권력은 그리고 오로지 권력만이 권력에 작용한다고 말하는 것이 더 정확하다. 권력은 스스로에게 재갈을 물릴 권력을 갖는다.

이와 같은 권력에 대한 후기 푸코/들뢰즈의 테제는 역사에 대한 프로이트의 테제와 엄밀히 상동적이다. 역사 자체 안에 내적인 한계가 없다면, 역사의 외부의 출현을 금하는 환원 불가능한 요소, 부정이 없다면, 그 어떤 역사도 없다. 다시금, 이 부정은 라캉식 이름으로 지칭될 수 있다. 실재. 실재와는 아무런 논쟁도 할 수 없다. 실재를 부정할 수는 없다. 역사 자체가 실재에 의존하고 있으니 말이다. 정확히 그것이 부정될 수 없기 때문에 우리는 그것이 영원히 회귀하거나 반복된다고 말하는 것이다. 다시 말해서 실재는 역사적 시간 내부에, 섬뜩한 반복들이나 시대착오들의 형태를 취하는 시간적 왜상들을 산출한다. 이 섬뜩한 현상들은 역사적 우연성에 무관심한 본질들의 존속을 나타내는 것이 아니며, 오히려 비역사적인 것들, 즉 본질들에 대한 거부의 완강한 지속으로부터 출현한다. 라캉은 실재를 텅 빔이라고 지칭하면서 되돌아오는 것은 어떤 역사의 예외도 금지하는 부정에 다름 아닌 것이라는 사실에 밑줄을 친다.

그렇지만 실재를 비활성의 공백, 황량한 한계로서 상상하는 잘못을 저지르지 말아야 한다. 라캉은 실재를 공허로 충만한 것으로서, 가득 찬 공백으로 그린다. 이러한 특성화에 함축된 바는 무엇인가? 내적 한계의 기능, 그 무엇도 역사의 유한한 과정을 피하지 못하도록 보증하는 부정적 기능을 갖는 어떤 것이 어떻게 해서 피할 수 없는 죽음의 편에 확고하게 서 있는 것으로서가 아니라 오히려 충만하거나 가득 찬 것으로서, 즉 일종의 춤추는 활력이나 파괴할 수 없는 생을 부여받은 것으로서 그토록 매혹적이게 묘사될 수 있는 것인가? (그런데 이는 들뢰즈가 제공한 해석에서도 참인데, 그는 성육신을 주름의 기독교적 기원이라고 지칭한다.) 어떻게 실재가 상징계를 나누는지를, 기표가 또 다른 기표를 지시하지 않고서는 의미화할 수 없도록 상징계 안에 파열을 설치하는지를 상기해보자. 실재의 침입은 언어가 문자 그대로 기능하는 것을 불가능하게 만든다. 이를 인정하는 한 가지 방법은, 실재는 기표의 실패를 표시한다고 말하는 것이다. 언어는 자신이 말하고자 하는 바를 문자 그대로 지칭하는 데 실패한다. 하지만 상징계가 어떤 과잉을, 의미를 초과하는, 자신이 의미화하는 것을 초과하는 어떤 잉여 실존을 붙잡을 수 있도록 해주는 것은 바로 이 실패이다. 언어에 의해 산출되는 이 과잉은 어떤 참된 너머와 혼동되지 말아야 하는데, 왜냐하면 이 과잉의 현실적 실존은 정립된 것이 아니기 때문이다. 그것은 단순히, 들뢰즈가 잠재적인 것이라는 용어로 포착하려고 하는 그리고 라캉이 충만함에 대한 참조들을 통해 힌트를 제공하는, 어떤 열림이나 긴장이나 가능한 도주선이다. 잠재적인 것과 실재적인 것 양자 모두는 장소가 없다atopic. 그 것들은 역사 바깥의 어떤 영원의 영역이나 대기실에서도 역사 그 자체 내부에서도 아무런 자리를 갖고 있지 않다. 자리도 없고 집도 없는 바 그것들은 역사적 현상들에 "기생하는" 것으로서, 역사적 존재의 질서 안에 있는 어떤 교란이나 탈구로서 상상될 수 있을 뿐이다.[11]

요컨대 이러한 과잉은 정확한 의미에서 섬뜩하다. 프로이트는 섬뜩 함이 친숙함의 반대이지 않다는 것을 신중하게 설명했다. 즉 섬뜩함은 친숙함을 외부로부터 부정하는 것이 아니라고, 어떤 다른 곳으로부터 복귀함으로써 부정하는 것이 아니라, 친숙함을 안에서 제한한다. 그것 은 친숙한 것으로부터 친숙함에 달라붙는다. 역사의 섬뜩한 유령들이나 비죽음들은 또 다른 장소로부터 온 망명자들이 아니라 더욱 심오한 의 미에서 집이 없는 것이다. 단지 다른 곳에 존재하거나 한때 존재했던 자신들의 현실의 집으로부터 이탈되었다는 것이 아니라, 그들은 오히려 그들이 나타나는 친숙한 장소 내부의 어떤 이탈이나 탈구를 체현한다. 그리하여 그들은 역사 내부에서의 어떤 틈새나 한계를 열린 채로 유지 하거나 지탱하는데, 이러한 틈새는 역사의 바로 그 우연성을, 역사가 예측불가능하게 나아갈 것이고 어떤 다른 떨어진 장소로부터 조작될 수 없다는 것을 보증한다.

앞서 지적했듯이 프로이트는 "역사적 진리"를 부여한 이집트인 모세 를 발굴함으로써 역사가들과 유태인들 모두를 분개하게 만들었다. 이제 이 "역사적 진리"라는 개념과 푸코의 "진리의 힘"의 양립가능성을 관찰

---

11 | 나는 섬뜩함을 곁의 장소parastite로 묘사하는 것을 장-클로드 밀네에게서 빌려왔다. 그의 논문 "The Doctrine of Science", in Umbr(a) 1 (2000), special issue editor, Theresa giron. 이 논문은 Oliver Feltham이 Milner, *L'oeuvre claire: Lacan, la science, la philosophie* (Paris: Seuil, 1995)에서 번역하였다.

하는 것이 가능하다. 각각은 역사와 반대되게 정의되지 않으며, 정확히 역사의 평탄치 않거나 우연적인 작동의 보증물이다. 프로이트가 유태성 그 자체를 근절함 없이 역사적으로 우연한 유태성의 특질들에 대한 근절을 생각해볼 수 있게 해준 것은 바로 이집트인 모세의 근절할 수 없는 "역사적 진리"이다. 다시 말해서 프로이트는 유태인의 생존의 원천을 우연성의 사실 그 자체에, 유태인들의 다른 어떤 것otherwise이 되는 능력에 위치시켰다. 이에 관해서는 뒤에서 논의할 것이다. 나는 워커의 미술작품으로 돌아가려고 한다. 그녀는 그녀의 형상들의 파괴불가능성을, 그녀가 그것들에 제공하는 그림자 같은 외양을 통해서만이 아니라, 바로 자기보존의 원리를 조롱하는 가장 극단적인 폭력 행위들과 공격적인 성욕이라는 그들의 만화 같은 생존을 통해서도 규정한다.

블랙 바로크

프로이트가 여자를, 특히 어머니를 유태인 가족소설에서 빠뜨렸다는 이야기가 있다. 어머니는 그가 『모세와 일신교』에서 구성하는 섬뜩한 내러티브 그 어디에서도 발견할 수 없다는 것이다. 워커는 이러한 불평을 바라볼 수 있는 유용한 지점을 제공한다. 즉 그녀의 플랜테이션 가족 로망스는 "남북전쟁 이전의 뚱뚱한 흑인 유모"를 프로이트가 이집트인 모세를 위치시킨 바로 그곳에, 인종적 정체성의 "익명의 뿌리"로서 위치시킨다.[12] 한 인터뷰에서 「엉클 톰의 종말과 하늘의 에바에 관한 거대

---

12 | 카라 워커는 제리 솔츠와의 인터뷰에서 이 구절을 사용한다. "Kara Walker, Ill-Will and Desire", *Flash Art International*, no. 192 (Nov./Dec. 1996), 84.

한 알레고리 장면」에 있는 특별히 놀라운 삽화를 설명해달라는 요청을 받았을 때("화판 가운데 하나의 왼편에는 네 여자의, 여자아이와 여자의, 이 믿기지 않는 이미지가 있습니다. 무엇을 위한 은유인가요?"), 워커는 답했다. "역사예요. 나의 항상적인 필요, 혹은 일반적으로 역사로부터 젖을 빨아야 할 항상적인 필요 말이죠. 이는 역사를 외견상 예전의 뚱뚱한 흑인 유모로 표상된 끊임없는 모유 공급과 같은 것으로 간주할 수 있다는 것입니다. 나는 스스로 이러한 항구적인 전투를 벌이고 있습니다. 이 젖떼기의 두려움과 말이죠. 그것은 실제로 내가 흑인 공동체에도 적용하는 싸움입니다. 우리의 모든 진보는 모진 과거에 대해 매우 촉각적인 연결을 갖는 것에 근거를 두니까요."[13] 어머니를 미래 세대를 위한 넘치는 원천이자 모든 혈통들이 거슬러 올라가 이르게 되는 넘치는 원천으로 보는 대중적인 상투어를 단지 재진술하는 것처럼 보이는 한에서 이 말은 아주 만족스러운 답이 아니라는 데 우리는 동의할 수 있다. 그렇지만 우리의 관심을 사로잡는 것은 그 상투어와 그것이 설명하고자 꾀하는 이미지 사이의 불일치이다. 워커의 대답을 아주 불만족스러운 것으로 만드는 것은 그것이 그녀에게 제기된 물음에 응답하는 데 실패하고 있다는 점이다. 즉 삽화에는 왜 그녀의 대답이 함의하는 단 한 명의 과도하게 넘치는 유모가 아니라 아이를 포함해 네 명의 여자들이 있는가? 왜 이 중복되고 복제된 여자들은 그들의 아이들(상투어에 따르면 그들을 원천으로 하는 이 인종의 자손들)에게 젖을 먹이는 것이 아니라 서로에게 젖을 먹이는가? 한 작은 실루엣은 분명 아이의 것이다. 하지만 나머지 셋은 나이로 구별될 수 없으며, 그 누구도 그 뚱뚱한

---

13 | *No Place (Like Home)* (Mineapolis: Walker Art Center, 1997), p. 108에 나오는 리즈 암스트롱의 카라 워커와의 인터뷰를 보라.

그림 3.7. 워커, <엉클 톰의 종말과 하늘의 에바에 관한 거대한 알레고리 장면」(1995),
Courtesy Brent Sikkema. New York City.

흑인 유모로서 분리될 수 없다. 이 경우 어떻게 그녀는 이 삽화에서 재현된다고 말할 수 있을까?

　이미지와 대답 사이의 불일치는 워커가 그녀의 미술작품에서 정신분석 이론이나 통속적 상상력 안에 널리 퍼져 있는 넘치는 어머니라는 상투어로부터 물러나고 있다는 것을 보여준다. 라캉 또한 상투적인 이미지와 단절하며 어머니를 오히려 반대로 공백 혹은 구멍으로 개념화한다. 라캉의 개념적 개입들의 요점은 다음과 같은 것처럼 보인다. 즉 어머니가 넉넉한 용기로서 형상화될 때마다, 어머니는 주체가 그곳에서 추방되었으나 되돌아가기를 노력하는 어떤 너머나 다른 곳, 쾌락의 낙원을 나타내게 된다. 외부나 메타차원의 모든 흔적을 제거하기 위해서 라캉은 이 어머니-차원을 제거하는 것이다. 그가 구성하는 역사적 로맨스에서 어머니의 부재는 프로이트나 라캉이 아버지에게 기울인 것과 동일한 관심을 어머니에게 기울이는 데 실수나 실패한 결과가 아니다. 그것은 오히려 역사의 외부라는 차원의 근본적 지우기의 결과이다.

　그렇지만 이러한 단조로운 진술은 우선 어머니에 대한 여자아이의 관계와 남자아이의 관계 사이에서 정신분석이 유지하고자 하는 구분을 동등하게 만들거나 위배하는 것처럼 보인다. 한 가지 이상의 경우에서 프로이트는 남자아이가 거세의 위협 때문에 자신을 어머니와 더 잘 분리시킬 수 있다는 점에서 여자아이와 다르다는 지적을 했다. 혹은 프로이트의 과장된 문구로(그것이 조롱일 수 있을까?), 남자아이는 어머니로부터 돌아서는 "위대한 문화적 성취"를 완수하는 데 더 성공적이다.

　여성주의 문학 전체는 이 지점에서 발생하였다. 여자아이는 거세로 위협을 받을 수 없기 때문에, 행위는 이미 취해졌기 때문에, 여자아이는 어머니를 포기할 아무런 동기를 갖지 못하며 따라서 평생 동안 어머니에 의해 이중화된 채로 혹은 어머니가 늘 그녀에게 붙어 있는 채로 남아 있다. "여성적 섬뜩함"이나 "여성적 고딕"이라는 문학적, 영화적 현상들은 여자아이를 특징짓는 어머니로부터의 비분리에 대한 확인으로 분석되었다. 여기에서 고아가 된 그리고/혹은 사랑스럽지 않은 젊은 여자들이 비정상적으로 오래된 조상의 고향집으로 돌아오는데, 거기서 그들은 그들의 어머니나 어떤 어머니 대체물의 비죽음의 현존이라는 주문에 걸리게 되고, 그로부터 단절하여 자유롭게 되지 못한다. 예를 들어 예컨대 <레베카>의 드윈터 부인이나 <가스등>의 어머니 같은 아주머니가 그렇다. 심지어 라캉의 이론이 이러한 논제를 지지하는 것으로서 동원되었다. 알려진 것처럼 프로이트는 불안이 혹자가 생각하듯 분리에 의해, 결여에 의해 유발되는 것이 아니라고 주장했다. 불안 상황에서 주체는 상실이나 상실의 위협에 압도되지 않는다. 라캉은 불안이 "결여의 결여"에 의해, 결여보다는 오히려 잉여에 의해 유발된다고 공언함으로써 프로이트의 입장을 재확인했다. 프로이트의 입장에 대한 이러한 재확인으로부터 여자들에게서 불안이 일반적인 것은 포기되지 않은 어머니의 숨 막히는 현존에서 연원한다는 주장으로 나아가는 발걸음은 오류라 해도 안일한 것이었다. 그러한 발걸음을 취한 자들은 심지어 그것이 결국 의미하는 바, 즉 여자는 주체의 지위에 결코 온전하게 오르지 못하거나 올라도 최대한의 어려움을 겪는다는 주장을 받아들일 준비가 된 것이었다. 여자의 주체성은 어머니와의 관계를 단절하여 자율적 정체성을 확립할 수 없는 무능력으로 인해 위태로워진다.

문제는 섬뜩한 이중화에 대한 이러한 그림이 모세에 대한 논의에 나오는 섬뜩한 반복에 대한 그림과 일치하지 않는다는 데 있다. 거기서는 섬뜩함의 현상이 포기되지 않은 애착을 표시하는 것이 아니라 초월성에 대한, 역사 외부의 영역에 대한 거부를 표시한다는 것이 분명해졌다. 주체의 형성은 이러한 거절에 의존한다. 이러한 맥락에서 우리는 오랫동안 지긋지긋해 보였던 프로이트의 뒤틀린 언급이 생각난다. 프로이트는 여자가 도덕적 비난의 병적인 고통이나 도덕적 고양의 기쁨, 요컨대 도덕적 초월성에 여하간 의미심장하게 접근한다는 관념을 물리치면서, 자신의 표현대로 "만두의 논거를 곁들인 수프의 논리"에 다름 아닌 것에 빠지기 쉬운 한 가지 유형의 여자가 지닌 완고한 유물론을 서글퍼 하기까지 한다.[14] 이 문구는 의심의 여지없이 사탕발림으로 하는 소리가 아니었다. 하지만 이러한 특성화를 전적으로 모욕으로서 물리친다면 잘못일 것이다. 일례로 라캉은 그것을 자신의 성구분 공식들로 번역했을 때 이를 진지하게 받아들이고 있음을 보여주었다. 그는 거기에서 다음과 같이 주장한다. 즉 여자는 그 어떤 외적 한계도, 그리하여 그 어떤 외부도 갖지 않는다. 여자는 모든 초재적 너머에 대한 부정에 의해 구성되며, 따라서 "수프와 만두"의 내재성의 세계에 산다. 남자는 이와는 반대로 어떤 외적인 한계에 의해 정의된다. 이와 같은 여자와 남자의 구분은 어머니에 대한 남자아이의 관계와 여자아이의 관계의 구분을 재해석할 수 있도록 해준다. 그 차이는, 남자아이가 어머니와 더 쉽게 분리된다는 사실에 달려 있는 것이 아니라, 남자아이에게는 분리가 한계의 다른 편에, 낙원과 같은 너머에 어머니를 설치하는 것과 동시적이기 때문에 남자아이의 경우에는 이러한 분리를 좀 더 손쉽게 궁리해낼 수 있다는 사실에 달려 있다. 혹은 분리는 어머니를 닿지 않는 곳에 놓는, 어머니를 받들어 모시는 이상화를 통해서 성취된다. 어떤 장벽이 남자아이를 어머니와 분리시키며, 그렇게 해서 어머니가 차지하게 되는 이상적 공간은 초자아가 형성될 바로 그 공간이다.

---

14 | 프로이트, 「전이 사랑에 대한 소견」, 『끝낼 수 있는 분석과 끝낼 수 없는 분석: 정신분석 치료기법에 관한 논문들』, 이덕하 옮김, 도서출판 b, 2004, 139쪽.

그렇다면 차이는, 여자아이는 어머니와의 관계를 끊지 못한다는 데 있는 것이 아니라(여자아이는 분명하게 분리한다), 분리에 이상화가 동반되지 않는다는 데 있다. 이러한 설명은 한 가지 물음을 불러일으킨다. 어머니를 실로 여자아이가 포기하는 것이라면, 저 모든 고딕적 허구에 나오는 고아가 된 그리고/혹은 사랑스럽지 않는 젊은 여자에게 달라붙는 것은 무엇인가? 왜 여자는 남자보다 섬뜩한 이중화를 경험하기가 더 쉬운 것인가? 섬뜩한 반복들에 대한 이전의 논의를 다시금 상기해보자. 그것들은, 내가 말했듯이, 메타차원의 인정을 거절하는, 그리하여 역사적 현상들을 내부로부터 분열시키는 실재적인 혹은 내적인 한계에 우리가 걸려 넘어지는 곳에서 출현한다. 이러한 분열을 체현하는 섬뜩한 것은 포기되지 않은 어머니가 아니라, 스스로를 그녀와 분리시키는 어떤 부분 대상이다. 여자에게 달라붙는 것은 어머니에 대한 여자의 명확하고 근본적인 포기의 결과로서 형성되는 그와 같은 잉여, 텅 빈 대상 — 가령, 젖가슴 — 이다. 여자의 존재는 여자가 또 다른 여자인 어머니에 의해 이중화되기 때문에 다중적인 것이 아니라 여자가 자기 존재의 전체, 일자의 형성을 중단시키거나 가로막는 잉여 대상의 추가에 의해 탈완성화되기 때문에 다중적인 것이다. 여자의 존재는 여자가 자기 자신으로부터 분열되어 있기 때문에 다중적이다.

들뢰즈가 푸코에 대한 논문에서 분신에 대해 제공하는 설명을 고찰해보자. 그가 말하기를 분신은 "일자의 이중화가 아니라, 타자의 재이중화이다. 그것은 동일자의 재생산이 아니라, 차이의 반복이다. 그것은 '나'의 발산이 아니라, 다른 것이나 나 아닌 것을 항상 내재성 속에 위치시키는 어떤 것이다. 이중화 과정에서 분신인 것은 결코 타자가 아니라, 타자의 분신으로서 나를 살고 있는 나이다. 나는 외부에서 자신을 조우하지 않고, 내 안에서 타자를 발견한다."[15] 그리고 이제 이러한 설명을 네 명의 젖 빠는 여자들을 그린 워커의 삽화와 비교해보고 또한 라캉주의 여성주의자 미셸 몽트를레가 여성적 성에 대해 들려주는 다음의 설명과 비교해보자. "여자가 자기 신체에 대해 맺고 있는 관계는… 나르시스적인 동시에 에로스적이다. 왜냐하면 여자는 자신의 신체를 마치 다른 이의 신체인 것처럼 즐기기 때문이다. 모든 성적 특성의 발생은… 다른 이(여자)로부터 오는 것인 양 그녀에게 발생한다. … 여자가 스스로에게 품는 자기-사랑 속에서 여자는 자신의 신체를 '최초 대상'이었던 신체와 구별할 수 없다."[16]

들뢰즈의 구절은, "최초 대상"이 어머니라는 암시를 피하면서도, 몽트를레의 구절을 보강한다. 여성적 성의 섬뜩함에는 두 개의 일자들, 즉 여성 자신과 포기될 수 없었던 어머니가 있는 것이 아니다. 여자는 그녀와 같은 다른 사람, 즉 다른 여자인 어머니에 의해서 이중화되지 않는다. 혹은 간단히 말해서, 이미 지적했듯이 어머니는 여자의 분신이 아니다. 오히려 여자는, 마치 자신의 신체가 그녀 자신의 신체가 아니라 다른 이의 신체인 양, 그녀가 다른 이의 분신인 양, 그녀 자신을 산다, 즉 자신의 신체를 즐긴다. 여자는 자신의 성에 대한 섬뜩한 경험 속에서 어머니와 조우하는 것이 아니다. 프로이트가 자기 분신을 보는 경험의 섬뜩함을 다루는 글에서 제공하는 작은 삽화에서 기차에 탄 낯선 사람과 조우하는 것이 아닌 것처럼 말이다. 이 분신은 거울에 비친 그 자신의 반영 것으로 판명난다. 비록 이 경우에, 자기 자신의 이미지를 보는 것에 통상 동반되는 저 친숙함이 그로부터 제거된 것처럼 보이지만 말

---

15 | 질 들뢰즈, 앞의 책, 149쪽.

16 | Michelle Montrelay, "Inquiry into Feminity", in *The Woman in Question*, ed. Parveen Adams and Elizabeth Cowie (Cambridge, MA: MIT Press, 1990), p. 262.

이다. 그는 마치 자신이 그의 칸막이 방으로 길을 잃고 들어온 낯선 사람인 것처럼 그 자신을 노려본다.

이러한 섬뜩한 경험들에 동반되는 것은, 두려움이 아니라, 불안이다. 두려움은 대상을 갖는다. 그리고 두려움의 발생은 여자나 잠옷 차림을 한 프로이트가 실로 어떤 다른 사람, 자기 외부의 누군가, 어머니나 길을 잃은 여행객과 조우했다는 것을 의미하게 될 것이다. 불안은 위협이 외부화, 대상화될 수 없다는 것을, 위협이 오히려 내재적이며, 우리의 우리 자신과의 일치를 가로막는 저 한계와의 조우에 의해 초래되었다는 것을 나타낸다. 나는 어머니로부터 분리될 수 없음이 젊은 여자로 하여금 주체가 되는 것을 가로막는다고 주장하는 여성적 고딕에 관한 이론 가들에게, 전체 혹은 완전한 존재의 형성을 억제하는 장애물이 어머니인 것은 아닐 뿐만 아니라 바로 이 억제가 여자를 주체로서 구성하는 무엇이라고 반박하고자 한다. 여자라는 것은 비전체라는 것이며, 그녀를 그녀 자신의 신체와는 다른 무언가로서 정의함으로써가 아니라 그녀의 향유를 자기동일성의 와해로 만듦으로써 그녀를 그녀의 신체로부터 지속적으로 떼어놓는 어떤 대상이 기생하게 하는 것이다.

「엉클 톰의 종말」에 나오는 젖 빠는 여자들의 이미지는 이러한 것을 배경으로 해야만 뜻이 통한다. 그것은 역사의 외적인 원천으로서 남북전쟁 이전 남부의 뚱뚱한 흑인 유모를 재현하지 않는다. 엄마의 결정적 상실이 남겨놓은 내적 공백만이 여자의 중복 혹은 이미지가 그 자신으로부터 분열되는 것을 설명하며, 또한 "그" 여자가 자기 자신의 신체를 다른 이의 신체처럼 즐기는 것으로 보이는 이 섬뜩한 성욕 형태에 대한 묘사를 설명한다. 이것이 과도하게 넘치는 엄마의 이미지가 아니라면, 우리는 그것을 별개의 네 여자들의 이미지로 볼 수도 없다. 직접적으로 네 여자를 세는 것은 실체화의 오류를 범하는 것이다. 왜냐하면 그 삽화는 오히려 어떻게 우리가 여자를 균열시키는, 여자를 자기 자신으로부터 분열시키는 잉여에 의해 기생당하는 어떤 여자를 하나로서 셀 수 있는가라는 물음을 제기한다. 내가 주장하고자 하는 바, 젖 빠는 여자들의 반복은 여자가 자기 자신과의 차이와 다시 조우하는 것을 등록한다. 다시 말해서 여기서 우리는 들뢰즈가 "심미적 실존"이라고 부른 것, 즉 자유의 규칙인 이중화 혹은 자기 자신과의 관계에 대한 초상을 얻는다. 하지만 이는 모든 여자의 초상이 아니다. 그것은 단순히 어머니의 젖가슴에서 젖을 빠는 것이 아니라 역사에서 젖을 빨고 있는 흑인 미국 여자의 초상이다. 따라서 우리는 그 초상이 또한, 언제나 자신과 다른 혹은 언제나 자신과 동일하지는 않은 어떤 인종을 어떻게 우리가 하나로서 혹은 동일한 것으로서 셀 수 있는가라는 물음을 제기한다고 말할 수 있을 것이다. 실정적 특징들의 동일함과 차이 사이의 대립과 구분되는 어떤 동일함, 자기 차이의 제거라기보다는 자기 차이의 회귀일 어떤 동일성에 대해서 말할 수 있는가?

우리는 이 초상과 관련하여 대단히 비범한 무언가를 시야에서 놓치지 말아야 한다. 즉 만일 우리가, 내가 그렇게 해야 한다고 주장했듯이, 어머니와 젖가슴의 구분을 강조한다면, 유비관계는 더 심원해지는 동시에 워커의 미술적 기획을 한층 더 조명하는 단서가 된다. 역사를 어머니, 다시 말해 주체들을 그 내용물의 일부로 담고 있는 용기로서가 아니라, 주체를 다른 이의 분신으로서 살아가는 이와 같은 내적인 대상으로서 생각한다는 것은 무엇을 뜻하는가? 어떻게 역사는 객관적인 것이 아니라, 자신의 대상성을 세계에 빌려주는 이 내적인 대상으로서 생각될 수 있는가? 이러한 물음들로부터 우리는 어떤 외상적 사건, 즉 실증적 역사연구의 대상이 될 수 없는 사건이라는 생각에 이르게 된다. 왜냐하면 사건은 결코 역사적 상황이 발생하는 방식으로는 발생하지 않고 오히려 이러한 상황들이 기입되는 장소를 규정하기 때문이다. 그것은 한 인종의 결코 현존하지 않는 기원들을 구성하는 파열이다. 왜 "결코 현존하지 않는"가? 왜냐하면 자기 자신의 기원에 현존한다는 것은 섬뜩함의 경험 속에서가 아니라면 구조적으로 불가능하기 때문이다. 자신의 기원에서 자신과 조우하는 경험, 이것이 우리가 찾고자 하는 섬뜩함에 대한 훌륭한 정의이다. 프로이트는 자아는 그러한 조우를 행동이나 도주를 준비하게 만드는 위협으로 느낀다고 이론화하였다. 하지만 뒤이어 일어나는 도주를 단지 반동적인 것으로 간주할 필요는 없다. 조우가 준비하는 행위는 또한 발명의 행위나 재주체화의 행위일 수도 있기 때문이다.

인종적 정체성이라는 작자 불명의 근거

티에리 드 뒤브는 "현대미술 100년 전"을 위한 카탈로그 소논문에서, 지난 세기 미술을 마네의 「올랭피아」라는 입구를 통해서 안내하는 것이 아니라(그렇게 했으면 통상적인 제스처가 되었을 것이다), 마네의 「그리스도와 천사들」(1864)을 통해서 안내한다. 그것은 "결코 교회를 위해 그려진 것이 아닌" 그림이며, 따라서 비종교적인 그림이다. 여기서 그리스도는, 마치 스냅사진에서처럼, 이미 죽어서 더 이상 신이 아닌 신과 아직 부활하지 않은 한낱 죽을 수밖에 없는 인간 사이에서 정지되어 있는 방식으로 그려진다.[17] 뒤브의 비평적 논증, 이 그림의 취임식과 같은 위치를 확보해주는 논증은 이렇다: 그리스도는 그 다음 순간에

---

17 | Thierry de Duve, *Voici: 100 ans d'art contemporain* (Brussels: Ludion/Flamarion, 2000). 드 뒤브는 또한 이 카탈로그를 동반하는 전시를 큐레이트 하였다.

신으로서가 아니라 인간으로서 부활하게 될 것이다. 이 그림이 현대 미술의 시작을 신호할 수 있다면, 이는 다음과 같은 이유 때문이다. 즉 현대 미술은 그리스도의 죽음이라는 사건을, 과거와의 단절에서 물려받은 무無로부터 삶을 부활시켜, 새로운 삶을 창조하는 과제를 자신에게 유산으로 남긴 것이라고 이해하였다.

현대적 삶의 이론가였던 프로이트는 마네의 회화의 전제에 동의한 것처럼 보인다. 마네처럼 프로이트는 인간의 유한성을 불신하고 있었으며, 섬뜩한 것을 다루는 자신의 논문에서 이렇게 주장했다. "'모든 인간은 죽는다'라는 명제는 실로 논리학 교과서에서 보편적 단언의 예로서 활보한다. 하지만 그 어느 인간도 그것을 분명하게 알고 있지 않다. 그리고 우리의 무의식은 그 자신의 사멸성의 표상을 위한 공간을 이전만큼이나 지금도 거의 가지고 있지 않다."[18] 그가 미학 분야에 진출한 드문 경우 중 하나인 섬뜩함을 다룬 이 논문은, 우리 현대인들이 우리 자신의 사멸에 대비하는 보험으로서 분신을 발명함으로써 죽음의 힘을 정력적으로 부인한다고 주장한다. 그는 한때는 불멸의 보험으로서 형성된 이 분신이 이후에 "그 양상을 바꾸어"[19] 죽음의 예고자, 즉 망자의 영혼이나 유령으로 되돌아온다는 사실에서 결과하는 것이라고 추측한다.

프로이트가 『모세와 일신교』를 쓸 때 마치 이러한 주장으로 되돌아와 그것을 확장하고 있었던 것처럼 보인다. 이 시점에서 앞의 논문은 많은 뜻을 담기에는 분량이 너무 짧다는 듯이 말이다. 우선 이 분신이 그 모습을 바꾸고 되돌아오는 것은 "죽음의 예고자"나 "망자의 유령"으

─────
18 | Freud, "The Uncanny", SE, 17: 242, 정장진 옮김, 「두려운 낯설음」,『예술, 문학, 정신분석』, 열린책들, 2003, 435쪽.

19 | 위의 책, 425쪽.

로서가 아니라 비죽음the undead으로서다. 이미 보았듯이 『모세와 일신교』는 이 점을 분명히 한다, 하지만 또 다른 혼동과 함께 말이다. 소멸에 대비하는 보험으로서 자신을 이중화하는 두 개의 상이한 방식이 있다고 보는 것이 타당할 것이다. 하지만 섬뜩함에 관한 논문에서 이에 관해 우리가 얻는 유일한 암시는 도덕적 불안은 섬뜩함의 느낌이 자아내는 불안과 동일한 것이 아니라는 프로이트의 경고이다. 프로이트는 이중화의 두 가지 형태 사이의 구별을 결코 명시적으로 설명하지는 않는다. 그러나 프로이트는 자신의 이론과 나치 이데올로기가 조장하는 인종주의에 대한 은연한 비판의 근본적인 동일성을 제시함으로써 가장 강력하게 하나의 구별을 암시한다.

여기 우리가 프로이트의 이론 일반으로부터 그리고 그가 모세에 관한 책에서 인종적 정체성에 대해 전개하는 특별한 주장들을 통해 이해할 수 있는 것이 있다. 현대인은 현대 사상이 그에게 억지로 떠넘기는 유한성을 수긍하기를 거부하면서 그를 자신의 죽음보다 오래 살게 해주는 인종이라는 관념을 통해서 그 자신을 이중화한다. 이제부터 현대인은 개인적 주체일 뿐만 아니라 한 인종집단의 구성원이기도 하다. 이러한 사실이 야기하는 인종과 인종주라는 현상은 그것에 선행하는 어떤 것과도 같지 않다. 그 이유는 인종이 이제 주체의 불멸성을 수호하면서 하늘, 즉 영원성의 역할을 떠맡아야 하기 때문만은 아니다. 유한에 초점을 맞춘 현대인은 더 이상 영원성이라는 옛 이념을 믿을 만한 것으로 유지할 수 없으며 오히려 옛 이념이 배후에 남긴 파편에서 일종의 대안을 재건하기 위해 조작한다. 이 나머지 혹은 잔존물은 초자아, 즉 하늘이 아니라면 최소한 역사적 우연성의 파괴를 벗어나는 모종의 것이 있다는 리비도 투여된 믿음이다. 이러한 이념은 부정적인 것이며, 우리의 기대와 그들의 현실화 사이에는 언제나 부족분, 어떤 절충물이 존재한다는 확신에 다름 아니다. 그래도 그것은 현대 세계 안에 영원성을 살아남게 하는 것이며, 인종이라는 어떤 관념에 그것에 반하는 모든 역사적 장애와 모든 우연성을 향한 그것의 뿌리 깊은 폭력과 경멸의 원천인 이상성의 요소를 빌려준다.

프로이트는 이처럼 이상화되었으며 따라서 미증유의 것이 된 폭력이 증가하는 상황에서 자신의 모세에 관한 책의 구성을 강행한다. 우리는 프로이트가 인종이라는 관념을 전적으로 말살하려 했지만 그의 이론이 그것을 허용하지 않았다는 것을 안다. 우리가 본 바와 같이 그의 말소, 즉 폭력이 근거를 얻는 모든 예외를 몰아내는 노력은 우리가 설명한 섬뜩한 이중화의 형태를, 그리하여 또 다른 인종 개념을 생산하였다.

나치의 인종주의 이데올로기는 이상화에 근거를 둔다. 이는 역사가 지금까지 그들에게 부여해온 것과 그들이 미래에 기대할 수 있는 것 사이의 차이를 이상화하는 것이다. 그렇기 때문에 나치 인종주의 이데올로기는 동일시라는 문제 틀에 속박되었다. 동일시에서 이상적인 존재는 우리가 동일시하는 어떤 것이다. 이는 우리가 아는 바와 같이 아리안 족의 신체로 귀결된다. 인종적 정체성이라는 관념의 핵심에 있는 이상성은 이 점에서 주체가 아리안 인종의 구성원으로서 구원받을 이상적인 내일이라는 신체에서 분리된 관조를 위하여 육체를 천진난만하게 망각하거나 유기하는 결과로 귀결될 수 없었다. 오히려 그것은 자신들의 신체를 이상화하는 것으로, 그 연약함이 운동을 통해서 훈육될 수 있는 쓸모 있으며 심지어 유용한 쾌락에 적합한 "기계적 신체"라는 관념의 구성으로 귀결된다. 따라서 국가사회주의는 이상적 신체와의 동일시를 장려한다.

프로이트는 이러한 동일시라는 문제 틀에서부터 자신의 인종 관념을 제거하였다. 그러한 과정에서 프로이트는 쓸모없으며 터무니없는 쾌락에 빠진 인종적 정체성이라는 작자 불명의 근거를 폭로하였다. 이 터무니없는 쾌락은 주체가 분신과 조우하는 순간에 불안으로 그를 압도한다. 주체는 언제나 그것에 대비되어 있지 않다. 분신은 주체를 변함없는 역사의 변천을 넘어 생존하게 해줄 인공보철물이나 보호 장구 구실을 하기는커녕, 주체를 그 자신으로부터 갈기갈기 찢어버리며 바로 그의 흠 없음을 손상시킨다. 프로이트는 자신을 유태인과 동일시하는데, 이는 그가 그들의 어떤 동일시가 가능한 특징들이나 시간을 넘어서는 전승들을 공유하고 있기 때문이 아니라, 오히려 그가 자신의 생존이 그들의 생존과 마찬가지로 이 바보같이 보이는 전승들과 사고방식들을 전복할 수 있는 자신의 존재에 달려있다고 생각하기 때문이다. 하지만 이제 살아남는 것은 더 이상 생물학적 생명이 아니라 주이상스이다.

카라 워커의 실루엣들은 폭력적으로 융합되고 각자로부터 이탈된 형상들로 가득 차 있다. 그들은 서로 삼키고 찢어내며 고문한다. 그것은 마치 단지 자신들 사이에서 전투를 벌이는 여러 다른 인물들이 아니라 오히려 자신을 노예 신세에서 제 자신으로 해방시키려 즐겁게 애쓰는 기생된 신체를 재현한 것처럼 보인다. 이런 이유에서 그 형상들을 전형들의 재생이라고 비판하는 것은 확실히 틀렸다. 반대로 그것들은 그것들의 에로틱한 탈구, 즉 자신들의 썩는 냄새와 무거운 짐으로부터 이탈하려는 광적이며 사활이 걸린 난투이다. 그녀의 작품에는 남북전쟁 이전 과거의 외상적 사건, 다시 말해서 그녀도 지금까지 살았던 다른 모든 미국의 흑인도 아니지만 섬뜩한 순간에 반복적으로 조우하는 하나의 사건이 출몰한다. 그렇게 함으로써 그녀는 인종적 정체성을 반복된 차이로 간주하게 하는 가능성을 열어준다. 그녀가 자신이 속한 인종의 다른 모든 구성원과 공유하는 것은 단지 다수의 공통경험이 아니다. 그것은 오히려 끊임없이 그들을 그들 자신들로부터 계속 찢어내는 이러

한 경험할 수 없는 사건이자 "신진대사로 흡수될 수 없는" 역사의 파열
이다. 하지만 이는 워커의 실루엣들 속 도처에서 발견되는 그것의 작은
똥 더미들 속에 지속적으로 위치시키지 않을 수 없는 역사의 파열이다.
역사는 이러한 형상들을 통해서 흐르지 그것들을 담아내지 않는다.

4

울음의 발명과 행위의 반연극성

히스테리아 대 몰입

내가 시작하는 전제는 이렇다. 울음은 18세기 말의 발명이었다. 나는 이 테제에 대한 증거로 역사적으로 정확히 이 순간에 멜로드라마라는 새로운 문학 형식이 출현했다는 사실을 제시한다. 멜로드라마는 사람들에게 울 거리를 제공하기 위해 특별히 고안된 것이다. 지금 나는 여러분 중 몇몇이 "그녀는 시기를 잘못 짚은 것 같아. 그보다 이전에 울었던 사람들에 대해 기억나는 것이 있는걸. 그 이전의 어떤 사회들에는 심지어 전문적인 곡비가 있지 않았나?"라고 자문하는 것을 알아차린다. 나는 여러분에게 이를 인정하겠다. 18세기 이전에도 눈물은 때때로 흘러나왔고, 심지어 공적인 의무 때문에 우는 경우도 있었다. 하지만 그 이전에는 결코 울음에 대한 그토록 보편적인 장려는 없었다. 그렇다면 근대적 의미에서의 울음을 구별하기 위해서, 이 근대적 울음을 이전 시대의 모든 눈물흘림과 구별하기 위해서 이 사회적 명령에 좀 더 면밀한 주의를 기울일 것을 제안한다. 이 근대적 의미는 예컨대『언어 기원에 관한 시론』,『고백』,『에밀』에서 루소가 연민의 중요성과 필요성을 고찰한 것을 설명해준다. 그것은 또한 드니 디드로의 연극 규칙, 즉 "먼저 나를 건드리고, 나를 놀라게 하고, 나를 휘저어놓아라. 나를 펄쩍 뛰게 만들고, 나를 울게 만들어라. … 그 후에 당신이 할 수 있다면 나의 눈을 즐겁게 만들어라"[1]를 설명해준다. 그리고 그것은 예술과 예술 비평에서 관람자와 등장인물 사이의 감상적이고 공감적인 관계에 대한 전적으로 새로운 강조를 설명해준다.

물론 내가 멜로드라마를 사회적 혁명의 증거로 보는 첫 인물은 아니다. 이 장르의 공공연한 목적은 이 새로운 눈물의 쏟아냄을 수월하게 해주는 것이었다.『멜로드라마의 상상력』에서 피터 브룩스 역시 멜로드라마를 "근대적 상상력을 담지하는 양식"(나의 강조)으로 정의하며, 유사하게 그것을 루소와, 특히『고백』을 여는 구절과 연계시킨다. 그 구절에서 루소는 "나의 동류"에게 말을 건다. 그들과 자신이 기본적으로 다르다는 것을 힘주어 단언하면서도 말이다. 루소는 역설적이게도 인간들 중에서 자신의 고유성뿐만 아니라 이 고유성을 "완전하게 표현할 필요성, 즉 고유성을 모두 말할" 필요성도 단언한다.[2] 브룩스는 전부를 말하려는 이 근대적 강박을 멜로드라마에 직접 연결시키면서, 모든 것을 완전히 명료하게 말하고자 할 때 느껴지는 언어의 부족함이 멜로드

1 | 마이클 프리드(Michael Fried)가 그의 *Absorption and Theatricality: Painting and Beholder in the Age of Diderot* (Berkeley: University of California Press, 1980), p. 78에서 디드로로부터 인용함.

2 | Peter Brooks, *The Melodramatic Imagination: Balzac, Henry James, Melodrama, and the Mode of Excess* (New Haven: Yale University Press, 1976), p. 16. 이승희 외 옮김,『멜로드라마적 상상력: 발자크, 헨리 제임스, 멜로드라마, 그리고 과잉의 양식』, 서울, 소명출판, 2013, 48쪽.

라마에서는 과대한 제스처, 도식적인 장면, 표현적인 미장센과 음악, 알아들을 수 없는 외침 등으로 보충된다고 주장한다. 이 모든 무언의 기호들은 우리가 통상 그 장르의 특징으로 간주하는 것들이며, 그렇지 않으면 내러티브에는 부재하며 언어만으로는 표현할 수 없는 것을 가시화한다.

브룩스의 기본 논변이 수긍이 가는 것이고 심지어 영감을 주는 것임에도 몇 가지 반론이 제기되어야 한다. 이를 위한 준비로 나는 18세기가 끝나갈 무렵 너무나도 갑작스럽게 분출하였던 전체 진리를 말하려는 강박의 원천에 대해 브룩스의 판본과는 항목들이 다소 다른 다음과 같은 설명을 제시한다. 주지하듯이 이 시기에 어떤 새로운 실체entity— 시민 — 가 단번에 구성되었으며 마찬가지로 소설 공간 안으로 삽입되었다. 소설 공간은 시민의 동료들, 시민의 동류가 거주하는 공적인 공간이다. 바로 얼마 전에, 최근에 생겨난 보편적 인간성이라는 개념이 개별 시민만이 아니라 그와 꼭 닮은 무수한 다른 시민들을 위해서도 개방되었다. 보편적 인간성이라는 개념이 근대인에게 자신을 비교될 수 없는 자, 자신과 똑 닮은 사람은 단 한 명뿐인 것으로 간주할 권리를 주었다면, 그러한 사실은 또한 그가 저 혼자만 그럴 수는 없을 것이라는 점을 확정하였다. 이 점에서 그는 정확히 타인들과 같은 것이다. 그렇다면 시민이 그의 동료들 가운데서 계산에 넣어지려면, 즉 자기 자신의 유일무이함을 주장할 권리에서 그들과 필적하거나 동등해지려면, 무언가가 계산에서 빠져야 했다.

마이클 프리드는 이 시기에 회화에서 발생한 결정적 변동을 재현 그 자체에서의 근본적 변동으로서 분석한 바 있다. 재현은 이전의 "연극성"을 포기하고 새로운 "몰입" 전략을 채택했다는 것이다. 그는 세기 중엽에 회화가 디드로의 "커튼이 올라가지 않은 것처럼 행동하라!"라는 명령을 따르기 시작했다고 주장한다.[3] 다시 말해서, 회화는 그림 앞에 서 있던 관람자가 거기 없는 것처럼 진행되기 시작했으며, 심지어 그의 존재를 지우기 시작했다. 자신들만의 자율적 세계에 전적으로 몰입하면서, 당면한 문제들에 열중하고 있는 등장인물들을 묘사함으로써 말이다. 그렇지만 기묘하게도 이러한 재현된 공간의 자기-몰입, 즉 이와 같이 자기 공간 외부에 그 어떤 공간의 존재도 인정하기를 거부하는 것은 관람자의 전적인 부정을 목표로 했던 것이 아니라 묘사된 장면 안으로의 관람자의 "몰입"을 목표로 했던 것이다. 다시 말해서, 그림들이 보는 이의 현존을 무시하는 척한다는 바로 그 점이 보는 이의 관심을 사로잡아 빠져들게 만드는 방식으로 작동했다. 재현의 공간을 (장면들이 사실상 향하고 있었던) 관객의 공간으로부터 분리하여 봉인함으로써, 이 그림들은 보는 이와의 관계를 완전하게 단절한 것이 아니라 오히려 반대로 그 관계를 강조했으며, 그 관계에 새로운 무게와 의의를 부여했다. 당시의 감정이입에 입각한 비평 문학을 신뢰할 수 있다면, 그림이 보는 이를 안중에 두지 않는다는 점이 보는 이로 하여금 그림에서 떠날 수 없게 만들었으며, 오랜 시간 동안 그림 앞에 말없이 가만히 서 있으면서 그림에 깊은 감동을 받도록 만들었다.

영화를 연구한 사람이라면 누구나, 몰입 기법에 대한 프리드의 기술에서 고전적 영화의 전략들을 인지할 터인데, 이 전략 또한 관람자를 무시하는 데서 주도면밀하며 등장인물이 곧바로 카메라를 — 즉 필름이 영사되는 동안 카메라 자리를 차지하게 되는 관람자를 — 바라보는 것에 대한 엄격한 금기를 유지한다. 프리드가 분석하는 18세기 말엽의 회화에서처럼 영화에서도, 겉보기에 분명 자율적인 재현의 세계는 등장

---

3 | Fried, *Absorption and Theatricality*, p. 95.

인물과 관람자 사이의 시선 교환을 전적으로 금하는 것에 의존하고 있다. 그리고 영화에서도 이 터부는 이와 동일하게 소외된 관람자들이 계속 주문에 걸려 있게 하여 그들을 깊이 감동시키는 기능을 한다.

라캉이 이와 동일한 반연극적 몰입 논리에 대한 설명을 제공한다는 것이 나의 주장이다. 라캉은 자신이 "모든 것을 보는" 것으로 지정한 세계와 "그녀가 알고 있다는 것을 알고 우리가 안다는 사실을 그녀에게 감춘다는 조건에서 자신이 보이고 있다는 것을 아는 여자의 만족" 사이의 유비를 이끌어낸다.[4] 이러한 유비는 특별히 영화적인 몰입 형식에 대한 기술로서 적절하다. 왜냐하면 그것은 여자의 시선이 거의 곧바로 카메라/관람자를 향해 있지만 의미심장하게도 카메라/관람자를 근소하게 놓치는 몇몇 기억할 만한 장면들을 상기시키기 때문이다. 이러한 사례들에서 여자는 카메라를 바라보고 있는 것이 아니라 카메라의 위치에 놓여 있다고 가정되는 거울 안이나 그녀의 마음의 눈 안에 있는 그녀 자신의 이미지를 보고 있는 것으로 밝혀진다. 첫 사례로 히치콕의 <마니>를 생각해보자. 마니는 금방 염색한 머리를 뒤로 넘기고는 욕실 세면대 위의 (보이지 않는) 거울 속에서 자신의 이미지를 만족스럽게 응시한다. 두 번째 사례로 빌리 와일더의 <선셋 대로>를 생각해보자. 노마 데스몬드는 그 장면을 실제로 찍고 있는 카메라에서 약간 중심이 벗어난 곳에 위치하고 있는 디에게시스 스크린 외부의 카메라를 들여다보면서 클로즈업에 준비가 되었다고 말한다. 마치 이 위험에 처한 위반이 금기를 재각인시키기 위해 주기적으로 필요한 것인 양 말이다. 이는 마치 이 여자, 재현의 장 안에 있는 이 인물이, 우리가 그녀를 바라보고 있다는 것을 그녀가 안다는 것을 우리가 알고 있다는 사실을 알게 하지

---

4 | 라캉, 맹정현 · 이수련 옮김, 『자크 라캉 세미나 11』, 새물결. 119쪽.

말라는 것 같다. 그녀가 그녀 자신을 보고 있을 때, 그녀 자신의 이미지가 위치한 지점에 그토록 감질날 정도로 가까이 있는 관람자를 그녀가 알게 만들어서 그녀의 주의를 흩뜨려놓는다면 물론 저 금기를 위반하게 될 것이다. 하지만 이 이상한 규칙이 의미하는 것은 무엇인가? 그리고 라캉의 "모든 것을 보는" 세계는 프리드가 기술하는 "자기-몰입된" 재현의 세계라고 내가 말하는 것을 가능하게 하는 것은 무엇인가?

라캉은 보는 주체와 가시적인 세계의 관계의 근본적 변화와 관련하여 자신이 행하는 역사적 논증의 일부로서 여자와 세계 간의 유비를 이끌어낸다. 나의 논점은 이러한 변화가 프리드와 브룩스 양자 모두가 탐구하고 있는 바로 그 역사적 순간에 발생한다는 것이다. 브룩스의 용어로 이 순간은 "탈-신성화된 세계post-sacred world"가 들어서는 시점을, 즉 도덕적이고 종교적인 확실성들이 지워지는 동시에 갑자기 멜로드라마가 발생하는 시점을 표시한다. 다시 말해서, 몰입의 기법을 통해 산출되는 회화적 재현의 밀폐되고 자기충족적인 닫힌 체계는 프리드가 주장하듯이 관람자의 공간으로부터만 단절하는 것이 아니라 (이제는 소멸한) 신성의 영역으로부터도 단절한다. 자기 자신 이외에는 그 무엇과도 연관되지 않는 이 새로운 자율적 세계는 그 어떤 초재적 신성과의 인연도 단절한 세계이다. 프리드처럼 라캉도 이러한 변화의 기본적 좌표들 가운데 하나로서 세계와 세계를 보는 이 사이에서의 그 어떤 시선의 교환도 금하는 금기를 식별해낸다. 하지만 여기서 시선과 응시에 대한 라캉의 구분은 전적으로 필수적이다. 왜냐하면 물론 관람자가 (재현된) 세계를 볼 수 없다거나 보면 안 되는 것이 아니기 때문이다. 이미 지적했듯이, 그는 그렇게 할 수 있으며 실로 그렇게 한다. 심지어는 뚫어지게 쳐다볼 수 있다. 하지만 금지되는 것은 관람자의 응시를 환기시키는 것이다. 세계는 "우리의 응시를 유발하지 않는다"라고 라캉은

말한다.[5]

이로부터 우리는 시선과 응시라는 이율배반적인 라캉적 용어들의 차이가 프리드의 연구가 초점을 맞추고 있는 재현의 금기를 이해함으로써 적어도 부분적으로 분명해질 것이라는 결론을 내릴 수 있다. 이미 말했듯이, 이 연구는 그림 속의 인물들이 관람자의 현존에 대한 인정을 회피하고 그 대신 당면한 과제들이나 그들 자신의 산만한 정신 상태들로 의도적으로 분주해 하는 그 부지런함을 시종일관 강조한다. 프리드와는 다른 각도에서 그러한 금기에 접근하면서 라캉은 몰입을 연극성과 구분하는 것이 아니라 모든 것을 보는 세계를 노출증적 세계와 구분한다. "세계는 모든 것을 훔쳐보는 자이지만 노출증자는 아닙니다. 세계는 우리의 응시를 유발하지 않습니다."[6] 내가 제안하는 바는 이렇다. 우리는 어떤 식으로든 그림 안의 인물들이 관람자를 직접 쳐다보는 것을 피하는 것을 이러한 방식으로, 즉 그림이 자신을 노출하는 것을 막는 수단 가운데 하나로 간주해야 한다.

라캉의 논증과 프리드의 논증의 긴밀한 평행성은 결국 그것들 사이의 주요 차이를 드러내는 데 이바지한다. 혹은, 나의 소견을 좀 더 날카롭게 진술하자면, 프리드의 분석에서의 의미심장한 설법을 드러내는 데 이바지한다. 프리드의 작업에는 검토되는 그 역사적 순간에 세계가 갑자기 "모든 것을 보는" 자가 되었다는 사실에 대한 아무런 지적도 없다. 다시 말해서, 재현의 장이 자신의 자기 충족성을 공언하기 시작하는 바로 그 시점에서 관람자들은 "세계의 스펙터클 안에서 보이는 존재들"[7]이 된다. 프리드에게 빠져 있는 것은, 요컨대, 응시의 이론이다. 이러

---
5 | 같은 곳.
6 | 같은 곳.

한 소견은 프리드를 라캉적이지 않다고 비판하는 것이 아니라, 그 자신의 분별력 있는 논증의 함축들을 끝까지 전개하지 않았다고 비판하는 것이다. 관람자의 비존재라는 환영을 유지하면서도 관람자를 재현된 공간으로 감정이입하게 하여 끌어들였던 18세기 말 회화의 역설을 설명하기 위해 비록 프리드가 영웅적으로 노력하고 있음에도 불구하고, 우리는 그가 그 역설을 충분하게 설명하고 있다는 최종적 확신이 들지 않는다. 회화가 관람자를 그림에 잡아매는 동시에 무시하는 메커니즘은, 그 메커니즘의 작동에 관한 테제가 회화 분석에서 종종 되풀이되고 있으면서도, 여전히 모호하게 남아 있다. 나의 논점은 이렇다. 응시이론은 이를테면 세계는, 그림의 그 어떤 특정한 지점이나 그 어떤 인물에서건 세계의 응시를 위치시키는 것을 금기시하는 바로 그 순간에, 보는 이에게 응시를 되돌리며, 보는 주체를 사방에서 본다는 것이다. 이러한 응시이론은 보는 이가 세계 속에 감정적으로 몰입되는 것, 그가 이 새로운 사실주의적 공간 안에 빠져드는 것을 설명하기 위해서는 필수적이다.

주목할 만하게도, 프리드의 주장은 한 지점에서 라캉이 주장하는 바와 매우 가까워진다. 이를 고찰하는 것이 유익할 것이다. 『회화단상』에 나오는 디드로의 해석을 따르면서 프리드는 <수산나와 장로들>이라는 그림이 "몰입"으로의 전회를 지탱하는 금기에 제시된 특별한 문제들을 설명한다. 즉 수산나가 (베일을 가지고서 원로들로부터 자신의 나신을 가리면서도) 관람자의 시선에 나신을 노출하는 한에서, 그녀는 관람자에게 자신이 노출되어 있음을 시사하거나 관람자를 그녀의 벌거벗은 모습을 본 목격자라고 폭로할 위험이 있다. 그 그림이 어떻게 성공적으로 금기를 비켜가는지에 대한 디드로의 설명은, 전적으로, "보

<hr/>

7 | 같은 곳.

이는 여자와 스스로를 노출하는 여자"의 구분을 주장하는 데 있다.[8] 이 구분에 따르면, 수산나는 보는 이에게 스스로를 노출하는 것이 아니며, 보는 이는 어쩌다가 그녀의 나신을 보게 되는 것이다. 이러한 설명적 조처를 통해서 디드로와 그의 설명을 채택하는 프리드는 우리가 보는 시각적 세계를 효과적으로 눈멀게 만든다. 수산나는 우리가 그녀를 바라보고 있다는 것을 전혀 알지 못한다. 즉 그녀를 보는 이를 보지 못한다는 것이다. 라캉이 제안하는 옵션, 즉 그녀는 안다, 하지만 그녀가 우리가 알고 있다는 사실을 안다는 것을 우리에게 보여주는 것을 원하지 않는다는 점은 고려되지 않는다. 장면은 언제나 하나의 통일된 모습으로서, 하나의 관점으로서, 특히 관람자의 관점으로서 제시되어야 한다는 디드로의 다양한 주장들을 프리드는 인용한다. 이 새로운 회화들의 장면 구성은 이를 관람자의 눈에서만 가시적이게 한다. 이러한 소견으로부터 다음의 결론, 즉 세계는 관람자의 눈을 위해 스스로를 구성한다, 혹은 어떤 의미에서 자신이 보이고 있다는 것을 "안다"는 결론으로 나아가려면 무엇이 필요할까?

우선 이러한 작업을 하지 않으려 했던 이유를 고찰해보자. 앞서 우리는 몰입 기법의 발전이 우리가 세속화 세계에 들어서고 사실주의realism가 시작된 때와 일치한다고 말했다. 이 순간은 종종 세계가 미몽에서 깨어난 순간으로 묘사되었다. 미몽에서 벗어난 세계 혹은 사실주의적인 세계가 모든 것을 보거나, 누가 말한 것처럼 우리에게 응시를 되돌린다고 할 수는 없었을 것이다. 하지만 바로 이것이 라캉적 응시 이론이 말하는 바이다. 사실주의적 세계가 신성한 너머의 붕괴로부터 출현하는 바로 그때 주체는 위치를 정할 수 없는 응시의 바라봄에 종속되며 주체

---

8 | Fried, *Absorption and Theatricality*, p. 97.

가 보는 세계 내부로부터 가시적이 된다. 전처럼 세계 외부로부터가 아니라, 세계 내부로부터 가시적이 된다. 관람자는, 모든 것을 보는 행위자의 자리가 비게 될 때, 모든 것을 보는 세계 안에서 가시적이 된다. 주체는 초월의 절대적 조건에 더 이상 종속되지 않는 그 순간 주체 너머의 보는 자가 아닌 세계 속의 정의하기 어려운 응시와 조우한다. 응시는, 신의 환유물, 유한하고 사실주의적인 세계 속의 신의 잔여물re-mainder이 아니라, 오히려 신의 부재의 기념물reminder이다.

하지만 이 세계가 모든 것을 본다면, 세계는 수산나처럼 자기 자신을 노출하는 방식으로 우리의 응시를 유혹하지 않는다. 무슨 뜻인가? 일종의 도착증인 노출증은 타자 안에 불안을 유발함으로써 불안을 피하려고 한다. 노출증자는 타자가 보는 광경이 타자의 향유와 곧바로 일치하게 강제하려고 함으로써 불안을 유발한다. 그는 타자의 욕망을 무시하며 타자가 직접적으로 만족스러운 광경을 응시할 수 있도록 허용하는 것을 목표로 한다. 자기 자신을 만족의 대상으로서 제공하는 노출증자는 온갖 유혹의 계략들이 없어도 되는데, 왜냐하면 타자가 무엇을 원하는지를 알아낼 필요가 없기 때문이다. 그는 그것이 무엇인지를 확신을 가지고 알고 있다. 수산나가 보는 이를 곧바로 바라본다면 혹은 마니가 영화 관람자를 곧바로 바라본다면, 그들의 이미지는 도착적이 될 것이다. 보는 이는 더 이상 그 장면에 몰입되지 않을 것이고, 거기서 욕망에 의해 매혹되지도 않을 것이고, 불안을 경험하게 될 것이다.

응시와 모든 것을 보는 세계의 논리는 마지막 장에서 더 충분하게 다루어질 것이다. 현재로서는 멜로드라마에 대한 우리의 논의와 유관한 측면들만 강조하면 된다. 여기서 근본적인 논점은 멜로드라마가 우리를 자신의 세계에 연루시키기 위해서 연극성이 아닌 몰입의 방법들을 이용한다는 것이다. 멜로드라마는 이러한 의미에서 사실주의의 등장과, 다시 말해서 사실주의가 시각적 재현과 그것의 관람자 사이의 감정적 관계를 새롭게 강조하는 것과 연대하고 있으며, 사실주의가 울음을 발명한 것과 연대하고 있다.

시각적 장면 속의 세계, 즉 통일된 관점 안에서의 세계의 재현은 세계 편에서의 모종의 "의도"나 "목적"을, 혹은 자신이 관람자에 의해 보여지고 있다는 사실에 대한 모종의 앎을 드러내는 것이라는 논지는 충분히 입증되었다. 디드로의 평가에서 장면tableau의 일차적 기능은 "극장 관객의 시각성에 말을 건네거나 그러한 시각성을 이용하는 것이라기보다는 저 시각성을 중화하는" 것이었다, "관객이 존재하지 않는다는 환영"을 유지하기 위해서 말이다. 장면이 "오로지 관람자의 관점에서만" 가시적이었다는 것은 참이다. "하지만 바로 그러했기 때문에, 그것은 관람자로 하여금 배우들 자신들은 관객의 현존을 의식하지 않고 있다는 것을 설득하는 데 일조했다."[9] 여기에서 추론은 충분하지 않다. 우리는 다음과 같이 잘못 생각할 수 있다. 즉, 시점point of view은 "발견된" 현실을 재현하는 척하며, 관람자는 그 현실에 대해서 그저 우연히 떠오른 인상을 받는다는 식으로 말이다. 하지만 이러한 "발견된 현실 효과"의 구성은 디드로나 프리드가 허용하는 것보다 더 복잡하다. 분명한 것을 진술할 필요가 있다. 시점은 부분적 경관view을 제공할 뿐이다. 이 단편, 이 제한된 경관이 자기중심적으로 보이지 않는 것은 어떻게 된 것인가? 이 경관이 전체의 일부를 제시한다는 환영은 어떻게 만들어지는가? 또는 어떻게 자기중심적인 효과가 회피되고 현실 효과에 의해 대체되는가? 경관 속의 무언가가, 우리에게 더 이상의 그 무엇도 보여주지 않으면서도, 즉 시점적perspectival 장면에서 돌발하지 않으면서도,

---
9 │ Ibid., p. 96.

어떤 것이 보여지지 않고 있다는 것을 신호해주어야 한다. 이 순간 관람자는 더 이상 단순히 보는 것이 아니라 자신을 시각적 공간 속의 가시적인 것으로서 경험한다. 그림, 즉 장면은 그를 되응시한다. 그렇다면 현실효과는 단지 장면이 우리에게 어떻게 보이는가의 문제에 불과한 것이 아니라 또한 우리가 그 안에서 잠재적으로 가시적이라는 감각에 의존하고 있는 것이기도 하다. 이렇게 주장하고 싶다, 즉 칸트는 세 번째 『비판』의 결론부에서 "자연적 목적"의 개념을 다듬을 때 유사한 논점을 제시하려고 한다. 자연은 우리를 되응시하며, 우리를 고려에 넣는다, 그리고 바로 이를 통해서 칸트는 우리의 주관적 관점이 사실상 객관적이라는 것을 스스로 확신하며 우리를 확신시킨다. 우리의 객관성 감각은 자연이 모든 것을 보는 세계를 구성한다는 우리의 확신에 달려 있다.

모든 것을 보지만 모든 것이 보이지는 않는다는 것. 요컨대 바로 이것이 우리의 시점에 자신을 제시하는 세계가 나타나는 방식이다. 브룩스가 멜로드라마의 "도덕적 비의moral occult", 혹은 쉽게 읽히는 감춰진 도덕에 대한 추구라고 지칭하는 것은 이처럼 보이지 않은 것이 쉽게 지각될 수 있다는 사실을 회피한다. 문제들은 이 새로운 세계에 누락되어 있는 것들 가운데 하나가 객관적인 도덕적 규약이기 때문에 발생했다. 나의 주장은 이러한 문제들이 여러 가지였다는 것이다. 곤경은 언제나 동일한 방식으로 나타나지 않는다. 그렇다면 결국 질문은 이렇다. "곤경은 멜로드라마에서 어떻게 제시되는가?" 나는 멜로드라마는 어느 정도는 "여성" 특유의 것이라는 일반적인 가정을 진지하게 취할 생각이기 때문에, 잠시 성적 차이에 대한 정신분석 이론으로 관심을 돌릴 것이다. 여기에서 우리는 이는 결국 전부all라는 문제에 대한 두 가지 접근으로 밝혀진다는 사실을 알게 될 것이다. 라캉의 성구분 공식들의 논리를 다른 곳에서 상세하게 다룬 바가 있으므로, 나는 이 공식들이 어떻게

프로이트로부터 도출되는가를 잠시 서술하려고 한다.[10]

프로이트는 다음과 같은 근본적 구분을 한다. 남자아이의 거세 시나리오는 오이디푸스 콤플렉스에서 시작해서 거세의 위협으로 끝나는 반면, 여자아이의 시나리오는 거세에서 시작해서 오이디푸스적 사랑으로 끝난다. 프로이트가 끌어내려고 하는 구분은 무엇인가? 바로 이것이다. 남자아이에게 거세는 금지를 내포한다. 반면에 여자아이에게는 그렇지 않다. 그녀의 거세는 아버지의 개입 없이, 금지 없이 발생한다. 일부 여성주의자들이 프로이트의 구분에 그것이 받아 마땅한 최고의 가치를 부여하는 데 주저하는 것은 그것이 여자아이의 경우 시각의 직접성에 의존하고 있는 것처럼 보이기 때문이다. 여자아이의 시나리오에서 거세의 우선성은, 그것이 상징적 구조화에 선행하는 가시성에 위치하고 있다는 것을 의미하는 것으로 해석되어왔다. 하지만 거세의 우선성을 또 다른 방식으로 해석하는 것이 가능하다. 즉 남자아이에게 결정적인 금지와는 대조가 되는 어떤 불가피성이나 불가능성을 증언하는 것으로 해석하는 것이 가능하다. 설명해보자. 아버지의 금지는 아이가 무언가에 접근하는 것을 금한다. 남자로서 세계에 입장하기 위해서 너는 한 가지를 포기해야 한다, 라고 그것은 경고한다. 그리하여 남자아이가 자기 길을 찾아 들어가는 사회적 질서는 언제나 불완전한 질서이다. 모든 것이 그 안에 포함될 수는 없다. 이와 유사하게 여자아이가 입장하는 사회적 세계도 순조롭거나 문제없는 전부를 형성하는 데 실패한다, 하지만 그것이 불완전하거나 무언가를 결여하고 있기 때문은 아니다. 그

---

10 | 나의 글 "성과 이성의 안락사"를 보라. in *Read My Desire: Lacan against the Hiatoricists* (Cambridge, MA: MIT press, 1994), 김영찬 외 엮고 옮김, 『성관계는 없다: 성적 차이에 관한 라캉주의적 탐구』, 도서출판 b, 2006, 87-138쪽.

녀의 거세에서 금지가 등장하지 않는다는 사실은 모든 것이 그 안에 포함될 수 있다는 것을 의미하는 것이 아니라 그 어떤 것도 그로부터 배제될 수 없다는 것을 의미한다. 하지만 포함하라는 명령 혹은 "아니"라고 말하지 말라는 명령은 여성에게 모든 것을 말할 기회를 제공하지 않는 것만큼 부성적 금지가 남자에게 제시하는 무언가를 배제하라는 명령도 제시하지 않는다. 왜냐하면 포함이 한계를 알지 못하는 곳에서 그 어떤 전부도 형성될 수 없기 때문이다. 하나의 전부를 구성하는 것의 이러한 불가능성은 통상적으로 가정되는 것처럼 그녀의 무언가가 상징계 바깥의 다른 어떤 곳에 보관되어 있다는 것을 의미하지 않는데, 왜냐하면 이는 오히려 남자아이의 시나리오의 논리이기 때문이다. 그렇다면 우리는 여성적 존재의 전부는 전혀 없다고 결론지어야 한다. 여성적 존재가 증언하는 존재의 전부의 불가능성은 남성성에서는 존재를 어떤 다른 곳, 즉 너머에 설치하는 척하는 금지를 통해 부인되거나 다시 나타난다.

멜로드라마가 모든 것을 말할 수 없는 무능력과 그에 따른 그렇게 하려고 하는 강박을 증언하는 것이라면, 우리는 어떤 무능력이 걸려 있는 것인지를 자문해보아야 한다. 『멜로드라마의 상상력』에서 브룩스는, 멜로드라마에는 더 이상의 것을 향한 어떤 분투, "초월을 향한 분투", 혹은 "현실의 표면을 넘어 감춰진 참된 실재로 나아가려는, 정신의 세계를 열려는 시도"가 있다고 제안한다.[11] 모든 것은 더 이상의 것을 위한 이 분투, 이 추구를 어떻게 생각하는지에 달려 있다. 멜로드라마는 현상태에 대한 분명한 인지와 불만족을 드러내며 어떤 다른 것에 대한, 미완으로 남아 있는 어떤 "당위should be"에 대한 갈망을 드러낸다. 하지만

---

11 | Brooks, *The Melodramatic Imagination*, p. 5. 국역본 30쪽.

일반적으로 말해서, 비록 막연하게 여겨지는 이상일지라도, 세계가 어떤 이상에 부합하지 않는다는 느낌에서 표현되는 불만족과 세계가 어떤 타당한 근거도 결여하고 있다는 느낌에서 표현되는 불만족 사이에는 엄청난 차이가 있다. 첫 번째 경우 세계는 당위의 척박하고 비속한 형태로 나타나며, 두 번째 경우에서 그것은 모조적인inauthentic 것으로 나타난다. 멜로드라마의 세계는 가면들이 가면으로서, 즉 가면들의 얇음을 과시하는 위장으로서 증식하는 세계이다. 그 멜로드라마의 세계를 통해 유통되는 그 수많은 복제들이나 시뮬라크르들은 우리가 획득할 수 없다고 느끼면서도 획득하기 위해 분투하는 어딘가에 잠복해 있는 이상을 가리키는 것이 아니라 오히려 그와 같은 이상은 결코 존재하지 않는다는 불평을 퍼뜨린다. 어디를 보든 간에 사람들은, 그 대신, 아무런 실재적 지탱물도 없는 외관을 발견한다. 이러한 모조성의 감각은 이 장르의 우선적인 특징이며, 이는 거의 모든 다른 특징들을 이해할 수 있게 해준다. 이러한 감각은 멜로드라마를 "여성적" 불평으로 규정하는 그 무엇이다. 이는 우리가 미칠 수 있는 곳 너머에 우리가 획득하는 데 실패한 어떤 이상이 떠돌고 있다는 가정에 기반하고 있는 것이 아니라 세계는 그 어떤 이상적 지탱물에도 기초하고 있지 않다는 확신에 기반하고 있다. 즉각 더글러스 서크의 주장이 생각난다. 멜로드라마 감독으로서의 그의 이력을 정점에 이르게 한 영화 <삶의 모방>을 단지 그 제목 때문에라도 만들었을 것이라는 주장 말이다. 오프닝 크레딧의 인조 장신구에서 시작해서 그 번쩍거리는 색조와 감정적 꾸밈에 이르기까지, 이 영화는 그 모조성을 노골적으로 드러낸다. 서크를 매혹시킨 모조품이나 시뮬라크르들이 그로 하여금 그의 등장인물들을 더 진실한 어떤 것의 중고 판본 혹은 하자가 있는sorry 판본으로 재현하게 만들었다고 가정한다면 요점을 놓치게 될 것이다. 왜냐하면 그렇게 되면 그 영화를 영화가 조롱하는 내러티브적 상투물로 환원하게 될 테니까 말이다. 영화의, 그리고 멜로드라마의 모조성을 규정하는 것은 등장인물 모두가 자신의 성공과 실패를 어떤 다른 사람의 관점에서 판단한다는 점이 아니라 등장인물 중 그 누구도 다른 어떤 사람에 대한 잣대를 제공할 수 없다는 점이다. 멜로드라마의 등장인물은 다른 등장인물과의 갈등을 통해 정의된다는 비판적 지각이 존재한다. 이는 정확하게 참이지는 않다. 등장인물들 간의 갈등은 결코 소모적이지 않다. 의문들의 잔여를 남겨놓지 않고서는 혹은 그것이 관계하고 있다고 하는 내러티브적 길들과는 다른 내러티브적 길들을 열어놓지 않고서는, 갈등은 발생하지 않는다. 등장인물들은 그들의 상호관계로 환원가능하지 않으며, 바로 그 때문에 어떤 연속성seriality이 그 장르를 내부로부터 감염시킨다. 멜로드라마의 "무한히 확장할 수 있는 중간"이나 [[멜로드라마의]] 연속성은 등장인물들의 갈등이 소모적이지 않기 때문에 발생한다. 서크의 <삶의 모방>을 다시 생각해보자. 이 영화에서 흑인 가족(애니와 사라 제인)의 내러티브는, 궁극적으로, 어머니와 딸이 백인 가족(로라와 수지)과 맺고 있는 지원해주고 복종하는 관계 너머로 확장되는 것으로 밝혀진다. 흑인 교회에서 치러지는 애니의 장례식은, 처음부터 내내 애니의 삶의 일부였지만 우리에게는 전적으로 새로운 등장인물, 음악, 사건들을 우리에게 소개한다. 우리는 그녀를 지금까지 로라와 수지의 관점에서 보았기 때문에, 그녀의 이 부분에 대해서는 아무것도 보지 못했다. 그 초점의 변동, 이접disjunction은 우리가 이에 준비되어 있지 않았기 때문에 급진적인 것으로 느껴진다. 우리가 두 가족에 의해 공유된 하나의 디에게시스의 세계라고 여겼던 것이 갑자기 붕괴된다. 여기서 서크의 전략을 "라쇼몽 효과"를 산출하려는 시도로 보지 말아야 한다. 라쇼몽 효과 속에서는 동일한 사건에 대한 상이한 관점의 재현들이 진실과 관련해서

서로 충돌하고 다툰다. <삶의 모방>에서는 지배적인 관점이 공허해지는 것은 그것이 장례식 시퀀스가 함축하는 관점에 직접적으로 도전받기 때문이 아니라 우리가 영화의 주제라고 여겼던 관계들이 별안간 불필요한 관계들로 드러나기 때문이다. 두 가족의 내러티브들을 함께 묶은 것은 단지 우연과 인접성에 불과하며, 그것은 마지막 장면들 이전에 우리가 그럴지도 모른다고 생각했던 것보다 훨씬 더 외적인 방식으로 판명된다. 영화가 끝나기 전에는 우리가 두 가족의 우연한 만남이 좀 더 친밀한 관계를 구축했다고 믿고 있었다. 이제 우리는 그렇지 않다는 것을 볼 수 있다. 로라와 수지 곁에서 살면서도 애니와 사라는 실질적으로 외롭게 살았던 것이다.

혼히 멜로드라마는 수난이 미덕으로 칭송되는 죄 없고 무력한 희생양들에 초점을 맞춘다는 점이 주목된다. 이를 위해 제시되는 주장은 레슬링에 대한 롤랑 바르트의 주장과 유사하다. 공통으로 유지되는 객관적인 선의 기준들이 사라진 세계에서, 정의는 그것이 매우 위력적이어서 언제나 끝내는 승리한다는 사실을 명확히 해서가 아니라 오히려 수난의 제스처를 증폭하여 부각된다.[12] 이러한 방식으로 도덕법은 대립된 추론에 의해, 즉 위반과 위반자를 가능한 한 알기 쉽게 만듦으로써 설치된다. 이 장르는 그것이 제시하는 세계를 모조적인 것으로서 선고한다는 나의 확신과 일관되게 나는 멜로드라마가 법을 설치하기 위한 필요성을 증언하기 위해서가 아니라 오히려 기존의 법과 기준들을 근거가 없는 것으로 기소하기 위해서 죄 없는 인물들을 강조하는 것이라고 주장한다. 그리하여, 죄 없는 자들의 실재적이지만 정의하기 어려운,

---

12 | Roland Barthes, "The World of Wrestling", in *Mythologies* (New York: Hill and Wang, 1972). 이화여자대학교 기호학연구소 옮김, "프로레슬링을 하는 세계", 『현대의 신화』, 동문선, 1997을 보라.

혹은 인지되지 않는 미덕들에 대한 인정이 요구되고 있기는 하지만, 이 장르는 주로 그 욕망된 인정을 제공할 수도 있는 어떤 공중 혹은 어떤 권위에 대해서도 불평을 늘어놓는 방법을 찾는 일에 가장 열중하는 것으로 보인다. 이것이 내가 주장하는 바, 뒤늦은 공중의 인정을 강조하는 장르의 효과이다. 상에 대한 추구는 마침내 상을 타게 되는 순간 그 상의 무효함에 대한 고통스러운 증명에 의해 손상된다. 인정은 종종 너무 늦게 도착하며, 하지만 그렇지 않을 때조차도 그것의 도착은 판단 기준이 잘 세워져 있음에 대한 입증으로서 간주되기보다는 우연의 일치로 취급된다.

<스텔라 달라스>에서의 다양한 관객성

멜로드라마를 정의하는 문제들 가운데 하나는 그것의 얄팍한 잡식성 pervasiveness 때문에 발생한다. 특히 미국 문화에서 그러하다. 그리피스의 초기 영화들에서 텔레비전 연속극에 이르기까지, 멜로드라마는 현대적 (특히 미국적) 상상력의 지배적 양태인 것처럼 보인다. 따라서 어떤 사례들을 위해 그럴듯하게 제시되는 설명이 다른 사례들을 위해서는 적용되지 않는 것처럼 보인다. 예를 들어, 라파엘전파의 특징을 이루는 처녀들과 그들을 이용하려 하는 극악한 난봉꾼들이라는, 장르의 초기 사례에서 아주 흔한 특징인 엄격한 도덕적 양극화는 후기의 좀 더 사실주의적인 멜로드라마에서는 사라진다. 후기의 영화들에서 수난은 여전히 노골적으로 노출되지만, 그 밖의 무엇이 그 영화들을 그 장르의 전례들과 연결하는지는 직접적으로 명백하지 않다. 이러한 정의상의 관심사들에 답하기 위해서 나는 나의 관심을 이 장르의 역사적 등장에 관한 일반적 고려들에서 어떤 특별한 영화로 돌릴 것이다. 이 영화는 그 마지막 장면이 이 장르의 근본 특성과 관련하여 불붙인 열띤 논쟁들 때문에 우선적으로 선택된 것이다. 우리는 단지 이 최루성 영화 <스텔라 달라스>의 감정적 폭발이 디드로에게서 풀려났을 수도 있다고 상상만 할 수 있을 뿐이다.

이 영화를 아직 보지 않은 사람들을 위해 줄거리를 요약해보자. 열정적이고 야망이 있는 노동계급 여자 스텔라는 약간 따분한 상류 계급 스티븐 달라스와 결혼을 한다. 곧이어 그들은 아이, 즉 딸을 갖는다. 스텔라는 그녀의 모든 관심을 딸에게 바치기 시작하며, 스티븐에 대한 관심은 점점 줄어간다. 이 커플은 서로에게 소원해지고 따로 살기 시작한다. 마침내 스티븐은 기질 상으로도 사회적으로도 그와 좀 더 어울리는 예전의 약혼녀와 다시 만난다. 스텔라는 딸이 아버지와 그가 결혼할 계획인 여자와 함께 생활하면 더 유복해질 것이라고 생각한다. 그녀는 모성애 외에 다른 관심을 추구하기로 결정한 척하면서 딸의 생애에서 사라진다. 딸의 결혼식 날인 마지막 장면에서 스텔라는 식이 열리고 있는 아파트 바깥의 거리에 나타나며, 안에 있는 누구에 의해서도 목격되지 않은 채로 결혼 서약이 선언되는 동안 창문을 통해 응시한다.

이 영화에 대한 분석들 대부분이 매달리고 있는 물음은 이것이다: 스텔라가 결혼식 장면에서 돌아서서 카메라를 향해 걸어올 때 그녀의 얼굴에 나타난 열광적인 표정과 명랑한 걸음걸이를 어떻게 설명할 것인가? 두 가지 상당히 상이한 설명이 논쟁의 극단적 양극을 표시한다. 그중 하나에 따르면, 그녀의 얼굴을 빛나게 하고 그녀의 발걸음을 가볍게 하는 것은 수동적인 구경꾼의 쾌락이다. 그녀는 창문을 통해 그녀가 보는 행복한 이미지로부터 반사된 기쁨으로 가득 차 있다. 그렇지만 이러한 기쁨의 감정에는 대가가 따른다. 즉 스텔라는 그런 감정을 얻기 위해서 자신을 텅 빈 스크린으로 만들어야 했다. 그녀는, 자기희생을 통해서 — 즉 딸의 인생에서 사라짐을 통해 딸을 내어줌으로써 — 자신을 이름 없이 추방된 자로 만들었다.[13] 두 번째 해석은 이러한 희생에 초점을 맞추는 것이 아니라 의기양양한 쾌락의 표정이 창문에서 돌아선 얼굴을 장식하고 있다는 사실에 초점을 맞춘다. 이 해석에 따르면 이러한 표정은 세계로부터의 환희에 찬 분리를 가리킨다. 그녀는 마침내 세계에 대한 그녀의 구경꾼으로서의 애착에 대해서조차도 안녕을 고했다.[14]

이 두 독해는, 겉보기에 불화하고 있지만, 어떤 지점들에서 통합된다. 둘 모두는 스텔라를 창문을 통해 보이는 결혼식 세계에 외부적인 것으로 본다. 그녀의 외부성이, 사회가 그녀를 속여 받아들이게 만드는 배제로 읽히든 아니면 그녀가 자유롭게 선택하는 분리로서 읽히든 말이다. 다시 말해서, 그녀가 거리를 두고 간접적으로 세계를 경험하기 위해서 그녀의 딸과 그녀 자신의 쾌락을 포기한 것으로 평가되든 아니면 그 어떤 것도 포기하지 않기 위해서 세계와 완전히 등 돌리고 떠나든, 스텔라와 세계는 상호 배제적인 것으로 제시된다. 나 자신의 관점은 양쪽의 주장에 의문을 제기하는 것이다. 그 대신에 나는 마지막 장면은 스텔라가 결국 그녀 자신을 포함시킨 세계를 우리에게 제시한다고 주장할 것이다.

---

13 | 특히 린다 윌리엄스의 훌륭한 논문 "Something Else Besides a Mother: *Stella Dallas* and Maternal Melodrama", in Christine Gladhill, ed., *Home Is Where the Heart Is* (London: BFI, 1987)을 떠올린다.

14 | 이러한 주장에 관해서는 윌리엄 로트먼의 통찰력 있는 논문 "Pathos and Transfiguration in Face of Camera: A Reading of *Stella Dallas*", in *The "I" of the Camera* (Cambridge, MA: Harvard University Press, 1988)을 보라.

관객으로서의 스텔라의 위치에 대해서 좀 더 시간을 들여 초점을 맞추어보자. 대부분의 비평가들은 마지막 장면과 이전의 한 장면의 평행성에 주목했다. 이 장면에서 스텔라는 미래의 남편 스티븐과의 영화 데이트에서 스크린에 사랑 장면이 펼쳐질 때 넋을 잃고 바라본다. 이 두 장면의 등치는 비평가들로 하여금 스텔라의 쾌락을 그녀 자신이 낭만적 사랑에 열중하고 있다는 사실이 아니라 그녀가 그것을 바라보고 있다는 사실과 연관시키도록 만들었다. 이러한 사실 때문에 그 장면은 스텔라가 딸의 결혼식 장면을 수동적으로 쳐다보면서 단지 대리적으로 즐기고 있는 마지막 장면의 서막이 되었을 것이다. 하지만 그녀의 관객성은 필연적으로 수동적인가? 라캉이 도라에 대해서 말하듯이 스텔라에 대해서 그녀는 "장면들의 배후에 그녀의 연애가 아님에도 정념이 통할 수 있는 모든 것을 유지시키는… 자기 자신을 모든 감상적 드라마들과 동일시하는 [[어떤]] 정념"[15]을 가지고 있다고 말하는 것이 좀 더 정확하지 않은가? 여기서 다시금 스텔라가 그 장면에서 취하는 쾌락은 그녀의 장면 내부가 아닌 외부의 위치와 연결된다. 그렇지만 차이는, 그녀가 이제 이미지를 통제하면서 장면 배후에서 줄을 조종하고 있는 것으로 인지된다는 점이다.

스텔라의 정념은, 정신분석적 용어로, 히스테리적이다. 히스테리증자에게는 아버지가 "수완이 없는 남자", 즉 그가 자신의 기능의 수준으로 오르기에 무능하거나 무기력한 남자라는 사실이 결코 감춰지지 않는다. 그녀의 끊임없는 불평, 격렬한 거절, 거침없는 이의제기가 증언하는 바와 같이, 그녀는 그러한 사실을 절실하게 자각한다. 그녀는 그녀의 세계 속에 만연한 기만에 경보를 발한다. 하지만 그녀는 단지 불평하는

---

15 | Jacques Lacan, *Seminaire VIII: Le transfert* (Paris: Seuil, 1991), p. 289.

것으로 만족하지 않는다. 그녀는 아름다운 영혼 같아서 그녀는 자신의 불만족을 확보하는 적극적이고 기발한 역할을 맡는다. 만일 그녀가 세계를 샅샅이 뒤져도 자신의 기대에 필적하는 남자를 찾을 수 없다면, 아마도 그녀는 한 사람을 만들어낼 것이다. 라캉은 히스테리증자는 "남자를 만든다"고 말한다. 자신의 아버지가 K부인과 불능의 관계라는 사실을 아는 도라는 아버지가 최소한 성적능력은 있는 것처럼 보이게 할 정도로 빈틈없이 처리한다. 하지만 이처럼 작은 만족의 연극을 무대에 올리기 위해서 그녀는 스스로 완전히 엉망인 상태와 함께 불만족스럽고 역겨운 상태를 유지해야 하였다. 따라서 그녀는 모든 사람들이 그녀를 끌어들이기 원하는 당면한 지저분한 사각관계에서뿐만 아니라 그녀가 살아가기에 부적합하다고 판단을 내리는 전적으로 한심한 부르주아 환경에서도 발을 뺀다. 히스테리증자는 스스로 자신의 세계와 거리를 두면서 자신의 고독을 성애화한다. 다른 곳의 성애적 결합을 조종하는 사람 노릇을 하면서 말이다. 내 주장은 이렇다. 멜로드라마의 그토록 소중한 감춰지거나 오인된 미덕에 대한 최선의 접근법은 그것을 등장인물들이 통제할 수 없는 힘들의 수동적인 피해자에 관한 것이 아니라 오히려 그곳에서는 사회적 공간 안에 포함되는 것을 회피하는 존재가 될 수 있는 환상을 유지할 수 있도록 고안된 적극적인 조작에 관한 것으로 보는 것이다. 나는 스텔라를 전체 멜로드라마 속의 이러한 조작의 구조를 형상화한 인물로 간주한다. 그녀의 모사를 꾸미는 시선을 포착하는 레귤러 카메라 숏은 그녀의 영리함을 강조한다. 실로 <스텔라 달라스>의 내러티브는 이러한 측면에서 재고할 필요가 있다. 설명해보자. 영화의 초반부에서 우리에게 제시되는 것은 신문을 읽고 있는 스텔라의 이미지이다. 이 신문은 스티븐의 아버지의 자살 이후 스티븐과 그의 약혼녀 헬렌의 파혼을 보도하고 있다. 파경에 이른 커플의 이미지들은 열렬한 관심을 보이는 스텔라라는 관객의 어깨 너머로 우리에게 제시된다. 이 숏에 대한 표면적인 읽기는 이를 꾀 많은 스텔라가 상층 계급 남자의 품에서 미래를 보장받음으로써 그녀의 노동 계급적 실존에서 탈출하기 위해서 스티븐을 낚아채는 계략을 세우는 순간으로 간주하는 것이다. 그러나 숏의 프레이밍과 스티븐의 이미지뿐만 아니라 헬렌의 이미지 또한 신문 속의 사진으로 나타난다는 사실은 우리가 이 장면을 스텔라가 낭만적인 커플들을 응시하고 있는 것으로 제시되는 다른 두 장면과 나란히 위치시킬 것을 요구한다. 신문이 감상적인 스텔라에게 전달한 것은 어떤 정보일까? 그것은 역시 신문 속의 사진으로 제시되는 몰락한 아버지와 그의 아들에 관한 이야기이다. 아버지는 자살하는 것 외에 다른 선택이 없었다고 생각하였으며, 아들은 너무 낙담하여 그가 사랑하는 여자와의 관계를 지속시킬 수 없었다. 요약하면, 신문은 그녀의 사회적 현실은 하층계급뿐만 아니라 상층계급까지도 나약해지고 실망한 사람들을 상당수 포함한다는 추가적인 정보를 제공한다. 그러므로 우리가 스텔라의 반응을 표면적인 읽기가 허용하는 것보다 훨씬 더 복잡한 계략의 일부로 읽는 것을 방해하는 것은 아무것도 없다. 사실상 내러티브의 전체적인 진행이 우리의 의혹을 조장한다. 처음부터 나는 스텔라의 행동이 궁극적으로 겨냥하는 것은 그녀가 스티븐과 결합하는 것이 아니라 그와 헬렌과의 관계를 회복시키는 것, 다시 말해서 스텔라가 배제될 커플을 형성하는 것이라고 주장하고 있다.

그렇지 않으면 이해할 수 없는 세부사항들을 이해할 수 있는 길은 오로지 이러한 구조를 인정하는 것뿐이다. 예를 들어 우리는 스텔라와 스티븐의 결혼이 거의 아무것도 아니라는 사실을 안다. 거의 최초로 가능한 영화의 순간에, 즉 그들의 딸이 출생한 직후에 스텔라는 스티븐에게서 돌아서서 자신의 딸을 껴안는다. 만일 스텔라가 비평가들이 그렇다고 생각했듯이 단지 재미를 추구하고 모험을 즐기려는 마음이었다면, 이 장면은 오로지 끔찍한 계산착오라는 것을 알 수 있었을 것이다. 그녀 자신이 나중에 다양한 방식으로 이렇게 말하는 것처럼 말이다. "이제는 좋은 때에도 아무런 즐거움을 느끼지 못해. 언제나 나는 밖에 있어, 그녀를 생각하고 있으면서도… 그리고 바로 그녀에게 돌아가기를 원하면서도 말이야." 혹은 "나는 롤리에게 내가 가진 모든 감정을 소진하고 있어, 다른 누구를 위해서는 아무것도 남겨두지 않았어." 로렐을 향해서 돌아설 때 스텔라는 삶이 아니라 고립을 껴안기 위해 돌아선다. 그녀는 세계로부터 자기 충족의 환상 속으로 물러난다.

어머니와 딸이 생일파티의 손님들이 도착하기를 기다리는 동안 초대를 거절하는 소식이 하나씩 답지할 때, 그들의 세계가 축소되고 있음을 고통스럽게 느끼게 된다. 그것은 마치 우리가 모든 외부가 점진적으로 사라지는 것을 목격하고 있었던 것과 같으며, 그동안에 두 여자는 자신들의 고독에 빠진다. 우리는 이러한 상황이 스텔라가 초래한 것이라기보다는 견디고 있는 조건이라는 사실에 반대할지도 모른다. 하지만 영화는 반대의 증거를 제공한다. 로렐의 선생님이 스텔라에게 그녀의 딸이 보스턴으로 여행가는 것을 허락해 달라고 요청한 직후 기차 탑승이 약속되며 이는 예의 바른 거절들이 밀물처럼 몰려오는 것을 촉진한다. 그녀가 자신의 딸을 상실할 수도 있다는 위협을 받는 순간 스텔라는 평소답지 않게 그녀가 집 밖에서의 진귀한 쾌락의 순간을 즐기도록 놓아둔다. 기차에서 그녀와 그녀의 신분이 낮은 친구 에드 문은 동료 승객들에게 가려움을 유발하는 분말을 바르는 악의 없는 소소한 장난에 몰두한다. 이는 승객들의 매우 따가운 눈총을 유발한다. 무엇보다 그들 중에는 로렐을 보스턴으로 데려갈 것을 제안한 선생이 있다.

두 개의 논점을 언급해야 한다. 먼저 그녀의 철도여행 중의 괴상한 행동은 딸의 상실에 대한 위협에서 그녀를 보호하는 결과로 귀결된다. 둘째, 스텔라가 유발한 따가운 눈총은 못 본 것으로 간주된다. 영화의 관객은 우선적으로 이러한 괴상한 행동의 악의 없음을 공유하게 되기 때문에 관객들이 그 행동을 당연히 저속한 성애적 과시로 오해하는 것은 현저히 약화된다. 스텔라가 에드에게 느끼는 감정의 순수한 본성은 이 장면에서 명백해진다. 우리는 이러한 장난스러운 행동이 승객들에게 어떻게 보일지를 알고 있으며 따라서 그들이 틀렸다는 것을 안다. 다시 말해서 영화는 오만한 상층 계급의 맹렬한 비난을 억누르고 있으며 그 것을 제공하지 않는다. 이는 다른 비평가들이 일종의 특권적인 관점이 라고 잘못 주장했던 바와 같다. 관객으로서 우리의 입장은 히스테리의 입장을 공유하면서, 스텔라에게 거주할 공간을 제공하지 못하는 사회적 환경과 거리를 두고 그것을 비판하는 것이다.

이것이 멜로드라마에 관한 좀 더 일반적인 논의로 돌아갈 수 있는 타당한 논점이며 나의 제안은 멜로드라마의 초기 형식과 후기 형식 사 이의 관계를 자세히 설명해보자는 것이다. 첫째, 근대의 윤리적 문제틀 과 멜로드라마와의 공인된 관계를 재고하는 것이 필요하다. 근대의 윤 리적 문제틀 안에서 선의 객관적인 기준은 더 이상 적용되지 않는다. 내가 주장한 바와 같이 여자 아이의 거세는 아버지의 개입 없이 발생하 기 때문에, 여자가 진입하는 도덕적 세계는 그녀에게 금이 간 것으로 나타난다. 남자에게 나타나는 것과는 다른 방식이다. 그녀에게 균열fault 은 한계의 부재 속에, 따라서 너머에 자리 잡으며, 그러한 부재는 세계에 서 세계의 근거 혹은 존재의 버팀목을 강탈한다. 만일 그녀가 이 세계에 대한 회의적인 태도를 취할 수밖에 없다면, 이는 그녀에게 세계가 깊이 없는 것, 단지 외양에 불과한 것으로 나타나기 때문이다. 도덕적 명령은 여자가 이와 같은 세계의 근거 없음에 반응할 것을 요구한다. 그래서 멜로드라마는 그 나름으로 우리에게 세계의 기만성과 모조성을 폭로할 뿐만 아니라 그것에 대한 특수한 종류의 반응을 제시하기도 한다. 멜로드라마는 실패의 원인이 되는 것처럼 보이는 것을 벌충함으로써 그것이 감지하는 특수한 실패를 교정하려 한다. 요약한다면, 멜로드라마는 아무런 한계도 부재하는 상황에 상상적인 한계를 부과함으로써 그러한 한계의 부재에 대응한다.[16] 내가 주장하는 바는 이러한 반응이 여성 그 자체의 특징이라는 것이 아니라 특수한 종류의 여성, 즉 히스테리증자와 멜로드라마의 특징일 뿐이라는 것이다.

히스테리는 상상적인 수단을 통해서 그것이 세계 속에서 발견하는 모조성의 "치료"를 시도한다. 프로이트의 금언 "히스테리는 응결시킨다"는 좀 더 핵심을 찌르는 방식으로 히스테리증자는 우리가 철학적 상상력과 연결시키는 일종의 종합하기나 도식화하기의 경향이 있다고 말하는 것이다.[17] 바로 팔루스적 주이상스의 진정한 결함, 장애물 앞에서 비틀거리며 기세가 꺾이며, 끝없이 길을 잃는 정념의 불충분에 맞서서, 히스테리증자는 상상적 해결책을 구성함으로써, 다시 말해서 쉽게 이해되며 상상력이 풍부한 사건들의 발작적인 돌출을 통해 한계를 부과함으로써 세계의 고삐를 쥔다. 인물들에 대한 고정된 묘사와 의도적이며 전형적인 대립, 희한하게도 이전에는 알려지지 않은 혈연관계가 발견되어 이질적인 요소들로 이루어진 사건들을 갑작스러운 클라이맥스

---

16 | Catherine Millot, "Paradoxes du surmoir", in *Nobodaddy: L'hystérie dans le siècle* (Paris: Point hors ligne, 1988)을 보라. 이 책은 전반적으로 히스테리증자의 한계의 문제에 대한 관계를 명쾌하게 진술하고 있다.

17 | Freud, "Psychoanalytic Notes upon an Autobiographical Case of Paranoia", SE, 12: 49, 김명희 옮김, 「편집증 환자 슈레버: 자서전적 기록에 의한 정신분석」, 『늑대인간』(열린책들)을 보라.

의 중단으로 이끌어 가는 혈육의 정voix du sang이라는 줄거리 비틀기, 이 모든 초기 멜로드라마의 잘 알려진 요소들은 자신을 순수한 연속으로 제시하여 다른 식으로는 파악되지 않으려 하는 세계에 폭력적으로 상상적인 경계를 부과하는 데서 유래하는 것이다. 이것이 내가 주장하는 바이다. 상상적인 것은 정념적인 세계를 탄생시킨다. 하지만 그것은 시간을 공간화하는 것, 즉 시간을 단단한 구조물 속에 동결시키는 것을 통해서 그렇게 한다. 라파엘로의 성모상 앞에서 두 시간 동안 서있던 도라와 같이 히스테리증자는 그녀를 통하여 시간의 끈질기고 활기 없는 진전을 저지하는 상상을 제시하려 한다.

우리가 초기의 멜로드라마에서 보는 것은 상상적인 것에 의해 부과된 한계들의 효과이다. 그것은 시간의 공간화이다. 이러한 효과들은 후기의 좀 더 사실주의적인 멜로드라마에서는 거의 사라졌으며 그러한 효과들이 성취되는 방식에 대한 내러티브적인 설명으로 대체된다. 한계들은 부과되어, 세계는 이해할 수 있는 것으로 파악된다. 이는 오로지 히스테리증자가 그녀의 인격person과 더불어 이러한 이해를 획득하기 때문이다. 다시 말해서 히스테리증자가 이와 같이 구성하는 세계의 조건은 그녀는 결코 발을 들여놓지 않는다는 것이다. 내가 앞에서 스텔라에 관해 말하면서 지적했던 것처럼, 히스테리증자는 그녀 자신을 그녀가 탄생시키는 세계의 한계로 만든다. 그리고 그녀는 바로 세계로부터 물러나는 것을 통해서 그렇게 한다. 우리가 후기 멜로드라마에서 발견하는 것은 "물러남의 내러티브"이며, 여기에서 여주인공이나 남자 주인공은 일관된 사회 질서를 탄생시키기 위해서, 즉 내러티브를 해결하고 명확하게 하기 위해서 그녀 자신을 그녀의 환경으로부터 제거한다. <스텔라 달라스>는 지금까지 내가 기술한 바와 같이, 스텔라가 세계와의 결합을 거부하는 내러티브로서 이러한 범주에 딱 들어맞는다.

그러나 이러한 상상적 해결책의 시도는 멜로드라마에 친숙한 누구나 알고 있듯이, 그리고 멜로드라마란 그런 것이라고 여겨지듯이 조잡한 구조들을 낳는다. 초기 형태들의 도식화는 경직되어 있어서 거의 신뢰할 수 없으며 후기 형태들에 공통적인 자기희생이라는 내러티브는 그것들이 묘사하는 사회적 세계의 심각한 약점들의 목록들을 만들어낸다. 오인된 무죄, 보상받지 못한 미덕, 무덤까지 가져간 비밀들에 대한 멜로드라마의 이야기는 모종의 것이 그렇게 하기에는 너무나 취약한 세계 속에 지속적으로 기록되지 않거나 가시화되지 않는다는 사실을 반복해서 들려준다. 히스테리증자는 그녀 자신의 몸의 이미지를 포함해서 그녀의 낭만적이며 상상력이 풍부한 시나리오들과 그녀의 다양한 환상 이미지를 구성하고 과시하면서, 그것들의 연극적이며 비현실적인 성격, 즉 이러한 과잉된 가시성의 배후에 그녀가 비가시적으로 남아 있다는 사실도 과시한다. 스텔라의 "과잉된 가시성"은 이러한 견지에서 이해되어야 한다. 그녀가 치장하는 방법을 알고 있는가 그렇지 않은가는 <스텔라 달라스>의 논점이 아니다. 영화는 이러한 질문에 모순적인 증거를 제공한다. 논점은 오히려 그녀가 언제나 대타자를 속이기 위해서 자신의 몸의 이미지를 치장하거나 구성한다는 것이다. 다른 누구라도 그늘막을 두르지 않고는 나다니기 힘든 더운 날씨에, 너무 많은 주름 장식뿐만 아니라 모피스톨로도 치장한 채, 스텔라는 그녀가 딸과 함께 머물고 있는 컨트리클럽의 잘 손질된 잔디밭을 가로질러 느릿느릿 걸으면서, 상투적인 읽기가 주장했을 것처럼 그녀의 진실하고 속 편하며 엉뚱한 존재를 노출하는 것이 아니라 오히려 계산적으로 그녀의 존재를 숨기며 이러한 터무니없는 전시의 배후에서 그것의 신비를 보호한다.

하지만 <스텔라 달라스>가 내가 제안하는 멜로드라마의 정의에 따르는 방식들의 개요를 그린 지금, 나는 생각을 바꾸어 그렇지 않다고 말하고 싶다. 즉 <스텔라 달라스>는 결국에는 히스테리증자가 실패를 기념하면서 실패하는 장소에서 스텔라의 성공을 보여준다는 점에서 전형적인 멜로드라마가 아니다. 내가 말한 바와 같이 멜로드라마의 여주인공은 전형적으로 그녀 자신을 사회로부터 유배시킨다. 멜로드라마의 여주인공은 말 그대로의 의미이든 은유적이든 비와 추위 속에서 홀로 서면서 그녀 자신의 몸을 모든 사회의 실패에 대한 침묵의 증거로 제시할 것을 고집한다. 최초의 멜로드라마들로부터 <메디슨 카운티의 다리>에 이르기까지, 사회의 옥죄는 손아귀에 저항하면서 자신을 사회의 기만에 대한 바로 그 증거로 제시하는 것은 통상 여성의 몸이다. <메디슨 카운티의 다리>에서 프란체스카 존슨의 임종 시 소망은 그녀의 몸을 매장하여 가족과 사회의 애도 의식에 제공하는 것이 아니라 그 대신에 재가루가 되어 죽음을 넘어 잃어버린 바로 그 이상, 즉 잃어버린 사랑의 도상을 추구할 수 있게 되는 것이다. 히스테리증자/멜로드라마의 여주인공은 세계가 그녀에게 제공하는 불확실성, 모호성 그리고 실망과 대면하면서 사회로부터 물러났기 때문에 사회적 침해와 제약에 의해 변색되지 않는 몸의 확실성, 혹은 도라의 표현대로 "사랑스러운" 것과 "백색의" 것으로서 몸의 확실성을 선택한다. 이와 같이 그녀의 허용되지 않은 향유의 희생을 공격적으로 거절하기 때문에 그녀는 모든 것, 즉 사회 안에서 그녀가 요구하는 모든 것을 희생한다. 이는 결국 그녀가 사회로부터 아무것도 얻지 못하며 그녀를 설명하기 혹은 그녀를 시나리오 안에 써넣기를 지속적으로 실패한다는 그녀의 불평을 정당화한다.

이러한 설명이 <스텔라 달라스>의 마지막 시퀀스에 들어맞지 않게 되는 몇 가지 이유가 있다. 스텔라가 커플들을 응시하는 마지막과 그 이전 장면들 사이의 비교는 실패한다. 왜냐하면 마지막 장면에서 우리는 스텔라의 세계로부터의 철수가 아니라 세계 속에 있는 그녀의 현존을 보게 되기 때문이다. 마지막에서 영화는 스텔라 역시 한 장소를 소유할 수도 있는 하나의 세계의 재현 불가능성을 재현하기를 중지한다. 영화는 스티븐이 집에 도착했을 때 우연히 에드 문이 거기에 있다든가, 로렐의 선생님이 스텔라의 이상한 행동을 증언할 기회를 얻는다든가 하는 등등의 우발적 사건들의 재현을 중지한다. 우발적 사건들은 히스테리증자가 자신의 믿음의 결여를 균형 잡는 버팀목으로 기능한다. 그러므로 지금만큼은 로렐의 결혼과 같은 정념의 마지막 장면을 보기보다는 우리 관객은 스텔라가 언제나 그녀 자신과 그녀가 바라보는 세계 사이에 세운 신경증자의 장벽을 가로질러서 반대쪽으로부터 그녀 앞의 장면에 진입한다. 헬렌은 커튼을 열어두라고 명령하여 스텔라가 접근하여 결혼식을 볼 수 있게 한다. 헬렌은 구경꾼이 안을 들여다볼 것이라는 사실을 알고 있다. 스텔라가 그 구경꾼이다. 그러므로 우리는 결국 그녀 앞에 자리를 잡고 그녀의 관점에서 "마치 결코 커튼이 올라가지 않을 것처럼" 펼쳐지는 결혼식을 주시한다. 다시 말해서 장면은 스텔라의 현존을 모르는 체하지만 우리는 그녀가 사실 그 장면 안에서 가시적이며 그녀는 마침내 스스로 그녀가 그것으로부터 오랫동안 그녀 자신을 소외시켜 왔던 세계 속의 하나의 스펙터클이 되었다는 사실을 안다. 다른 식으로 말하자면 스텔라는 그녀 자신을 히스테리의 위치에 세우기를 중지한다.

세계의 근거 없음에 대한 히스테리증자의 반응이 이해할 수 있는 해결책이라 하더라도, 그것은 최선의 것이 아니다. 이러한 근거 없음을 폭로한다 할지라도, 폭로하기는 근거 없음을 그 자체로 중요하게 만든다. 왜냐하면 폭로하기는 오로지 결함이 있는 사회로부터 우리가 기대할 수 있는 것과 관련된 회의주의나 우리가 그러한 세계로부터 탈출할 수 있는 가능성에 관한 소박한 주의주의를 초래하며 때로는 그 둘을 한꺼번에 초래하기 때문이다. 따라서 회의주의의 맹렬한 적 칸트는 히스테리증자를 가르칠 무언가를 가지고 있다. 그는 어떤 특수한 행위가 자유롭거나 윤리적인지를 규정하는 것은 불가능하다고 주장하면서도, 우리가 자유롭다는 것을 확신하면서 우리의 도덕적 본성에 관한 긍정적인 증거를 찾으려 하였다. 숭고에 관한 그의 이론에서 칸트는 어떤 이성의 이념들은 우리가 난국을 타개하여 자유롭게 사유하고 행동하게 해준다고 제안하였다. 역학적 숭고 속에서 승리를 거둔 이념은 능력의 이념 혹은 절대적 힘의 이념이며, 이는 바위투성이의 현애懸崖, 뇌우, 화산, 무한한 대양 그리고 모든 자연의 가장 무시무시한 힘을 그것과 비교할 때 작고 연약한 무의미 속으로 가라앉게 만든다. 수학적 숭고 속에서 이념은 막대한 규모, 혹은 절대적인 전체, 척도를 초월하는 척도의 이념이며 모든 상상할 수 있는 거대함을 초과하고 거대함 자체에 그것의 크기를 제공하는 장대함이다. 이러한 이성의 이념들은 세계 속에 나타나지만, 오로지 긍정적인 숭고의 느낌 속에서만, "그 안에 생명이 있는 모든 장소의 몸을 번개처럼 스치는⋯ 전율" 속에서만 나타난다.[18]

스텔라의 얼굴에 나타나는 승리감에 넘치는 표정과 그녀의 경쾌한 발걸음을 이러한 정신의 숭고한 관능성의 증거로 읽는 것은 구미가 당긴다. 문제는 정신분석이 우리의 자유롭게 행위하고 사유하는 능력에 관한 증거가 주이상스의 경험, 신체의 쾌락의 경험 속에서 발견된다는 칸트의 확신과 일치하면서도, 또한 주이상스는 다양한 형태로 온다고도 가르친다는 것이다. 그러므로 우리는 즉각적으로 우리의 윤리적 본성의

---

18 | 이 구절은 사실 칸트의 *Anthropology from a Pragmatic Point of View* (The Hague: Nilhoff, 1974)에서 나온다. Jacob Rogozinski는 "The Gift of the World", in *Often Sublime: Presence in Question* (Buffalo: State University of New York, 1933) 153에서 이를 인용한다.

증거가 되는 주이상스를 희생의 행위에 의해 감추어지며 윤리적이지 않은 주이상스와 구별할 수 없다. 이성의 숭고한 이념이 주체가 자신을 깔보고 열등하며 충분히 강하고 위대하지 않다고 생각할 수 있는 단계로부터 우월한 힘 혹은 우월한 척도를 설정하는 한에서, 그것들은 우리에게 윤리적 행동의 경향을 갖게 하는 주이상스와 결부될 수 없다. 오히려 이러한 이념들은 주체를 그녀가 완전히 부합하지 못해서 부합하려는 시도 속에서 어쩔 수 없이 그녀의 노력의 결과나 쾌락을 희생하는 척도의 노예로 만든다.

여성의 비전체와 또 다른 향유, 즉 비남근적 향유라는 라캉의 개념이 개입하는 것은 바로 이 지점이다. 만일 칸트의 절대적 전체 혹은 전체에서 오는 절대적 척도로부터 추출한 것이 아니라면, 이 비전체 혹은 우리가 지금 말할 수 있는바 이 절대적인 비전체는 무엇이란 말인가? 말하자면 절대적인 비전체는 전체로부터 예외적인 거대함, 혹은 다른 것들이 그것에 의거하여 측정되는 측정할 수 없는 척도를 제거함으로써 형성된다. 라캉의 경구에서 여성의 존재는 "하나가 아니라" 다수인 것은 바로 이러한 이유 때문이다. 숭고의 논리에서 주체는 자기를 능가하는 다양한 주체의 출현을 추적함으로써 그것들을 하나의 존재의 출현으로 만들어내는 예외적인 힘 혹은 척도와의 관계 속에서 자신의 결여를 발견하여 자신을 능가하거나 초과한다. 이에 반하여 여성 존재는 반대로 스스로 그와 같은 어떤 척도와도 관계 맺지 않은 채 자신을 초월한다. 그러므로 여성 존재의 다양한 출현은 그것들의 근거로 역할 하는 단일 존재의 출현이 아니다.

이와 같은 여성의 비전체라는 개념을 제안하면서 라캉은 여성들에게는 초자아가 부재하다는 프로이트의 무수한 선언을 존재론적 지위로 격상시킨 것으로 보인다. 초자아적 구조의 결여는 여성 존재를 이해하는 열쇠가 된다. 이는 물론 윤리와 초자아 사이의 관계에 대한 기대를 뒤집으면서 이러한 존재의 근거 혹은 존재의 일자의 결여가 모든 여성들의 행위가 윤리적일 것이라는 사실을 보증한다는 말이 아니다. 개별 여성들은 존재의 근거 혹은 존재의 일자의 결여에 다양한 방식으로 응답한다. 우리가 이미 본 바와 같이 "숭고한" 히스테리증자는 그녀가 자기 자신, 즉 그녀 자신의 존재 안에서가 아니라 세계 속에서 관찰하는 "모조성"에 관해서 불평하는 방식으로 반응한다. 따라서 그녀는 초자아의 영향에 빠진 자들이 묻히는 자기 고발로 충만하지 않고 말하자면 반대로 세계의 초자아가 된다. 그녀의 사회로부터의 자기 유배는 그녀가 바라보는 모든 것의 열등함을 선언하면서 정당화된다고 여겨지는 고상한 도덕적 경멸로의 철수이다. 사회가 제공하는 쾌락들을 방기하는 그러한 물러남은 도저히 자유롭고 윤리적인 행동과 혼동될 수 없다. 왜냐하면 히스테리증자는 이성의 이념이 아니라면 이성의 이념이라는 이념에 노예 상태로 남아 있기 때문이다. 그녀는 여전히 주인을 원하면서 주인을 찾을 것이라는 희망을 계속 유지하면서 계속 불평한다. 그녀가 희망하는 주인은 그녀가 지배할 수 있는 주인이다. 이는 그녀가 남자의 심판자나 척도가 될 것이며, 그녀가 주인을 참칭하는 어떤 자라도 그녀의 평가기준을 충족시키는지의 여부를 결정하게 될 것이라는 말이다. 물론 그녀의 심판은 언제나 "아니"이다.

기쁨에 넘치는 스텔라는 더 이상 히스테리증자의 위치에 있지 않으며, 더 이상 자신을 세계에 대한 외부 관찰자의 자리에 앉히지 않는다. 만일 그녀가 마지막까지 그러한 외부적 위치에 만족하고 있었다면, 우리는 영화의 마지막 이미지가 우리가 본 것이 아니라 그녀가 창문을 응시하고 있는 이미지였을 것이라고 확신할 수 있다. 오직 이러한 방식으로만 그녀의 얼굴에 나타난 기쁨이 희생의 기쁨으로 읽힐 수 있었을 것이다. 그 대신에 그녀가 카메라를 향해 걸을 때 과도하게 포화된 공간이 펼쳐진다. 이러한 공간은 아직 소유불명일 때 내러티브 작용에 의해 우리의 눈앞에서 전개되기 때문에, 영화의 다른 공간들보다 좀 더 즉각적으로 우리에게 충격을 준다. 그것은 마치 공간 그 자체가 일정한 결론을 향해 정확히 작동한 내러티브에 의해 소진되지 않고 일종의 잉여가 또 다른 것을 준비하면서 남아 있었던 것처럼 보인다. 마치 스텔라가 더 이상 어머니로서의 역할로 환원될 수 없으며 "그것 외에 어떤 다른 것"이었던 것처럼 말이다. 내가 주장하는 것은 영화의 마지막이 더 이상 뭔가를 포기하는 것에 관한 것, 모성적 희생에 관한 것이 아니라 수여 혹은 모성적 사랑에 관한 것, 정확히 무를 주는 창조적인 행위에 관한 것이라는 점이다.

이미 언급한 바와 같이 비평적 경향은 스텔라가 창문 너머로 딸의 결혼식을 주시하는 장면을 그 전에 스텔라가 영화 스크린을 바라보는 장면과 평행하는 것으로 간주한다. 두 경우 모두 스텔라가 장면의 외부에서 수동적인 목격자로 남아 있다는 사실에 근거해서 말이다. 그러나 마지막 장면에서 바라보는 허구적 인물은 차라리 그녀 자신의 딸이다. 이 딸은 전에는 관객 속에서 그들과 자리를 나란히 하고 있었으며 이제는 삶의 무대에 나타난다. 마지막 장면은 극장에서의 장면뿐만 아니라 스텔라와 로렐 사이의 관계가 결정적인 방향 선회를 하는 또 다른 장면도 생각나게 한다. 내가 언급하는 장면은 리조트 장면이다. 여기에서 로렐은 그녀의 남자친구이자 미래의 남편과 함께 소다수 가게에 앉아 있다. 그는 로렐을 꼼짝 못하게 속박하고 있었다. 그녀가 앉은 카운터 맞은편에는 긴 벽거울이 있다. 그녀가 우연히 한 곳을 보자 거울에 비친 그녀의 어머니가 보인다. 그녀는 이상하게 치장하고 저속한 창녀처럼 행동하면서 막 들어오고 있었다. 로렐은 이 어머니가 딸을 알아보기

전에 도망친다.

가장 먼저 생기는 충동은 이 장면을 로렐이 갑자기 그녀가 지금까지는 형식적으로 지도받아온 사회 계급의 관점에서 그녀의 어머니를 보는 순간으로 해석하는 것이다. 그러나 그렇다고 하더라도 로렐의 강렬한 느낌을 자극하는 또 다른 결정적인 관점, 즉 그녀의 남자친구의 사회 계급적 관점의 개입은 흥분된 느낌의 본질을 잘못 판단하게 만들 수 있다. 이러한 사실은 장면을 당황함에 관한 것이 아니라 부끄러움에 관한 것으로 만든다. 부끄러움은 우리가 또 다른 사람의 눈을 통해서 우리 자신을 돌아보거나 우리가 소중하게 생각하는 사람을 볼 때가 아니라 우리가 갑자기 대타자 안에 있는 결여를 알아챌 때 일깨워진다.[19] 이 순간 주체는 더 이상 자신을 대타자의 욕망의 성취, 즉 세계의 중심으로 경험할 수 없다. 세계는 이제 그녀로부터 가볍게 변해버리며 주체 자신 내부에서 열리는 간격을 초래한다. 이러한 간격은 죄의식을 산출하여 우리에게 대타자에 대한 상환할 수 없는 채무를 지우는 "초자아적인" 것이 아니라 반대로 채무를 청산하는 것이다. 죄의식과 달리 부끄러움을 느끼면서 우리는 우리의 가시성을 경험하지만 우리를 보는 외부의 대타자는 존재하지 않는다. 왜냐하면 부끄러움은 대타자가 존재하지 않는다는 증거이기 때문이다. 로렐은 거울 속에서 자신의 어머니의 이상한 이미지를 흘긋 보면서 처음으로 그녀의 어머니 안에 있는 결여를 알아채며 어머니의 자족이라는 허식이 그녀에게서 벗겨지는 것을 본다. 부끄러움은 그녀의 어머니를 다른 대타자로 대체하여 이러한 결여를 메우는 시도를 하지 않는다. 로렐은 충성을 돌리지 않는다. 그렇게 표현하는 게 너무 투박하기는 하지만 말이다. 우리가 예리한 폭로의 감각,

---

19 | 나는 8장에서도 부끄러움이라는 개념을 다룬다.

즉 그녀 안에서 솟아오른 찬란한 부끄러움의 고양에 주목하기 때문에, 우리는 이 장면에서 열린 것은 사회적인 것의 문이라는 사실을 이해해야 한다. 긴 거울의 현존은 로렐이 이제 자신이 단지 어떤 특정한 지점, 즉 그녀의 상류 계급 친구들의 관점에서가 아니라 사방에서 가시화된다는 것을 느낀다는 사실을 추측하는 데 도움을 준다.

지금부터 로렐은 어머니와 융화되는 것을 중지한다. 그녀는 독립적이며 사회적인 존재의 역할을 맡는다. 영화의 질문은 스텔라가 어떻게 이러한 사회적 존재, 즉 그녀의 딸에 반응할지를 묻는 것이 된다. 딸은 더 이상 그녀와 함께 방관자의 자리에 앉지 않고 세계에 합류할 것이다. 마지막 장면이 그 대답을 준다. 그녀는 사랑의 행위로 대응한다. 라캉은 자살이 유일하게 성공적인 행위라고 말했다. 그가 말하고자 했던 것, 그리고 아마도 의미하고자 했던 것은 사랑만이 성공적이라는 뜻일 것이다. 왜냐하면 오직 사랑 안에서만 우리는 대타자와 조우하기 때문이다. 자살과 사랑 사이의 연계성의 암시는 대타자의 타자성이라는 문지방에 자아를 제물로 바치는 사랑에 관한 인본주의자의 통상적인 허풍을 복송하려는 의도가 아니다. 누군가는 그러한 감상으로 <스텔라 달라스>의 결말에 대한 읽기를 성격 지운다. 그러한 읽기에서 평범한 옷을 입은 스텔라의 익명성은 그녀의 이상화된 딸, 그리하여 이제 접근할 수 없게 된 딸의 근본적인 타자성 앞에서의 자기비하의 표시로 이해된다. 사랑에 대한 이러한 관념은 참으로 멜로드라마적이다. 왜냐하면 그것은 애끓는 빗나간 조우들 중 하나에 의존하고 있는데 그 장르는 바로 그러한 조우로 고유하게 알려져 있기 때문이다. 요점은 멜로드라마에서 사랑은 언제나 오인되거나 너무 늦게 인정받는다는 것이 아니다. 요점은 오히려 멜로드라마는 사랑을 몇몇의 엉망이 된 조우를 필연적으로 수반하는 것으로 간주하거나, 애정 관계들의 진정한 특성을 구성하는 것으로 간주한다는 것이다. 이는 바로 애정관계들이 그것들과 더불어 연인들 중 어느 한쪽의 소멸을 불러오는 것으로 추정되기 때문이다. 멜로드라마가 언제나 찬양하며, 오로지 일련의 실패한 만남을 겪는 고통으로 이루어지는 사랑 때문에, 누구나 멜로드라마 속에서 운다.

만일 내가 지금껏 주장한 것처럼 <스텔라 달라스>의 엔딩이 일반적이지 않다면, 이 영화가 사랑을 성공적인 조우로 재현하기 때문이다. 라캉 이론의 틀 안에서 성공적으로 실현되는 조우에 대해서 이야기하는 것은 이상하게 들린다. 왜냐하면 라캉 자신이 끊임없이 조우를 빗나간 것으로 특징지었기 때문이다. 이러한 사실은 우리가 조우가 빗나간다고 할 수 있는 두 가지 의미를 구별할 필요가 있다는 사실을 시사한다. 첫 번째 혹은 멜로드라마적인 의미에서 성들과 세대들 사이의 완고한 차이, 즉 그들의 "탈동시성out-of-synchness"은 그들이 심리적 혹은 물리적으로 동일한 장소에 동시에 나타나지 않는 것을 통해서 상징된다. 이는 프로이트의 유명한 진단법과 조응하는 것처럼 보인다. 즉 한 남자와 한 여자는 언제나 심리학적으로 별개의 국면이다. 혹은 "탈동시성"은 <삶의 모방>의 마지막에서 어미의 장례식에 너무 늦게 도착한 사라 제인으로 요약된다. 그녀는 장례식에서 어머니에게 사랑한다고 말한다. 한 사람이 한 지점에 도착해서 다른 사람을 기다리다가 절망해서 떠난다. 혹은 그가 없는 삶에 착수한다. 그는 나중에 도착해서 거기에 그를 기다리는 사람은 아무도 없다는 사실을 안다. 우리는 한 사람을 본다. 그다음에 다른 사람을 본다. 하지만 두 사람은 동시에 보이지 않는다. 혹은 우리는 두 사람을 보지만 둘의 만남을 보지는 못한다.

빗나간 조우라는 라캉의 개념은 다르다. 그것은 조우가 존재하지 않는다는 것이 아니라 조우 속에 둘은 없다는 사실을 단언하는 것이다. 라캉이 말한 바와 같이 사랑은 둘 사이에서 발생하는 것이 아니라 하나들 사이에서, 즉 하나와 a 사이에서 발생한다. 이는 무슨 의미일까? 조우는 평범한 상황이 아니다. 그것은 드물다. 내일 점심을 위한 가능한 시나리오들 중에서 내가 유명한 할리우드 감독과 밥보식당Babbo에서 점심을 먹는 것은 당신에게 시나리오들 중의 하나로 보일지도 모른다. 내가 당신에게 그 감독이 내 친구 네빈의 친구라는 사실을 말하기 전까지는 말이다. 네빈은 최근 영화에서 대본 수정가로 일했다. 그리고 그 영화는 나의 라파예트 비행대에 관한 영화대본을 그가 이 색다른 1차 세계대전의 전사 집단에 관한 영화를 만드는 아이디어를 떠올린 바로 그 순간에 그에게 보낸 영화였다. 그러므로 당신이 전쟁에 관한 믿을 만한 영화대본을 쓸 나의 능력에 대해 의심할 수도 있지만, 당신은 최소한 그러한 만남의 가능성이 있었다는 사실은 인정할 것이다. 결국 나는 당신에게 조금 전에 내가 중편소설을 쓸 가망이 있으며 감독은 그 시점에 네빈의 청을 들어줄 수도 있다는 것을 보여주었다. 내가 레스토랑의 프런트 안에 있는 테이블 중의 하나에 감독과 함께 자리한다는 것을 상상할 수는 있겠지만 그런 일은 거의 일어나지 않을 것이다. 그래도 감독과 나 사이에서 발생한 만남이 있었지만, 그것이 조우는 아니었을 것이다. 그 일에는 너무 많은 준비가 들어가야 했다. 나는 그 일을 위한 동기의 연쇄를 함께 묶어야 했으며, 그것을 가능한 것처럼 보이도록 만들기 위해 감독과 나는 이미 우리의 공동의 친구와 라파예트 비행대에 대한 우리의 공동의 관심으로 결속되었어야 했다.

조우는 그러한 내러티브적 가능성들로부터 구성되지 않는다. 이는 조우에는 어떤 이유도 주어질 수 없다는 말이다. 예를 들어 사랑의 조우에서 연인은 아무것도, 상대를 사랑하는 이유도 그에 의해 사랑받는 이유도 제시하지 않는다. 연인은 그의 라파예트 비행대에 대한 관심도, 작가로서의 재능도, 혹은 그의 믿을 만한 친구의 명단도, 다른 한편으로

명성을 날리고자 하는 할리우드 야망 혹은 욕망도 제시하지 않는다. 어떤 이유도 조우에 이르는 길을 열지 못하며, 바로 그렇기에 조우는 불가능한 것으로 남아 있다. 그러므로 우리가 조우하는 것은, (이 시간에 이 장소에 있는 것에 대한 다수의 이유들을 그 뒤에 줄줄이 매달고 있는) 또 하나의 완전히 실현된 사태가 아니라, 실재이다. 실재는 세계가 이미 나의 진로 안에 삽입했을 것이라고 어느 정도 기대되는 어떤 이유들도 앞세우지 않는 불가능한 것인 한에서 말이다. 다시 말해서 이는 조우는 일어나지 않으며 발생하는 데 실패한다는 것이 아니라 우리가 우연히 만나는 것, 우리가 조우하는 것은 **실재적인 것, 불가능한 것, 혹은 일어나지 않은 것**으로 경험된다는 것을 의미한다. 이것이 조우를 둘의 만남이 아니라 오로지 균열, 혹은 이접으로 재현할 수밖에 없는 이유이다.

    <스텔라 달라스>는 멜로드라마적인 의미에서가 아니라 라캉적인 의미에서 빗나간 조우와 함께 끝난다. 왜냐하면 마지막 장면의 논점이 스텔라가 딸의 결혼식에 참석할 기회를 얻지 못했다는 것이 아니라 균열이 내러티브를 중단시키고 비내러티브화된 공간의 과잉을 열어젖히기 때문이다. 하지만 조우가 등록되는 이접은 이러한 공간의 과잉뿐만 아니라 스텔라의 기쁨의 눈물과 빛나는 표정으로 증명되는 그녀의 주이상스도 설명한다. 라캉은 긴 사상가들의 계보에서 유일하게 근대 주체가 그녀의 세계와 탈구되어 있어서 세계가 존재하는 곳에 주체는 존재하지 않는다는 사실을 강조한 유일한 사상가이다. 오직 사랑만이 주체가 세계와 직접적으로 조우하는 것을 허용함으로써 불가능한 것을 성취한다. 즉 사랑만이 언제나 세계에 대한 어떤 경험도 바로 우리의 생각이나 지각들의 내용 속으로 사라지는 것처럼 생각되는 잡히지 않는 "나"를 경험하게 해준다. 이는 이 시점에서 "내"가 마치 1+1처럼 세계에

추가될 수 있는 완전히 실현된 것으로 나타난다는 말이 아니다. 그게 아니다. 오히려 "나"는 신체적인 표시 속에, 주체의 몸을 뒤덮는 주이상스의 경험 속에, 거기에 현존한다.

스텔라가 마침내 자신을 단지 어머니로서만이 아니라 초월적인 "나"로서 체험할 수 있는 것은 오로지 사랑을 통해서, 창문 속에 있는 그녀의 세속적인 딸과의 조우를 통해서뿐이다. 사랑이 그녀에게 유효한 것으로 만들어준 기쁨은 자기를 희생하는 모성적 역할이라는 그녀의 외피를 산산조각 낸다. 이리하여 나는 <스텔라 달라스>의 피날레는 프리드가 연구한 사실주의 회화처럼 작동한다고 주장하고자 한다. 회화상의 인물들과 관람자 사이의 금기시된 시선의 교환은 그들의 조우가 아니라 조우에서 둘의 출현을 방지한다. 우리는 관람자의 몸을 통해서 섬광을 발하며 디드로가 관람자의 울음이라고 기술한 주이상스의 형식 속에서 회화의 외견상 자족적이며 사실주의적이고 변화하는 세계에 더해서 무엇을 얻었는가? 더하기 무엇을? 관람자의 삭제가 아니라 오히려 관람자의 불가능한 현존이다. 멜로드라마는 이러한 조우를 발생할 수 없는 어떤 것, 일어나지 않는 불가능성으로 재설정함으로써 이러한 구조를 히스테리화하고 슬픈 눈물의 홍수를 생산한다.[20]

---

20 | 빗나간 조우의 생산으로서의 멜로드라마의 눈물에 대한 논의에 관해서는 Steven Neals, "Melodrama and Tears", *Screen*, vol. 27, no. 6 (Nov. — Dec. 1986)을 보라.

2부 악과 관람자의 눈

5

(무)한한 세계의 시대에서의 악

국제적 상황을 생각할 때, 우리는 문명화된 국가들이 그 어떤 상황에서도 포기하기를 거부하면서 굳은 애착을 갖는 근본 원리들이 전적으로 야만적이라는 점에 놀라지 않을 수 없다.

모든 독립 국가들은 정복하기를 꿈꿀 만한 이웃 나라가 있는 한, 정복을… 통해서 자국을 확장시켜서 세계의 군주국, 즉 마지막에는 반드시 그 안에 모든 자유… 덕, 취미 그리고 학문이 있는 정치조직체에 이르기 위해서 노력한다. 그러나 이 괴물(그 안에서 법은 점차로 그 힘을 상실한다)은 이웃의 모든 나라들을 삼켜 버린 다음에 결국은 자연히 폭동과 분열을 통해서 많은 작은 국가들로 해체된다. 따라서 (…) 국제 연합에 기초한 영구 평화의 상태를 희망하는 **철학적 천년 왕국설**은 온 인류의 도덕적 개선의 완성을 기대하는 신학적 천년 왕국설과 다름없이 단순한 공상으로 일반의 비웃음을 받게 된다.

그리하여 인간관계의 좀 더 친밀한 규모로 우리의 관심의 초점을 재조정한다면, 이와 동일한 배반하는 이기적 속성에 대한 사례, 즉 "심지어 가장 가까운 친구 사이에서의 은밀한 허위, … 신세진 사람을 미워하는 성향, … 진정한 호의를 가지고 있다 하더라도 '우리의 가장 친한 친구들의 불행이 우리에게 전혀 싫지는 않다'고 하는 말을 인정하게 된다는 것"[1]에 대한 수많은 사례들을 발견하게 될 것이다. 오늘날 널려 있는 이와 같은 정서들은 무수한 출처들에 귀속될 수 있을 것이다. 그것들은 구 유고슬로비아나 소련의 붕괴에 대해 이야기하고 있는 것일 수도 있을 것이고, 절친한 친구의 신뢰를 배반하는 "모든 것을 털어놓는" 책자들이나 토크쇼 게스트들의 소소한 배신들에 대해 이야기하고 있는 것일 수도 있을 것이다. 하지만 위의 말들은 임마누엘 칸트의 것이다. 그는 후기 텍스트 『이성의 한계 안에서의 종교』에서 "극복할 수 없는 사악함", 즉 인간의 심장부에 거주하며 인간이 "결코 청산할 수 없는"(66)[2] 근본악을 인정하기 위해 그러한 말들을 이용한다.

이러한 인정은 우리 가운데 칸트를 이성과 진보의 사도로 보는 사람들에게는 추문으로 보일 것이다. 그것은 마치 진보가 악 때문에 진보를 단지 의인화된 환영에 불과한 것으로 폭로하겠다고 을러대는 일격을

---

1 | Immanuel Kant, *Religion within the Limits of Reason Alone*, trans. Theodore M. Greene and Hoyt H. Hudson (New York: Harper and Row, 1960), pp. 28-29. 앞으로도 이 번역본을 참조할 것이고, 본문 중 면수로만 표시될 것이다. 『이성의 한계 안에서의 종교』, 신옥희 옮김, 이화여자대학교출판부, 2001, 41쪽.

2 | [국역본 83면에서, "악으로부터 출발한 것이다."로 끝나는 문장 뒤에 한 문장이 번역에서 누락되어 있는데, 콥젝이 인용하는 표현 "결코 청산할 수 없는"은 하필 그 누락된 문장("그것은 그가 결코 청산할 수 없는 빚이다.") 에 나오는 것이다. "극복할 수 없는 사악함"이라는 표현은 같은 면에서 발견되지 않는다.]

당한 것, 혹은 갑자기 이성은 그 핵심에서 타락하기 쉽다는 것이 밝혀진 것과 같다. 다시 말해서, 악의 선천성이나 근본성을 인정하면서 칸트는 이성의 권능이나 인간의 완성가능성에 대한 자신의 믿음을 버리고 대신 원죄에 대한 믿음으로 되돌아간 것처럼 보일 수도 있고, 아니면 이 계몽의 개념들에서 새로운 악의 원천을 발견한 것처럼 보일 수도 있다. 그의 동시대인들은 전자의 입장을 취하는 것이, 즉 노년에 이르러 칸트가 당시에 그들이 맞서 싸우고 있었던 전통적인 종교적 견해들 가운데 하나로 되돌아갔다고 생각하는 것이 더 손쉬웠다. 우리에게는 후자의 입장이 더 손쉽게 다가온다. 칸트가 노년에 이르러 이전의 낙관론을 포기하고 그가 오랫동안 설교해왔던 계몽의 원리들이 그 자체로 근대적 종교의 교리, 즉 계몽에 의해 지양된 종류의 종교보다 더 위험한 교리가 된 것일지도 모른다는 두려움을 갖게 된 것이 틀림없다고 우리는 거의 자연발생적으로 가정한다. 이 반응들의 차이는 칸트의 동시대인들과 우리 사이에 수많은 식민주의 전쟁과 두 번의 전면전이 끼어들었다는 사실에서 연원한다. 이러한 전쟁은 칸트가 글을 쓰기 전의 세기들 동안에는 있을 수가 없었으며 칸트조차도 단지 추상적으로 감지만 할 수 있었던 일종의 달랠 수 없는 격분이나 황폐함에 의해 탄생되었다.

칸트가 고찰하는 "국제적 상황〖den aüszern Völkerzustand〗"이 18세기 말엽에는 그저 겨우 정식화할 수 있는 개념이었다는 점을 잊지 말자. 그의 불평이 당대에 울린 경종은 가볍게 취급되었다. 즉 좀 미숙한 소리로 들린 것이다. 왜냐하면 인민의 의지에 그 운명이 달려 있는 근대적 의미에서의 민족국가, 군주국이 아닌 공화국은 이 당시에 구상과 형성의 가장 초기 단계에 있었으니까 말이다. 그리하여 이 민족국가들 사이에서 발발하게 될 ― 그리고 "국제적 상황"이라는 바로 그 개념을 낳게 될 — 충돌들, 즉 식민지 전쟁과 세계 전쟁들은 칸트가 자신의 암울한 심정을 표현했을 때 다만 출현하고 있는 가능성에 불과했다. 이러한 전쟁들이 실제로 일어났을 때, 그것들은 이전에 있었던 그 무엇과도 같지 않을 것이었으며, 더욱 야만적이고 더욱 잔혹할 것이었다. 그것들을 이전의 전쟁들과 그토록 다르게 만들 것은, 그것들이 인민의 의지를 징집할 수 있었던 국가들, 즉 처음으로 자신들이 선택한 대로 그 의지를 자유롭게 처분할 수 있었던 국가들에 의해 수행될 것이었다는 사실이다. 오로지 전쟁이 의지를 자기편으로 가졌던 그때에서야 전쟁은 무제한적인 파괴의 역량을 획득했다.

곧바로 제기되어야 하는 물음은 이렇다. 의지는 얼마나 저열한가, 즉 의지는 근본적으로 저열한 것인가? 결국 칸트는 근본악이라는 용어로 무엇을 의미하는가? 그는 틀림없이 악이 인간 의지에 뿌리박혀 있다는 것을, 의지와는 별도로 아무런 실존도 갖지 않으며 의지로부터 근절될 수 없다는 것을 의미하고 있다. 하지만 비평가들은 칸트가 악을 얼마나 뿌리 깊은 것으로 가정하는지, 칸트가 "은밀한 허위"와 "미워하는 성향"이 얼마나 인간 의지에 침투해 들어가 있는 것으로 가정하는지를 칸트만큼 확신하고 있지 못했다. 물음이 이렇다: 악은 의지를 전적으로 사로잡고 있는가, 아니면 악은 선을 향해 긍정적으로 분투할 수 있는 무언가를 뒤에 남겨 놓는가?

이 장의 이전 판본은 처음에 『이성의 한계 안에서의 종교』의 출간 200주년을 기념하는 논문으로 집필되었다.[3] 나는 그 당시에, 최근까지도

---

3 | 『이성의 한계 안에서의 종교』는 1793년에 처음으로 출판되었다. 내가 『근본악』이라는 제목으로 편집한 논문집은 1996년 버소Verso 출판사가 펴냈다. 칸트의 1793년 텍스트의 최근 번역인 Kant, *Religion within the Boundaries*

상대적으로 중요치 않은 것으로 간주되었으며 따라서 비평적으로 소홀히 취급되었던 한권의 책에서 제안된, 많은 이들이 전적으로 당혹스러운 악의 개념으로 간주했던 어떤 것에 의해 제기된 몇몇 물음들을 정리하려고 했다. 그렇지만, 원래 논문과 그 논문이 소개된 논문집의 출간 이래로, 칸트 책의 새로운 번역이 나왔으며, 근본악 개념은 더 친숙한 것이 되었다. 특별히 홀로코스트 같은 역사적 현상에 관심이 있는 사람들에게 그러했다. 하지만 칸트가 인간의 핵심에 있는 사악성, 타락, 도착 등으로 다양하게 불렀던 것의 끔찍한 증거는 불행히도 과거 사건들의 기억에서뿐만 아니라 현재 우리의 경험으로도 마주치게 된다. 우리는 매일매일 새로운 잔학 행위들을 목격하지 않을 수 없다. 종족적 증오나 인종적 증오는 그 옹호자의 적들을 — 적들 모두를 — 절멸시키자는 데서 스스로를 표현하고자 한다. 민족들은 스스로의 일부를 죽이면서, 점점 더 작고 다루기 어려운 단위들로 쪼개지고 있다. 모든 종류의 테러리스트들이 그들 자신의 권리와 그들의 "후세"의 권리를 보호하려는 노력으로 사람들과 건물들을 날려버린다. 다국적 기업들은 노동을 착취하고 저항을 분쇄할 한층 더 발전된 형태들을 고안한다. 기타 등등. "도덕적 개선"과 보편적 인간애 그리고 인권의 촉진과 보호, 진보, 보편성이라는 계몽철학의 "무모한 환상"이 모든 곳에서 조롱당한다면, 의지라는 개념을 둘러싼 개념들의 광채 전체가 흐려지고 있다면, 이는 이러한 개념들이 이른바 자신들이 격퇴하겠다고 자처한 바로 그 재앙들을 초래하는 데 책임이 있기 때문이다. 지난 두 세기에 의지는 파시스트 영웅들에 대한 그리고 그들에 반대한 자들의 고문과 처형을 요구한 "정

---

of Mere Reason, trans. and ed. Allen Wood and George Di Giovanni (Cambridge University Press, 1998)도 보라.

당한" 대의들(예컨대 자유, 인간애, 인권)에 대한 의지 그 자체의 예속을 자유롭게 의지할 수 있음을 스스로 드러냈다. 그리고 사태는 계속해서 나쁜 것에서 더 나쁜 것으로 나아가고 있다.

그렇다면, 근본악 개념과 나란히 출현한 의지, 진보, 자유, 보편적 권리 등의 개념을 또 달리 바라보는 것이 필요한 것처럼 보일 것이다. 그렇게 하면서 고려되어야 할 첫 번째 것은 종종 제시되곤 하는 다음과 같은 제안이다. 즉 칸트는 근본악에 대한 자기 자신의 발견을 정면으로 직면할 수 없었으며, 그것이 궁극적으로 우리의 모든 도덕적 준칙들(우리에게 사심 없이, 선을 위해서 행위할 것을 명하는 명령들)의 타락 — 이것이 그가 인정한 것이다 — 을 넘어 의지 그 자체의 타락으로까지 나아간다는 것을 인정할 수 없었다는 것이다. 다시 말해서, 몇몇 비평가들의 주장에 따르면, 칸트의 사고를 그 사고가 나아가기를 거부하는 곳까지 추적한다면 우리는 근본악이 칸트가 인정할 준비가 되어 있었던 것보다 더 나쁘다는 것을, 사실상 그것이 악마적인 혹은 절대적인 악이라는 것을 발견하게 될 것이다.[4] 이로써 그들이 의미하는 바는, 의

_____

4 | 장 뤽 낭시는 자신의 교육적이며 지적인 책 *The Experience of Freedom* (trans. Bridge McDonald [Stanford: Stanford University Press, 1933])에서 이러한 주장을 한다; 자크 데리다는 *Given Time I: Counterfeit Money* (trans. Peggy Kamuf [Chicago: Chicago University Press, 1994]) p. 166의 각주에서 "칸트가 인정하기를 원하지 않은 사탄의 잔혹함"이라는 언급을 한다; 그리고 내가 일반적으로 동의하는 동료 슬라보예 지젝은 몇 군데에서 칸트의 악마적 악이라는 사실을 인정하지 못하는 무능력을 언급한다. 마지막으로 알렌카 주판치치는 이 장의 제1판이 발행된 이후에 출판된 책 *Ethics of the Real* (London and New York: Verso Preaa, 2000), 이성민 옮김, 『실재의 윤리』, 도서출판 b, 2004에서 내가 수립하고 있는 입장과는 별개로 칭찬하지 않을 수 없는 지지를 표명한다. 나는 이 장의 후반부에서 그녀의 논점 중의 하나를 분명하게 다룰 것이다.

지가 단순히 도덕법칙에 반대할 역량이 있는 것에 불과한 것이 아니라 이러한 반대를 우리 행동의 바로 그 동기로 만들 역량이 있다는 것이다. 만일 그렇다면, 우리는 단지 어떤 이득을 위해서가 아니라 순전히 악을 행하기 위해서 악을 행할 수 있는 역량이 있을 것이다. 칸트는 이와 같은 명백히 낭만주의적인 인간의 역량을 확고하고도 분명하게 부정한다. 그러한 부정 중의 하나가 다음과 같은 방식으로 표현된다. "인간은 (가장 악한 인간조차도) 그것이 어떤 것일지라도 준칙의 지배를 받고 있으며, 따라서 (복종을 포기하면서) 반역적으로 도덕법칙을 거부하지는 않는다"(31[44]). 그렇지만 몇몇 이들은, 칸트가 그러한 가능성에 대해 느낀 공포가 그로 하여금 의지의 "사실"을 단순하고도 의심스럽게 거듭 주장하는 것으로 퇴각하는 원인이 되었다고 가정한다. 그들은 의지의 본질적 선함에 대한 칸트의 고집을, 순수한 파괴를 목적으로 하는 악마적인 의지나 악의적인 이성에 대한 몸서리치는 생각에서 스스로를 보호하기 위한 한낱 방어적 제스처로 취급한다. 이는 물론 악과의 대면 이후, 인간의 완벽성과 의지의 선함에 대한 칸트의 믿음이 그 자신의 논증과 노골적인 모순 속에서 유지되었다는 것을 함축한다.

그렇지만, 의지의 본질적 선함에 대한 칸트의 믿음의 지위를 이해할 최선의 길은 그것의 자명함에 대한 그의 주장의 외견상의 오만함을 불신하는 눈으로 바라보는 것에서 시작하는 것이 아니라, 악의 자명성에 대한 그의 단언들의 완고함을 잠시 멈추어서 반성해보는 것에서 시작하는 것이라고 나는 제안하겠다. 이미 내가 제안해왔던 것처럼, 바로 이것이 정말로 이상한 그 무엇이다. 단순히 그것이 그가 대표했던 철학적 시대의 새로 발견된 낙관론과 보조를 맞추고 있지 않는 것처럼 보이지 않으며 또 세계는 긍정적 방향으로, 나쁜 것에서 더 좋은 것으로 서서히 나아간다고 하는 그가 교육자들과 공유했던 소중한 확신과 일치하지 않아 보이기 때문에 이상하다는 것은 아니다. 도덕적 선은 경험에서 이끌어낼 수 없다는, 경험은 단지 인간의 **나쁨**에 대한 증거를 제공할 뿐이라는 것을 칸트가 곧바로 인정할 때, 우리는 그가 인간의 사악함이라는 사실을 받아들일 때의 그 기꺼운 태도에 의아해 해야 한다.

『이성의 한계 안에서의 종교』에서 칸트의 목적은 악을 부정적 현상으로만 파악할 수 있었던 악에 대한 이전의 설명들과 논쟁하는 것이라는 점에 주목한다면, 우리는 그가 무엇을 하고 있는지를 이해하는 길에서 단지 절반을 가는 것뿐이다. 이전의 저술들에서는 칸트조차 악을 그 자체로 아무것도 아닌 것으로, 한낱 어떤 것의 **결여**나 부족으로 간주한 오래된 종교적이거나 형이상학적인 견해를 고수하기까지 했다.[5] 이러한 견해에서, 질병, 재앙, 정치적이고 사회적인 불의, 온갖 종류의 고난들은 우리의 한낱 유한한 지성의 제약에 의해 빚어진 환영으로 취급되었거나, 아니면 원죄를 겪은 인간 의지의 세속적 정념이나 인간 자유에 의한 한계로 귀속될 수 있는 현실적이지만 일시적인 조건들로 취급되었다. 선의 완전한 출현을 방해하는 악을 유한한 결함이나 결핍의 탓으로 돌림으로써, 선과 신 모두가 상처를 입지 않고 그리하여 정당화될 수 있도록 악의 문제에 대한 다양한 해결책들이 고안되었다.

하지만 『이성의 한계 안에서의 종교』에서 악은 더 이상 이러한 그림자 같은 비실체적인 실존만을 갖지 않는다. 그것은 더 이상 선보다 비현실적인 것이 아니다. 오히려 악은 현실에 확고하게 뿌리를 둔 실정적 사실로 나타난다. 이 점에서 그것은 종교적이거나 형이상학적인 문제이기를 그치고 처음으로 정치적, 도덕적, 교육적 문제가 된다. 이러한 개념

---

5 | 악이라는 개념의 역사와 그것에 대한 칸트의 공헌에 대한 내 정보의 주요 원천은 올리비에 르불의 없어서는 안 될 책 *Kant et le problème du mal* (Montreal: les presses de l'universite deMontreal, 1971)이다.

적 "혁명"은 악을 단순히 우리의 필멸적 본성에 의해 부과된 제약으로서 파악된 인간의 유한성과 분리시킴으로써 초래된다. 칸트의 기저에 놓인 물음은 역사적으로 제기되는 것이다. 그는 어떻게 악이 가능한지를 자문하지 않는다. 오히려 그는 어떻게 자유의 사실이 주어졌을 때 악이 가능한지를 묻는다. 그는 단지 최근에 자유를 획득하여 더 이상 외적인 압력들에 머리를 숙일 필요가 없는 인간들이 이러한 압력들의 항목들을 가지고서 계산을 하기를 선택하는, 즉 비도덕적으로 행위하기를 선택하는 것이 어떻게 발생했는지를 이해하고자 한다. 다시 말해서 칸트는 악을 유일무이하게도 자유로운 인간성의 산물인 것으로 보며, 바로 이것이 그의 사유에서 새로운 점이다.

하지만 일단 칸트의 혁신은 악을 인간의 자유와 연결한 데 있었다는 지적을 하고 나면, 악의 증거가 악에 대한 끊임없는 합의된 불평들이 함의하는 것만큼 그렇게 단순하지 않다는 것을 우리는 인정하지 않을 수 없게 된다. 왜냐하면 악이 자유롭게 실행되는 적극적 행위로서 정의된다면, 경험적 증거만으로는 더 이상 악을 확인하기에 충분치 않기 때문이다. 우리는 단지 어떤 행위는 준수하지 말아야 할 조건이라는 근거에서 악이며 나쁜 준칙을 자유롭게 채택하는 것이 악을 결정한다는 결론을 내릴 수 있을 뿐이다. 칸트 이전에는 선과 악의 싸움이 의지와 감성적 동기 사이에서 발생한다고 생각하는 것이 가능했다. 우리의 유한한 본성 때문에 우리에게 쾌락을 약속하고 우리의 자만심에 아첨한 세속적 유혹들에 빠지게 되는 것이라고 생각되었으며, 또한 우리의 의지나 도덕적 본성이 이러한 유혹과 싸우기 위한 유일한 힘을 우리에게 제공해준다고 생각되었다. 우리는 의지박약이나 결핍 때문에 악을 위한 행위를 하였으며, 이러한 의지박약과 결핍이란 우리의 태만이 외적이고 감각적인 동기로 하여금 우리의 행동을 통제하도록 허용하는 것이었다.

그렇지만 칸트는 그 어떤 외적인 동기도, 그 어떤 순수한 동물적 관심사도 그 자체로 저절로, 즉 의지의 부재 속에서 인간의 활동을 지배할 수는 없다고 주장했다. 의지는 감각적 동기들과 싸우지 않는다. 의지는 우리 활동의 규칙들을 결정한다. 그리하여 선과 악의 싸움은 두 가지 가능한 유형의 규칙의 채택 사이에서 발생하는 것으로 다시 정의된다. 좋은 규칙이냐 나쁜 규칙이냐, 사심 없는(즉 도덕법칙에만 근거하는) 규칙이냐 사심을 가진 규칙이냐(이기심에 근거하는). 우리가 나쁘게, 이기심에서 행동한다면, 이는 우리가 외적인 관심사에 영향 받기를 선택했기 때문이며, 어떤 특수한 정념적 욕망을 준칙에 편입시켰기 때문이며, 도덕법칙이 아닌 이와 같은 욕망이 우리 행동의 동기가 되도록 만들었기 때문이다. 라캉의 견지에서 볼 때 우리는 언제나 어떤 특수한 욕망에 의해 매혹되기를 욕망해야 한다. 이러한 두 번째 층위의 욕망에 대한 욕망이 없다면, 우리는 가장 높이 평가되는 대상에 대해서조차도 전적으로 무관심할 것이다.

악에 대한 이러한 재정의의 한 가지 결과는 그것이 우리의 행동에 대한 완전한 책임을 우리에게 부과한다는 것이다. 우리는 더 이상, 우리가 우리의 정념들의 희생양이며 따라서 외적 환경의 희생양이라고 주장함으로써 우리의 결백을 증명할 수 없다. 최근에 우리는 이러한 입장을 정치적으로 소박한 것으로 거부해야 한다는 것을 배워왔다. 이러한 입장이 우리를 우리의 전체 사회적 환경을 초월하여 분리, 격상시키지만 우리가 역사적 시간 속에 삽입되어 있다는 사실을 무시하는 것처럼 보인다는 이유에서 말이다. 하지만 이처럼 칸트의 입장을 멸시하는 읽기는 그것이 지닌 예리한 역사적 통찰을 희생시켰을 뿐만 아니라 우리의 근대적 인간혐오misanthropy에 불을 지폈다.

이러한 역사적 편견을 반박하고 칸트의 논증이 지닌 고유의 정치적 힘을 되살리기 위해서 우리는, 무엇보다도 먼저, 칸트가 기술하는 바로서의 도덕적 투쟁의 결과 속에서 심원한 비대칭성에 주목할 필요가 있다. 외적 상황에서 이기적인 투자에 대한 자율적 의지의 승리 쪽에 무게를 두는 대신에, 이른바 칸트의 순진함을 비판하는 사람들이 우리로 하여금 의심하게 할 수도 있는 것처럼, 그는 **오로지** 나쁜 결과만을 관찰함으로써 우리를 놀랍게 만든다. 증거가 불가피하게 보여주듯이, 악한 사리사욕이 도덕적 올바름에게 매번 승리를 거둔다. 칸트의 엄격주의가 우리로 하여금 대면토록 하는 것은 단지 사리 추구 동기와 순수하게 도덕적인 동기가 이따금씩 혹은 부분적으로 혼합되는 것에 불과한 것이 아니라 도덕적, 보편적 법칙이 이기심의 명령에 종속되는 것이다. 그는 인간이 선할 때조차도 인간을 악하게 만드는 어떤 심원한 악의를 인간 안에 위치시킨다. 즉 그가 도덕법칙을 마음에 둘 때조차도, 칸트에 따르면, 사리를 추구하는 이유에서 그렇게 하는 것이다. 우리가 어떤 덕행을 수행한다면, 이는 타인들에게 우리가 후덕하다는 인상을 주기 위해서이다. 우리가 거짓말하기를 거절한다면, 이는 거짓말이 우리를 자승자박하게 할 것을 두려워하기 때문이다. 기타 등등. 더구나, 칸트가 주장하기를, 이는 단지 우리 가운데 일부에 대해서만, 혹은 일부의 시간에만 참인 것이 아니라, 예외 없이 우리 모두에 대해 보편적으로 참인 것이다. "모든 준칙의 최고의 주관적 근거는… 인간성 그 자체에 뿌리를 내린 채 그것과 얽혀 있다"(27-28[40]). 근본악, "우리 인류의 퇴폐한 오점"(34[47])은 어디에나 있으며, 인간이 이기적인 이득을 추구하는 데 자신의 의지를 바친다는 사실에서 언제나 명백하다. 그는, 사회적 환경의 연결망을 "초월"하기는커녕, 스스로를 그 안에 몰아넣으며, 타인들의 욕망 안에서 자기 자신의 욕망을 구하고, 타인들의 찬탄하거나 타이르는 눈 안에서 자신의 가치를 구함으로써 사회적 환경과 조화를 이룬다.

인간의 이러한 성향을 조롱하기 위해서 칸트는 『실천이성비판』에서 어떤 커플의 두 절반들 각각이 나머지의 파멸을 소망하는 풍자적 시를 인용했다. 이 시의 정서와 표현은 황제 카를 5세와의 싸움에 대한 프란츠 1세의 기술을 생각나게 한다. "오, 놀라운 조화여, 내가 원하는 것을, 그도 원한다. 나의 형제 카를이 원하는 것을 나 또한 원한다."[6] 이 정서를 착각할 수는 없다. 왜냐하면 그것은 "순수한 위신"을 위한 근대의 투쟁을 개시하는 전력을 다하는 항구적 전쟁의 공통된 모티브이며, 이 투쟁 속에서 개별 주체나 민족들은 경쟁자의 절대적 제거를 추구하기 때문이다. 하지만 현대의 사유에 의해 흐려진 것은, 우리가 프란츠 1세의 경우처럼 우리의 소망을 형제들의 소망과 **동일한** 것으로 규정하지 않고 환원 불가능하게 **다른** 것으로 규정하기로 결정할 때, 우리 욕망의 이러한 상대화가 전쟁 선동에 못지않다는 사실이다. 문화의 다양성에 대한, 따라서 우리 욕망의 상대성에 대한 찬양은, 칸트의 용어로, 형제가 소중히 여기는 모든 것을 탐하는 것에 못지않게 인간 핵심에 있는 사악함과 타락을 표시한다. 다시 말해서, "각자에게 그 자신의 욕망을"은 "내가 원하는 것을, 그도 원한다"에 못지않게 위험한 정서이다. 왜냐하면 문화 상대주의자들 또한 욕망에 대한 타율적 정의를 채택하는데, 이는 욕망이 자기 문화의 다른 구성원들의 욕망에 의해 결정된다고 가정하기 때문이다. 상대주의는 단지 그와 같은 욕망에 대한 모든 타율적 정의가 지닌 진부한 진리를 전면에 내세울 뿐이다. 즉 욕망은 불가피하게 장애물을 만난다는 것이다. 우리가 소중히 하는 것을 존중하는 동시에 우리의 가치를 인정하기를 거부하는 타인이라는 형태로 말이다. 겉보기에 대립되는 이 두 입장은 자율적 의지, 즉 타인들에 의존하지 않는 의지의

———— 6 | [칸트, 『순수이성비판』, 백종현 옮김, 아카넷, 2002, 80-81쪽.]

가능성과 윤리 그 자체의 가능성을 부정한다는 점에서도 유사하다. 그 두 입장이, 역사적으로 현존하고 참인 것을 존재해야 하는 것의 유일한 기준으로 만들며 그리하여 역사적 "이다"라는 중용 속에 "이어야 한다" 라는 마법을 풀어 넣는 한에서 말이다.

죄 있음

그렇지만 칸트 자신이 그의 자율성 개념을 보호할 역량이 없는 것처럼 보일 때, 우리는 어떻게 칸트의 입장에 서서 의지와 욕망에 대한 역사주의의 타율적 정의를 비난할 수 있는가? 근본악이라는 개념은 자율적 의지와 타율적 의지라는 바로 그 구분의 붕괴를 나타내지 않는가? "우리 인류의 퇴폐한 오점"은, 정확히, 우리의 의지가 그 자신을 그 자신에 의해 규정할 수 없으며 그 대신 어떤 외래적 내용에서 동기를 구해야만 한다는 사실, 욕망이 언제나 정념적 동기를 가져야만 한다는 사실을 가리키지 않는가?

정직하게 말해서, 이러한 것들은 칸트의 입장이 현시점에서 불러일으키는 유일한 물음들은 아니다. 좋은 결과와 나쁜 결과의 비대칭성에 대한 나 자신의 기술은 칸트의 사유 안에 있는 아포리아를 통해서 어쩌다 나오게 된 것이다. 그것을 폭로하려고 골몰하지 않은 상태에서 말이다. 악의 원리는 인간의 동물적인 혹은 감성적인 본성 안에서 발견될 수 없다는 칸트의 기본적 주장이 칸트에게 단순한 경험적 지식은 도덕적 잘못에 대한 믿을 만한 증거가 될 수 없다는 생각을 하도록 만들었다는 것을 여러분은 기억할 것이다. 어떤 행위를 나쁜 행위로 비난하기 위해서 우리는 그것이 나쁜 준칙에 따라서 수행되었다는 결론을 내려야 한다. 그리고 이러한 결론에 도달하기 위해서는, 외부의 외양들을 넘어서서 다른 사람이나 자기 자신의 심정 깊숙한 곳을 헤아려 보아야만 할 것이다. 하지만, 칸트 자신이 주장하듯이, 이는 불가능하다. 우리는 "[타인들의] 준칙들의 근거나 그것들의 순수성(…)에 대한 인식"을 확실하게 획득할 수 없다(57[73]). 자유가 인간의 핵심을 관찰로부터 보호해주고 우리를 헤아릴 수 없는 존재로 만들어준다면, 칸트는 어떤 특정한 행위가 좋은 준칙에 의해 인도되는지 나쁜 준칙에 의해 인도되는지를 우리가 결코 알 수 없다고 주장했어야만 하는 것처럼 보일 것이다. 하지만, 이미 본 것처럼, 그는 오히려, 우리의 모든 준칙들이 나쁘다고 결론을 내리며, 또한 우리의 모든 행위들을 "언제나… 결함이 있는… 언제나… 불충분한"(60; 칸트의 강조[78]) 것이라고 비난한다. 그의 가차없는 판단, 그가 악의 사실을 바라볼 때의 그 확신을 어떻게 설명할 것인가? 우리가 언제나 도덕법칙을 위반할 뿐만 아니라 그러한 위반들을 의식하고 있으며 위반들을 혐오한다는 것을 칸트가 그토록 확신하는 것은 무엇 때문인가? 왜냐하면 칸트는 내가 이미 지적했듯이 근본악을 악마적인 악과 구별하면서 악마적인 악은 인간에게는 불가능하다고 주장하기 때문이다. 즉 인간은 자신의 위반을 보편적인 법으로 격상시키지 못하며 오히려 그 자신의 행위를 보편적인 법에 대한 비난할 만하고 혐오스러운 예외로 간주한다.

우리가 불확실성을 예상했던 곳에서 이루어진 이러한 이해할 수 없는 확실성의 선언은 프로이트의 독자들에게는 분명하게 공명하는 바가 있다. 프로이트의 독자들은 철학자 칸트의 주장과 정신분석학자 프로이트의 초자아에 대한 기술 사이에서 유사성을 식별할 것이다. 프로이트 또한 도덕적 양심을 "자기에 대해 확신하는" 것으로, 그것이 우리 위에 쌓아올리는 비난에 대한 아무런 확증이나 정당화도 요구하지 않는 것으로 간주했다. 그가 말하는 것처럼, 죄책감은 "자명하면서도 그 기원이 알려지지 않은" 것이다.[7] 프로이트와 칸트에게 공통된 것은, 도덕적 양심이 언제나 확신할 뿐만 아니라 더 나아가 단 한 가지, 양심의 죄에 대해서만 확신한다는 예상치 못한 단언이다. 그리고 둘 모두의 주장에서, 이 죄지은 양심은 도덕적 행동의 전 영토를 강탈할 수 있게 허락받은 것처럼 보인다. 그것이 우리의 **모든** 행위들을, 심지어 그리고 특히 우리 가운데 가장 고결한 사람들에 의해 수행된 행위들을 나쁜 것으로 비난한다는 점에서 말이다. 칸트는 외관상 가장 도덕적인 것으로 보이는 행위들을 위해 자신의 가장 강력한 공격을 남겨두면서 정확히 프로이트의 초자아처럼, 자신들의 도덕적 의무를 이행함에 있어서 가장 양심적인 바로 그 사람들에 대한 비난에서 가장 냉혹한 초자아처럼 응답한다.

왜 그래야 하는가? 왜 도덕적으로 양심적인 사람들이 가장 모진 비난을 받는가? 여기에서 문제가 되고 있는 것을 명확히 하기 위해서, 내가 금방 한 진술을 검토해보자. 도덕적 양심은 단 한 가지, 즉 자신의 죄에 대해서만 확신한다. 이는 실제로 참일까? 칸트는, 그리고 그 문제라면, 프로이트도 도덕적 양심이 착각할 수도 회피할 수 없이 확신하는 것은 **도덕법칙을** 따르도록 명하는 양심의 분명하고도 엄연한 목소리라고 말하지 않는가? 그렇다, 하지만 여기엔 아무런 모순도 없다. 칸트가 예컨대 "내적인 법칙을 위반하면서 자기 안에서 저항을 느끼지 않고 자기에 대한 혐오를 느끼지 않을 정도로 타락한 사람은 없다"(31)[8]고 말할 때, 그는 인간이 두 개의 별도의 대립되는 현상들, 즉 도덕법과 그것의 위반에 대해 의식하고 있다고 주장하는 것이 아니다. 오히려 그는 법에 대한

7 | Freud, *Totem and Taboo*, SE, 13: 68. [국역본: 이윤기 옮김, 『종교의 기원』, 열린책들, 1998, 122쪽.]

8 | [잘못된 전거. The Metaphysical Elements of Ethics의 구절임.]

우리의 유일한 의식은 그것의 위반에 대한 의식이라고 주장하고 있는 것이다. 우리의 죄지음은 우리가 법에 대해 아는 전부이다. 예컨대 질 들뢰즈는 바로 이렇게 도덕법 개념에서의 칸트의 혁신을 기술한다. "칸트는 **법** 자체가 궁극적인 근거이며 원리임을 밝힘으로써, 현대적 사고에 필수적 차원을 부가하였다. 그것은 법의 대상은 정의상 알 수 없으며 정의할 수 없다는 것이다. … 확실히 **법**, 즉 실체나 어떤 결정 대상도 없이 그 순수한 형식에 의해 정의된 **법**은 누구도 그것이 무엇인지를 알지도 알 수도 없는 그런 것이다. 그것은 정체를 드러내지 않은 채 작용한다. 그것은 이미 죄를 짓고 있는 곳에서, 행위의 한계를 알지 못한 채 그 한계를 벗어나는 곳에서, 위반의 영역을 규정한다."[9] 칸트에게서 도덕법칙은 순수하게 형식적이며, 내용이 비어 있다. 그리고 양심의 목소리는, 확실한 것일지라도, 처방도 금지도 언명하지 않는다. 그것은 우리에게 아무것도 말하지 않는데, 왜냐하면 그것은 우리의 단독성 안에 있는 우리, 즉 자유롭고 자율적인 주체인 우리에게 말하기 때문이다. 오로지 우리에게만 전달된 목소리는 어떤 현상화된 언어로도 소진될 수 없는 것이다. 왜냐하면, 언어가 완벽하게 전하는 모든 메시지는 타인들에게 **전달될 수 있는** 것이기 때문이다.

그러므로 아직은 감성에 영향 받는 자유롭지만 제한된 주체들인 우리들에게 말 건넨 양심의 목소리는 우리의 의지의 자율성, 즉 우리가 속물의 이해관계와 상관없이 자유롭게 우리의 행동을 결정할 수 있다는 사실 뿐만 아니라 우리가 이러한 이해관계에서 자유로워야 할지 아니면 종속되어야 할지를 선택하는 일에서도 자유롭다는 사실도 보여준다.

9 | Gilles Deleuze, *Coldness and Cruelty* (New York: Zone Books, 1991), p. 81. [국역본: 이강훈 옮김, 『매저키즘』, 인간사랑, 1996, 94쪽.]

잘 알려진 것처럼, 칸트는 두 가지 용어를 사용하여 이러한 인간 의지의 이중적 측면을 가리킨다. 칸트는 의지의 법 제정적인 능력을 언급할 때는 빌레*Wille*를, 자유에 대한 선택을 낳는 의지를 언급할 때는 빌퀴르 *Willkür*를 사용한다. 하지만 두 개의 상이한 종류의 의지가 있다고 말하여 이러한 구별을 실체화하는 것은 실수일지도 모른다. 구별의 기능은 인간의 의지가 자신을 제한하는 성질, 즉 그것을 그 자체로부터 분열시키는 내적 장애를 드러내는 것이다. 인간 의지의 그 자신과의 내적 불일치는 인간이 어떤 직접적인 방식으로도 그 자신의 자율성과 동일시하는 것을 방해한다. 우리의 도덕적 경험은 우리에게 자유라기보다는 오히려 우리가 충분히 자유롭게 되지 못하는 상태를 드러낸다. 혹은 대체로 우리의 자유를 향한 능력은 우리에게 오로지 우리의 도덕적 처벌을 통해서만 제시된다. "당위"를 "존재" 속으로 완전하게 병합시켜 당위를 효과적으로 제거하는 역사주의의 오류와는 반대로, 칸트는 "존재", 즉 자유롭고자 하는 인간 의지의 본성을 '당위' 속으로 병합한다. 우리가 자유롭게 행위 할 수 있다는 사실, 즉 우리가 자유롭다는 사실을 아는 유일한 길은 양심의 목소리를 통해서이며, 양심은 우리에게 우리가 외적인 동기들에 예속된 상태에서 스스로를 해방시키는 것이 마땅하다고 말한다. 라깡의 해석에서 주체의 지위는 칸트와 더불어 윤리적이 된다. 주체는 오로지 주체화의 능력으로서만 헤아려질 수 있다. 우리 자신을 우리의 자유와 동일시하기의 불가능성과 텅 빈 도덕법과 관련된 칸트의 테제들은 모두 법은 우리가 자유라는 과제를 지향하는 존재가 아니라 오직 죄 있음이라는 부정적인 경험 속에서만 제 자신을 알린다는 사실을 시사하는 것으로 보인다.

칸트에 대한 자유주의적 독해는 인간을 직접적으로 그의 자유와 소외되지 않고 분열되지 않은 의지와 동일시한다. 이러한 독해는 명백히 칸트 철학의 의지주의적 견해를 날조하기 위해서 의지의 내적 분열에 관한 모든 텍스트적 증거들을 무시한다. 하지만 만일 내가 칸트가 인간에게 사악한 의지를 부여하기를 거부하는 것을 지적인 긴장의 결여로 독해하는 사람들에게 동의하지 않는다면, 이는 내가 이러한 거부가 주체의 도덕적 소명을 실현하려는 그녀의 시도들에 지각의 결여라는 유죄판결을 내리는 것이라고 생각하기 때문이 아니라, 그러한 거부가 우리가 언젠가는 "흡족할 만큼" 도덕적인 주체가 될 것이라고는 상상도 할 수 없게 만들기 때문이다. 나는 의지주의를 묵살하려고 악마적인 악을 부인하는 것을 주체가 근거하는 바로 그 원칙을 파괴하려는 그러한 방식으로 행동할 수 있는 주체의 능력을 묵살하는 것이라고 간주하지는 않는다. 내가 주장하는 바는 주체의 근거인 원칙과 도덕법 사이에는 차이가 있다는 것이다. 오로지 후자, 즉 도덕법만이 절멸에 저항한다. 칸트가 이성의 지평 안에 존재할 수 있는 종교적 기질을 위한 여지를 만들려는 시도를 하고 있으며, 이는 어떤 너머의 차원도 갖지 않는다고 생각한다는 점을 기억하자. 예를 들어 하느님 같이, 이성에 반하며 그것을 조작하거나 외부로부터 이성의 타당성을 보증하는 어떤 다른 원칙도 없다. 이성이 홀로 근대 속에서 생존할 수 있는 어떤 종교성의 가능성을 해명해야만 한다. 마찬가지로 이성의 원칙으로서 도덕법은 어떤 외부도 인정하지 않는다. 이성 외부에 존재하며 반이성 혹은 악마의 의지를 대표할 수도 있는 어떤 하느님 어떤 악마 그리고 어떤 반항아도 이성과 대립할 수 없다.

수많은 비평가들이 칸트의 악마적인 악에 대한 도덕적 혐오는 루이 16세에 대한 격식을 갖춘 재판과 처형이라는 관념에 대하여 『도덕 형이상학』에서 그가 표현한 혐오감과 동일한 것이라고 주장해왔다. 그가 반대한 것은 단순히 왕의 살해가 아니라 오히려 그 관념이며, 이는 그에게 법이 자기 자신의 파괴를 감독하는 이해할 수 없는 것으로서 충격을 준다. 사람을 죽이려드는 행동이 인간을 겨냥하는 한 칸트는 그것에 대해 어떤 도덕적인 반대도 하지 않는다. 칸트가 격분하는 것은 오로지 국왕살해가 합법적인 절차를 통해서 왕이 표상하는 법의 원칙이나 규칙을 겨냥할 때뿐이다. 칸트 비평가들이 공언하는 것은 국왕살해와 악마적인 악 양자의 경우에서 칸트는 그 자신을 파괴하는 법에 저항하는 것이며, 이는 칸트가 의무의 차원으로 상승하여 법을 전복시킬 수도 있는 성공적인 도덕법을 생각하는 난제에 직면한 때문이라는 것이다.

나의 논점은 이 두 가지 경우가 동일하지 않다는 것이다. 칸트가 참된 윤리적 행위로서 합법적인 국왕 살해를 통한 국가의 자살이라는 관념을 받아들여야 하는 것(따라서 그렇게 하지 않는 것은 잘못된 것)은 오로지 그가 도덕법 외부에서 그것에 영향을 미치거나 반대하는 것은 아무것도 없다(요약하면, 악마적인 의지는 존재하지 않는다)는 입장을 취하기 때문이다. 국가 혹은 주체적인 자살, 즉 자기 파괴행위는 주체가 그 자신의 근거인 법보다 상위의 지위로 상승하는 것이 아니라 오히려 주체가 법을 그 자체와 대립시켜서 법을 내부로부터 파괴하는 방식으로 법과 동일한 수준에서 작용하는 것을 필요로 한다. 주체가 그 자신에게 거역하여 그 자신을 파괴할 수 있는 바로 그 조건은 악마적인 악의 가능성을 허용하지 않는 것을 통해서 창출된다. 칸트가 (선한) 의지의 외부에 악마적인 의지의 가능성을 허용했다면, 인간은 항상 절대적으로 선하거나 절대적으로 악하며, 그 성질이 선이거나 악인 원칙이 인간을 인도한다고 주장해야 했을 것이다. 그러는 대신에 그는 의지는 오직 선할 뿐이라고 주장한다. 하지만 여기에서 선하다는 것은 다른 무언가를 의미한다. 그것은 인간 존재의 원칙이 인도한다는 것이 아니라 완성 가능성을 향한 능력을 가지고 있음, 즉 인간이 자신을 그의 "합법적"인 위치로부터 절연시킬 수 있다는 것을 의미한다.

법과 처벌

　도덕법은 텅 비어있으며 확정적인 명령법을 언명하지 않기 때문에 법에 대한 무지는 문제가 된다. 그게 뭔지 모른다면 우리가 그걸 준수했는지 그렇지 않은지를 어떻게 안다는 말인가? 그리고 만일 정말로 법은 무조건적이기 때문에 법에 대한 무지는 변명거리로 간주될 수 없다면 우리는 어떻게 그러한 법에 맞서 우리 자신을 변호하겠는가? 들뢰즈가 지적한 바와 같이 카프카는 이러한 영역을 탐색하였다. 카프카는 법 자체를 무대에 올릴 수 없다는 사실을 고려하여, 법을 그 위반으로 발생하는 "처벌의 극단적인 특수성" 속에서 현상하게 하는 접근법을 취한다. 법은 사라지고 공백이 된다. 오로지 시민들이 자신들을 고소한 사람들과 대면하는 것도 자신들의 범죄의 본질을 명확하게 하는 것도 허용되지 않은 상태에서 자신들도 모르게 희미하고 모호한 법률들을 위반해서 고소당하는 전체주의적 관료주의 공포의 장면들을 환기시키기 위해서 말이다. 이는 판옵티콘의 권력이라는 푸코의 그림과 유사하다. 이 그림에서 법은 수감자들 안에서 자명해질 수밖에 없는 상태를 중단한다. 법은 그들이 행한 소위 규범으로부터의 일탈을 통해서, 그리고 잘못과 실패, 즉 그것에 대한 철저한 조사와 처벌의 체제에 대한 일반적인 종속을 통해서 수감자들을 드러내고 규정한다. 이러한 사실이 함축하는 바는 다시 한 번 도덕법과 자유 그리고 의지라는 계몽주의적 관념들은 이해할 수 없는 법에 대한 자발적이지만 강력한 노예상태를 위한 필연적인 조건을 창출했다는 사실이다.

하지만 칸트가 죄 있음을 도덕 경험의 변치 않는 핵심으로서 특권을 부여하고 있음에도 불구하고, 그는 푸코의 그림에서 벗어나 있는가? 그리고 좀 더 앞의 논점으로 돌아가서 칸트는 어떻게 프로이트가 그토록 기억하지 않을 수 없는 방식으로 묘사한 점점 더 강화되며 종식되지 않는 초자아의 처벌의 먹잇감이 되는 길을 피하면서 죄 있는 주체를 구성하는가? 칸트는 우리의 법 위반이 끝날 수 없는 것처럼 무한하다고 생각되는 죄 있음과 무한할 필요가 없는 처벌을 구분한다(66). 그는 이러한 구분을 통해서 우리에게 초자아, 혹은 그가 사례를 언급하는 바와 같이, "우리 안의 고소인, 유죄판결을 제안할 공산이 좀 더 큰 [자]"(70)의 잔혹한 고문을 피하는 방법을 명쾌하게 조언한다. "누가 혹은 무엇이 그럴 공산이 더 큰가?" 우리는 묻지 않을 수 없다. 우리가 호소할 또 다른 판관이 존재하는가? 칸트의 경고는 놀라움으로 다가온다. 주체의 자율성은 외부의 판관에게 결정을 양도하는 것을 거부하는 데 달려있기 때문에, 우리는 이러한 내부의 고소인이 주체가 신뢰해야 하는 판결의 심급이라고 불리기를 기대했을지도 모른다. 그러나 칸트의 대답은 "아니오"다. 외부인 같은 이러한 판관 역시 신뢰할 수 없다. 어떤 근거로 이러한 사적인 기소의 기각이 믿을 만한 것이 되는가? 그리고 우리 안의 도덕법에 귀 기울임으로써 결과하는 도덕적인 양심과 죄 있음 그리고 처벌이라는 자기모순적인 순환을 피하는 것이 어떻게 가능한가?

이러한 문제들에 대답하는 것은 먼저 초자아의 역설적인 논리가, 내가 앞으로 주장할 것처럼 불가피한 것은 아닐지라도, 어떻게 자율적인 주체와 텅 빈 도덕법이라는 관념들에서 유래하는지를 이해하는 데 도움이 될 것이다. 왜냐하면 일종의 노예상태는 역사적으로 이러한 관념들의 결과로 발생했다는 사실을 의심할 수는 없기 때문이다. 만일 칸트의 적극적인 혹은 근원적인 악에 대한 정의가 지금까지 근대적인 악에 관하여 말하는 것, 즉 전례가 없는 사악함이 세계 속에 도입되었다고 주장하는 것이 의미하는 것에 대한 우리의 직감에 거의 부합하지 않는다면, 이 지점에서 우리는 마침내 좀 더 친숙한 분야에 도달한 것이다. 우리는 결국 제국에 대한 식민주의자의 취향, 나치의 집단학살에 대한 열망 그리고 가장 피비린내 나는 종류의 결의법과 얼굴을 마주 대하게 되었다. 왜냐하면 만일 이러한 근대적 현상들이 우리의 준칙들의 도착(근원악)과 이러한 도착이 동반하는 죄 있음의 경험 속에 직접적인 원천을 가지고 있다면, 그것들은 인간의 운명이 봉인되었다는, 다시 말해서 인간이 비열하거나 불가피하게 악하다고 간주되어야 하는 증거가 아니기 때문이다.

도덕법을 자기관심에 관한 법률들보다 경시한다면, 우리는 결국 우리의 동물적인 관심사와 이러한 관심사들을 지배하는 포식의 원리에 이를 것이다. 하지만 만일 칸트가 옳다면, 우리가 인간으로서 자유의지로 우리의 감각적 성향에 따르기로 선택한다면, 우리의 자유의 증거, 혹은 이러한 성향들에 저항하는 우리의 능력의 증거가 반드시 우리의 행동 속에서 무심코 드러날 것이다. 만일 악에 대한 우리 선택의 불변성 혹은 우리 자존감의 뿌리 뽑을 수 없는 성질에도 불구하고, 우리가 정당하게 스스로 자유로우며 따라서 도덕적 행동을 할 수 있다고 생각한다면, 우리는 우리의 행위 속에서 우리의 필멸성을 초월하는 존재의 잉여의 어떤 흔적을 발견할 것을 기대해야 하며 그것을 통해서 한갓 동물적 행동으로의 환원불가능성을 증명할 것이다.

이탈리아 파시즘에 관한 피에르 파올로 파솔리니의 영화 <샬로 소돔의 120일>(1975)은 우리가 이러한 잉여를 찾을 수도 있는 장소에 관하여 몇 가지 단서를 제공한다. "가장 아름다운 엉덩이" 콘테스트가 나오는 한 시퀀스에서 난봉꾼들은 그들에게 가장 만족을 주는 자를 선택하기 위하여 벌거벗은 여러 궁둥이들을 조사한다. 최소한 우리가 보기에 줄 지어 늘어선 이러한 일률적이며 노출된 신체 일부분들의 단조로운 익명 성은 파솔리니가 이 가학적인 남색자들과 이탈리아 파시스트 지도자들 사이에서 도출하기를 원하는 평행성을 세우는 데 도움을 준다. 왜냐하 면 이들 벌거벗고 익명적이며 상처받기 쉬워 보이는 신체들은 집단 수 용소의 수감자들을 생각나게 하기 때문이다. 단 수용소의 일회용 신체 들이 언제나 아사 직전이거나 이미 죽어서 썩어가고 있었다는 사실만 예외로 한다면 말이다. 영화 속의 젊고 잘 생긴 신체들은 건강하고 체격 이 좋으며 다소 환상적인 불멸의 느낌이 있다. 예를 들어 이러한 의미에 서 영화 속의 신체들은 일종의 조명을 받은 은막처럼 빛이 난다. 콘테스 트가 진행될 때 철학적인 성향이 있는 두 명의 난봉꾼들은 바로 그들 자신과 나치의 사형 집행인 사이의 비교라는 주제에 관해 논쟁한다. 첫 번째 난봉꾼이 진지하게 의견을 말한다. "소돔사람들의 행위는 그것 이 인류에게 암시하는 필멸성 안에 있는 가장 절대적인 것이오." 두 번째 난봉꾼이 이에 답한다. "훨씬 더 기괴한 어떤 것이 있소. 바로 사형 집행인의 행위요." 첫 번째가 항변한다. "옳소, 하지만 소돔사람의 행위 는 수천 번 반복될 수 있소." 두 번째도 지지 않는다. "사형집행인의 행위를 반복하는 방법도 찾을 수 있을 것이요." 그가 사형집행인의 방법 이 무엇을 의미하는지 일일이 말할 필요는 없다. 우리는 그것이 또 다른 희생자에게 형을 집행하고 그 다음에 또, 그 다음에 또 그리고 무한히 그 다음에 또 집행하는 것을 통해서 이루어진다는 사실을 알고 있다. 600만 번, 아니 그 이상. 히틀러의 동맹자들과 지지자들이 끝없이 이어 진 희생자들을 몰살하는 것을 통한 "최종 해결"이라는 끝없는 연쇄를 추구하던 곳에서, 가학적인 난봉꾼들이 동일한 희생자들을 끊임없이 고문한다. 희생자들은 기적적으로 죽기를 거부하거나 자신의 아름다운 신체 위에 고문의 표시를 전시한다. 한 난봉꾼이 최고로 아름다운 엉덩이를 가진 소년에게 말한다. "우리가 너를 영원의 한계까지 수천 번이라도 죽이기를 원해왔다는 사실을 모르느냐? 그런 게 있다면 말이다." 그것은 가학적인 소돔사람들을 위한 것도 나치와 파시스트를 위한 것도 아니다. 최소한 그들이 도달할 수 있는 것은 아니다.

난봉꾼과 형 집행인에게 동일하게 칸트가 "이처럼 끝없이 계속된 일련의 접근들의 총체성"(60)은 언제나 그들의 손이 미치지 않는 곳에 점근선적으로 놓여있다. 고문이 점점 더 가혹해짐에도 불구하고, 고문행위는 "모자라며" "부적절하여" 충분한 고통의 양을 추출하는 것을 통해서 그 목적을 완수하지 못한 채 남아 있다. 각각의 경우에서 고문행위의 무용성은 희생자들의 저항에서 기인한다. 난봉꾼들의 희생자가 된 신체는 그 아름다운 형태의 지속성을 통해서 저항하며, 그들의 신체는 어떤 변형에서도 벗어나 있다. 반면에 형 집행인의 희생자들의 신체는 바로 무정형성을 통해서 저항한다. 필립 라쿠—라바르트와 장 뤽 낭시는 「나치 신화」라는 제목의 논문에서 국가사회주의가 구성한 유태인에 관한 환상을 폭로한다. 이 환상에 따르면 "유태인에게는 영혼의 형상 *Seelengestalt*이 없으며 따라서 인종의 형상*Rassengestalt*도 없다. 유태인의 형태는 무정형이다. 그는 단수의 인간, 즉 구체적인 정체성을 가진 인간과 대립하는 것으로서 보편적 추상의 인간이다. 그러므로 로젠베르크는 유태인은 독일인의 대립물이 아니라 그의 모순이라고 조심스럽게 언급한다. 이런 언급을 통해서 그가 말하고자 한 것은 의심의 여지없이 꼴사납게도 유태인의 대립적 정형type이 아니라 바로 정형의 부재이고 현존하는 위험은 완전히 기생충과 같이 되는 전적인 저질화에 있다는 것이다." 그 자신의 어떤 형태나 문화 혹은 국가도 없이 다른 사람들에게 기생하는 유태인은 그 주위에 있는 사람들의 정체성을 모방하거나

그림 5.1. 피에르 파올로 파솔리니, <살로 소돔의 120일>(1975). Courtesy The Museum of Modern Art(N.Y.)/Film Stills Archive.

표절하며, 이러한 방식으로 발각되는 것을 모면한다. 따라서 우리는 마지막 한 명까지 추적했다고 결코 확신할 수 없다. 그리하여 유태 인종의 말살은 영원까지 한없이 연장되는 과제로 제시되며, "유태인의 음모"는 비밀스러울 뿐만 아니라 또한 시작도 끝도 없는 것으로서 영원한 것으로 제시된다. 그러나 희생자들이 파괴될 수 없다면, 고문하는 자들의 의지 또한 그에 못지않다. 그들은 그러한 장애를 극복하려는 시도 속에서 강경해지고 자신들을 더욱 고집스럽게 주장하는 것처럼 보인다:

다시 한 번 사라지지 않는 의문이 떠오른다. 이러한 의지가 칸트가 그토록 열심히 옹호했던 것인가? 나는 우리가 이제는 그렇지 않다는 것뿐만 아니라 왜 그렇지 않은지도 알 수 있다고 생각한다. 내가 이미 지적한 바와 같이 칸트는 인간의 의지를 내적인 균열로 인해서 그 자신으로부터 소외된 것으로 묘사한다. 하지만 형 집행자는 이러한 그의 의지의 장애를 희생자의 저항에서 유래하는 것으로 경험한다. 오로지 적대적인 대타자만이 고문하는 자의 소외되지 않은 의지에 맞서서 그렇지 않다면 절대적인 권력을 저지한다. 프로이트는 투사라는 용어를 사용하여 주체에게 내적인 것이 그것을 통해서 외부로부터 부과된 것으로 보이게 되는 심리과정을 묘사하였다. 하지만 그는 이 용어가 이러한 과정에 수반되는 모든 것을 적절하게 설명한다고 만족하지는 않았다. 따라서 나는 근대 악modern evil을 생산하는 근본악, 혹은 인간 의지의 내적인 균열에 대한 반응을 해명하는 또 다른 용어를 제안하고자 한다.

내가 주장하고자 하는 것은 투사라는 개념에 빠져 있는 것을 허위진술subreption이라는 개념을 통해서 보충할 수 있다는 것이다. 허위진술을 통해서 초감각적 이념, 즉 결코 경험될 수 없는 것이 마치 경험 가능한 대상인 양 거짓으로 표상된다. 칸트가 가르친 논점들 중의 하나는 인간의 자유와 불멸성은 초감각적 이념이라는 것이다. 최소한 지금까지 나타난 바, 이러한 주장을 간략하게 말하자면 다음과 같다. 우리는 우리의 자유에 대한 경험을 거의 하지 못하며, 우리에게 자유가 존재한다고 가정하도록 허용하는 유일한 경험은 아마도 죄 있음에 대한 우리의 경험일 것이다. 하지만 칸트의 용어가 아니라 다른 사람들의 용어로 인간의 자유와 영혼불멸에 대한 **감각 가능한** 정의를 제안하는 것은 가능하다. 어쩐지 초감각적 이념에 대한 부정은 주체를 총체적으로 그의 필멸성에 동화시켜서 주체를 그의 타고난 부자유와 유한성으로 축소시키는 원인이 될 것처럼 보인다. 그러나 이런 일은 일어나지 않는다. 우리가 말한 바와 같이 주체가 자유롭다는 사실은 일정한 잉여, 즉 환상 속에서 드러난다. 다시 말해서 허위진술을 통해서 주체가 그의 구체적이며 역사적으로 한정된 특수성들(예를 들어 국가사회주의의 "피와 대지")에 동화될지라도, 주체의 자유와 불멸성은 무한을 향한 진보라는 환상 속에서 되돌아온다. 국가사회주의자들이 그러한 환상에 전적으로 헌신한 유일한 사람들은 아니었다. 이러한 환상 속에서 주체의 유한성과 실패는 진보에 대한 약속에 의해 지워진다. 죽음은 무기한 연기되며 인간 의지의 능력에 대한 시간의 방해는 어떤 궁극적인 승리도 부정될 것이다. 이러한 무한한 진보라는 환상적인 관념이 어떻게 가학적인 난봉꾼들과 형 집행인 양자의 개인적인 환상들을 지탱하는지를 알아보기는 쉬울 것이다. 그들은 자신들의 자유와 불멸성을 포기하지 않은 채 그들 자신에 관한 감각 가능한 정의를 움켜쥐고 있다. 그들의 환상은 그들이 칸트가 "영원히 커지는 쾌락의 향유"와 "악에서 유래하는 자유"(61)라고 부르는 것에 대한 꿈을 꾸게 해준다.

위의 논의는 이전에 제기된 질문을 재도입할 뿐이다. 인간의 진보와 완전하게 될 가능성에 대한 주요 지지자들 중의 한 사람인 칸트는 어떻게 그들과 정반대되는 입장을 대표하게 될 수 있을까? 이러한 질문은 진보라는 관념이 19세기 과학이 진작시킨 무한한 진보에 국한되는 의미일 때에만 우리를 어리둥절하게 만들 수 있다. 그러나 무한한 진보는 『이성의 한계 안에 있는 종교』가 명료하게 해준 것처럼, 칸트가 승인을 유보했던 것이 아니다. 칸트가 그러한 진보라는 개념을 상당히 업신여기도록 만든 것은 의심할 것도 없이 그것이 허위 진술을 통해서 생산된다는 사실이다. 그가 반대 진술을 하는 방식은 이렇다. 무한한 진보는 "부족한 상태에서 좀 더 낳은 상태를 향하는, 따라서 언제나 결점이 남는 지속적이며 끝없는 전진인 것처럼 자신을 드러낸다[규정된다]."(60/78) 이것은 왜 그런가? 그는 몇 줄 앞에서 자신의 대답을 제시하였다. 왜냐하면 "우리가 진보를 시작하는 지점인 악으로부터 우리가 우리 자신 안에 결과해야 하는 선을 분리시키는 거리는 무한하기 때문이며, 우리의 삶의 도정을 법…에 맞추는 행위 그 자체는 아무리 시간이 주어져도 수행하는 것이 불가능하기 때문이다." 다른 식으로 표현하자면, 무한한 진보라는 환상이 장려하는 꿈이 어떤 것일지라도, 무한한 진보는 주체를 "오로지 생성 중인 것"으로 정의하기 때문에, 우리는 "우리의 실패, 즉 우리가 완전히 되기로 마음먹은 존재가 되지 못한 상태"(61, fn.)와 동질화된다는 사실은 남는다. 무한을 향한 진보라는 관념은 우리를 필멸성에, 다시 말해서 우리가 번번이 경험하는 실패를 보증하는 시간성에, 실패의 무한성에, 따라서 처벌의 무한성에 정박시킨다.

칸트가 너무 가혹한 평결을 내리는 "우리 안의 고소인"에게 귀 기울이지 말라고 우리에게 충고할 때, 그는 이러한 무한을 향한 진보에 대한 믿음이 표상했으며, 그 주위의 아주 많은 사람들이 사로잡혔던 올가미를 피하는 시도를 하고 있다. 하지만 칸트에게 이러한 특수한 믿음과 이러한 가혹한 심판 사이의 연관성은 어쩌면 생각처럼 그리 분명하지 않을지도 모른다. 그것들의 관계를 설명하기 위해서는 프로이트와 정신분석학을 기다려야 했다. 나는 이미 칸트가 말하는 내적인 심판은 엄밀하게 볼 때 초자아에 상응한다는 주장을 하였다. 초자아는 프로이트가 기술하는 바와 같이 우리가 도덕적인 노력을 행하는 것에 비례해서 더 많은 비난을 하며 우리가 희생할수록 더 큰 희생을 요구한다. 우리는 칸트가 무한한 진보에 대한 근대의 믿음에 대해 경고한 것들을 따라서 프로이트의 설명을 평가하는 방식을 통해서만 비로소 『문명 속의 불만』에서 간략하게 설명된 초자아의 역설들이 어떻게 제논의 유명한 다른 역설들과 관련되는지를 알 수 있다. 제논의 역설들이 특별히 생성의 철학자들을 조롱하기 위해서 고안되었다면, 프로이트가 밝힌 초자아의 역설들은 우리가 스스로를 한갓된 생성으로 규정하면 할수록, 우리는 스스로를 점점 더 가혹하게 처벌하는 희생의 법, 혹은 라캉이 말하는 바와 같이 "어두운 신"에게 바치게 된다는 사실을 증명하려 한다. "우리가 겪어온 역사에 대한 비판 속에는 뭔가 깊숙이 감춰진 것이 있습니다. 그것은 다 지난 일이라고 간주되고 있는 가장 끔찍한 형태들의 홀로코스트를 다시 출현시킨 것, 바로 나치즘의 드라마입니다…. 이러한 사실은 마치 기괴한 주문에 걸린 듯 모호한 신들에게 희생제물을 바치는 행위가 극히 소수의 주체들만이 그러한 행위에 굴복하는 데 저항할 수 있는 어떤 것이라는 사실을 보여줄 뿐입니다…. 희생이란 우리가 우리의 욕망의 대상을 통해 내가 "어두운 신"이라 이름붙인 타자의 욕망의 현존에 대한 증거를 찾으려는 노력을 뜻합니다. 라캉이 시사하는 바는 이러한 가혹한 희생의 법에 예속되는 것은 칸트의 지도를 따라서 도덕법에 주의를 기울이는 것과 동일하지 않다는 것이다.

양심의 목소리가 향유의 희생을 요구하는 것으로 들린다는 사실은 우리가 무한한 진보라는 역사적 환상에 가담해온 정도를 가리키며, 칸트의 독해에서는 그저 무한한 집행연기의 환상에 지나지 않는 것으로 나타난다. 한편으로 이러한 환상은 우리에게 우리 자신의 죽음을 무한히 연기해주는 것처럼 보이는 반면, 다른 한편으로는 경험을 통해 알수 있듯이. 삶을 죽음에 저항하는 투쟁으로 축소시킴으로써 우리를 죽음에 결박한다. 따라서 환상이 무한한 쾌락에 대한 약속을 지속시키는 것으로 보일지라도 사실상 그것은 우리에게 이러한 약속에 우리의 쾌락이라는 십일조 납부를 요구한다. 요약하면, 우리의 윤리적 소명을 행복의 추구와 안녕, 혹은 육체적 생명을 소중히 여기는 것으로 재규정하려한 역사적 허위진술은 가장 큰 공포와 부인할 수 없는 "생명경시"[10]를 야기해왔다. 나치즘의 우생학 계획은 우리를 우리의 내적 심판자에게 종속시켜온 허위진술의 역설적 결과들의 가장 분명한 전시일 뿐이다.

하지만 칸트는 우리를 하나의 가혹한 심판자에서 그저 또 다른 것에 넘겨주는 방식으로 우리를 구하려 하는 것처럼 보일 수도 있다. 왜냐하면 그는 갑자기 기어를 바꿔 우리가 두 번째 혹은 좀 더 정확히 말해서 최후의 심판자를 받아들일 필요성에 관하여 말하기 시작하기 때문이다. 최후의 심판에 대한 언급은 바로 의지의 자유를 사유할 가능성 혹은 인간의 완전할 수 있는 가능성을 유산시켜 칸트의 전체 기획의 기반을 침식하는 것으로 보일 수도 있다. 왜냐하면 사실상 칸트는 목적원인론

---

10 | 알랭 바디우는 그의 강력하고도 격론을 불러일으킨 책 『윤리학: 악에 대한 의식에 관한 에세이』(이종영 옮김, 동문선, 2001)에서 행복 추구에 근거한 윤리학과 이러한 근대의 생명경시 사이의 관계성을 특히 강조한다.

에 대한 단호한 반명제에 근거하여 자신의 도덕론을 세우기 때문이다. 도덕적 혹은 자유로운 행위는 어떤 목적에 의해서도 인도되지 않는 것이다. 그러한 행위는 절대적으로 무조건적이며 오로지 선 그 자체의 실현을 통해서 정의되는 선을 위해서 선을 행한다. 하지만 칸트는 어떤 목적도 자유행위의 근거로 기능할 수는 없지만, 우리의 행위를 통해서 아무런 결과도 발생하지 않을 것이며 우리의 행위의 종착역은 존재하지 않는다고 생각하는 것은 비합리적이라고 주장한다. 앞의 1장에서 주목해서 논의한 이러한 구별은 이성이 우리의 행위가 실현되었을 때 발생하는 결과들에 무관심할 수도 있는 윤리학을 구성하려 시도하는 것의 불합리성을 사유할 수 있게 해준다. 좀 더 논쟁적인 용어로 말하자면, 칸트는 어떤 실천적인 행동도 바로 그 본성 때문에 위태롭게 된다는 구실로 모든 유토피아적 이념을 단념시키려 애쓰는 "탈구조주의적" 혹은 "해체주의적" 윤리로의 전회에 속아 넘어가는 얼뜨기가 아니다. 만일 어떤 행위가 그저 무심하거나 자동적인 행동이 아닌 어떤 것으로 간주될 수 있다면 반드시 어떤 목적을 가지고 실행되며 반드시 일정한 결과를 낳는다. 모든 목적과 목표를 의심하는 것은 결국 행동을 그 자체로 비윤리적인 것으로 간주하여 추방하는 것이다. 칸트는 곧 이러한 입장을 사리에 맞지 않는 것으로 처리한다.

그러므로 칸트가 우리에게 우리의 모든 행위에서 결점을 찾아내는 내부 고발자의 비난보다는 차라리 최후의 심판을 따르도록 충고하는 것이라면, 그것은 틀림없이 자유로운 행동, 즉 목적이 있는 행동을 위한 여지를 만들기 위한 것이다. 칸트에게 이러한 "최후의 심판"은 무한한 진보, 즉 우리의 모든 성취를 하찮게 만드는 관념과 정반대되는 것을 뜻한다. 칸트는 알려지지 않은 미래에, 영원히 유예된 머지않은 순간에 최후의 심판에서 있을 평결을 기다리라고 우리에게 요구하지 않는다.

그리고 그는 우리에게 이렇게 영원히 유예된 순간이 도래할 때까지 어떠한 향유나 행동도 무기한 포기하라고 요구하지도 않는다. 대신에 그는 우리를 지금, 즉 현재 속에서 이러한 심판의 수혜자들이라고 평한다. 왜냐하면 그것은 우리에게 만기가 되기 전에 값없이 선물처럼 오는 것이기 때문이다. 그것은 우리의 쾌락을 포기하는 면밀함에도 "더 나은 미래"를 조장하는 근면성에도 좌우되지 않는다. 최후의 심판은 서둘러서 때 이르게 순수한 은총의 선물처럼 도래한다. 이는 마치 『이성의 한계 안에서의 종교』에서 이제까지 모든 것이 초자아, 즉 내부고발자의 법에 종속된 자의 관점에서 기술되어 왔지만, 이제 갑자기 새로운 관점이 열린 것과 같다. 우리의 모든 행동에 결함이 있다는 것, 즉 우리의 행동이 우리가 어쩔 수 없이 근본적으로 악하다는 혐의를 벗겨줄 정도로 충분히 선하거나 온당하지는 않다는 것, 다시 말해 우리의 모든 부적절함은 부정되지 않는다. 그보다는 오히려 뜻밖에 오는 이러한 보너스에 의해 벌충된다. 비록 우리가 매 순간 악한 의지를 갖게 되는 것처럼 보이지만, 동시에 우리 모두는 이러한 최후의 심판의 "기적적인" 중재, "[우리가] 일을 잘해서 얻는 수익을 초과하는… 이러한 잉여"를 통해서 "선한 기질" 혹은 도덕적 본성이라는 은총을 입는다. 이와 같은 도덕적 본성은 "이처럼 끝없이 계속되는 일련의 근사치들의 총합을 대신하여, [따라서] 우리가 되려고 마음먹은 것에 항상 부합하지 못하는 실패를 벌충한다."(60, fn.) 인간의 중심에 있는 치유할 수 없는 도착성, 즉 우리 본성의 핵심에 있는 악에 관해 이야기한 후, 칸트는 이제 우리를 우리가 결코 받을만한 가치가 없는 도덕적 본성의 소유자로 생각하며, 급히 그것의 소유권을 우리에게 돌린다. 마침 우리가 근본적으로 악한 "바로 그때에 마치 우리가 이미 도덕적 본성을 소유하고 있었던 것처럼"(70) 말이다. 이러한 보상은 엉겁결에 우리들의 것이 된다.

이러한 논거를 신학적인 공허함으로 간단히 처리해버리기 전에 전세계적으로 나타나는 종교적 근본주의의 발흥을 재고해보는 것이 도움이 될 것이다. 이러한 현상이 일반적으로 근대성에 저항하는 반동으로 보이며, 이처럼 성장하는 과격파 집단이 전자 공격과 미디어를 활용하는 수완이 그것의 근본주의적인 메시지와 다소 조화롭게 보이지는 않지만, 사실상 진보에 대한 모종의 신념과 종교적인 교리주의 사이에는 어떤 공감의 결여도 없다. 우리가 과학적 진보라는 모종의 관념을 고수하면 할수록 우리는 점점 더 하늘나라를 부여잡게 된다. 과학적 진보라는 것이 절차적으로 끝도 없이 원인들의 원인들, 조건들의 조건들을 구해야 하는 의무가 있다는 의미에서, 자연스러운[11] 한계가 없기에, 이성/과학은 구조적으로 무한한 진보라는 환상에 빠지기 쉬우며, 따라서 징계하듯이 그 자신의 실패에 몰두한다. 그 결과 자기 처벌을 조금씩 강화한다. 그리하여 아이러니하게도 삶을 우리의 감성적 실존의 관점에서 포착하려는 시도는 우리를 삶으로부터 근절시키며 만족의 무기한적인 지연으로 이끈다. 그것은 자기 경멸을 어떤 자기 평가 중에서도 유일하게 합리적인 결과로 만든다. 이와 같은 세계에서 구원은 오직 이성을 넘어선 외부에서 오는 것으로 여겨지며 그 정도는 점점 더 심해진다.

최후의 심판으로의 소집은 그러한 종교적 교리주의를 지탱하는 잔혹한 기계를 해체하기 위해 고안된다. 왜냐하면 이러한 보너스는 이성을 초월한 어떤 장소에서 우리에게 오는 것이 아니라 오히려 이성 그 자체의 선물이다. 우리는 "천성적으로" 도덕적인 존재이다. 왜냐하면 우리는 이성을 통해서 우리 자신의 "본성"을 뒤집을 수 있기 때문이다. 칸트는 도덕적 진보를 한 세대에서 다음 세대로 무한히 증가하는 전진, 즉

---

[11] [본문에는 *naural*로 써 있지만 *natural*의 오타로 보임.]

우리 이전에 왔던 사람들이 규정한 의제를 발송하고 우리가 그들의 열망을 물려받는 것이 아니라 한 개인적인 주체가 그녀 자신이 유지하는 환상을 해체하거나 그녀로부터 그녀가 내밀하게 쥐고 있던 신념들과 엮어주던 봉합을 푸는 문제라고 생각하였다. 칸트의 설명에서 은총이 법 적용으로부터의 일종의 특별사면이 아니면 무엇이란 말인가? 그 법은 우리를 우리가 처한 조건, 즉 우리가 물려받은 상황과 그들이 과거의 개선된 판본으로서의 미래를 형성하기 위하여 물려준 의무들에 얽어매는 초자아의 법이 아닌가? 우리가 우리의 과거의 빚, 즉 우리의 특수성을 구성하는 유산의 상속을 받지 않을 수 있는 것은 오로지 칸트의 이성 개념의 은총에 의해서뿐이다.

칸트의 해법이 분명 기독교적이며 따라서 제한된 것이라고 미심쩍어하면서 맹렬히 비난하는 것은 쉬운 일일 것이다. 하지만 근본악이라는 관념을 원죄라는 관념으로 환원할 수 없는 것처럼, 은총 역시 하느님의 구원하는 자비라는 기독교적인 관념으로 환원될 수도 없다. 우리는 주님의 눈으로 보는 바에 따라 구원을 받는 것도 아니며 죄에서 구원되는 것도 아니다. 은총이라는 개념은 우리의 도덕적 진가에 관한 문제가 아니라 우리의 도덕적 능력에 관한 문제에 대해 말한다. 다시 말해서 『이성의 한계 안에서의 종교』에서 떠오른 은총이라는 개념은 행위하라는 명령에 대한 우리의 짐을 덜어주지 않는다. 그것은 우리의 모든 행위를 우리의 "영혼"을 구원하기에는 하찮고 불충분한 것으로 간단히 처리해버리지 않는다. 그렇다면 영혼구원이라는 과제는 하느님의 선한 은총에 의지하고 있어야 했을 것이다. 그렇다. 은총은 행위*act*의 가치를 떨어뜨리지 않는다. 은총은 오로지 **행동***action*, 즉 사태가 계속 진행되도록 유지하는 수고인 광적인 유형의 노동만을 가망 없는 것으로 선고한다. 은총은 우리는 우리를 구할 수 없으며 오직 하느님만 할 수 있다는 것을 의미하지 않는다. 은총은 오히려 우리의 행위를 제멋대로 결정할 수 있는 존재는 없다는 것을 의미한다. 달리 말하면 은총은 우리를 죄에서 구원하지 않으며 우리를 우리 자신의 경험적인 역사에 의해 외부로부터 원인 지어진 상태에서 우리를 구원한다.

칸트는 최후의 심판자가 수여하는 이러한 은총을 후에 프로이트가 『모세와 유일신교』에서 하게 될 주장과 교차하는 방식으로 이론화하고 있다. 이러한 주장은 유태인의 선택이라는 관념, 즉 하느님이 유태인들을 선택했다는 생각과 관계가 있다. 이러한 사상은 변명의 여지가 없는 예외주의의 사례처럼 보이지만, 프로이트는 이를 다른 방식으로 생각할 수 있게 해준다. 프로이트에게 편애 받는 지위에 대한 유태인의 믿음을 자동적으로 이해할 수 있는 것이 아니라 곤혹스러운 수수께끼 풀기로 만드는 것은 그 믿음이 만물의 하느님으로서의 한 분 하느님이라는 믿음과 연결된다는 사실이다. 실제로 여기에는 두 개의 수수께끼가 있다. (1) 일신주의 그 자체, 왜냐하면 보편적인 하느님에 대한 믿음은 개인적인 신과의 "친밀성의 희생"을 수반하기 때문이다. 보편적인 하느님은 "이방인들과 함께" 공유되어야 한다. 그러므로 (2) 선택받음이라는 개념은 보편적인 하느님이라는 개념과 연결된다.[12] 프로이트가 보편적인 것과 예외와의 관계에 관한 문제를 제기할 수 있는 것은 아마도 그가 보편적인 것이라는 관념을 당연한 것으로 여기지 않기 때문일 것이다. 이러한 곤혹스러운 문제 때문에 그는 유일신교 혹은 보편적인 것과 예외, 즉 하느님이 편애하는 한 백성이라는 사이의 두 가지 상이한 관계를 식별한다. 이러한 차이들은 고대 이집트에서 유일신교가 처음 출현한 것과 유태인의 유일신교 사이에서 프로이트가 도출하는 구별을 구성한

---

12 | 프로이트, 「인간 모세와 유일신교」, 이윤기 옮김, 『종교의 기원』, 127쪽.

다.

프로이트는 이렇게 말한다. "이집트에서… 일신교는 제국주의의 산물로 성장했다. 하느님은 광대한 세계 제국의 절대적인 통치자였던 파라오를 그대로 반영하는 존재였다. 유태인의 경우는 정치 상황이 지극히 불리해서, 배타적인 민족신의 이념에서 보편적 세계 지배자 이념으로 전개시킬 수 없었다. 바로 이 때문에 이 힘도 없는 조무래기 국가의 백성이 오만하게도 위대한 주님의 총애를 받는 민족이라고 주장하지 않았을까?"(65) 이 들 두 보편적인 하느님들, 즉 유일신교의 이러한 두 형태 사이의 차이는 무엇인가? 이집트에서 모든 백성의 하느님은 "파라오적"이라고 말할 수 있을 것이다. 다시 말해서 이집트의 하느님은 파라오의 특징을 보유하고 있으며, 그의 권력을 반영한다. 그러므로 문제는 특수화된 보편성이었다. 이러한 하느님의 지배의 확산 혹은 진보적인 팽창/보편화는 제국주의적 정복의 논리를 따랐다. 말하자면 점차로 "하느님의 모든 백성들" 안에 포함된 백성들은 정복당하거나 원칙적으로 파라오가 정복할 수 있는 사람들이다. 이러한 유형의 유일신교, 혹은 이를테면 "파라오가 정복할 수 있는" 구체적인 특성으로 정의된 보편성은 그 자체의 예외를 함의한다. 즉 파라오와 정복적인 기원을 가진 민족은 그 자신을 널리 확산시키거나 다른 민족들을 정복하였다. 다시 말해서 파라오와 그의 기원 민족은 보편성의 구성원이라기보다는 보편성을 규정하는 조건이다. 그들은 보편성을 파괴하지 않고는 그 안에 포함될 수 없다. 간단히 말해서 이러한 보편성은 정복자와 피정복자의 상호배제에 의존한다.

유태 유일신교의 경우는 전혀 다르다. 그것은 예외, 즉 결국 보편적 우주적 지배자가 되는 배타적인 민족신으로부터 형성되지 않는다. 따라서 보편성은 특수화되지 않으며, 유태인의 특징들을 반영하지도 않는다. 그런 문제에 관한 것이라면 보편성은 어떤 다른 특징도 보유하지 않는다. 그것은 전혀 티를 내지 않으며 성격도 없다. 이러한 유형의 유일신교의 백성들을 구성하는 전부에 속하는 기준도 전혀 없는 것으로 보인다. 그것이 형성되는 어떤 이유도 있을 수 없다. 프로이트는 "따라서 유태인들 사이에 유일신교의 기원의 문제는 미해결로 남았을 것이다"고 말하지만, 우리는 이러한 기원의 결여를 해답으로 받아들여야지 해답을 찾지 못한 것으로 받아들여서는 안 된다. 왜냐하면 모든 것은 반드시 무로부터 기원해야 하거나, 그것 외부의 이유 때문에 발생해서는 안 된다. 만일 그것이 무한히 특수화되는 것을 피하고자 한다면 말이다. 하지만 그들의 유일신 종교의 모든 것이 진정으로 한계 없는 것이라면, 유태인이 하느님에게 선택받았다는 것은 내재적인 예외, 즉 모든 것에 외적인 예외가 아니라 전부에 내적인 예외를 구성해야 한다.

이집트 유일신교의 제국주의로 돌아가 보자. 이러한 성격 규정이 적절한 이유는 이집트의 유일신교가 함의하는 보편성이 지배 민족의 거창한 권력을 반영했기 때문만이 아니라 그것이 자신의 한계 너머로 스스로를 확장시키고 지속적으로 그 자신을 외부의 영토들에 부과했기 때문이기도 하다. 다시 말해 이집트의 유일신교는 의미심장한 방식으로 자신의 한계에 의해 규정되었으며, 이는 그것이 항구적으로 그 자신을 확장시키는 것을 통해서 자신의 한계를 보충하려 했기 때문이다. 이는 이러한 유형의 유일신교가 원초적이며 역설적인 불완전성에 의해 침해받았다는 사실을 인정한다. 그것은 자신에게 자신을 불완전하게 포괄적인 것으로 제시한다. 반면에 유태 유일신교의 전부는 역설적인 과잉, 즉 선택이라는 잉여에 의해 침해받았던 것으로 보인다. 예외도 배제도 없이 모든 사람이 이러한 하느님을 그 또는 그녀의 것으로 주장할 수 있을지라도, 유태인은 그들 가운데서 편애를 받는다. 의미심장하게도 이러한 잉여는 소속의 범주에 영향을 미친다. 왜냐하면 편애 받는 지위는 전부 안에서 구성원이 되는 권리의 과도함을 가리키기 때문이다. 모든 사람이 구성원이지만, 유태인들은 다른 사람들보다 "좀 더" 구성원이다. 왜냐하면 유태인들은 구성원으로 선택되었기 때문이다. 신기하게도 이러한 잉여는 어떤 방식으로도 소속됨의 기준을 제한하거나 특화하지 않는다. 반대로 그것의 유일한 기능은 기준의 부재를 강조하는 것으로 보인다. 어떻게 그렇게 말할 수 있는가? 왜냐하면 유태인의 선택은 그들의 특수한 성격들에 대한 선택을 해소하는 것에 불과한 것이기 때문이다. 유태인들은 그들이 하나의 민족으로서 보잘것없거나 무기력하며, 숱한 굴곡과 고통을 겪은 고난의 역사와 같은 어떤 특정한 특질들이나 역사 때문에 선택되지 않는다. 그들이 자신들의 비참한 역사나 뚜렷할 것 없는 특징들로 환원되는 것을 피하는 능력을 제외하고는 말이다. 유태인들이 자신들은 선택받았다고 여긴다는 사실은 오로지 자신들의 "오만"이나 "뻔뻔스러움"을, 다시 말해서 자신들의 고난의 역사로 그들을 규정하도록 허용하는 것에 대한 거부를 드러낼 뿐이다.

앞에서도 언급했지만 프로이트의 이론이 칸트의 은총이라는 개념과 교차하는 것은 이 지점이다. 왜냐하면, 유태인의 선택받음과 『이성의 한계 안에서의 종교』에서의 최후의 심판은 둘 다 주체들을 구원하기 때문이다. 아니, 좀 더 정확히 말하자면, 그들이 받은 은사를 통해 영광을 받은 주체들은 그들이 처한 상황에서 그들 자신을 구하거나 그러한 상황으로부터 거리를 유지하는 것을 허용하기 때문이다. 하지만 거의 언제나 잃어버리는 논점을 유달리 강조하지 않을 수 없다. 이러한 은사들은 그것을 받은 주체들을 역사의 외부에 위치시키지 않으며 오히려 바로 그 중심에, 다시 말해서 실재의 지점에, 즉 역사가 출현하는 구멍에 위치시킨다. 유태인들은 자신들의 역사에 저항한다. 프로이트가 말한 바와 같이 역사의 초월을 통해서가 아니라 "그들 자신의 상업적인 삶을 끌어안고, 다양한 형태의 문화 활동에 가치 있는 공헌을 하는 것"(91)을 통해서 말이다. 프로이트는 점차로 애초에 리비도 에너지가 분열된다고 주장하기에 이른다. 그것은 많은 부분이 억압되었을지라도 적은 몫은 억압되지 않은 채 남아 있다. 억압의 "반흔 조직scar tissue"은 충동 만족의 경로를 차단하고 따라서 충동은 대체 만족, 즉 억압된 생각들을 지시하거나 번역하는 만족을 찾아야 하지만 억압되지 않은 리비도의 몫은 어떤 제한도 없이 작동한다. 그것이 순수 잉여이며 순수 은사이다. 그것은 사전 조건 없이 제한당하지 않은 채로 생에 대한 새로운 애착을 발명하기 위해 활용될 수 있다. 나는 『이성의 한계 안에서의 종교』에서 은총이 기능하는 방식에 관한 나의 이해를 다시 언급하면서 마치고자 한다. 처음 볼 때, 은총은 현상–본체 구별의 양 날개 위에서 텍스트에 진입하는 것처럼 보인다. 이런 경우에 논의는 다음과 같이 될 것이다. 우리는 매순간 죄에 빠져서 근본적으로 악한 것처럼 보이지만, 이는 단지 사태가 현상의 관점에서 나타나는 방식일 뿐이다. 은총은 우리의 그저 불완전하고 시간적으로 제약되지만은 않은, 완전한 우리 존재의 본체적인 관점, 즉 위로부터의 시각을 제공한다. 하지만 이러한 설명이 균형을 잃게 만드는 것은 "본체적인 관점", 즉 위로부터의 시각이 우리의 "내부 고발자"의 시각, 즉 은총이 대리하지 않고 반대로 붕괴시키는 초자아적 관점이라는 사실이다. 이러한 내부 고발자의 관점 때문에 우리는 언제나 이미 병리적 동기들과 도덕법 사이의 위계를 뒤집고, 언제나 이미 이기적인 이유들 때문에 법에 복종했던 것처럼 보인다. 하지만 은총은 우리가 자신들을 시간의 유한한 질서 속에 정주시키기 위해 이러한 위치에서 내려올 때, 우리 위에 "내려온다." 이 순간 은총은 사태가 아직 결정되지 않은 시간의 질서 그 자체 안에 하나의 공간을 연다.

이러한 공간에 대한 주체적인 경험이 향유의 경험, 즉 분에 넘치며, 예기치 않았고 실로 원하지 않은 쾌락의 경험이다. 이는 우리를 우리 자신으로부터 뒤흔드는, 혹은 칸트의 용어를 사용하자면, 우리의 기질에 대한 자율적인 인수, 우리가 이전에 선택한 행동의 준칙으로부터 우리를 뒤흔드는 경험이다. 그러므로 "영적인"spiritual 은총의 선물은 우리를 우리의 유한한 육체적 존재로부터 들어 올리는 것이 아니라 오히려 그것을 "무한화"하며, 규제되지 않은 쾌락으로 육체를 침범한다. 이러한 쾌락은 우리의 육체를 마비상태에서 깨어나게 한다.

시큼한 정의 혹은 자유주의적 시기

필름 느와르는 무엇보다 저열한 인간 감정들의 모음집이라는 뻔한 가정을 잠시 받아들여보자. 그러면 예루살렘과 같은 도시들에서 인간관계를 교란하는 종교적 긴장과 종족적ethnic 긴장에 대한 이 논의를 내가 느와르 장르의 고전 한 편에서 나온 한 장면에서 시작하더라도 그다지 놀랍지 않을 것이다. 나는 한 가지 저열한 감정에, 그리고 그 감정이 어떻게 시민성의 정치와 "도시에 대한 소유권"에 대해 의미심장한 질문을 제기하면서 공동체와 정의에 관한 자유주의적 이론들에 도전하는지에 초점을 맞추고자 한다. 내가 염두에 두고 있는 것은 1944년 영화 <로라>, 특히 이 영화의 어떤 한 장면이다. 이 영화의 보이스오버 내레이터인 왈도 라이데커는 계획적으로 로라를 자신을 가장 존경하는 팬으로 바꿔놓았는데 그 장면에서 라이데커는 로라가 다른 남자와 저녁 시간을 보내기 시작했음을 알아챈다. 거리에서 라이데커는 블라인드가 쳐진 그녀의 이층 창문을 올려다보다가 자신이 보고 싶어 했을 외로운 한 개의 그림자가 아니라 두 개의 그림자를 얼핏 보게 된다. 이 순간부터 그는 초조해하기 시작하며 결국 두 번째 그림자를 남긴 남자인 화가 자코비의 경력을 완전히 산산조각 내버린다.

우리가 직면하는 질문은 이런 것이다. 왜 라이데커는 이 파괴의 길에, 자코비만 파멸시키는 데 그치지 않고 근거리에서 엽총으로 얼굴을 쏘아버림으로써(혹은 그는 자신이 그런다고 생각한다) 로라마저도 파멸시키는 길에 발을 들여놓은 것일까? 가장 즉각적으로 떠오르는 대답은 이런 것이다. 그가 로라와의 성관계를, 즉 그와 그녀의 관계 속에서는 결여되어 있지만 자코비는 분명 즐기고 있는 그녀와의 그런 성관계를 갈망하기 때문이라고. 하지만 이보다 더 진리와 동떨어져 있는 것도 없을 것이다. 라이데커는 그런 성적 관계에 대해 오로지 역겨움만을 느끼기 때문이다. 로라에 대한 그의 처신을 보아도 그렇고 그녀의 다른 구혼자들이 세속적이고 뻔한 육욕에 사로잡혀 있다고 그가 종종 경멸적으로 언급하는 것을 보더라도 그렇다. 우리는 이러한 역겨움의 표현을 액면 그대로 받아들여야 한다. 왜냐하면 라이데커는 분명 자코비를 질투하고 있는jealous 것이 아니라 그를 시기하고envious 있기 때문이다. 그 다음 물음은 물론 이렇다. 차이가 뭔가? 크랩의 『영어 유의어』 사전은 이런 대답을 제시한다. "질투는 갖고 있는 것을 잃어버릴까봐 두려워하며 시기는 자기가 원하는 것을 타자가 갖고 있는 것을 볼 때 생겨나는 고통이다."[1] 그 기술記述만 놓고 보면 이 구분은 나쁘지 않다. "가지고 있는 것"과 "원하는 것"을 대립시키는 가운데 그 정의는 질투가 어떤 쾌락의 소유에 근거하고 있는 반면 시기는 정확히 그러한 쾌락의 결여로부터 유래한다는 사실을 정확히 파악하고 있기 때문이다. 하지만 시기

---

[1] | Melanie Klein, *Envy and Gratitude: The Writings of Melanie Klein*, ed. Roger Money-Kyrle (London: Hogarth Press and the Institute of Psycho-Analysis, 1975), p. 182에서 재인용.

의 그 결여가 타자가 즐기고 있는 그 쾌락 —— 그렇기에 이를 보는 것은 고통스럽다 —— 을 소유함으로써 채워질 수 있다고 가정한다면 이는 잘 못일 것이다. 사전의 표제어가 계속해서 말하듯이, "시기하는 사람을 만족시키려는… 모든 노력은 부질없는 일이다." 왜 그런가? 그가 원하는 것과 그가 타자의 향유로서 지각하는 것은 전혀 동일한 것이 아니기 때문이다. 시기하는 사람이 스스로 원하는 것은 타자가 가지고 있는 그 무엇이 아니기 때문에 그렇게 다른, 전적으로 낯선 쾌락을 획득한다고 해서 그의 욕망이 사그라드는 것은 결코 아니라는 것이다.

라이데커가 지각한 대상인 "블라인드에 비친 두 개의 그림자"가 상투적 표현이라는 것은 우연이 아니다. 하지만 이 상투적 표현을 그것을 바라보는 인물 탓이 아니라 영화 탓으로 돌린다면 그 의미를 놓치게 될 것이다. 다시 말해 라이데커야말로 그의 발견이 취하는 그 진부한 형식에 대해 책임이 있다. 이 지각이 직접적이지도 신선하지도 않으며 어떤 평범한 이미지를 통해 여과된 것이라면 이는 라이데커의 시기하는 시선이 욕망에 의해 자극되지 않았기 때문이다. 그렇지만 차갑고 어두운 아래쪽에서 그가 올려다보는 창문은 마치 상상적 장면으로부터 실재의 섬광이 내비치는 것처럼 밝은 빛으로 빛나고 있다. 이러한 섬광은 물론 그 상상적 장면이 완결된, 폐쇄된 만족의 이미지를 드러낸다고 그가 확신한다는 것의 징표이다. 그가 보기에 얼마간 떨어져서 발생하고 있는 쾌락은 그에게 여전히 낯선 것으로, 폐쇄된 채로 남아 있다는 것이다. 따라서 이렇게 —— 그에게 —— 완전하고 절대적이면서도 이해할 수 없는 쾌락을 바라보는 그의 시선은 악의적인 힘을 갖고 있다. 그 시선은 씁쓸하다.

기록에 의하면 "고대와 근대를 막론하고 사실상 모든 언어"에는 시기에 수반되는 "사악한 눈"에 해당하는 용어가 있다.[2] 이 시선에 별개의 명칭을 부여해야 하는 이유는 그 시선에는 해를 끼치려거나 더럽히려는 의도가 내포되어 있기 때문이다. 여타의 "비열하고 굶주린 시선" — 분노의, 탐욕의, 혹은 질투의 시선 — 이 손해에 초점을 맞추고, 타자에게서 어떤 탐나는 대상을 빼앗는 것에 몰두한다면 오로지 시기의 사악한 시선만이 향유 그 자체를 훔치려고 한다. 그 여타의 시선들은 쾌락을 불러오는 그 무엇을 타자에게서 강탈하려고 하면서도 타자의 쾌락 능력은 그대로 놓아둔다. 시기는 그렇지 않다. 그것은 무엇보다 향유 능력 그 자체를 망치고 싶어 한다. "시기하는 자는 향유의 광경 앞에서 병든다. 그는 타자가 비참할 때만 편안하다."[3]

솔로몬의 유명한 판결에서 그 현명한 지도자가 "가짜 엄마"를 밝혀낼 수 있었던 이유는 그가 사악한 눈의 존재를 깨달았기 때문이다. 가짜 엄마는 자신의 소중한, 무엇과도 바꿀 수 없는 아이를 잃어버린 후 여전히 너무나도 괴로운 나머지 [다른 엄마의] 또 다른 아이를 욕망할 수가 없다. 그렇다면 솔로몬이 보듯이 그녀는 결코 진짜 엄마의 작은 한 "뭉치의 기쁨"["아이"를 뜻하는 관용어구]을 원하는 것이 아니라 (이 더러운 냄새를 풍기고 구토하는 작은 강보 덩어리가 또 다른 누군가의 기쁨의 원천이 될 수 있음을 사실상 그녀는 거의 이해할 수 없으리라) 타자의 모성적 만족을 절멸시키기를 원한다. 이런 이유로 아이를 둘로 가르는 것은 그녀가 기꺼이 받아들이려는 타협이 아니라 그녀가 갈망하는 일종의 파멸이다.

쾌락이 사적인 문제라는 것은 잘 알려진 사실이다. 우리는 "각자에게

2 | Peter Shabad, "The Evil Eye of Envy; Parental Possessiveness and the Rivalry for a New Beginning", in *Gender and Envy*, ed. Nancy Burke(New York and London: Routledge, 1998), p. 255.

3 | Klein, *Envy and Gratitude*, p. 182.

는 자기 자신의 것이 있다"라고 말한다. 하지만 우리가 또 다른 누군가의 쾌락과 만날 때 겪는 이해 불가능함 그 자체는 우리의 적개심의 원인이 아니다. 시기가 생겨나기 위해 이러한 사태에 추가되어야 하는 것은 시기하는 자가 그 자신의 쾌락을 만끽할 수 없게 만드는 어떤 장애물이다. 그에게 남아 있는 쾌락을 망치고 그 쾌락이 싫어지게 만드는 일종의 쾌락 결핍을 느껴야만 한다. 이런 일이 일어나면 결핍은 결코 벌충될 수 없으며, 이 세계의 그 무엇으로도 채워질 수 없다. 그렇기에 시기하는 자는 타자들의 백치 같은 정념을 악의적으로 대하기 시작하는 것이다. 나는 아이를 잃어버린 엄마의 시기를 촉발하는 것은 아이의 상실이라는 달랠 길 없는 상실임을 지적했다. 영화 <로라>로 되돌아가면 우리는 그 심장부에서 마찬가지로 깊은 상실과 만난다. 보통의 견해에 따르면 영화는 순전히 지적인 만족을 갖는 것으로 알려진 라이데커와 좀 더 육체적인 정념을 가진 맥퍼슨(자코비의 한 계승자) 사이의 투쟁을 묘사하고 있다. 하지만 영화가 단순히 두 가지 실정적인 정념 사이의 싸움이라면 맥퍼슨의 향유의 원천이었던 로라가 엽총 발포의 직접적인 대상이지는 않았을 것이다. 따라서 필연적으로 가정해야 하는 것은 이것이다. 비록 라이데커가 그 스스로에게 허용하는 유일한 쾌락을 실로 지적인 추구에서 끌어낸다고 해도 그는 이 쾌락이 그의 모든 노력을 뿌리 뽑는 그러한 상실을 채우기에 결코 적절하다고 느끼지 못한다는 것이다. 이 가정은 영화 그 자체에 의해서, 특히 마지막 시퀀스에 의해서 확인된다.

처음에 나는 라이데커가 영화의 보이스오버 내레이터라고 생각했다. 이 역할과 관련된 하나의 물음은 영화 내내 해소되지 않는다. 즉 어디에서 — 내러티브의 어떤 지점에서 — 그는 전개되는 이야기를 서술하고 있는가? 마지막 시퀀스는 마침내 이 물음에 대답하기 위한 준비로서

다시 그 물음을 제기한다. 이 시퀀스에서 언표행위enunciation 지점의
위치는 내러티브상으로 중요한 물음이 된다. 로라는 침실에서 라이데커
의 주간 라디오 칼럼을 들으면서 그가 라디오 스튜디오에 있으며 그렇
기에 자신은 적어도 일시적으로 그의 공격으로부터 안전하다고 가정한
다. 하지만 관객인 우리는 그녀가 곧 무엇을 알게 될지를 알고 있다.
즉 사전 녹음을 통해 그의 목소리는 그의 신체와 분리되었다는 것을
말이다. 그의 목소리가 스튜디오에서 전송되는 동안 그는 옆방에서 그
녀를 살해할 채비를 하고 있다. 이러한 사실이 누설되었기에 우리의
관심은 목소리와 신체가 결정적으로 분리되는 영화의 결말로 이끌린다.
경찰에게 총을 맞고 라이데커는 바닥에 쓰러지고 죽어가면서 "안녕,
로라"라는 단 몇 마디를 내뱉는다. 이 말은 그의 살아생전 마지막 말이
다. 하지만 영화 속에서는 그것이 그의 마지막 말이 아니다. 카메라가
용수철 시계에 머물러 있을 때 우리는 다시 한 번 그의 목소리가, 이번에
는 스크린 밖에서, 영화의 마지막 대사를 말하는 것을 듣게 된다. "안녕,
내 사랑."

이 말은 어디서 들려오는가? 물론 분명 라이데커로부터 나온 말은
아니다. 그는 이제 죽은 채로 바닥에 누워 있으니 말이다. 살아생전
마지막 말은 로라의 아파트라는 디에게시스적 공간으로부터, 시각적으
로는 상처 입은 라이데커의 신체로부터 나왔지만 [라이데커가 죽은 뒤
에 나온] 이 말은 다른 곳으로부터 출현한다. 두 공간의 차이는 두 번째
"안녕"에 룸 톤[4]이 없다는 것에서 식별된다. 이는 마지막 대사가 라이데

---

4 | [룸 톤room tone이란 디에게시스적으로 의미 있는 사운드(대사, 효과음
등)가 전혀 없을 때조차 남아 있는 순수 현장음을 가리킨다. 영화 제작
단계에서 룸 톤은 통상 아무런 액션 없는 고요한 상태의 현장(방, 거리
등)으로부터 따로 녹음되며 후반 제작 단계에서 다른 의미 있는 사운드

커의 라디오 칼럼과 마찬가지로 어떤 음향 스튜디오에서 녹음되었으며 촬영장에서, 영화가 창출하는 디에게시스적 공간에서 녹음된 것이 아님을 시사한다. 내러티브 측면에서 우리는 그 말의 언표행위 장소를 죽음의 이면에서, 무덤 너머 어딘가에서 찾을 것이다. 다시 말해 영화는, 우리에게 이승에서의 삶인 꿈속에서 끝나는 것이 아니라 — 나는 라이데커가 라디오에서 읊고 있는 다음과 같은 구절을 상기하고 있다. "길지 않아, 와인과 장미의 나날은. 몽롱한 꿈으로부터 우리의 길은 잠시 나타나고 그리곤 꿈속에서 끝나고 말지" — 이승의 삶의 저편에서 끝난다.[5]

<로라>는 공포영화가 아니다. 그렇기에 영화가 라이데커의 보이스오버 내레이션을 시간(용수철 시계) 밖에, 내러티브 공간 밖에, 이승의 삶 너머에 두는 취지를 오해함으로써 그것을 공포영화로 취급하는 것은 현명한 일이 못 될 것이다. 영화는 라이데커의 언표행위를 무덤 너머에 위치시킴으로써 우리에게 영화의 세계의 존재론적 성격에 대한 통찰이 아니라 라이데커의 심리적 성격에 대한 통찰을 가져다준다. 자기 자신을 — 혹은 그에게 가장 소중한 것, 그가 가장 간절히 원하는 그 무엇을 — 이승의 삶 너머에 그리고 그것이 가져다줄 수 있는 온갖 쾌락 너머에 위치시키는 것은 바로 라이데커 자신이다. 그는 세계에 대해 불만족한 사람처럼 세계를 말하고 지각하는데 이는 정확히 말해 세계가 정의상 그가 욕망하는 것을 결여하고 있고 그렇기에 그것을 그에게 가져다줄 수 없기 때문이다. 삶은 그에게 꿈만큼이나 실체 없는 것이다. 그가

요소들과 중첩된다.]

5 | "Closure within a Dream: Point-of-View in *Laura*" (*Film Reader 3*[1978])에서의 크리스틴 톰슨의 주장은 제목이 시사하듯이 영화의 마지막 부분 전체, 즉 로라가 재등장하는 것으로부터 시작해 영화가 끝날 때까지의 부분은 동기 부여되지 않은 트래킹 숏에 의해 표현된 맥퍼슨의 꿈이라는 것이다.

원하는 것은 좀 더 심오한 그 무엇이다.

　로라는 어떤가? 그는 그녀를 원하는 것인가? 답은 복잡한 "아니오"이다. 그녀는 그에게 하나의 이상화이다. 다시 말해 그녀는 그가 원하는 것을 표상한다기보다는 그가 원하는 것이 접근 불가능함을 표상한다. 그녀는, 세계에서 누락되어 있기에 그가 건드릴 수 없는 그 무엇의 대역이다. 그녀는 실정적인 선善, 특수한 쾌락을 체화하는 것이 아니라 그가 애타게 소유하고 싶어 하는 부재하는 선으로부터 접근가능한 모든 선을 분리시키는 바로 그 거리를 체화하고 있다. 이 점은 라이데커가 말하는 첫 대사에서부터 분명하다. "나는 로라가 죽은 날을 절대 잊지 못할 것이다." 하지만 영화가 보여주듯이 그가 우리에게 로라의 죽음의 순간으로서 그토록 생생하게 상기시키는 그날 그녀는 죽지 않았다. 이와 같은 애도의 시기상조적 표현은 로라에 대한, 삶 일반에 대한 라이데커의 우울증적 태도를 은연중에 내비친다. 우울증자는 구조적으로 상실된 대상을 애도하는데, 그 대상의 그림자를 살아 있는 대상에 투영함으로써 그렇게 한다. 이때 그 살아 있는 대상은 시의적절치 않은 죽음을 맞게 된다. 여기서 우리는 시기의 구조적 진리에 다가간다. 시기는 그것이 자양분으로 삼고 있고 또한 자양분을 제공하는 이상화와 항상 긴밀하게 결부되어 있다. 왜냐하면 시기가 내포하는 불행을 재료로 하여 이상화 작업들이 고안되기 때문이다. 우리는 심지어 다음과 같은 해석을 내놓을 수도 있을 것이다. 당혹스러운 첫 시퀀스 ─ 이 시퀀스는 라이데커의 아파트에 진열된 물건들을 점검하고 있는 맥퍼슨의 이미지를 보여준다. 한편 여지껏 보이지 않던 라이데커는 그의 욕조에 앉아 글을 쓰면서 보이스오버 내레이션을 하고 있다 ─ 는 맥퍼슨 자신과 그에 앞선 다른 구혼자들이 라이데커의 문학적 창안이라는 것을 입증한다고 말이다. 라이데커가 그 자신에게서 쇠약한 무기력을 느끼기에 일런의 건장하고 운동선수처럼 보이는 적들을 발명한다는 식으로 말이다. 다시 말해 라이데커는 적들을 펜으로 파괴할 뿐만 아니라 파괴하기 위해 그들을 발명한다.

앞에서 나는 <로라>에 대한 지엽적인 언급을 정당화하기 위해 필름 느와르는 무엇보다 인간의 감정의 저열함에 대한 상세한 주석으로 알려져 있다는 논평을 제시했다. 이러한 영화들은 인접지 도시 지형학에 대한 그리고 그 인접지의 증가에 연루된 어두운 인성에 대한 보다 폭넓은 고찰의 일부를 형성했다. 느와르 영화는 도시를, 그리고 그 안에서 삶이 독성을 띠게 되는 무수한 경로를 다룬다. 그 장르가 발전한 역사적 시기 동안에는 인종적 긴장과 종족적 긴장이 스모그에 가려 있어 그 장르의 원인들 중 하나로 거의 지각되지 못했다. 가령, 많은 이러한 영화들의 주인공인 하드보일드 탐정은 어떤 단서를 추적하기 위해 백인들이 일반적으로 꺼리는 지역들인 흑인 동네나 재즈 클럽에 과감히 들어가야 할 수도 있다. 하지만 이러한 도시 지역들은 여전히 배경을 형성하고 있을 뿐이었다. 초라하지만 사회적으로 용인되는 탐정 사무소의 전경에는 무시당하는 상상 밖의 동네의 주민들이 괴상한, 어떤 점에서 기형적인 모습으로 하나씩 흘러나오곤 했지만 그들이 어떤 인종인지는 결코 명시되지 않았다. 이는 마치 어떤 예술적 규칙에 따라 그들이 그런 명백한 특질들을 탐정 사무소의 문에서 안으로 들어가는 대가로 벗어던질 것을 요구받기라도 한 것 같았다. 정확히 이것이 바로 [당시에] 일어나고 있었던 일이라는 점은 그 시기의 후기 영화들과 좀 더 최근의 부활들 — 청각적 그로테스크로 가득 찬 <키스 미 데들리>나 시각적 그로테스크로 가득 찬 <블레이드 러너>를 생각해보라 — 이 추정하는 바이기도 하다. 불량배들의 전시장은 인종 유형들의 전시장으로 나타난다. 정체성에 대한 참조는 시체들만큼이나 급속도로 쌓여가기 시작했다.

시기와 정의: 롤스

느와르 영화가 시기를 사회적 경쟁의 헤아릴 수 없는 쓰디쓴 원천으로 어렴풋이 드러냈다면 사회 이론들과 정치 이론들은 그 단서를 끄집어내지 못했다. 그 이론들은 이러한 악덕을, 그리고 사회적 관계들에 대한 그 악덕의 유해한 공헌을 진지하게 고려하지 않았다. 단, 존 롤스만은 예외이다. 그의 범례적인 책 『정의론』은 진정 잠시 멈추어 사회적 삶 속에서 시기의 자리를 검토한다.[6] 롤스의 책의 목적은 제목이 가리키듯이 정의의 가능성의 이론을 제안하는 것이기 때문에 — 정의에 방해되는 — 시기를 처음에는 논의에서 제쳐놓는다. 신칸트주의자 롤스는 정의의 가능성의 조건들을 인간 이성에 두길 원하며 그렇기에 이성을 그 본연의 운명 — 이 운명은 정의상 이기적이라기보다는 무관심적이다 — 에서 이탈시키는 자기-관심의 동기들 — 가령 시기 — 을 괄호에 넣는다. 하지만 그는 시기라는 논제를 겨우 그 정도까지만 피할 수 있을 뿐이다. 왜냐하면 그는 시기가 정의의 장애물일 뿐이라는 그의 가정의 정당성에 대한 주요한 도전을 못 본 체할 수 없기 때문이다. 프로이트가 가장 강력하게 표명한 이러한 도전에 따르면 시기는 단순히 정의 개념의 장애가 아니라 정확히 그 개념의 조건이다.

프로이트는 「집단 심리학과 자아 분석」에서 시기가 갖는 적개심의 강도는 시기하는 자까지도 해치려고 할 만큼 해롭기에 시기하는 자는 모두를 위한 정의와 평등에 대한 요구라는 형식으로 휴전을 요청하게 된다고 주장한다. 다시 말해 시기는 집단감정으로 변형됨으로써 그 해

----
6 | John Rawls, *A Theory of Justice* (Cambridge, MA: Harvard University Press, 1971). 이 책에 대한 참조는 본문 속에 할 것이다.

로움으로부터 스스로를 방어한다. 집단관계를 굳히는 집단정신은 다음과 같은 서약에 의해 보증된다. "아무도 자신을 남보다 내세우고 싶어 해서는 안 되고 모든 사람이 똑같아야 하며 똑같은 것을 가져야 한다."[7] 이로부터 프로이트는 다음과 같은 근본적인 결론을 끌어낸다. "사회 정의란, 우리도 많은 것을 단념할 테니까 당신들도 그것 없이 견뎌야 하고 또 그것을 달라고 요구해서는 안 된다는 뜻이다. 평등에 대한 이 요구는 사회적 양심과 의무감의 뿌리다."[8]

프로이트의 결론은 롤스가 펼치는 정의론의 기초를 폭파한다. 그렇기에 롤스는 그것을 정면으로 다뤄야 하는 것이다. 그는 어떻게 하는가? 먼저 롤스는 프로이트가 겨냥하는 평등 개념이 자신이 제안하는 것과 다르다고 주장한다. "덜 혜택 받은 자들을 포함한 만인을 결국 더 나쁘게 만들고 말"(538) 평등도 평등의 한 부류일 수는 있지만 — 특히 엄밀한 평등주의의 주장, 즉 모든 재화는 공평하게 분배되어야 한다는 주장이 함축하는 평등 — 그것이 평등 자체의 정의로 받아들여질 수는 없다는 것이다. 롤스는 자신의 정의론이 프로이트적 의미에서의 평등을 열망한다는 혐의로부터 안전하고 생각하는데 이는 자신의 이론이 "별개의 목적 체계를 지닌 별개의 사람들의 복수성"(29)을 존중하기 때문이라는 것이다. 다시 말해 그는 우리 모두는 똑같은 것들을 욕망한다는 공리주의의 잘못된 주장을 거부하고 그 대신 개인들은 상이한 욕망을

7 | Sigmund Freud, *Group Psychology and the Analysis of the Ego*, *The Standard Edition of the Complete Psycho-logical Works of Sigmund Freud*, ed. James Strachey (London: Hogarth Press and the Institute of Psycho-Analysis, 1953-1974), XVIII, pp. 120-121. [프로이트, 「집단심리학과 자아 분석」, 『프로이트 전집 15: 문명 속의 불만』, 김석희 옮김, 열린책들, 1997, 140쪽.]

8 | Ibid. [(국역본) 같은 곳.]

갖는다고, 그리고 가질 권리가 있다고 주장한다. 하지만 우리가 곧 보게 되겠지만 롤스는 결국 하나의 공통의 욕망이 슬그머니 그의 이론 속으로 다시 들어오게 하며 심지어 거기서 그 욕망이 일차적인 자리를 차지하게 해준다.

롤스는 프로이트가 그랬듯이 아이 방에서 형제자매 간의 시기가 출현하는 것에 초점을 맞추면서 시작한다. 그는 프로이트가 이 시기의 원초적 장면에서 일어나는 것을 부정확하게 기술했을 수도 있다고 추정한다. 형제자매 간의 경쟁은 사실상 시기라는 비도덕적 감정의 사례라기보다는 불공평하게도 부모의 관심과 애정의 합당한 몫을 받지 못한 것에 대한 정당한 도덕적 분개의 사례일 수 있으리라는 것이다. 형제자매는 서로 경쟁할 수 있지만 이는 무력감이나 자신감 결여 — 롤스의 견해로는 시기의 뿌리 — 에 기인하는 것이 아니라 부모의 애정에 대한 그들의 요구가 동등하게 타당하다는 자신만만한 확신에, 즉 공평함과 자부심의 느낌에 기인한다는 것이다. 롤스는 놀이방 시나리오를 이렇게 재기술함으로써 프로이트의 평등 개념을 자신의 정의론에 걸려 있는 것과 구분하고 그럼으로써 자신의 이론을 위한 시나리오를 재주장하려고 한다. 그의 재기술은 형제자매는 동일한 욕망을 갖고 있는 것이 아니라 그들의 상이한 **욕망들**이 부모에게 인정되기를 바란다는 것을 함축한다. 따라서 롤스는 엄격한 평등주의의 요구, 즉 재화(혹은 선)의 동등한 몫이 모두에게 분배되어야 한다는 요구를 피하고 대신 기회와 인정의 평등에 대한 요구에 호소한다. 그가 생각하기에 이러한 요구가 정의에 대한 요구이며 이러한 정의 개념은 정의가 시기라는 부적당한 느낌에서 발생한다는 프로이트의 비난을 면한다. 하지만 롤스가 행한 모든 것은 프로이트의 주장이 반전된 것이다. 즉, 이제는 정당한 것이 된 시기심, 혹은 롤스가 "온건한" 시기심이라 부르는 것이 이제 원초적인 것이 된 정의 개념으로부터 도출된다고 논의되고 있는 것이다.

롤스의 첫 번째 실수는 프로이트의 시기 개념이 타자의 욕망의 대상에 대한 욕망을 함축한다고 가정한 점이다. 시기라는 정서는 욕망의 문제나 인정해달라고 타자들에게 호소하는 문제가 아니라 향유의 문제이며 그것은 그와 같은 어떠한 인증도 추구하지 않는다. 라이데커가 로라의 다른 구혼자들이 원하는 것을 원치 않으면서도 시기하듯이 프로이트의 이론에 따르면 놀이방에서 형제자매도 상이한 것들 속에서 향유를 발견하면서도 여전히 시기할 수 있다. 사실 시기가 무엇인지를 확실히 이해하려면 사악한 시선의 고전적 사례인 그 놀이방 장면을 약간 조정함으로써 약간의 사고 실험을 해보는 것이 좋을 것이다. 『고백록』의 서두에서 성 아우구스티누스는 한 남자 아이의 얼굴에 나타난 씁쓸한 표정에 주목하고 있다. 바로 그때 그 아이는 그의 한 형제가 엄마의 젖을 빠는 것을 보고 있었던 것이다. 자, 우리는 여기서 그 시기하는 형제가 시기당하는 다른 형제가 빨고 있는 샘이 말라버려 다음 순서를 기다리는 자신이 목마름을 달랠 수 없을지도 모른다고 겁내고 있다는 상상을 해서는 안 된다. 아우구스티누스는 이 샘이 "대단히 풍부한 모유 샘"이며 추정컨대 그 둘 모두를 수용할 수 있다는 것을 분명히 한다. 하지만 아무리 많은 젖도, 아무리 많은 인정도 생겨나는 씁쓸함을 진정시키진 못할 것이다. 다음과 같이 상상해보면 논점을 더 잘 이해할 수 있을 것이다. 시기하는 형제가 젖을 빨고 있는 아이보다 좀 더 나이가 많고 그렇기에 그가 탐내는 것은 모유가 아니라 좀 더 그의 나이에 걸맞은 그 무엇 — 냉장고에 있는 시원한 그 무엇, 어쩌면 콜라 — 이라고 말이다. 그럼에도 불구하고 동생을 바라볼 때 그는 자신을 집어삼켜 버리는 어떤 시기에 압도당한다. 왜 그런가? 아무리 많은 쾌락을 그가 상쾌하고 시원한 콜라 한 잔에서 얻는다고 해도 그는 동생이 얼마 되지 않는 따뜻한 모유에서 더 많은 것을 얻지는 않을까 걱정하기 때문이다. 오래 전에 형인 그로서는 맛이 없어진 그 모유에서 말이다. 그가 동생에게서 시샘하는 것은 대상 ─ 모유 ─ 가 아니라 만족이다.

이것이 가장 압축적으로 표현된 핵심이다. 시기는 만족을, 향유를 시기한다는 것이다. 이 기이한 사실이 시기가 투여된 과잉 잔인성의 원천이다. 왜냐하면 우리가 단순히 어떤 대상을 시기한다면 그것을 타자에게서 훔칠 전략을 ─ 사악한 전략까지도 ─ 고안해낼 수 있을 것이다. 하지만 타자가 소유하고 있는 그 쾌락의 원천이 우리에게 매력적이지 않다면 우리가 박탈당했다고 느끼는 그 쾌락을 되찾을 그 어떤 전략도 고안해낼 수 없다. 쾌락을 얻을 수 있는, 향유할 수 있는 타자의 능력을 파괴하는 것 말고는 그 어떤 전략도 말이다. 이것을 달성하는 방법은 둘 중 하나다. 하나는 타자를 파멸시키는 것인데 이 경우 우리는 전투에 임하게 되고 그 치명적인 결과를 통제할 수 있다는 확신이 없다. 다른 하나는 평등을 요구하는 것인데 이 경우 우리는 타자와 마찬가지로 향유를 금지 당하게 된다.

시기에 대한 정신분석적 그림은 롤스가 가정하듯이 개인적 쾌락의 독특성을 거부하는 데에 의거하지 않기 때문에 그는 이 독특성을 주장함으로써 프로이트의 견해를 교정했다고 주장할 수는 없다. 그렇기에 그는 시기의 우선성과 평등에 대한 요구를 그저 전도시키기 위한 새로운 기초를 마련하지 못한다. 욕망들 간의 차이들에 관한 그 주장은 실제로 진행되고 있는 일에, 다시 말해 평등이 시기의 원인이지 그 반대가 아니라고 넌지시 말하려는 롤스의 시도에 주의를 기울이지 않는다면 우리를 혼란스럽게 할 충분히 멋진 연기다. 하지만 이런 근거 없고 잘못된 전제는 프로이트의 신랄한 비판의 레이더를 벗어나지 못한다. 반대로 그 전제는 공평함으로서의 정의에 대한 이론 전체와 더불어 프로이트의 비판의 경로에 놓이게 되고 시기에 물든 그 이론 자체의 기원을 무심결에 드러낸다. 어떻게 그런가? 놀이방 사례에 대한 그의 재해석에서 롤스는 형제자매의 시기하는 듯한 요구가 사실 "그들이 동등하게 청구할 수… 있는 부모의 관심과 애정"(540)에 대한 요구라고 주장한다. 다시 말해 그 요구는 그 관심과 애정을 수여할 수 있을 것으로 간주되는 타자인 부모로부터 인정받으려는 시도이다. 하지만 그런 시도는 바로 평등에 대한 요구의 시기적 기원에 관한 프로이트의 이론이 불러일으켰던 기대이다. 프로이트의 말에 따르면 시기라는 적개심이 사회적 감정으로서의 평등과 공동체 감정으로 반전되는 일은 오로지 집단의 구성원이 아닌 어떤 타자의 매개를 통해서만 일어날 수 있다. 공동체 감각을 형성하는 "필수적인 전제"는 "모든 구성원이 지도자 역할을 맡은 한 개인에게 똑같이 사랑을 받아야 한다는 것이다." 그 다음에 그는 다음과 같이 덧붙인다. "집단 내부의 평등에 대한 요구는 구성원들에게만 적용되고 지도자한테는 적용되지 않는다."[9] 어떤 일이 일어났길래 롤스의 시나리오가 프로이트의 시나리오를 그토록 가깝게 따르게 되었는가? 보편적 욕망이라는 개념 — 그 정치 철학자가 적어도 한 가지 형식으로 공리주의자들에게 허용하려 하지 않았던 바로 그 개념 — 이 동일한 부모 형상에게서 인정받고자 하는 보편적 욕망의 형식으로 재부상한 것이다.

"시기의 이상한 운명"에 관한 대체로 치밀한 논문에서 존 포레스터는 단순히 시기와 같은 저열한 정념이 평등과 정의와 같은 고상하고 합리적인 이념들의 원천일 수 있다는 프로이트의 논점을 인정하기를

---

9 | Freud, *Group Psychology*, p. 121. [프로이트, 「집단심리학과 자아 분석」, 141쪽.]

거부한다는 이유로 롤스를 비난한다.[10] 이런 축소된 혐의는 프로이트의 주장이 야기한 훼손의 정도를 오산한다. 시기가 평등에 대한 요구로 변형된다는 제안은 포레스터가 가정하듯 원광석으로부터 금을 추출하기보다는 시큼한 포도에서 식초를 추출한다. 프로이트는 단순히 평등과 정의에 대한 요구에 불명예스럽지만 의기양양한 역사를 부여하는 것이 아니라 그것을 철저히 불신케 한다. 그렇기에 그 요구에 따라 구조화된 그 어떤 프로그램도 그의 비난을 받게 되어 있으며 이것이 포레스터가 보지 못하는 점이다.

두 가지 질문이 있다. 첫째, 포레스터의 오류는 무엇인가? 둘째, 롤스의 오류는 무엇인가? 포레스터가 잘못된 길에 들어서는 것은 그가 초자아의 기능과 윤리적 행동의 관계를 문제 삼는 데 실패하며 전자의 기능이 후자를 일깨우는 데 있다고 암묵적으로 가정하기 때문이다. 초자아가 일깨우는 그 무엇은 오히려 형제애 사회에 의한 원초적 무리의 전복이라는 프로이트의 신화에서 기술된 것과 같은 답답하고 추악한 도덕주의다. 이 신화에 따르면 형제애 질서의 단일한 예외 — 남근적 가부장 — 에 대한 억압된 살해의 증거는 예외주의의 미미한 흔적조차 금지하는 형제애적 금기 속에서 되돌아온다. 이 시점부터 차이는 비난받고 혐오의 대상이 된다. 형제애적 대의의 반-예외주의로 편입될 수 없는 모든 형식의 향유가 그렇듯이 말이다. 다시금 규칙은 "모든 사람이 똑같아야 하며 똑같은 것을 가져야 한다"이다. 이것은 초자아적 명령이며 윤리적 명령과 혼동해서는 안 된다.

롤스의 오류는 각자의 독특한 욕망을 인증해주길 요구하는 형제들에

---

10 | John Forrester, "Psychoanalysis and the History of the Passions: The Strange Destiny of Envy", in *Freud and the Passions*, ed. John O'Neil (University Park: Penn. State University Press, 1996).

대한 그의 이미지가 프로이트의 신화의 악의적 판본에 불과하다는 것을
알지 못한다는 것이다. 통약 불가능한 욕망들이 공통의 척도에 굴복하
게 된다는 필사적인 허구는 그 허구 자체의 부조리를 거의 감추지 못한
다. 정신분석이 가르쳐주듯이 향유의 여지가 있기 위해서는 대타자의
앎을 제한해야 한다. 즉 향유는 그 향유가 대타자에 의해 인증되지 않는
곳에서만 번성한다. 이 말을 뒤바꿔보면 이렇게 말할 수 있을 것이다.
수많은 독특한 욕망들로부터, 차이들 자체를 억누르지 않거나 차이들에
대한 적개심을 증폭시키지 않을 큰 텐트를, 포섭적인 전체를 구성하는
것은 불가능하다. 이것은 집단 형성에 대한 프로이트의 이론이 보여주
는 치명적인 통찰이며 라캉은 여러 가지 방식으로 그것에 대해 주의를
환기시켰다. 그중 가장 생생한 것은 그가 공리주의적 기획이란 천 한
조각에 수많은(최대 다수의!) 사람들이 팔과 머리를 내밀 수 있는 충분
히 많은 구멍을 내려는 오도된 시도라고 묘사할 때이다.[11] 당연한 말이지
만 향유에 대한 언급을 포함하는 그 어떤 사회 이론도 한 장의 천은
모든 욕망을 감당하기에 충분치 않다는 것을 알게 될 것이다. 로버트
펜 워렌의 <모두가 왕의 부하들>에서 윌리 스타크의 말을 빌리자면
그 어떤 천조각도 "이인용 침대에서 세 사람이, 그것도 추운 밤에 일인
용 담요를 쓰는 것"만큼이나 부적절할 것이다. "그 경우를 다 덮을 만큼
충분히 큰 담요는 없다."[12]

공리주의에 반대하여 롤스는 공리주의에 대한 치명적 반론이라고

---

11 | Jacques Lacan, *The Ethics of Psychoanalysis*, Book VII, ed. Jacques-Alain
Miller, trans. Dennis Porter (New York and London: Routledge, 1992), p.
228.

12 | Robert Penn Warren, *All the King's Men* (New York: Harcourt Brace, 1996),
p. 73.

생각하는 것을 제기하고 사실상 이렇게 항변한다. "하지만 벤담 씨, 나의 선은 타자의 선과 동일하지 않지 않습니다. … [따라서] 최대 다수의 최대 행복이라는 당신의 원칙은 나의 이기주의의 요구들과 충돌합니다."[13] 이를 다시 말하면 이러하다. 나는 내가 원하는 것을 원하지 내 이웃이 바람직하다고 여기는 것을 원하지 않습니다. 하지만 나의 이기주의는 어떤 이타주의와 완전히 양립할 수 있습니다. 나는 타자에게 그가 원하는 것을 기꺼이 허용하기 때문입니다. 평등에 대한 이기주의적 요구의 이 악의적 판본이 갖는 문제점은 이 판본이 대타자와 충돌하는 경향이다. 대타자는 종종 요구를 정식화하는 사람만큼 이타적이지는 않다는 혐의를 받기 때문이다. 다시 말해 문제는 항상 대타자에 대한 우리의 불확실성으로부터, 대타자가 옳은 일을 하지 않을지도 모르고 내게 내 욕망을 허용하지 않을지도 모른다는 우리의 두려움으로부터 나온다. 무엇이 공평한지를 결정하기 위해 나는 기꺼이 "무지의 베일" 뒤에 있을 것이다. 나는 기꺼이 나 자신을 나의 정념적 자기-관심들로부터 분리시켜 낼 것이다. 하지만 나는 대타자가 **부르카** 뒤에서 무엇을 하고 있는지는 모른다. 나는 롤스가 이기주의적/이타주의적 반대를 제기할 때 공리주의를 피하는 것이 아니라 공리주의의 좀 더 영리한 판본을 표명한다고 생각한다. 그의 이론이 확장된 공리주의의 영역 내에 유지되면서 갇히는 것은 쾌락에 관한 규범적 판단에, 쾌락의 척도나 표준에 몰입하기 때문이다. 그리고 그 몰입은 그가 "부모의" 인정을 주장함으로써 생기는 불가피한 결과다. 롤스는 쾌락의 구조 —— 그것은 프로이트가 가르쳐주었듯이 항상 부분적일 뿐이며 결코 완전하지 않다 —— 에 대해 무지하다. 그는 소박하게도, 불운으로 인해 좌절하지 않는

---

13 | Lacan, *The Ethics of Psychoanalysis,* p. 187.

한, 합리적 계획을 실현하려고 착수하는 그 누구라도 완전한 만족을 달성할 수 있다(409)고 믿는다. 그렇기에 롤스는 욕망을 인정할 필요성은 또한 시기의 계기이기도 함을 알 수 있을 만한 적절한 자리에 있지 않다.

하지만 칸트주의자로서 롤스는 쾌락에 대한 고려가 윤리 이론에 결정적이라는 점을 실로 인정한다. 서로 간의 차이에 대한 애정 어린 인정을 추구하는 형제자매에 대한 롤스의 이미지가 어떻게 프로이트의 개념들에 비추어 부적절한지를 우리는 알게 되었다. 그렇지만 그 이미지가 칸트의 개념들에 비추어서는 어떻게 될 것인지를 알고 싶을 수도 있다. 냉정한 합리주의자라는 명성에도 불구하고 칸트는 순수하게 추상적인 도덕법칙은 체화된 주체에게서 발언권을 얻을 가능성이 없다는 것을 잘 알고 있었다. 그가 제 3비판서를 쓴 것은 바로 이 때문이다. (그가 그때까지 이론화한) 이성과 쾌락 사이에 벌어진 틈을 봉합하기 위해서, 좀 더 구체적으로 말하면, 미감적 쾌락이 이성의 실천적 사용에서, 즉 윤리적 혹은 자유로운 행위에서 수행하는 필수불가결한 역할을 보여주기 위해서 말이다. 어려움은 이 역할이 정확히 무엇인지를 이해하는 데 있다. 칸트가 말하듯이 아름다운 대상을, 즉 우리의 윤리성을 상징하는 대상을 봄으로써 미감적 쾌락이 촉발된다는 말은 무엇을 뜻하는가?[14]

우선 떠오르는 대답은 아름다운 대상은 윤리적 행위가 얻고자 추구하는 목적을 표상한다는 것이다. 칸트의 용어로 말하자면 이 목적론적 대답은 물론 틀렸다. 왜냐하면 윤리적 행위가 자유롭다면 그 행위는 그것 자체 이외의 것에 의해서는 인도될 수 없기 때문이다. 그렇다면

---

[14] Immanuel Kant, *Critique of Judgment*, trans. Werner S. Pluhar (Indianapolis and Cambridge: Hackett, 1987), para. 59. [임마누엘 칸트, 『판단력비판』, 백종현 옮김, 2009, 아카넷 399-403쪽]

그 행위는 외적인 목표에 의해 인도될 수 없다. 왜냐하면 그렇게 되면 이 목표는 도덕성의 기초가 되고 그 기초를 위해 그 행위를 떠맡는 것이 되기 때문이다. 그런 행위는 자유로운 것이 아니라 그 행위가 실현하려고 이바지하는 이상화된 전망에 의해 구속될 것이다. 의지에 외적인, 독립적인 목표는 도덕법칙의 기초가 될 자격을 요청할 수 없다. 그렇기에 그 무엇도 목표가 자유롭게 선택되었고 자기-관심으로부터 날조된 것이 아님을 보증해주지 않는다. 호의적인 척 가장하는 지배 전략들에 대한 "후근대적" 비난의 근저에 있는 것이 바로 이런 반목적론적 논변이다. 그 전략들은 "이상적인 도시"를 만들어내기 위해 광대한 영토에 대해 "적당하고" "적절한" 계획을 부과함으로써 도시 문제를 해결하려 한다. 그런 전략들은 하나의 전체로부터 출발하고 계속해서 그 전체를 잘라내기 때문에 실패할 운명에 처해 있다는 것이다. 전체의 가능성을 문제 삼기보다는 소박하게도 전체를 당연시하기에 그 전략들은 곧 일인용 담요의 문제에 부딪히게 된다. 그것은 항상 "증가하는 인류를 감당하기에는 너무 짧고 너무 답답하다."

아름다움과 정의: 스캐리

아름다운 것의 역할에 관한 이 물음에 대해 일단 이러한 몽상적인 대답을 거부하면 대안적인 대답이 나올 채비를 하게 된다. 이 대답에 따르면 아름다운 대상이란 추구하는 목표를 표상한다기보다는 이기적인 목표를 포기하도록 우리를 자극하는 그 무엇이다. 이런 주장의 사례는 일레인 스캐리가 최근 출간한 (그리고 아름답게 저술한) 『아름다움과 정의로움에 관해』에서 찾아볼 수 있다. 스캐리는 아름다움은 항상 분배에 대한 요청이라고 주장한다. 그것은 세계의 중심에 있는 우리의 상상적 입장을 포기하고 우리의 관심을 옆으로, 타자들에게로 확장하라고 우리에게 압력을 행사한다. 아름다움은 "인접성"에 대한 "도취"감을 우리에게 제공하고 그럼으로써 우리에게 정의감을 마련해준다. 그녀가 생각하기에 아름다운 사물들은 "우리를 좀 더 광대한 공간으로 이끌어가는 세계의 표면 위의 작은 눈물처럼 행동한다. … 우리가 착륙했을 때 세계와 다른 관계에 서 있다는 것을 알게 되도록 말이다."[15] 그녀는 "'형제애'와 평등이야말로 정의에 관한 자유주의적 이론들을 [[보증한다]]"(95)는 믿음에 동의하고서, 롤스가 제안한 "공평함[[에 대한]]… 널리 수용되는 정의定義"라고 그녀가 일컫는 것을 "모든 이의 상호 관계의 대칭성"(93)으로서 옹호한다. 스캐리가 표명하는 이 정의는 많은 점에서 아름다움의 역할에 대한 첫 번째 정의와 유사하면서도, 내가 위에서 진술했듯이, 구분된다. 첫 번째 정의는 아름다운 것을 성취해야 할 목표로 제시하는 반면 두 번째 정의는 아름다운 것을 윤리적 의지의 정신을 후원하고 우리를 설득하여 정의正義의 가능성과 도덕법칙의 현실성을 믿게 하는 유익한 허구로서 제시한다. 하지만 롤스의 수정된 놀이방 시나리오를 바로 그런 강력한 허구로 받아들이기 전에 아름다움에 대한 이 두 번째 정의는 첫 번째 것과 동일한 근거에서 비난받을 입장에 처해 있다는 것에 주목해야 한다. 그 두 번째 정의는 주관적인 행복과 공동체의 공공선 사이의 메울 수 없는 틈새가 공중의 인정을 통해 복구될 수 있다고 믿는다.

하지만 아름다움의 역할에 대한 그 두 정의 모두가 칸트적인 양식으

---

15 | Elaine Scarry, *On Beauty and Being Just* (Princeton: Princeton University Press, 1999), p. 112. 이 책에 대한 이후의 참조는 본문 내에서 할 것이다.

로 사유하려는 몇몇 사람들에게서조차 어떤 지속적인 위력을 갖는다면 이는 그 각각이 칸트의 이론의 어떤 근본적인 주장에 응답하기 때문이다. 첫 번째 것은 목적 개념을 전적으로 포기하는 것에 대한 이해할 만한 거부감과 결부된다. 왜냐하면 칸트가 주장하듯이 "목적 관계가 전혀 없으면 인간 안에서의 어떠한 의지 규정도 일어날 수가 없기 때문이다. … 도대체 우리의 바른 행위로부터 어떤 결과가 생기는가…라는 질문에 어떻게 대답할 수 있는지에 대해서 이성은 도저히 무관심할 수가 없"기 때문이다.[16] 그 어떤 규정된 목표도 상상하지 않는 의지는 만족을 성취할 수 없다고 칸트는 말한다. 반면 아름다움의 역할에 대한 두 번째 정의는 칸트의 다음과 같은 주장에 근거해 전개되고 있다. 아름다움에서 얻는 쾌락은 조화에 대한, 적절함과 균형에 대한 감각에 의존하며 그 감각은 아름다운 대상을 바라보는 것에 의해 유발된다는 것이다. 칸트가 주장하기를, 이런 속성들은 대상 그 자체를 기술한다기보다는 관찰자의 능력들을 기술하기에 이 경우 조화를 이루고 합치되는 것은 이 능력들이다.

스캐리의 주장은 균형 잡힌 대칭성의 이런 측면에 초점을 맞춘다. 그녀는 균형 잡힌 대칭성이 아름다움의 본질적 속성이라고 주장하며 이 속성이 아름다운 것의 필수불가결한 조건이라는 자신의 견해를 다음과 같은 예들 속에서 확증한다. 아리스토텔레스가 정의를 그 모든 부분에서 거리가 동일한 완전한 정육면체로 묘사한 것, 그녀에 따르면 아테네 민주주의에 자양분을 준 3단 노 군함들의 광경, 여러 계급과 '젠더'가

---

16 | Immanuel Kant, *Religion within the Limits of Reason Alone*, trans. Theodore Greene and Hoyt Hudson (New York: Harper and Row, 1960), p. 4. [임마누엘 칸트, 『이성의 한계 안에서의 종교』, 신옥희 옮김, 이화여대 출판부, 2003, 11-12쪽.]

함께 발맞춰 움직이는 공공 행진이 그것이다. 하지만 이 모든 아름다운 사물들이, 성취되어야 할 목적들로서, 실현되어야 할 이상적 사회의 이미지들로서 기능하지 않는다면 그것들은 또한 단순히 정치적 공평함에 대한 관성적인 유비로서 이바지하지도 않는다. 고무적이게도 스캐리는 유비에 근거해 주장하는 사람들과 거리를 두기 시작한다. 이들이 아름다운 사물의 대칭성이 도덕적인 공평함의 관계의 대칭성과 형식적으로 유사하다는 것만을 주장할 뿐이라면 그녀의 보다 더 대담한 주장은 미감적 대칭성이 정의로운 관계의 현실적 대칭성을 고무하고 발생시키도록 돕는다는 것이다. 그 주장이 아름다운 이미지란 우리가 행동하도록, 무엇인가를 새롭게 창조하도록 능동적으로 추동하는 그 무엇이라고 파악하는 한, 이 입장은 궁극적으로는 부적절하다고 해도 분명 좀 더 매력적이다. 아름다운 대상이 유비의 두 번째 항 — 아름다운, 대칭적인 이미지와 유사해질 정의正義 — 을 발생시키도록 우리에게 강요한다고 주장함으로써 스캐리는 라캉이 칸트의 정언 명령에 대한 해석으로 제안한 절반만 말해진 말half-said의 개념에 가까운 그 무엇을 발명한다. 명령은 그것을 완성할 현실적 행위를 필요로 하기에, 단지 반만 말해졌을 뿐 온전히 말해진 것이 아니다. 완전히 진술된 법이 있어서 그것에 복종하는 현실화 행위가 뒤따르는 것이 결코 아니다. 오히려 반만 진술된 법을 행위가 소급해서 구성하는 것이다. 하지만 스캐리는 자신의 시나리오에서 전혀 소급작용에 대비하지 않기에, 그녀가 바라건대 의지가 착수하는 행위는 창조의 행위라기보다는 모방에 더 가깝다.

그리고 이는 균형과 대칭을 특권화하는 것이 미감적 대상에 대한 실망스럽게도 보수적인 개념을 무심코 드러낸다는 사실에 대해서는 아무 말도 하지 않는다. 아름다운 것에 대한 오늘날의 모독은 숭고한 것과의 비호의적인 비교 — 이러한 비교는 칸트가 미감적인 것을 이러한 두 가지 범주로 구분함으로써 시작한 것이다. 아름다운 것은 "여성적"
이고 작고 숭고한 것은 "남성적이고" 거대하거나 강력하다는 식으로
— 의 결과라는 점에 주목하면서 스캐리는 이러한 구분이 오래된 것도
아니고 논쟁의 여지가 없는 것도 아님을 우리에게 환기시킨다. 이와
같은 유용한 환기로부터 우리는 아름다운 것이 숭고한 것의 강력하고
교란적인 측면을 내포하도록 재정의될 가능성을 기대한다. 스캐리는
그 암시된 약속을 어떻게 완성하는가? 그녀는 아름다운 것을 한편으로
본성상 "평온한"(107) 것으로서 그리고 그와 동시에 의지의 정념에 관여
할 수 있는 선동적인 힘을 가진 것으로서 개념화하려고 시도한다. 하지
만 아름다운 것이 의지를 불러일으킨다면, 그것이 평온하게 하거나 진
정시키는 것은 무엇인가? 라캉이 그랬듯이 누군가는 이렇게 대답하고
싶을지도 모른다. 그것은 "응시를 평온하게 만든다." 즉, 그것은 우리가
응시를 내려놓게 한다. 스캐리는 이런 말을 하지 않는다. 물론 이는
괜찮다. 그녀가 어떤 대안을 내놓는다면 말이다. 하지만 그녀는 그러지
않는다. 그녀의 책에서는 시기와 향유 — 라캉의 이론에서 이것들은
평온해져야만 하는 응시를 도발한다 — 에 관한 그 어떤 이론도, 시기
와 향유를 대신할 만한 그 어떤 것에 관한 이론도 발견되지 않는다.
그렇기에 평온해질 필요가 있는 것이 무엇인지가 모호한 채로 남아 있
고 — 그것은 혹시 우리의 감정인가? — 평온화, 균형, 대칭의 수단은
마찬가지로 모호하거나 불명료한 생리학적 관념, 즉 어떤 종류의 구도
가 눈을 진정시키거나 우리의 시선을 차분하게 하는 데 가장 적합한지
에 대한 관념에 의존한다. 하지만 어째서 감정을 진정시키는 것 — 게
다가 어떤 감정을 말하는가? — 이 정의로운 행동으로 귀결되는 것인
가? 무엇이 진정되어야 하는지 혹은 왜 진정되어야 하는지에 대한 그
어떤 개념도 없다면 우리는 그 해결책이 적실한지를 판단할 수 없다.

스캐리는 균형과 대칭의 **아름다움**에 관해 말하지만 누군가는 균형과 대칭을 소름끼쳐 할 수도 있는 것이다. 그 모든 부분들이 제자리에 깔끔하게 놓인 조화로운 전체는 경찰국가의 건축 도면을 기술하는 데도 마찬가지로 용이하다. 그와 같은 모든 도면들은 초재적 관점으로부터 표현되기 때문이다.

내 비판에도 불구하고 스캐리의 감동적인 책은, 아름다움은 우리의 도덕성을 상징화한다는 칸트의 수수께끼 같은 정식을 진지하게 다루려는 그 끈질긴 시도를 보아서도 높게 평가해야 한다. 모두를 당혹스럽게 하는 것은 바로 **상징화하다**라는 단어이다. 그 단어는 의지에 대한 표상이나 의지가 야기할 수 있는 것에 대한 표상을 찾게 함으로써 우리를 오도한다. 하지만 무엇인가를 표상하도록 기능하는 것이 아니라 무無를 출현시키는 어떤 상징화의 유형이 있다면 어쩔 것인가? 아름다움이 표상이 아니라 라캉의 용어로 가상semblant, 외관상의 무, 혹은 무를 출현시킨 그 무엇이라면 어쩔 것인가? 이는 추가적인 의문을 제기한다. 어째서 무는 자율적, 윤리적 의지를 부추겨서 작용하게 하는가?

칸트는 쟁점 없는 욕망desire 개념을 정식화했다는 이유로 종종 비난받곤 한다. 이러한 욕망이 언젠가 자유롭게 행사된 적이 있으리라고는 도저히 확신할 수 없기에 이 욕망은 희망 없는 의지라는 것이다. 사실 칸트 자신은 이 문제에 대해 민감했다. 이성의 실천적 사용은 온당해야만 했다. 다시 말해 그것은 그것 자체의 성공적인 실현 가망성을 믿을 어떤 이유가 있어야만 한다. 도덕적이고 무관심적인 행위가 대개 계략적이거나 계산적인 행위에 비해 성공적으로 보상받을 가능성이 낮다는 사실에도 불구하고 말이다. 칸트의 이성 개념은 그 어떤 천상의 보상도 보증하지 않았고 시장과 사회적 힘들은 점차 간교한 행위들을 높이 평가하고 있었기에 칸트가 글을 쓸 당시 윤리적 의지는 동기를 절실히 필요로 했다. 그렇다면 칸트는 실천이성이 근대 세계에 설 자리가 있다고 믿게끔, 이 세계 자체가 그것에 반대하기로 공모하지 않는다고 믿게끔 실천이성에 어떤 이유를 부여할 수 있었는가? 디터 헨리히의 테제에서 칸트의 해결책은, 도덕 의지와 더불어 "세계의 도덕적 이미지" — 윤리적으로 유발된 행위들에 대해 무관심하지도 대립하지도 않는 것으로서 나타난 세계에 대한 이미지 — 가 자연스럽게 떠오른다고 주장하는 것이었다.[17] 이러한 도덕적 이미지 — 이것이 윤리적 행동의 원인이고 이기적이지 않은 행위를 온당한 것으로 간주하게 한다 — 를 신의 존재에 대한 믿음과 혼동해서는 안 된다. 오히려 그것은 도덕 의지를 그 진정한 — 다시 말해 필수적이고 구성적인 — 부분으로 포함하고 있는 세계에 대한 이미지이다. 자율적인 주체가 싸울 준비가 된 채로 맞서고 있는 세계가 아니라 주체가 그 안에서 그 자신을 위한 자리를 발견하는 세계 말이다. 사물들의 순수하게 자연스런 도식에 꼭 들어맞지 않기에 정원 외적이라고밖에 기술될 수 없는 주체이긴 하지만 말이다.

주체가 세계 속에서 이처럼 정원 외적이라고 공인된 그 자신의 자리를 상상할 수 있다면 이는 그녀가 세계 속에서 빈자리를, 정확히 무가 점유하는 자리를 발견하기 때문이다. 주체라는 잉여는 세계의 이런 결손을 필요로 하며 세계는 바로 이런 불완전함 때문에 스스로의 힘으로는 자신을 실현할 수 없는 것으로 판명된다. 여기서 우리가 칸트에게서 보는 것은 주체와 세계가 서로 맞서 대결하는 대립의 구조가 아니라 주체가 두 번 출현하는, 처음에는 세계에서 빠진 것으로서, 두 번째는

---

17 | Dieter Henrich, *Aesthetic Judgment and the Moral Image of the World* (Stanford: Stanford University Press, 1992).

세계에 덧붙여진 것으로서 출현하는 봉투 구조 혹은 위상학적 구조이다. 이러한 구조에서 아름다움의 역할은 의지가 그 자신의 반영을 발견하는 자리인 바로 그 무를 표상하는 일이다. 그렇다면 가상은 사람들 간의 대칭을 창조하거나 평등을 주장하도록 의지를 부추기지 않는다. 그것은 그저 창조하도록 우리를 부추길 뿐이다. 정의定義를 공평함으로 엄격하게 형식적으로 정의하는 것에서 잘못된 것은 내가 프로이트를 따라 주장한 대로 그 정의가 쾌락의 구체적 현실을 무시한다는 데 있다. 쾌락은 대칭화에 적극적으로 저항할 뿐만 아니라 그런 제약 아래에서는 치명적인 것으로 변한다. 이는 쾌락에 울타리를 쳐 쾌락이 이웃의 공간으로 넘어 들어가는 것을 방지하는 것이 윤리라고 말하려는 것도, 반대로 쾌락을 해방시켜 마음껏 돌아다닐 수 있게 하는 것이 윤리라고 말하려는 것도 아니다. 쾌락의 윤리적 분배를 위한 그런 공간-경제적 제안들은 여전히 쾌락에 관한 지나치게 자연주의적인 발상 — 욕구need에 훨씬 더 근접해 있는 그 무엇 — 에 기초해있다.

종종 지적되어 왔듯이 자유주의적 윤리 이론들은 그저 모든 사람에게 여건과 기회의 평등을 제공하고 모든 주체를 자연적 해악으로부터 보호하려고만 한다. 그렇기에 윤리는 모든 사람이 '벌거벗은' 삶을 유지하기 위한 기초 여건들을 갖추도록 보증하는 것으로 환원된다. 그런 기획의 한계를 자각하고 있는 롤스는 개인의 쾌락에 대한 인정을 옹호함으로써 그것을 넘어서려고 한다. 하지만 그는 물질적 재화와 거의 구분되지 않는 쾌락 개념을 고수함으로써 그렇게 한다. 그리하여 그는 일단 쾌락이 탈자연화되고 대타자의 장을 통한 우회로에 의해 구성되는 것으로 나타나게 되면 쾌락의 공평한 분배는 더 이상 적절한, 실행 가능한 목표가 아니게 된다는 사실을 적절하게 이해하지 못한다. 문제는 분배의 문제가 아니라 오히려 박탈의 문제로서 제기되어야 한다. 다시 말해 문제는 더 이상 모든 사람이 자신이 원하는 쾌락의 적절한 몫을 갖게끔 보장하는 것이 아니라 우선 모두가 그 쾌락을 원하게끔 보장하는 것이다. 쾌락은 대타자의 장에서 출현하며 대타자에 대한 불확실한 관계와 나란히 출현한다. 대타자가 내게 기대하는 것은 무엇인가? 대타자는 내가 누구라고 생각하는가? 대타자가 대자적으로 우리를 인지한다는 것을 혹은 우리의 욕망을 인정한다는 것을 가장 확실하게 보증하는 길은 우리의 욕망을 대타자의 욕망으로 만드는 것이기에 우리는 자신의 욕망을 스스로에게서 박탈하고, 대신 대타자와의 좀 더 평온한 관계를 위해 대타자의 (상실된) 대의에 우리의 쾌락을 투여하는 선택을 하게 되고 만다. 쾌락의 문제점은 우리가 쾌락을 포기하기 위해 창안해 내는 수많은 이유들에 있다. 우리가 가장 어렵다고 여기는 일은 우리가 가진 쾌락에 매달려 그것을 즐기는 것이다. 우리가 그런 식으로 우리 자신에게 이런 불만족을 부과하게 되면 우리는 타자들에게도 동일한 불만족을 요구하게 된다.

"평등 공리"

정신분석적 비판이 단일한 예루살렘이라는 해결책을 금지한다면 그 구성원들과 그들의 과거들을 아름다운, 대칭적 도식을 통해 '공평하게' 분배할 공유된 예루살렘에 대한 이야기 또한 금지한다. 공유할 수 있는 예루살렘의 전체는, 전부는 없다. 모든 시민들을 인식하고 그들 모두에게 평등하게 애정을 줄 큰 대타자는 없기 때문이다. 다시 말해 영토에 부과할 수 있는 외적 규범이 없는 것이다. 이런 이유로 평등 프로그램은 폐기되어야 한다. 하지만, 『철학과 정치』의 말미에서 알랭 바디우는 흥미롭게도 "평등 프로그램"과 "평등 공리"를 구분한다. 그에 따르면, 평등 공리는 평등에서 "경제적 함의"를 제거하고 "주관적 통렬함"을 복원한다.[18] 우리는 "경제적 함의"란 말로 그가 염두에 둔 것은 롤스와 스캐리를 포함한 자유주의 평등 이론의 핵심을 형성하는 "공평한 분배"에 대한 고려라고 생각한다. 평등 프로그램은 유한한 점에서 출발하여 무한에 이르려는 목표처럼 분명 실패가 예정되어 있다. 우리가 알고 있듯이 유한한 공간 안에서는 — 아무리 많은 시간이 경과해도 — 결코 무한에 도달하지 못한다. 마찬가지로 평등 프로그램은 부조리하다. 쾌락은 그 본질상 대타자의 인정을 감축하는 데 달려있음에도 그 프로그램은 쾌락에 대한 인정을 확보하려고 하기 때문이다. 역사적으로 말하면 쾌락은 근대기의 시작 이래로 이러한 감축에 좌우되어 왔다. 근대기에는 행복이 주관적인 지위를 획득했고 아리스토텔레스가 당연시한 개인적 행복과 공공선의 일치가 더 이상 확실치 않게 되었다. 실로 주관적인 행복과 공공의 복리는 정의상 갈등하게 된 것이다. 근대기에는 제논의 역설의 목록에 쾌락의 역설이, 즉 쾌락의 인정을 요구하면서도 그 인정을 받아들이는 것이 불가능하다는 역설이 추가되었다고 말할 수도 있을 것이다. 제논이 증명했듯이 이런 역설을 벗어나는 유일한 길은 공리를 경유하는 것이다. 가령 우리는 운동을 단언하는 공리에서 출발해야 한다. 왜냐하면 운동을 구성하는 정지점들을 모조리 기술하는 것을 통해서 운동을 산출하려는 시도는 운동을 사라지게 만들 뿐이며 그렇기에 명백히 실패할 운명에 처해 있기 때문이다. 우리는 무한의 개념에서 출발해야 한다. 유한한 것의 경로를 통해 그 개념을 도입하는

---

18 | Alain Badiou, "Philosophie et politique", *Conditions* (Paris: Seuil, 1992), p. 247. [알랭 바디우, 『조건들』, 이종영 옮김, 새물결, 2006, 328-329쪽. 국역본에서는 '평등'을 '동등성'으로 옮기고 있다.]

것은 불가능하기 때문이다. 그렇기에 우리는 평등의 공리로부터 출발해야지 어리석게도 개개인의 쾌락을 인정하고 비준할 어떤 대타자를 통해 평등을 산출하려고 해서는 안 된다.

평등 공리는 스캐리가 균형과 대칭이 작동하길 바라는 것처럼 기본적인 수준에서 작동한다. 그것은 의지를 부추겨서 "유비의 제2의 절반" ― 제1의 절반은 평등 공리이다 ― 을 현실에서 창출해내도록 한다. 다시 말해 평등 공리의 채택은 우리가 자신의 행동의 결과들에 무관심하지 않을 것이며 정치적 행동을 통해 모두의 평등을 보호하려고 할 것임을 보장한다. 차이는 스캐리의 균형과 대칭과는 달리 바디우의 공리는 정의로운 사회의 이미지를 갈등이 궁극적으로 해소되는 혹은 해소될 수 있는 사회로서, 이의가 사실상 침묵되고 모든 사람이 자신의 자리를 아는 사회로서 투영하지 않는다는 것이다. 요컨대 평등 공리는 정의로운 사회를 균형과 대칭이 지배하는 사회로서 상상하지 않는다는 것이다.

라캉은 그의 가르침 전반에 걸쳐 여러 번 "죄수의 딜레마"를 언급했다. 그것은 어떤 논리적 퍼즐인데 라캉은 이로부터 일종의 "자아를 넘어선 집단 심리"를 써보려고 했다.[19] 이 퍼즐에서 세 명의 죄수 각각의 등에는 검정색 원 아니면 흰색 원이 부착되어 있다. 다시 말해 게임은 "무지의 베일" 뒤에 있는 각각의 경기자에서 시작한다. 각 죄수는 간수가 세 개의 흰색 원과 두 개의 검정색 원, 총 다섯 개의 원을 갖고 있다는 것, 즉 두 개의 원은 게임에서 빠져 있다는 것을 알고 있다. 이로부터

---

19 | Jacques Lacan, "Logical Time and the Assertion of Anticipated Certitude", *Newsletter of the Freudian Field*, vol.2 (1988).

각각의 죄수는 그가 다른 두 사람의 등에서 볼 수 있는 원을 증거로 해서 자기 자신이 검정색인지 흰색인지 결정해야 한다. 이것을 맨 먼저 알아내는 죄수는 풀려나게 된다. 다섯 명의 죄수와 다섯 개의 원이 있었다면, 혹은 죄수 두 명이 검정색 원을 받았다면 이 숙명적인 게임은 거의 아무 문제도 일으키지 않았을 것이다. 한 죄수는 다른 죄수들을 증거로 해서 첫 눈에 자신의 정체성을 식별할 수 있었을 것이다. 하지만 이 죄수들은 모두 흰색을 받았다. 몇 개의 원들을, 정확히 말해 단순 대립만을 고려하게 했을 원들을 제외시켜버림으로써 이 게임은 결코 총체를 구성하지 않는 사회적 기표들의 차이적 상황에 근접한다. 다시 말해 타자들에 대한 나의 관계를 평가하는 것만으로는 결코 나 자신을 완전하게 정의할 수 없다. 집합에서 빠져 있는 것은 항상 나 자신의 독특한 정체성의 기표이다. 그렇다면 그 누구도 게임에서 승자가 되지 못한 채 라캉의 죄수들은 영원히 붙들려 있을 것처럼 보일 것이다. 왜냐하면 지식이 축적되어 죄수 자신의 지위에 대해 확신이 생겨나게 될 순간은 결코 오지 않을 것이기 때문이다. 하지만 각각의 죄수는 자신의 동료와의 차이적 관계는 자신의 진짜 정체성을 결정하기에 불충분하다는 것을 알고 있고, 이 정보가 그 자신에게 다시 반영되기를 자신이 수동적으로 기다리는 동안 다른 죄수들은 행동하여 상황의 변화를 촉발시킬 시간이 있다는 것을 알고 있다. 그렇기에 각각의 죄수는 "미숙한 채로" — 인식적 확신이 없는 채로 — 행동해야 하고 자신의 행동으로써 자신의 진리를 결정해야 한다고 느낀다. 우화의 결말에서 세 명의 죄수 각각은 풀려난다. 왜냐하면 각자는 자기가 알게 된 것을 기초로 해서뿐만 아니라 문을 통과하는 자기 자신의 행동을 통해서도 자신이 흰색임을 입증하기 때문이다. 다시 말해 각자는 자신이 타자들에 의해 정의되는 것을 거부함으로써, 그리고 이 가능성을 봉쇄하기 위해 행동함으로써 그 자신의 '결백(흰색)whiteness'을, 즉 자신의 익명성을 산출한다.

우리는 다른 결과가 나왔을 것이라고 상상할 수도 있을 것이다. 자신의 고유한 정체성을 확신하지 못하고, 타자들이 상황을 변화시키기 위해 할지도 모르는 일을 두려워한 나머지 죄수들은 현재 상태의 지옥을 유지하고자 쾌락을 거부하는 무의식적인 협정을 맺었을 수도 있다. 이러한 협정이 형성되면 각각의 죄수가 갖고 있는 현재의 용의주도한 습성들은 관례화되고 연장되어, 세월에 의해 보증된 굳어버린 상상적 정체성이라는 껍질을 형성했을 것이다. 이는 마치 어떤 초재적인 지점이 동시에 게임에 추가되어 — 간수가 각각의 죄수를 그 죄수의 배지와 동일시할 수 있을 만큼의 원만을 받아 — 이 지점에서 죄수들의 행동이 관망되고 계속 변하지 않는 것과도 같다. 아무도 이 게임에서 빠져나가지 못할 것이고 그 게임은 무한히 계속될 것이다.

예루살렘은 성소가 너무 많은, 죽은 조상이 너무 많은 도시라서 거기서 편히 살기란 쉽지 않은 일이다. 과거와 선조 타자들을 위해 삶은 계속 희생된다. 살아 있는 자는 그 선조 타자들의 꿈에 따라 자신을 판단하고, 측정하고, 비준한다. 그 도시가 다시 살 만한 것이 되려면 도시를 어떻게 분할할 것인가가 아니라 어떻게 무가 출현하도록 할 것인가를 배워야 한다. 예루살렘의 가장 격렬한 전투는 종교 집단들과 종족 집단들 사이에서가 아니라 신성한 것과 가상의 것 사이에서 벌어진다. 불행하게도 지금까지는 신성한 것이 승리를 거두고 있는 것처럼 보인다.

7
시각의 버팀목
: 본다는 것의 육체적 지탱물

지난 수년간 미국 학계를 뒤흔들었던 것이 있다면 '신체가 문제다'라는 무척이나 널리 알려진 통찰이다. 이 통찰은 진정 온갖 종류의 육체를 산출했다. 온갖 종류의 신체들에 대해 많은 책들이 씌어지고 편집되었다. 그 신체들은 기능에 따라 범주화되고, 계급, 인종, 젠더에 의해 변별되고, 어떤 추상적이고 이상화된 형태와 구별되는 그 신체들의 온갖 세심한 차이가 면밀히 음미되어왔다. 이렇게 여러 신체 형태들을 에어브러시 처리 하지 않고 증식시키는 것에는 어떤 믿음이 내포되어 있다. 기표에 대한 오도된 집중이야말로 탈육화라는 이데올로기적으로 퇴보적인 길로 우리를 전락시켰다는 믿음 말이다. 우리의 세계를 의미작용적 관계들의 체계로서 분석하는 것은 오로지 이상적인 주체 — 신체들 및 그 신체들의 권력, 한계, 요구로부터 이탈된 절대적으로 추상적인 주체 — 만을 산출했다는 말을 우리는 듣고 있다.

현재의 신체의 보복, 혹은 신체에 대한 관심의 보복은 신체를 거부하는 기표의 권력에 대한 보복으로 보이는데, 그러한 보복은 두 가지 형태를 취해왔다. 생물학 혹은 생명과학 쪽으로 방향을 전환함으로써 기호학적 기획을 비난하거나, 기표의 효과의 목록에 신체를 추가함으로써 그 기획을 확장하는 것. 하지만 체화에 관한 최근의 일련의 책들이 입증하듯이 이런 단순한 비난도, 이런 단순한 추가도 신체를 우리 인간 존재의 구성 성분으로 이해하는 실제적인 지식을 전혀 산출하지 못한다. 나는 그 이유가 신체를 현재의 담화에 도입하는 것이 기표의 본성과 작용을 근본적으로 재고하도록 촉구하기보다는 — 기표를 거부하는 방식으로건 신체의 **구성**을 설명하는 새로운 과제에 기표를 끌어들이는 방식으로건 간에 — 기표를 교란되지 않은 채로 내버려두었기 때문이라고 주장하려고 한다. 이러한 연구들은 지금까지 단지 '신체가 문제다 matter'라고 진술하면서 — 마치 우리는 그 연구들의 경시에 대해 보복하거나 그 경시에 응답하기만 하면 된다는 듯이 — 다음과 같은 결정적인 **물음**을 묻어버렸다. 신체에 무슨 문제가[고름이] 있는가what's the matter with bodies? 왜 신체는 그토록 골치 아픈 고름을 스스로 만들어내는가suppurate('suppurate'는 'matter'라는 단어의 대체어이기 때문이다[1])? 왜 인간의 체화는 신체와 생물학 간의 전면전으로 표출되며 그렇기에 그 둘을 동의어로 취급하는 것이 실수로 간주되어야 하는가? 물론 체화된다는 말은 우리가 단지 임의의 신체(아무개)anybody가 아니라 여기 이 신체라는 것을 의미한다. 하지만 어째서 우리의 육체적인 특수성은 그와 같은 특유한 갈망들 속에서 드러나는가? 왜 우리는 항상 과식

_____

1 | ['matter'라는 단어에는 '문제거리'라는 다소 추상적인 의미뿐만 아니라 '고름'이라는 좀 더 육체적인 의미도 있다. 여기서 콥젝은 'matter'가 갖는 의미의 이런 스펙트럼을 염두에 두고 바로 앞 문장("신체에 무슨 문제가 있는가?")을 'suppurate'(고름이 나오다)라는 단어를 사용하여 말바꿔 쓰고 있다.]

하거나 굶주린다고 느끼거나 여타의 신체들을 토막낸다고 느끼기나 다른 사람의 발밑에 엎드린다고 느끼는가? 다시 말해 왜 인간 신체는 '기본적'이라고 할 수 있을 영양 섭취와 성을 추구하는 가운데서도 강박, 억제, 사디즘, 혹은 이상화에 사로잡히는가? 동물들도 신체를 갖지만 그와 같은 색다른 쾌락, 그와 같은 도착적인 취미를 갖지는 않는다. 동물들의 본능은 우리의 충동처럼, 그들이 해야만 하는 것에 대한 일종의 비의식적인nonconscious 앎이다. 둘 사이의 차이는 본능은 동물의 생존에 적합한 것으로서 자연에 의해 결정되는 반면 충동은 자연에 의해서도 문화에 의해서도 결정되지 않고 종종 생존을 위태롭게 한다는 데 있다. 하지만 충동을 의지나 변덕과 혼동하는 것은 잘못인데 그 이유는 충동은 의식적 주체가 마음대로 할 수 있는 것처럼 보이지 않기 때문이다. 오히려 충동은 그저 의지만으로는 반대할 수 없고 신체가 벗어날 수도 없는 무자비한 내적 압력이다.

충동 개념이 종종 이른바 인간 신체의 **도착**perversion 혹은 자연적 질서로부터의 이탈에 주목한다고 해도, 오직 기만적인 의도를 가질 때만 우리는 비자연적 신체라는 개념이란 용어상 모순이며 따라서 지지될 수 없다는 것을 인정하려 하지 않을 것이다. 신체는 분명 자연의 일부이다. 우리가 충동 개념을 고수하길 바란다면 (정신분석은 그럴 만한 많은 이유를 제공했다) 모순을 피할 수 있는 유일한 길은 충동 개념이 자연의 무효화를 함축하기보다는 자연의 재정의를 함축한다고 가정하는 것이다. 이것이 바로 그 모든 프로이트의 개념들 가운데 충동 개념이 지지자를 얻는 데 가장 적은 성공을 거두었던 이유다. 그것은 오로지 가장 대담한 사상가들만이 떠맡을 일종의 재사유를 강요한다. 우리가 던져야 할 물음은 이런 것이다. 충동은 어떻게 인간적 체화를 자연으로부터의 자유이자 동시에 자연의 일부로서 규정하는가? 요컨대 신체가 문제라

는 확신은 '신체는 무엇인가'라는 근본적인 물음을 던져야 할 우리의
책임을 면제해주지는 않는다.

최근 몇 년 동안 우리가 신체에 대해 아무리 많이 배웠다 해도, 그런
물음에 답하도록 하는 것은 고사하고 그런 물음을 제기하도록 하는 그
어떤 것도 거의 배우지 못했다. 인간적 체화의 '도착'을 조명해줄 그
어떤 것도 말이다.[2] 이 문제의 한 가지 예로서 체화된 관찰자observer라
는 개념을 잠깐 살펴보자. 1970년대 후반 시각을 의미작용적 실천으로
분석하려는 영화이론적 시도가 실로 그 어떤 신체도(그 누구일 수도)no
body 없는 주체를 산출한 것은 사실이다. 악명 높게도 자동으로 정해지
는 경우를 제외하면 아무 공간도 점유하지 못하고 아무 시간 변동에도
좌우되지 않고 아무 성적 정체성도 요구하지 않는 순수 추상적 시각의
단안單眼적 주체 말이다. 『관찰자의 기술』에서 조나단 크래리는 영화
관객에 관한 이런 묘사에 도전하기 위해 역사적으로 형성된 반론을 무
대에 올린다. 크래리가 말하길, 19세기 말에 관찰자는, 공간을 차지하고
시간의 경과에 따라 변하는 신체를 갑자기 획득했고, 경험 과학은 그
신체의 모든 우연성을 검사할 수 있었다. 카메라 옵스큐라에 의해 형성
되고 예시될 수 있었던 이전의 추상적 관찰자와 달리 이 육화된 관찰자
는 순전히 이상적인 존재 이상의 그 무엇을 갖고 있었다. 그 모든 너무나
도 인간적인 눈의 일탈적 지각 — 망막 잔상, 빛의 일그러짐, 흐려짐,
등등 —, 즉 신체 그 자체에 의해 구성된 지각은 더 이상 합리적 교정이

---

2 | *Reading Seminar XI: The Four Fundamental Concepts of Psychoanalysis*,
ed. Richard Feldstein, Bruce Fink, Maire Jaanus (Albany: SUNY Press, 1995)
에서 프로이트/라캉의 충동 개념에 관한 여러 편의 에세이가 출간되고 Jean
Laplanche의 *Seduction, Translation, Drives*, ed. John Fletcher and Martin
Stanton (London: ICA, 1992)가 출간된 이래 이 상황은 개선되었다.

필요한 육체의 실수로서 폐기되지 않고 그 자체로 긍정적인 현상으로서 진지하게 취급되었다. 발전하는 자본주의가 더 잘 이용할 수 있게끔 말이다.

비록 반-광학적 혹은 기하학적 시각 모델에서 광학적 혹은 생리학적 모델로의 그런 변화를 옹호하는 주장은 자료로서 충분히 입증되었지만 그것의 근본적인 타당함을 의심할 만한 지극히 충분한 이유가 있다. 기하학적 모델에서 생리학적 모델로의 이행은 추상적 관찰자에서 육화된corporealized 관찰자로의 이행을 나타낸다는 일반적인 주장에서 시작해보자. 이런 주장을 뒷받침하는 것은 주로 다음과 같은 종류의 상식이다: 카메라 옵스큐라는 단일 투사점을 중심으로 구축된 반면 입체경은 두 개의 투사점을 중심으로 구축되었기에 전자는 마음의 눈을 겨냥했고 후자는 체화된 주체의 실제 눈을 겨냥했음에 틀림없다. 혹은 기하학은 추상 과학이기에 추상적 주체를 가정하는 데 반해 신체를 연구하는 생리학은 육체적 관찰자를 가정한다. 이러한 종류의 가정들에 입각해서 보자면 크래리가 체화라는 용어로 무엇을 뜻하는지를 추정하는 것은 단순한 일이 된다. 크래리가 인용하는 데카르트적 어휘로 말하자면 그것은, 관찰자는 연장 실체res extensa이지 단지 사유 실체res cogitans는 아님을 의미한다. 즉 관찰자는 순수하게 사고하거나 보는 사물, 코기토라기보다는 연장된 실체라는 것이다. 비전문적인 언어로 말하자면 관찰자는 무엇보다도 물질, 여타의 사물들 사이에 낀 경계가 있는 유한한 사물이다. 그렇기에 물질로서 관찰자는, 생리학적으로 연구되고 조작될 수 있는 방식으로 시각에 필연적이고도 유의미하게 영향을 준다. 나는 생리학이 그런 신체 개념을 보유하고 있었음을 의심하지 않는다. 내가 의심하는 것은 그 개념의 진실성이다. 내가 의문시하는 또 하나의 것은 이 개념이 시각에 관한 좀 더 유물론적인 설명을 나타냈다는 폭넓은 가정이다. 사실 그 개념이 기하학적 설명보다도 단연 더 추상적이라는 것을 쉽게 보여줄 수도 있다.[3] 설득이 필요하다면 이런 생리학자들의 허튼 소리들을 읽어보라. 그들은 — 의도는 아니었겠지만 — 맹인을 유일하게 적절한 그들의 실험 주체로 채택하는 이유를 계속 내놓았고 계속해서 유심론자, 생기론자, 혹은 여타의 실증주의적 바보들과의 협잡에 빠져있었다. 이 실험에서 가장 충격적인 것은 그들이 인간적 체화와 동물적 체화를 구분하지도 못하고 구분하려고도 하지 않았다는 사실이다.

주목할 만하게도 크래리는 눈도 깜빡이지 않고 『굴절광학』에서 한 구절을 인용한다. 그 구절에서 데카르트는 카메라 옵스큐라의 구성을 기술하는 과정에서 그의 독자들에게 검은 방으로 들어가는 렌즈 모양의 입구에서 눈 — 그것은 황소의 눈일 수도 있을 것이라는 말을 그는 삽입구로서 덧붙인다 — 을 상상해보길 권한다.[4] 이런 즉흥적인 말에 크래리는 즉흥적으로 응답한다. "이 말은 단지 이런 것을 지적할 뿐이다.

---

3 | 나는 여기서 실증주의를 경험적 사실에 예속시키는 것은 그것을 추상 과학으로 만드는 것이라는 알튀세르의 주장을 생각하고 있다. 실증주의의 자기 함정에 관한 멋진 상세한 설명을 보려면 Tom Gunning, "Phantom Images and Modern Manifestations: Spirit Photography, Magic Theater, Trick Films, and Photography's Uncanny" (in *Fugitive Images: From Photography to Video*, ed. Patrice Petro, Bloomington and Indianapolis: Indiana University Press, 1995) 와 Alenka Zupančič, "Philosophers' Blind Bluff"(in *Gaze and Voice as Love Objects*, ed. Renata Salecl and Slavoj Žižek, Durham and London: Duke University Press, 1996)을 보라.

4 | *The Origin of Perspective* (Cambridge, MA: MIT Press, 1995)에서 허버트 대미시는 빛은 정확히 핀홀을 통해서가 아니라 관찰자의 눈의 물리적 형태를 보다 더 잘 수용할 수 있는 렌즈 모양의 입구를 통해 원근법 장치 속으로 통과해 들어갔다고 지적한다. 대미시의 책은 르네상스 원근법의 역사주의적 분석에 대한 환영할 만한 해독제를 제공한다.

즉 데카르트에게 카메라 옵스큐라 안에서 관찰된 이미지는 관찰자로부터 이탈된 외눈박이의 눈, 심지어는 인간의 눈이 아닐 수도 있는 그러한 것에 의해 형성된다는 것".[5] 다시 말해 여기서 문제가 되는 눈은 육체적인 것이 아니기에 — 중요한 것이 코기토, 순수 시각 혹은 사고인 한에서 — 눈의 실제적인 특성은 무시해도 좋다는 것이다. 하지만 문제는 이후에 크래리가 생리학적 시각 모델을 검토할 때 우리는 『굴절광학』의 이 구절과 그것의 브뉘엘적인 속임수를 떠올리지 않을 수 없다는 것이다. 왜냐하면 이후의 광학 실험들은 연구 대상인 사람의 눈은 황소의 눈이어도 무방했으리라는 징후로 가득하기 때문이다.

19세기에 도입된 "생명 과학"의 가능성의 조건 중의 하나이자 가장 큰 오류 중의 하나는 근본적으로 원천과 성격이 다른 자극들을 부적절하게 등치시키는 것이었다. 결국 이 문제를 해결하려고 했던 것은 이런 과학들에 이의를 제기하면서 부상한 정신분석이었다. 이 목적을 위해 프로이트는 다음과 같이 불평했다. "인두 점막의 건조함이나 위장 점막의 쓰라림", 즉 갈증과 허기의 인간 신체에서의 표출을 이 과학은 "강한 빛이 눈에 떨어진다"는 모델에 기초해 취급한다.[6] 인간의 허기와 갈증이라는 고통은 위장 안의 음식의 유무나 입 안의 습기의 유무와는 상관이

5 | Jonathan Crary, *Techniques of the Observer: On Vision and Modernity in the Nineteenth Century* (Cambridge, MA: MIT Press, 1990), p. 47. [조나단 크래리, 『관찰자의 기술』, 임동근 외 옮김, 문화과학사, 1999, 79쪽. 번역 수정.]

6 | Sigmund Freud, "Instincts and their Vicissitudes", *The Standard Edition of the Complete Psychological Works of Sigmund Freud*, trans. James Strachey (London: Hogarth Press and the Institute of Psycho-Analysis, 1957), vol. XIV, p. 118. [지그문트 프로이트, 「본능과 본능의 변화」, 『프로이트 전집 13』, 윤희기 옮김, 열린책들, 1997, 103쪽. 번역 수정.]

있을 필요가 없고 우리가 얼마나 잘 보는지는 이용할 수 있는 빛의 강도와는 아무 상관이 없을지도 모르는데도 말이다. 하지만 이러한 두 가지 유형의 자극 ― 순전히 생리학적 원천을 갖는 자극들과 충동에서 연원하는 자극들 ― 은 단지 자극이 외부에서 연원하는지 내부에서 연원하는지를 결정한다고 해서 구분될 수 있는 것은 아니다. 그것들을 변별하는 것은 오히려 그것들을 설명하기 위해 필요한 원인 개념들이다. 생리학적 자극과 그것에 대한 반응은 단순한 과학 법칙 혹은 그것들의 규칙성에 의해 지배되는 반면, 충동 자극은 미리 계산될 수 없는 반응을 촉발한다. 이는 충동 자극이 인과 관계에 들어서지 않는다는 말이 아니라 이 관계가 프로이트가 말했듯이 더욱 "복잡하다"는 말이다. 혹은 라캉이 이후에 주장했듯이 충동에서는 자극과 반응을 결합하는 고정되고 안정된 관계에서처럼 원인과 결과가 하나의 원칙을 형성하도록 결합되지 않는다.[7] 고정된 관계는 과학 법칙에 의해 지배되는 반면 충동 자극은 법칙에서 틈새가 발견될 수 있을 때 발생한다. 실례로써 라캉은 보도에 누워 있는 자살한 사람의 뭉개진 신체의 이미지를 환기시킨다. 이 이미지는 분명 조사자가 생리학자인지 정신분석가인지에 따라 상이한 인과적 설명을 유발할 것이다. 인간 신체만이 자살한다는 것은 생리학자가 고려할 사항이 아닐 것이다. 그의 설명은 아마도 틀림없이 충동의 압력보다는 중력의 힘에 좀 더 무게를 실을 것이다. 충동의 압력이 분명 이 자살자의 체화와 더욱 관련이 있는 사실임에도 불구하고 말이다.

---

7 | Jacques Lacan, *Seminar XI: The Four Fundamental Concepts of Psycho-Analysis*, ed. Jacques-Alain Miller, trans. Alan Sheridan (London: Hogarth Press and the Institute of Psycho-Analysis, 1977), p. 22. [자크 라캉, 『정신분석의 네 가지 근본 개념』, 맹정현·이수련 옮김, 새물결, 2008, 39-41쪽.]

나의 주장은 『관찰자의 기술』의 근본적인 오류가 데카르트 철학의 정신/신체 이원론을 생각 없이 받아들이는 데 있다는 것이다. 바로 이 이원론이 크래리가 기하학적 모델 — 추상적 의식을 전적으로 옹호한 나머지 신체를 무시하는 것으로 보인다 — 과 생리학적 모델 — 신체를 그 경험적 정의로 환원시킨다 — 을 구분하는 근거이다. 이러한 역사는 아무 신체도 없음과 19세기 생명 과학의 — 유적(즉 인간적)이고 개별적인 특정성 모두를 결여하고 있기에 — '추상적 신체'라고 부를 만한 것 사이에서의 선택이라는 거짓 선택을 우리에게 제시한다. 이러한 선택은 크래리가 인간 주체의 육화된 시각을 받아들일 가능성을 차단한다. 이 주체가 그 이원론에 대한 직접적인 도전이 될 수 있는 한에서 말이다. 하지만 그의 초기의 실수가 궁극적으로 육체적 관찰자의 본성에 대한 오판으로 귀결된다면, 그것은 또한 그 길을 따라 다른 문제들을 발생시킨다. 그 문제 중 하나는 르네상스 원근법과 그것의 '보편주의적' 주장들을 특징짓는 저 기하학에 대한 철저한 오해이다.

이것은 이 오해가 크래리에게서 연원한다는 말은 아니다. 그의 논점이, 르네상스 원근법을 추상적 관찰자를 확립하는 것으로서 분석하는 영화 이론에 도전하는 것이 아니라 18세기 후반 이후 이 시각 모델의 헤게모니를 의문시하는 것이기 때문에 그는 의심 없이 영화 이론의 분석과 실수를 받아들인다. 잘 알려져 있듯이 영화 이론은 영화적 시각성의 개념을 라캉이 『정신분석의 네 가지 근본 개념』에서 제시하는 응시 개념에 대한 분석을 기초로 지지하려고 했다. 하지만 영화 이론이 산출했던 라캉 독해에는 심각한 결함이 있었으며 그 결과 라캉의 입장과 완전히 대치되는 입장을 채택하게 되고 말았다. 영화 이론과 라캉이 갈라서는 곳에서 크래리는 전자를 따르며 종종 그 주장을 강화한다. 가령 이는 시각장과 관련해서 관찰자/관객을 배치하는 문제에 관해서 그렇다. 크래리는 관찰자를 관찰되는 대상으로부터 엄격하게 분리하려고 부단히 노력한다. 본질적으로 그는 시각의 기하학화는 관찰자를 신체의 바깥에 둘 뿐만 아니라 가시적 세계 바깥에 두기까지 하는 반면 생리학적 모델은 관찰자를 세계 내부와 그의 신체 내부에 둔다고 주장한다. 신체와 세계의 단순한 외부성에 관한 이런 "낡은 가정들"[8] ─ 이에 따르면 신체와 세계는 마치 상자들처럼 서로서로의 내부와 외부에 놓일 수 있다 ─ 에 의거해 크래리는 르네상스 회화가 중세 회화의 주관성을 재빨리 몰아내는 시각적 객관성을 도입했다는 교과서적 주장을 이데올로기적인 것으로 해석한다. 크래리와 영화 이론은 이 객관성을, 관찰자는 실로 자신의 신체와 세계를 초월할 수 있고 그렇기에 진정으로 그것들을 이해할 수 있다는 믿음에 의해 강화되는 어떤 오인이라고 해석한다.

라캉은 르네상스기에 회화적 객관성이 발명된 것에 관한 교과서적 주장을 논박하는 것이 아니라 그 객관성을 다른 방식으로 해석한다. 이 차이는 이런 주장들에서 명백하다. "기하광학적 차원은 우리의 관심사인 주체가 어떻게 시각장 속에 사로잡히는지를… 엿볼 수 있게 해줍니다" (SXI, 92 [『정신분석의 네 가지 근본 개념』, 145쪽]). 다시 말해 라캉은 르네상스 회화가 크래리의 주장과는 달리 관객을 이미지 바깥이 아니라 이미지 내부에 위치시킨다고 주장한다. (하지만 곧 보게 되겠지만 시각장에서의 주체의 이러한 상황은 생리학적 모델에서 기술되는 상황과는

---

8 | *The Visible and the Invisible* (ed. Claude Lefort, trans. Alphonso Lingis [Evanston: Northwestern University Press, 1968])에서 메를로-퐁티는 "우리는 신체를 세계 속에 놓고, 보는 자를 신체 속에 놓는 오래된 가정들을 거부해야 하고, 역으로 세계와 신체를, 마치 상자 속에 넣는 것처럼 보는 자 속에 놓는 오래된 가정들도 거부해야 한다"고 충고하고 있다.

완전히 비대칭적이다.) 라캉은 그 시각 모델의 통상적 명칭을 완전히 강조하면서, 그 시각 모델이 보여주는 것은 우리는 모든 것을 어떤 원근법[관점]에서 본다는 것이라고 주장한다. 사실 왜상anamorphosis에 대한 그의 긴 논의가 갖는 중요성은 그것이 회화의 시각장의 비순수성에 관심을 집중시킨다는 데 있다. 왜냐하면 그 시각장은 단지 관객이 보는 것들로만 구성되는 것이 아니라 관객이 자신이 보는 것들을 위해 기부하는 것들에 다름 아닌, 응시와 소실점으로도 구성되기 때문이다.[9] 이 말은 15세기 회화에서 데카르트의 이상적 관찰자가 그랬듯이 관객이 스스로에게 가시화된다는, 즉 투명해진다는 것을 뜻하지는 않는다. 관객이 거기 그림 속에 그려진다면 관객은 관객이 자신에 대해 갖고 있는 사고와 일치하는 것으로서 포착되는 것이 아니라 관객이 조망하는 지점과는 다른 지점에서 보여지는 그 누구로서 포착된다.

데카르트의 추상적 관찰자와 르네상스 회화의 관찰자 사이에서 가정된 유사성을 라캉이 그토록 강력하게 부인했다는 사실이 영화 이론가들에게 무시되었다는 것이 놀랄 만한 일은 아니다. 어쩌면 그 빗나간 만남은 영화 이론가들이 왜상을 구조적으로 필연적인 현상이 아니라 특별한 현상으로 오해했기 때문이거나 혹은 좀 더 일반적으로 말해서 라캉의 병렬식paratactical[문장, 구, 절을 접속사 없이 늘어놓는] 글쓰기 스타일의 악명 높은 난해함 때문일 것이다. 하지만 그의 주장의 특수한 부분들이 즉각적으로 분명하지는 않았다고 해도 그 맥락은 분명하며 이것만으로도 추상적인 듯한 라캉의 관찰자의 데카르트적 계보를 확고부동하게

---

9 | Jacques Lacan, *Seminar XIII: L'objet de la psychoanalyse* (unpublished seminar), May 4, 1966. 나는 이 세미나의 미출간된 영역본을 참조할 수 있게 해준 번역자 코맥 갤러거에게 감사하고 싶다. 앞으로 *Seminar XIII*에 대한 참조는 구두 전달의 날짜를 사용할 것이다.

만들려는 의도를 가진 자들에게 경고 신호를 보냈음에 틀림없다. 왜냐하면 응시에 관한 이 세미나는 예술 비평 영역으로의 외유가 아니라 정신분석의 근본 개념들 가운데 하나인 충동 개념을 논의하려는 시도이기 때문이다. 라캉은 르네상스 원근법이 시관scopic 충동에 대한 정확한 공식을 제안한다고, 즉 추상적 시각에 대한 공식이 아니라 체화된 바라보기에 대한 공식을 제공한다고 주장한다. 앞서 지적했듯이 충동 개념을 통해 프로이트는 데카르트적 이원론과 정면으로 충돌했다. 이 개념을 통해 그는 구체화된 주체성에 관한 사실들을 설명하려고 애썼다. 한 번 더 충동에 관한 그의 정의를 「충동과 그 운명들」에서 살펴보라. "우리에게 [[충동]]은 정신적인 것과 육체적인 것의 경계에 있는 개념으로 보인다. … 즉 그것은 정신이 육체와 연결되어 있는 결과, 정신에게 부과된 일정 수준의 작업 요구로 보인다."[10] (정확히 라캉적인 의미에서 요구인) 이 요구는 생리학적인 연구의 자극-반사 모델에서 수용될 수 있는 그 어떤 반응보다도 훨씬 더 복잡한 반응, 즉 육체적 주체(다시 말해, 정신분석의 주체 그 자체)에서 나오는 반응에 대한 요청이다.

하지만 이런 주장을 정당화하는 것은 무엇인가? 어떤 이유에서 기하학적 원근법이 (순수하게 합리적인 주체가 아니라) 육체적 주체가 시각장과 맺는 관계에 대한 공식을 제공한다고 진술할 수 있는가? 이 물음에 답하기 위해 먼저 필요한 것은 16세기 기하학에서의 혁명으로부터 출현한 인공 원근법과 그것에 선행하는 자연 원근법을 구분하는 일이다. 크래리와 영화 이론이 르네상스 원근법을 설명할 때 그렇듯이, 이러한 구분이 간과될 때마다 혼동이 발생한다.

---

10 | Freud, SE XIV: 121-122. [프로이트, 「본능과 본능의 변화」, 앞의 책, 107쪽. 번역 수정.]

제시되지 않고 제시된다고 해도 존재하지 않는 것은 무엇인가? 그것
은 무한한 것이다.

           — 레오나르도 다빈치

  르네상스 회화가 무한을 가시적 세계에 도입한다는 것은 진부한 말
이다. 하지만 이런 상투적인 말을 넘어 그것이 어떤 무한을 도입했는지
를 명시할 필요가 있다.[11] 크래리는 분명히 그런 것을 말하지도 않고
무한이라는 단어를 좀처럼 사용하지도 않지만 15세기 회화에서 쟁점이
되는 것은 잠재적potential 무한이라고 가정하는 것처럼 보인다. 베르미
어의 두 개의 회화 작품, <천문학자>(1668)와 <지리학자>(1668-1669)를
르네상스 원근법의 전범으로 인용하면서 크래리는 다음과 같이 주장한
다. 그 작품들 속에 묘사된 두 명의 관찰자는 "불가분의 단일한 외부의
갖가지 측면들을 관찰하는 공통의 기획에 관여하고 있다. 그 둘 모두
는… 공간에서의 물체들의 무한한 연장을 지성적으로 지배할 능력을
전유해온 자율적인 개별 자아의… 형상들이다"[12](42-43, 강조는 추가되
었음). 르네상스 원근법의 요점을 놓치면서 크래리는 여기서 무한한
공간이 아니라 유한한 공간을 묘사한다. 왜 내가 이런 말을 하는가?
나는 르네상스 원근법의 중심적 관심사에 관한 일반적인 논평을 한 이
후에 이 문제에 답하려고 한다.

  베르미어의 그림들이 크래리에게 전범의 지위를 갖는다면 이는 그

---

11 | Mary Tiles, *The Philosophy of Set Theory: An Introduction to Cantor's
    Paradise* (London: Blackwell, 1989)는 무한 개념에 대한 환원적이지 않은
    뛰어난 개론서이다.

12 | [크래리, 앞의 책, 78-79쪽. 번역 수정.]

그림들이 르네상스의 주요 기획임에 틀림없는 물질세계의 측정이나 수학화라는 주제에 초점을 맞추기 때문이다. 따라서 시각의 기하학화는 교환가치에 기초한 화폐 경제에 길을 내주기 시작한, 세계에 대한 더욱 일반적인 정량화의 일부로서 간주된다. 그렇다면 필요한 일은 크래리처럼 19세기 초 자본주의가 우리의 시각 개념에 가한 충격에 주목하는 것만이 아니다. 16세기에 시각과 자본주의적 정량화가 겹치는 전개과정을 살펴보는 일 또한 필요하다. 자본주의가 교환가치의 보편화를 유지하기 위해 사용가치에 대한 필요를 제거할 수는 없었듯이, 보다 앞선 시기에 세계의 수학화나 정량화도 **성질**에 대한 요구를 제거할 수 없었다. 이 말은 세계의 정량화가 완전하지 않았을 것이라는 말은 아니다. 그것은 완전했다. 하지만 근대 세계에서 **성질**의 자리가 갑자기 제거되기는 했어도 **성질** 그 자체는 **성질**에 대한 요구를 통해, 더 이상 자리를 갖지 못하는 그 무엇으로서 계속 잔존하고 있었다. 그것은 덧없고 환영적인phantom 이런저런 형식으로 회귀하려고 했다. 가장 분명한 예를 하나 들자면 이후에 그것은 덧없고 불안정한 상품 물신화로 회귀했다.[13] 에르빈 파노프스키는 르네상스 시대에 나타난 **성질**의 기묘한 존속, 지정불가능한 **성질**의 자리를 고려하지 못하고서 「상징적 형식으로서의 원근법」이라는 제목으로 15세기 원근법에 관한 가장 중요하고도 근본적으로 엉뚱한 글 하나를 썼다. 제목에서 "상징적 형식"은 세계를 재현으로 바꾸어 놓은 상징적 형식을 통해 원근법을 세계에 대한 지배와, 세계에 대한 지식 혹은 "지성적 지배"(크래리)와 연결시킨다. 문제는 이러한 원근법 형식이 의존한 사영 기하학은 지식에 대한 추구로서가

---

13 | *Le triple du plaisir* (Paris: Verdier, 1997)에서 정량화와 **성질** 사이의 이런 관계에 대한 장-클로드 밀네의 정확한 논의를 보라.

아니라 반대로 지식의 표면에 구멍을 내는 진리에 대한 추구로서 조직된다는 점이다. 사영 기하학은 재현에서 빠져나간 것을, 즉 정량화된 재현된 세계에서 더 이상 자리를 갖지 못하는 것을 찾아내기 위해 고안되었다. 이 말이 뜻하는 것은 사영 기하학은, 순전히 재현불가능한 것을 재현하려고 했다는 것이 아니라 재현불가능한 것의 존재를 그 절차들을 통해 입증하려고 했다는 것이다.

이 점을 염두에 두고 르네상스 회화에서 무한의 자리에 대한 논의로 되돌아가자. 잘 알려졌듯이 이러한 회화는 신이 아니라 인간을 중심으로 한 세계의 재배치라는 보다 더 거대한 기획에 참여하고 있었기에 이때 도입된 무한은 그 다른 무한 — 이는 인간이 신에 점근선적으로 접근하는 것을 형상화했다 — 의 분쇄에 의존하고 있었다. 무한이, 유한한 지상의 세계와 영원한 천상의 공간 사이의 경계를 표시하는, 결코 도달불가능한 지평선 위의 저 점일 뿐이라면 회화는 여전히 신을 그 중심으로서 유지했을 것이다. 비록 회화의 주제가 이 중심으로부터 얼마간 떨어진 곳에 거주하는 유한한 공간이었을지라도 말이다. 크래리가 기술하는 공간은 오로지 이 후자의 의미에서만 무한한 것처럼 보인다. 그는 지질학자와 천문학자가 조사하는 공간을 "불가분의 단일한 외부"라고 지칭함으로써 그 공간이 부분들로 구성된 집성체라기보다는 환원불가능한, 구성되지 않은, 연속된 전체라고 공언한다. 측정과 측량이라는 유한한 연산들은 표면적으로는 이 외부 공간을 인지적으로 정복할 것이라고 단언하면서도 부지불식간에 그 연산들 자체의 불모성을 드러낸다. 왜냐하면 이런 연산들은 끝이 없으며 그렇기에 일종의 부정적인 무한을 각인하기 때문이다. 이런 무한은 종종 잠재적 무한이라고 불리지만 헤겔은 좀 더 경멸적인 용어를 사용하여 악무한이라고 부른다. 그런 작업은 사유의 위대함(혹은 크래리의 구절을 사용하자면 "자율적인 개별 자아[의] 지성적 지배 능력")을 나타낸다기보다는 "지성의 미신" 혹은 사유의 **결함**에 대한 증거이다. 구조적으로 도달 불가능한 극한에 의해 정의되는 연산 종결 능력의 결여 말이다.

내가 주장하고 싶은 것은 크래리의 분석은 카메라 옵스큐라의 구축을 틀짓는 고전 기하학, 즉 유클리드 기하학이 르네상스 원근법을 지탱한다고 가정하는 듯하다는 것이다. (크래리는 카메라 옵스큐라와 르네상스 원근법이 어떤 점에서 유사한지에 관한 물음에 대해 애매모호한 말을 한다. 때로는 그것들을 사실상 동일한 것으로 취급하며 때로는 그것들이 전적으로 일치하는 것은 아니라고 인정하면서 말이다. 하지만 그는 단 한 번도 서로 구분되는 두 개의 기하학이 그것들을 각각 틀짓는다고 말하지는 않는다.) 이 기하학 — 이것은 공간이 아니라 형상의 크기나 모양에 전적으로 관심을 갖는다 — 은 유한한 점, 유한하고 평평한 공간만을 다루었을 뿐 결코 무한을 다루지는 않았다. 그것은 오히려 무한 개념을 공개적으로 멸시했다. 그리스인들은 선을 유한하고 한정적인 것으로 파악했기에 무한한 것은 그들에게 완벽함이 아니라 박탈의 표지, 즉 한계의 부재 혹은 정의定義의 결여로만 보였다. 무한은 **현행적인** actual 어떤 것이 아니라 우리의 영원히 지연된, 한계와의 만남이다. 실로 잠재적 무한이라는 개념조차 마지못해 받아들여졌다. 즉 잠재적 무한은 기하학과 철학이 무한을, 현행적으로 존재하는 어떤 사물을 지칭하는 긍정적 개념으로 수용하지 못하게 하려는 방안으로서 받아들여졌다.[14]

---

14 | Tiles, *The Philosophy of Set Theory.* 나는 또한 이 절에서 Rudy Rucker, *Infinity and the Mind: The Science and Philosophy of the Infinite* (Boston, Basel, Stuttgart: Birkhauser, 1982)와 Shaughan Lavine, *Understanding the Infinite* (Cambridge, MA: Harvard University Press, 1994)에서 도움을 받았다.

하지만 르네상스 원근법은 카메라 옵스큐라의 고전 기하학에 기초한 것이 아니라 사영 기하학에 기초한 것이었다. 사영 기하학의 원리는 1636년에 지라르 데자르그가 출간한 12쪽 분량의 논문에 간명하게 설명되어 있다. 이 논문의 제목은 사영 기하학이 스스로 내놓는 주장과 크래리 등이 내놓는 주장 사이의 모순을 즉각 드러낸다. 제목은 이렇다. 『그림 영역 밖에 있는 여하한 제3의 점, 즉 거리점이나 여타의 다른 점을 이용하지 않고서 원근법을 실행하는 것에 관한 지라르 데자르그의 일반적 방법 중 하나에 대한 사례』.[15] 명백히, 그리고 많은 이론가들의 주장과는 반대로 르네상스 원근법을 특징짓는 방법은 그림 평면 밖의 여하한 점도 지시하지 않고서 작동한다. 다시 말해 그것은 그림 평면에서 어느 정도 떨어진 거리에 있는 어떤 가정된 외부의 관찰자의 눈에 의존하지 않는다. 오히려 그림의 장은 그림 내적인 하나의 점만을 중심으로 조직된다.

외부의 관찰자에 대한 지시의 결여만이 사영 기하학을 그것에 선행하는 것과 분리하는 것은 아니다. 양자 사이의 몇 가지 다른 차이들을 논의한다면 우리는 르네상스 회화가 어떻게 관객을 시각장 외부가 아니라 내부에 다시 자리매김하는지를 설명할 수 있을 것이다. 더 오래된 유클리드 기하학에서 평행선은 서로 만나지 않는 선들로서 부정적인 방식으로 정의된다. 물론 어떤 환경에서 어떤 대상을 일정한 거리를 두고

---

15 | J. V. Field, *The Invention of Infinity: Mathematics and Art in the Renaissance* (Oxford: Oxford University Press, 1997), p. 192. 대미시 또한 이 제목을 인용한다. 하지만 그는 동일한 지적을 하기 위해 그 제목을 다음과 같이 약간 다르게 번역한다. 『문제의 장 바깥 지점을 참조하지 않고서 비율, 측정, 그리고 거리가 정확하게끔 실제 대상들이나 세부 사항을 알 수 있는 대상들을 원근법 안에 두는 보편적인 방법』(p. 50).

보게 되면 평행선은 만나는 것처럼 보인다. 하지만 이러한 외양은 거리에 의해 생겨난 환영으로 읽어야지 사실과 혼동해서는 안 된다. 따라서 평행선에 대한 정의에서나 광학적 환영에 대한 교정에서나 이 기하학은 평행선에 대한 우리의 기본적 직관과, 즉 우리가 대개 평행선을 상상하고 재현하는 방식과 결부되어 있다. 반면 사영 기하학은 평행선을 무한에서 만나는 선들이라고 긍정적으로 재정의하는 순간, 직관을 내던진다. 왜냐하면 이러한 정의는 무한을 (평행선을 무한히 그어야 한다는 것을 암시하는 일종의 "그리고 기타 등등"이 아니라) 현행적인 존재로 존재하도록 할 뿐만 아니라 또한 평행선과 다른 선들의 구분이 사라지도록 만들기 때문이다. 이제 모든 선에 관해, 각각의 선은 또 다른 선과 오로지 한 점에서 교차한다고 말할 수 있다. 평행선과 다른 모든 선 사이의 이런 새로운 동등함은 놀라운 결과를 낳는다. 선과 점은 갑자기 위계적 관계를 잃고(고전 기하학에서 선은 점들로 이루어지기 때문에 점은 선보다 더 기본적인 단위이다) 처음으로 동등해진다. 이런 등가를 정립하는 원리인 "쌍대 원리"는 점과 선의 관계에 관한 그 어떤 타당한 진술에서도 그 진술의 타당성을 변화시키지 않고 선을 점으로 대체해도 좋고 그 역도 마찬가지라고 진술한다.

쌍대 원리는 기하학에 혁명적인 결과를 낳지만 우리 목적상 주목할 필요가 있는 것은 단지 이것이다. 사영 기하학은 고전 기하학을 정초하는 직관으로부터의 단절 — 혹은 더 나은 용어를 쓰자면, 해방 — 을 나타낸다. 현행적 무한 — 직접 경험될 수도 표상될 수도 없지만 그럼에도 현행적으로 존재하는 것으로 증명되는 하나의 점 — 을 정립하면서 출발하기에 사영 기하학은 근본적으로 반직관주의적으로 확립된다. 이전의 기하학과 달리 이 기하학은 가시적 세계, 즉 볼 수 있는 것을 그리는 방법으로서 파악되지 않았다. 그것은 오히려 볼 수 없는 것의 존재를 입증하는 방법이었다. 고전 기하학의 목적은 가능한 한 시각적으로 왜곡하지 않고서 2차원 표면 위에 대상들을 그리는 일을 보조하는 것이었다. 그것은 현행적 대상의 유사물resemblance 혹은 시각적 유사성을 그림 속에 보존하는 것에 전념하고 있었다. 반면 사영 기하학은 투영 과정을 통해서 무엇이 동일하게 남아 있는지를 결정하기 위해 투영할 때 일어나는 대상의 변형을 연구하는 데 전념했다. 그것은 시각적 유사성이 아니라 대상의 일관성을 보존하려고 했다. 평행성parrallelism은 투영할 때 보존되는 성질 가운데 하나가 아니다. 왜냐하면 이 방법을 전개하면 그림의 소실점이라고 불리는 한 점에서 모든 선은 교차하고, 그림을 가로지르는 하나의 선, 즉 지평선이라 불리는 선이 형성되기 때문이다.

이제 누군가 소실점과 지평선은 평행선들이 교차하는 것처럼 보이는 자리들을 표시했다고 주장한다면 이는 소실점과 지평선의 산출 방법을 완전히 무시하게 되는 것이며 또다시 유클리드 기하학과 사영 기하학의 중대한 차이를 지우게 되고 만다. 앞에서 진술했듯이 이 방법은 대상의 시각적 속성들을 조사하려고 고안된 것이 아니기 때문에 순수하게 광학적인 공간을 산출하지도, 산출하려고 의도하지도 않는다. 그러므로 이 그림들 속에서 출현하는 소실점과 지평선은 지각의 환영으로, 우리가 착오에 의해 보는 대상으로 간주되어서는 안 된다. 그것들은 조망 주체의 눈을 [시각장 내부에] 기입한다. 그 눈은 이제 다른 어딘가에서 시각장 안으로 투영되었다.

르네상스 회화는 우리가 그것을 평평한 표면이 아닌 것으로 읽도록 요청한다. 우리는 이러한 요청을 따라 거기 묘사된 공간을 핍진성의 측면에서 읽도록, 즉 환영적으로 멀리 떨어진 하나의 점 — 소실점 — 을 향해 평행선이 후퇴함으로써 심도의 환영이 창조된 것으로 읽도록 권장 받아왔다. 라캉은 이것이 그림을 바라보는 잘못된 방식이라고 주장한다. 그림의 공간이 평평하지 않다면 이는 그 공간이 관찰자의 눈을 그 눈이 바라보는 장 안에 되접어 넣는 원환체torus나 봉투처럼 형성되었기 때문이다. 르네상스 원근법을 통해서 관찰자는 관찰가능한 공간 속으로 위상학적으로 삽입되거나 투영된다. 이제 관찰자는 세계 내에서 가시적이게 된다. 이는 두 가지 의미를 갖는다. 먼저 (1) 르네상스 원근법에서 문제가 되는 관찰자는 단순히 가시적 세계를 조망하는 어떤 추상적 자리가 아니라 조망되는 어떤 체화된 자리이다. (2) 르네상스 회화는 핍진성의 문제, 세계를 정확하게 표상하는 문제가 아니라 시각 그 자체의 출현에 관한, 시각이 어떻게 발생하는가에 관한 관찰불가능한 진리를 입증하는 장치이다.

『세미나 XIII: 정신분석의 대상』에서 라캉은 또다시 2년 전 『세미나 XI』에서 그토록 많은 관심을 기울였던 관객의 문제를 붙잡는다. 『세미나 XI』에서 그는 여전히 두 개의 시각적 피라미드가 교차하는 것을 2차원적으로 그림으로써 르네상스 원근법을 설명하려고 한다. 이후의 세미나에서 라캉은 그의 이전의 논의가 여전히 최소한 의지하고 있었던 기하학적 직관의 마지막 흔적과 결별한다. 라캉은 르네상스 원근법이 특정하게 사영 기하학에 의존하고 있다는 사실을 뒤늦게 깨닫고는 사영 기하학을 "눈의 생리학뿐만 아니라 심지어 광학보다도 (즉 빛의 전파나 유사성의 문제에 대한 그 어떤 고려보다도) 논리적으로 선행하는" 것으로 기술하고 이 기하학은 우리에게 "주체와 **연장**extension의 관계에 내포되어 있는 것들에 대한… 정확한 형식"을 제공한다고 단호하게 진술한다.[16]

라캉이 개진한 르네상스 원근법의 이론이 주체를 가시적 세계의 바

깥에 있는, 그 세계에 대해 초재적인 하나의 이상적 지점에서 찾는 여타
의 이론과 혼동된다면 이는 오직 라캉 자신의 주장이 무시되기 때문이
다. 시각의 주체는 이상적이지 않고 육체적이라는 주장은 그 주체의
연장에 관한 물음을 다음과 같이 말장난하듯 언급하고 있는 것에 의해
분명해진다.[17] "연장"은 데카르트가 사유와 대조되는 (신체를 포함한)
물질적 실체를 언급하기 위해 사용한 용어이다. 그의 이론에서 사유/연
장 이분법은 각각의 항의 독립성을 (한편에는 순수 사유가, 다른 한편에
는 물체성이 있다) 보장하리라고 가정되었지만 라캉은 데카르트의 연장
개념이 사유의 지문으로 온통 뒤덮여 있다고 주장한다. 다시 말해 물질
적 실체는 사유와 동형적인 것으로 생각된다. 이 말은 물질적 실체가
사유로부터 거의 독립적이지 않고 데카르트에게서 은밀한 관념성을 부
여받았음을 뜻한다. 더구나 라캉은 다음과 같이 주장한다. 사유가 신체
를 포함한 물질적 실체를 사유와 동형적인 것이라고 사유할 수 있다면
이는 사유가 이미 자기 자신을 신체의 유한하고 제한된 형식, 즉 일종의
연장을 지니고 있는 것으로서 사유하기 때문이다. 이는 사유가 어떤
현실적인 의미에서 육화되어 있다고 지적하는 것이 아니다. 그것이 지
적하는 것은 오히려 신체, 즉 연장은 데카르트에게 신체의 이미지에
불과하다는 것이다. 데카르트의 사변을 특징짓는 (계량적인) 유클리드
기하학은 상상화된 신체만을 측정할 수 있지 신체 그 자체를 측정할

---

16 | Lacan, S XIII, May 4, 1966; 강조는 필자.

17 | 라캉은 여기서 그 어떤 신체 개념의 여지도 주지 않는 "무한한 연장"이라는
유클리드적 현상을 인간적 체화라는 현상으로 대체한다. 하지만 프레게의
집합 이론에 의해 "대상들이 귀속된 집합class"으로 재정의된 "연장[외연]"
은 그의 생각과 동떨어진 것 같지 않다. 다시 말해 연장이라는 단어는
이 절에서 여러 수준에서 작동한다.

수 없다. 라캉의 주장이 제안하는 것은 다음과 같다. 주체와 그 신체간의 이러한 또 다른 관계에 대해 아는 것에 관심이 있다면 우리는 데카르트의 주장의 유클리드적 가정들로부터 돌아서서 사영 기하학의 원리들을 바라보아야 한다.

원근법에 바쳐진 『세미나 XIII』의 강의들은 다음과 같은 근본적인 물음으로부터 시작되며 라캉은 그 대답을 위해 사영 기하학을 참조한다. "정확히 이 주체는 무엇인가? 객관적 세계의 구성이 필요로 하는 이 자리는 무엇인가?" 우리는 주체의 이 "자리"가 세계 바깥에 위치한 것이 아니라 세계 안에 투영된, 무한점(혹은 소실점)이라고 결론내렸다. 비록 이 공간이 주관적으로 구성된다고 하더라도 그것은 어떤 사소하지 않은 의미에서 **객관적**이라고 정의된다. 이 위치의 외관상의 역설은 오로지 라캉의 텍스트에서만 생겨나는 것은 아니다. 우리는 르네상스 회화가 동일하게 역설적인 방식으로, 즉 관점적인 것이자 동시에 회화에서 시각적 객관성을 발명한 것으로 정의된다는 것을 상기할 수 있을 것이다. 따라서 회화가 조숙하게 이런 역설을 시각적으로 도입한 것은 그 역설에 대한 철학적 탐구보다 몇 세기나 앞선 것이리라. 왜냐하면 칸트에 이르러서야 세계의 객관성이 어떻게 주체의 주관성에 의존하는지가 철학적인 초점이 되기 때문이다. 칸트의 입장에 대한 통념적인 회화화에도 불구하고 칸트는 우리가 오로지 주관적 외양에만 접근할 수 있다는 회의적인 견해를 지지한 것이 아니라 좀 더 설득력 있는 주장을 개진했다. 이에 따르면 주체는 그가 "초월적 종합"이라고 부른 과정을 통해, 임의적으로 혹은 단순히 주관적으로 배치된 세계가 아니라 객관적인 세계를 구성한다. 그렇다면 르네상스 원근법에 대한 라캉의 분석은, 그가 처음에 던진 질문이 암시하듯이, 이 칸트적인 객관성 개념을 이해하려는 시도로서 받아들여져야 한다.

하지만 왜 정신분석은 세계의 객관성이라는 철학적 문제에 대해 무엇인가를 말해야 하는가? 대답은 이렇다. 그 문제는 철학적 매개 없이 곧바로 정신분석의 문을 직접 두드리며 찾아왔기 때문이다. 처음에는 환각적 만족이라는 문제로, 최악의 단계에서는 정신병의 착란 현상으로. 그래서 프로이트는 대부분의 주체의 "객관적" 사고가 어떻게 현실성의 결여로 괴로워하는 정신병자와 신생아의 "주관적" 사고와 다른지를 설명할 수 있어야만 했다. 우리는 프로이트가 처음에는 자아라는 작인에서 그 대답을 찾았고 이 대답은 칸트적인 용어로 표현되었다는 것을 알고 있다. 그는 바로 자아의 **종합** 기능에 의거하여 착란적 사고에 의해 잠재적으로 압도된 심적 체계에 객관성을 복원시켜주었다. 하지만 자아는 이러한 과업에 부적합한 것으로 판명되었다. 왜냐하면 나르시시즘의 연구가 보여주었듯이 자아는 원래 자신이 적정滴定[18]하려고 했던 동일한 흙탕물에 빠져있기 때문이다. 이런 이유로 자아는 객관적 현실의 구성에 기여할 수 있기는커녕 그 정반대의 결과를 낳았다. 그의 작업의 이 지점에서 프로이트는 초점을 자아에서 충동으로 전환하여(그는 1914년에 「나르시시즘 서론」을, 1915년에 「충동과 그 운명들」을 썼다) 현실이라는 문제에 대답하려고 했다.

정신분석의 가장 심오한 통찰 가운데 하나는 우리는, 우리의 감관에 영향을 주어 지각을 형성하게 하는 이미 구성된 세계 속으로 태어나는 것이 아니라 어떤 원초적 상실의 여파로 태어난다는 것이다. 그렇다면 우리의 현실의 객관성이나 그 객관성의 붕괴를 결정하는 것은 **사물들**things의 질서에 대한 우리의 관계가 아니라 **사물**das Ding에 대한 우리의

---

18 | [적정(titration)이란 농도를 모르는 어떤 용액을 농도를 아는 다른 용액과 화학적으로 반응시켜 그 결과를 분석함으로써 그 농도를 알아내는 어떤 화학적 절차를 의미한다.]

관계이다. 종종 인용되지만 불완전하게 이해되는 프로이트의 한 정식에 따르면 객관적 현실은 우리가 대상을 발견하는 곳에 있는 것이 아니라 그것을 재발견하는 곳에 있다. 대상이라는 말로 프로이트가 뜻한 바는 환각과 구분되는 그 무엇이었지만 대상을 재발견되는 것으로 특징지음으로써 그는 현실을 환각과 연관된 쾌락과 완전히 절연시키려고 하지는 않았다. **사물**은 대략 모성적 신체에 상당하는 것이며 좀 더 특정하게는 모성적 신체가 한때 제공한 쾌락의 경험에 상당하는 것이다. 비록 프로이트가 처음부터 이 모성적 대상은 상실되기 전에는 그 어디에도 존재하지 않았다고 주장했지만 말이다.

요컨대 정신분석은 현실이나 세계를 당연시하는 것이 아니라 주체가 어떻게 현실이나 세계를 구성하여 "갖게" 되는지를 묻는다. 이러한 구성은 불안정한데 이는 단지 현실이나 세계가 가정되는 것이 아니라 설명되어야 하기 때문만은 아니다. 이는 또한 주체의 원초적 상실에 의해 주체가 외적 대상들에 대한 애착을 형성하게 되는 것이 아니라 상실한 대상을 갈망하게 되기 때문이다. 현실 구성의 작인을 자아에서 충동으로 옮김으로써 프로이트는 세속적 애착을 형성하는 데 있어 신체와 쾌락이 하는 역할을 다시 생각했다. 자아는 프로이트의 용어로 말하자면 "신체 표면의 투영"으로서 파악되었고 주체로서의 "나"는 그 표면과 일치하고 거기에서부터 세계와 대면했다. 반면 충동은 체화된 주체성에 관한 새로운 착상을 낳았다. 여기서 주체와 세계는 분리되어 있기보다는 정교하게 얽혀 있었다.

이러한 묘사는 분명 너무 간략하지만 그 타당성을 재빨리 확인하기 위해, 그 반대의 증거를 제공하는 정신병자를 고려해볼 수도 있을 것이다. 왜냐하면 정신병은 **현실의 상실**을 야기하는 것으로 통상 얘기되지만 분명 그것은 신체의 상실 또한 야기하기 때문이다. 정신병자에게 육체의 경험은 오직 2차원으로 환원되기에 그에게는 거론할 만한 아무 신체도 없고 일종의 틀이나 신체 표면만 있다. 정신병자들에게서 흔히 볼 수 있는 전형적인 "신체적 편집증"이나 "영향력 있는 기계" 망상들에 대한 빅토르 타우스크의 뛰어난 자료 조사와 분석이 결론적으로 보여준 것은 정신병자의 자기 치유 시도는 조잡하고 망상적인 방식으로 대체 세계를 "기적적으로 만들어내는" 데 있을 뿐만 아니라 대체 신체를 "기적적으로 만들어내는" 데에도 있다는 사실이다. 이 대체 신체는 "상자, 크랭크, 레버, 바퀴, 단추, 선, 전지"로 구성되며 정신병자는 이것들을 통해 스스로를 세계에 재부착하려 한다.[19] 이러한 분석에서 ─ 그리고 정신병자들의 심기증心氣症 혹은 "신체 트러블" 증상의 위태로운 성격에 관해 타우스크가 프로이트로부터 끌어내는 암시에서 ─ 분명한 것은 현실은 신체 없이는 실패하지 않는다는 것이다. 현실과 신체 사이의 연결고리는 정신분석의 핵심적인 자료이다. 정신분석은 그 어디에서도 현실의 초재적 구성 혹은 비육체적인 구성을 지지하지 않기 때문이다.

의심할 여지없이 라캉은 정신병자의 불안정한 구성물을 염두에 두고 있었다. 하지만 그는 도착증자와 신경증자의 구성물들 또한 생각하고 있었음에 틀림없다. 그들의 경련, 하반신 마비, 점막 질환, 자초한 여타의 상처들은 그들의 현실 파악을 유지하려는 그들 자신의 노력을 입증했다. 여기서 라캉은 다음과 같이 비난한다. "프로이트와 비교해볼 때 철학적 전통의 관념론자들은 정말이지 하찮은 존재들입니다. 왜냐하면 결국 그들은 그 유명한 현실에 이의 제기하지 않으며 단지 현실을 길들일 뿐이기 때문이지요. 관념론은, 우리가 현실에 형태를 부여하는 자들

---

19 | Victor Tausk, "On the Origin of the Influencing Machine in Schizophrenia", *Psychoanalytic Quarterly* (1993). 이 논문은 1918년 1월에 비엔나 정신분석 학회에서 처음 발표되고 논의되었으며 그 이듬해에 독일어로 출간되었다.

이며 그 이상은 볼 필요가 없다고 확언한다는 데 있습니다. 그것은 편안한 입장이지요. … 프로이트의 입장 혹은 지각 있는 여하한 사람의 입장은 다른 것입니다. 현실은 불확실하다는 것이지요. 현실의 경로를 따르는 율법들이 그토록 폭압적인 것은 바로 현실이… 그토록 불확실하기 때문입니다."[20] 우리는 어쩌면 프로이트의 통찰이 무엇보다 뛰어난 것은 그 통찰이 그 이면에 있는 임상을 이용했기 때문이라고 생각할 수도 있을 것이다. 왜냐하면 그 모든 얼기설기 기워 맞춰진 신체들이 신체들과 대충 이어 맞춰진 현실을 안고서 도움을 요청하러 차례로 프로이트의 진료소로 갔기 때문이다. 하지만 "지각 있는 여하한 사람"에 대한 라캉의 언급이 분명히 암시하는 바는 현실의 불확실함은 교제 활동이 쾨니히스베르크라는 소도시의 저녁 식사로 엄격하게 한정되어 있었던 사람[임마누엘 칸트]에게도 가시화되었음에 틀림없다는 것이다. 프로이트는 우리들 중 가장 분별 있는 사람에게도 현실의 토대는 필연적으로 비틀거리는 것이라는 사실에 눈을 뜨게 했다. 자신의 유명한 건축물의 벽돌을 가지런하게 놓으려던 칸트의 주의 깊고 참으로 감탄스러운 시도에도 불구하고 말이다. 그 어떤 초월적 종합도 우리의 현실을 완전히 가둘 수는 없다. 칸트의 이론 자체가 이 사실을 시사하고 있는 것으로 보인다.

분명해지고 있는 것은 현실의 불안정성의 문제는 우선 세속적인 애착을 형성하기 어렵다는 문제일 뿐만 아니라 일단 그 애착이 형성된 후에도 잔존하여 사라지지 않는 불안정성의 문제이기도 하다는 점이다. 라캉이 보고 있는 문제의 심장부에 이르기 위해, 현실의 불안정성에

---

20 | Jacques Lacan, Seminar VII: *The Ethics of Psychoanalysis*, ed. Jacques-Alain Miller, trans. Dennis Porter (London: Routledge, 1992), p. 30.

대한 라캉의 입장이 결국 그를 자신의 절친한 친구이자 동료인 모리스 메를로-퐁티와 절연시키는 것처럼 보인다는 것을 언급하면서 시작해 보자. 메를로-퐁티의 저작, 특히 『지각의 현상학』과 사후에 출간된 『가시적인 것과 비가시적인 것』은 『세미나 XI』의 응시에 관한 세미나에서 감탄과 함께 인용된다. 그 두 친구 사이에는 공통의 지반이 많다. 라캉처럼 메를로-퐁티는 시각이 육체성으로부터 절연될 수 없다고 완강히 주장했다. 관찰자의 육체성은 보는 행위 속으로 들어간다. 즉 그것은 보는 행위를 구조화한다. 메를로-퐁티 특유의 개념인 "살"에서 우리는 충동의 "식민화되지 않은", "비인간적" 차원을 분명히 식별할 수 있다. 여기서 충동은 길들여진, 사회화된 신체에 구멍을 내기 때문이다. 다시 말해 충동은 투영된 신체-자아 이미지 표면을 갈기갈기 찢고 시각장을 그 안에서 비가시적으로 남아 있는 것, 볼 수 없는 것에 홀리게haunted 한다.

누군가는 또한 메를로-퐁티에게서 볼 수 있는 되풀이되는 형상, 즉 광경과 보는 자, 감지되는 존재와 감지하는 존재, 접촉되는 살과 접촉하는 살이 서로서로를 포개거나 감싸는 교차대구법적chiasmic 형상과 라캉에게서 볼 수 있는 르네상스 회화의 봉투 구조에 대한 묘사 사이의 유사성을 흥미롭게 생각할지도 모른다. 라캉은 심지어 잠깐 멈추어 『가시적인 것과 비가시적인 것』의 부록에 실린 작업 노트 중 하나를 직접 참조하기까지 한다. 여기서 교차대구법의 위상학은 뒤집힌 장갑 손가락의 은유로 표상된다. 그 노트의 일부는 이렇다. "전도가능성: 뒤집힌 장갑의 손가락 — 관객은 각각의 면에 있을 필요가 없다. 내가 장갑의 한 면에서 장갑의 이면을 볼 수 있는 것으로 충분하다. 그 이면은 겉면에 붙어 있으니 말이다. 즉 내가 한 면을 다른 면을 통해 접촉할 수 있는 것으로 충분하다(장場에서의 점이나 평면에 대한 이중의 '표상'). 교차대구법은 이것이다. 역전가능성 — …"[21] 르네상스 회화 속으로 응시가 분출되는 것은 가죽 손가락이 뒤집혀 장갑의 모피 안감이 돌출되는 것과 유사하다. 하지만 메를로-퐁티가 교차대구법의 두 항이 연속적으로 겹쳐있음을 보여주려고 하는 반면(이는 보는 자가 응시의 따뜻함 속에 잠길 수 있게 해줄 것이다), 라캉은 눈, 즉 시각장을 응시로부터 강제로 갈라놓으며 그 둘을 근본적으로 분리시킨다. 오로지 사영 기하학이라는 인공적 장치만이 응시를 가시적인 평면에 등장시킨다. 눈과 응시는 실제 삶에서는 서로를 가린다. 시각의 객관적 장을 불안정하게 하는 것은 라캉의 분석에서 이 두 항의 바로 그 이율배반이다.

결과적으로 가시적 세계의 객관성은 메를로-퐁티와 라캉에 의해 서로 다르게 묘사될 것이다. 전자에게 객관성이 일차적으로 뜻하는 것은 가시적인 것이 일정한 심도를, 즉 "배후"를 갖는다는 점이다. 그 배후는 임의의 주어진 순간 시야에서 차단될 수도 있지만 그럼에도 다른 어떤 순간 타자들이나 우리 자신들에게 가시화될 가능성이 있다. 이러한 다른 조망들이 대상을 "완전히 둘러싸"고 그 대상에게 우리가 현재 보는 것과는 다른 측면을 제공한다. 가령 베르미어의 <지리학자>에서 지리학자의 신체는 거의 완전히 보는 자를 향하고 있다. 우리는 그의 등을 보지 못하며 그가 앞에 서서 우리의 조망을 차단하기에 그의 뒤에 있는 대형 옷장의 전부를 보지 못한다. 그렇지만 우리는 마치 지리학자가 등을 갖고 있고 대형 옷장이 아래 부분을 갖고 있다는 듯이 그림을 읽는다. 그 부분은 단지 우리의 관점 때문에 시야에서 차단당했다는 듯이 말이다. 여기서 객관성은, 우리에게 감추어져 있는 대상의 갖가지 측면을 보는 타자들의 존재가 우리의 조망을 **확증**하고 **보충**하고 안정시

---

21 | Merleau-Ponty, *The Visible and the Invisible*, p. 263.

켜준다는 가정에서 나온다. 우리가 다음 장에서 살펴보겠지만 라캉은 다른 입장을 채택한다. 그는 이 쟁점에 관해 메를로-퐁티보다는 사르트르와 좀 더 가까운 입장을 취하며 대타자의 응시가 어떻게 우리의 현실을 불안정하게 하며 그 근간에서 뒤흔드는지를 강조한다. 응시가 출현하면 시각은 무효화된다는 것이다.

우리가 절반만 끝낸 르네상스 원근법과 기하학적 원근법의 논의로 돌아가자. 우리는 보는 자는, 즉 눈은 시각장에 투영되어 볼거리가 된다고 말했다. 소실점은 보는 주체의 자리를 표시한다. 그와 동시에 거리점이라는 두 번째 점 또한 지각 가능해진다. 그것은 "화가가 〖자신이 그린 대상을〗 재현하기 위해 — 특색을 하나하나씩 그리기 위해 — 적어도 관념적으로라도 그 자신을 위치시켰던 지점"을 가리킨다.[22] 이것이 라캉이 응시점이라고 지칭하는 지점이다. 그가 지적하듯이 사영 기하학은 측정이 아니라 대응과 관련되어 있기에 응시점은 측정에 의해 규정되지 않는다. 단지 중요한 것은, 거리나 간격이 얼마나 되건 간에 얼마간의 거리가 그 두 점 — 소실점, 즉 조망 주체와 거리점, 즉 응시 — 을 분리시키는 것으로 그림 속에 나타난다는 것이다. 왜 그런가? 결국 르네상스 원근법의 목적은 무엇인가? 무엇을 하려는 것인가? 르네상스 원근법은 시관적 지각대상perceptum 속에서 지각주체percipiens를 포착하고자 한다. 여기서 라캉은 조망자의 눈이 장면 속에 출현한다는 것뿐만 아니라 가시적 세계 속에서 응시가 출현하는 것 또한 언급하고 있다. 정상적인 경우라면 응시는 보이지 않는다. 왜냐하면 주체는 보기 위해서 응시로부터 분리되어야 하기 때문이다. 하지만 투영을 통해서는 우리가 그림을 향해 던지는 시선뿐만 아니라 그림이 우리에게 되던지는 시선 또한

---

22 | Damisch, *The Origin of Perspective*, p. 91.

지각대상 속에서 출현한다. 그림이 우리를 돌아볼 수 있다면 이는 단지 우리가 그림으로부터 물러서거나 뒷걸음질 칠 수 있기 때문이다. 즉 우리가 우리 자신과 우리가 보는 대상 사이에 어떤 거리를 둘 수 있기 때문이다. 이것이 다시금 함축하는 바는 지각주체는 단순한 점, 정적이고 추상적인 점으로 표상될 수 있는 것이 아니라 우리가 조망하는 지점과 우리가 조망되는 지점을 분리시키는 간격 혹은 틈새로만 표상가능하다는 것이다. 하지만 결정적으로 지적해야 할 것은 두 번째 지점, 즉 응시가 조망하는 자를 돌아보는 지점은 정확히 하나의 점으로 위치시킬 수 없다는 사실이다. 왜냐하면 만약 그것이 가능하다면 이는 그 지점을 (소실점, 즉 우리가 조망하는 자리처럼) 지각대상의 일부로 환원시키는 결과를 낳게 될 것이기 때문이다. 그렇다면 그 두 점 (위치시킬 수 있는 점과 그렇지 않은 다른 점) 사이의 틈새는 지각대상 내의, 즉 그림 그 자체 내의 미미한 틈새 혹은 간격으로서만 입증될 수 있을 뿐이다. 최소 차이 혹은 최소 타자성은 그림을 그림 그 자체로부터 탈구시키며 어떤 일그러짐 혹은 왜상은 그림을 그림 그 자체로부터 발라내고 벗겨낸다. 파노프스키로부터 출발한 표준적인 교과서들에서 르네상스 회화들은 깊은 3차원 공간의 환영을 평평한 표면에 만들어냄으로써 거리를 재현하려는 시도들로 기술된다. 이러한 온갖 거짓 지혜에 맞서 라캉은 이러한 회화들은 오히려 지각주체를 그 주체 자신과 분리시키는 저 순수 거리의 존재를 입증한다고 말한다. 표상이 가능해지기 위해 필수적인 이 거리는 영화 이론이 탈구축하고자 하는 추상적 주체를 규정하는 것이 아니라 시관 충동의 체화된 주체를 규정한다.

8
자프루더가 본 것

1963년 11월 22일 존 에프 케네디의 자동차 퍼레이드가 댈러스 시 중심가를 통과하고 있을 때 에이브러햄 자프루더는 8mm 카메라를 그의 눈에 들어 올려 의례적인 공공의 이벤트를 자신의 홈 무비로 전환시킬 채비를 하고 있었다. 다음 26초 동안 그는 뷰파인더를 통해 계속해서 지켜보고 있었다. 모두가 알고 있듯이 결과는 파국적으로 유산된 영화였다. 이 영화는 최근 터무니없는 가격으로 팔렸는데 그 가격은 지난 수년 동안 특히나 탐욕스러운 미술 시장에서 경매된 현대 미술의 걸작품들이 획득한 그 어떤 가격과도 맞먹고 심지어 이를 초과하는 것이었다. 하지만 뉴스 방송인들은 금전적인 비교를 하면서도 자프루더의 영화의 가치를 미감적 측면에서가 아니라 증거적이고 역사적인 측면에서 평가함으로써 그 비교의 타당성을 거부했다. 그 케네디 암살 필름은 우리 국민의 서사에서 아직 동화될 수 없는 외상적 기억, 상처를 기록했다. 그렇기에 이 8mm 기억은 예술작품으로서가 아니라 국가적 아카이브에 진입할 수 있는 자료로서 디지털 방식으로 복원된 것이다.

이를 배경으로 할 때, 그 영화에 대한 피에르 파올로 파솔리니의 논평 — "검정색 대통령 차 좌석에서 프티-부르주아 아내의 연약한 품에 안겨 쓰러져 죽어가는"[1] 존 에프 케네디에 관한 영화 — 은 귀에 거슬리는 효과를 갖는다. 그의 논평에는 보호주의적 명령과 경건한 어조라곤 없고 결국 행동에 대한 비감상적인 묘사가 그러한 것들을 대체한다. 그뿐만 아니라 영화 그 자체는 영화의 증거적 가치를 사실상 의문시하는 어떤 미감적 주장을 예시하는 방향으로 제멋대로 끌려들어가는 것처럼 보인다. 파솔리니의 논평을 담고 있는 에세이 「롱 테이크에 관한 통찰」은 한때 영화 이론가들에게 그토록 절박한 것으로 보였던 롱 테이크 대 몽타주 논쟁에 대한 간략한 개입이다. 이 에세이에서 파솔리니는 강력하게 몽타주 편을 든다. 그는 자프루더의 영화를 환기시키는데 그는 그 영화를 "상상할 수 있는 가장 전형적인 롱 테이크"로서, 즉 하나의 반례로서 기술하기로 결심한다. 그토록 협소하게 미감적인, 심지어는 기술적技術的인 목적에서 이 같은 최상급의 표현을 늘어놓는 것에 우리는 당혹스럽지 않을 수 없을 것이다.

파솔리니의 테제는 다음과 같다. 몽타주는 롱 테이크 영화제작 기법보다 뛰어난데 왜냐하면 몽타주는 촬영된 질료에 의미를 부여하는 일종의 컷 혹은 "죽음"으로 영화에 고유한 현재시제에 구두점을 찍기 때문이다. 이 컷의 개입은 영화제작자가 자신이 모으는 필름 조각들을 단순히 병치시키도록 해주는 것이 아니라 그것들을 조율하도록 해준다. 이러한 구분의 요점은 몽타주를 영화적 원료를 모으는 단순한 기계적 장치로서가 아니라 모든 이미지들을 배열할 하나의 시점 — 결과적으로

---

1 | Pier Paolo Pasolini, "Observations on the Long Take", *October 13* (summer 1980), p. 3. 이 에세이에 대한 이후의 참조는 본문 안에 할 것이다.

하나의 주관성 — 을 구성할 수단으로서 수긍하는 것이다. 하지만 몽타주를 통해서 구축되는 영화에서 죽음은 컷의 형식으로 현행의, 전前 영화적인profilmic 질료에 의미를 부여하는 데 반해 — 마찬가지로 파솔리니는 일종의 부조리한 직유법을 통해, 인간의 죽음은 그 인간의 삶에 의미를 소급해서 제공한다고 말한다 — 자프루더의 롱 테이크 영화에서 상황은 반대이다. 케네디의 현행의, 전영화적 죽음은 컷 없이 촬영되었다는 바로 그 이유 때문에 의미를 박탈당한다. 그 암살의 이미지는 그 사건의 유일한 필름으로서 다른 어떤 시점들, 즉 "케네디 [혹은] 재클린의 시점, 암살자 자신 [혹은] 그의 공모자들의 시점, 더 유리한 지점을 차지한 사람들의 시점… 등등"과도 조율될 수 없다. 결과적으로 그 영화는 해소되지 않은 채로 현재시제로 남아 있고, "우연적이고 거의 가련한" 채로 남아 있으며 거기 기록된 행동은 "거의 이해할 수 없는" 것이 되고, 사실상 무의미한 것이 된다. 하지만 파솔리니의 주장에 따르면 문제는 암살 필름이 여타의 시점과 조율될 수 없다는 것이 아니라 이러한 조율이 없기에 필름 그 자체로는 정확히 말하자면 아무 시점도 갖지 않는다는 것이다. 파솔리니는 [한편으로] 몽타주를 통해 만들어진 시점 구조 및 그 구조에 속하는 주관성과 [다른 한편으로] 롱 테이크에 의해 표현된 상이한, 약화된 혹은 축소된 형태의 주관성을 구분한다. 더구나 몽타주가 객관적인 이미지를 산출하는 데 반해 롱 테이크는 객관성을 획득하지 못하며 단지 주관적인 채로 남는다. 다시 말해 롱 테이크에는 영화적 표상 특유의 "현실 효과"가 그 기초에서 흔들리고 비틀거리기 시작한다.

현실의 객관성은 "육화된"incarnate (파솔리니의 용어) 주체의 주관성과 갈등하는 것이 아니라 그 주관성에 의존한다는 주장은 중요치 않은 주장도 낯선 주장도 아니다. 칸트는 처음으로 그것을 자신의 철학의 핵심으로 정식화했다. 비록 몇몇 사람들은 그가 파솔리니가 고집하는 주체의 육체성에 거의 주의를 기울이지 않았다고 말해왔지만 말이다. 하지만 그 철학적 논변에 대한 파솔리니의 영화적 판본을 적절하게 이해하기는 어렵다. 그 판본이 기술되어 있는 에세이가 짧기 때문만이 아니라 그것이 몽타주와 죽음 사이에 확립한 직유가 골치 아프게도 불투명하기 때문이기도 하다. 삶은 삶 그 자체 속에서 의미를 갖는 것이 아니라 죽음 속에서 소급적으로만 의미를 갖는다고 공공연하게 말하는 것이 부조리한 한에서 (파솔리니는 스스로 자기가 "불충분하게" 말하고 있다고 인정한다), 우리는 몽타주에 관한 논의에서 갑자기 나타나는 죽음에 대한 언급이 잘못 놓인 것이라고, 케네디 암살을 언급하는 그 에세이의 서두에서 날아든 용어법상의 회전초tumbleweed[2]라고 보고 싶은 생각마저 든다. 다시 말해 몽타주를 죽음과 연관시키는 것은 첫 눈에는, 자프루더에 의해 녹화된 대통령의 현행의 죽음을 서두에서 언급한 것의 수사법적인 메아리-효과처럼 보인다. 하지만 파솔리니의 기묘한 논제는 정확히 그 반대 방향으로 움직인다. 케네디의 현행의, 의미 없는 죽음은 어떤 명시되지 않은 방식으로 몽타주를 부인한 결과라는 것이다.

이렇듯 모호한 에세이에 대해서는 순진한 독자 — 혹은 관객 — 가 되지 않는 것이 도움이 된다. 상세한 설명이 없음에도 불구하고 그 에세이가 여전히 진짜처럼 들린다면 이는 그것이 더듬거리며 기술하고 있는 중심 역설이 우리 자신의 영화 관람 경험에 입각해 우리가 이미 알고 있는 것이기 때문이다. 영화적 표상의 객관성이 획득되는 것은, 어깨 너머로 촬영되거나 혹은 내러티브 속의 다양한 인물들과 공간상으로

---

2 | [회전초란 사막 지대에서 주로 발견되는, 쉽게 뿌리에서 이탈하여 바람 속에서 이리저리 날아다니는 먼지 같은 잡초를 가리킨다.]

결부되어 촬영된 일련의 시점 숏들이 봉합되어 그 결과 그 모든 상이한 시점들이 어떻게든 통합된, 객관적 현실이 될 때이다. 하지만 우리의 경험은 파솔리니가 놓치고 있는 하나의 세부에도 주의를 기울이도록 한다. 특정 시점으로 귀속시킬 수 있는 다양한 숏들 가운데에는 그 어떤 특수한 인물과도 공간적으로 연관되지 않는, 즉 그 어떤 시점으로도 귀속될 수 없는 몇 숏이 드문드문 포함되어 있다. 따라서 그 숏들은 어딘가에서 불쑥 나오는 것처럼 보인다. 중요한 사항을 덧붙이자면 그 것들은 심지어 전지적인 관찰자로부터 오는 것도 아닌 것처럼 보이는데 이는 영화에서 객관적인 숏이란 없기 때문이다. 영화적 객관성은 여하한 객관적 숏도 없이 구축되는 것이다.

하나의 질문이 떠오른다. 방금 언급한 두 개의 비-시점 숏의 차이, 귀속불가능한 숏과 주관적 숏 사이의 차이는 무엇인가? 귀속불가능한 숏은 중립적인 것처럼, 즉 주관성이 없는 것처럼 보인다. 왜냐하면 앞서 말했듯이 시점 숏과 대조적으로, 그러한 숏은 인물과 근접해 있거나, 인물을 부분적으로 포함하거나 혹은 인물과 공간적으로 연관되어 있는 공간으로부터 촬영된 것이 아니라 그 어떤 특수한 인물과도 관련되지 않는 공간으로부터 촬영되기 때문이다. 하지만 가끔은 공간적 관련성의 외관상의 부재는 단순히 그 숏이 바라보는 사람과 정확히 일치하는 위치에서 촬영되었다는 사실에 기인한 것일 수도 있다. 이 경우 그 숏은 주관적 숏이다. 따라서 귀속불가능한 숏과 주관적 숏 사이에는 형식적인 유사성이 있다. 이것은 히치콕이 이용한 것이기도 하다. 몇몇 영화에서 그는 관객이 귀속불가능한 것이라고 가정한 숏이 실제로는 어떤 악마적 인물 — 혹은 새 — 의 위치에서 촬영된 것임을 갑자기 드러내곤 한다.[3] 돌연 그 숏은 "광학적 시점" 숏 혹은 "주관적" 숏으로 "전락한다".

나의 주요 논점은, 파솔리니가 확립하고자 하는 몽타주와 롱 테이크의 구분이 일련의 상호 연결된 시점 숏과 연장된 주관적 숏의 구분으로 귀착되는 것처럼 보인다고 하더라도 이와 같은 요약은 불충분하다는 것이다. 그가 몽타주와 연관시키는 객관성은 오로지 시점 숏만으로 구축될 수 있는 것이 아니라 귀속불가능한 숏 또한 얼마간 포함하고 있어야만 한다. 자유간접 스타일의 영화 제작의 발전을 탐구하기 시작할 때 파솔리니는 내가 귀속불가능한 것이라고 지칭하는 그런 종류의 숏들을 가시화하지만 그것들을 오로지 이 스타일에만 연관시키려고 한다. 나는 이런 숏들이 그런 영화 스타일에 의해 전경화된다는 것에는 동의하지만 그러한 숏들이 표준적인 영화제작에서도 강조되지 않은 형식으로 현존한다고 주장하고자 한다.

암살 필름이 갖는 다큐멘터리적인 스타일의 주관성을 강조하기 위해 파솔리니는 자프루더가 카메라 앵글을 선택하지 않았다고, 그저 "그가 우연히 있던 곳에서 촬영하면서 렌즈가 아니라 그가 본 것을 프레임에 담았다"(3)고 비난한다. 자프루더의 주관적 롱 테이크와 관련된 제한된 혹은 약화된 형태의 주관성은 카메라 앵글을 창의적으로 선택하지 못하거나 선택하기를 거부하는 것과, 즉 역사가 우연히 그를 위치시킨 지점을 수긍하는 것과 궤를 같이 한다. 아이러니하게도 이러한 추론은 **주관적 관객**을 사건의 단순한 **수동적 기록자**로, 그 결과 그 모든 객관성에의 요구를 박탈당한 단순 대상 혹은 **역사의 노예**로 기술한다. 파솔리니가 몽타주와 연관시킨 형태의 주관성을 얻기 위해서는 렌즈를 추가할 필요가 있다. 이것은 두 번째 아이러니이다. 여기서 우리의 역사적 정황을 준-초월하는 것은 기대와는 달리 우리의 역사적인 위치설정으로부터

---

3 | 히치콕의 <새>에 대한 슬라보예 지젝의 주장은 *Looking Awry* (Cambridge, MA: MIT Press, 1991), pp. 96-97을 보라.

어떤 "추상적이고 비자연적인 시점"으로 자발적으로 도약하는 것에 달려있는 것이 아니라 어떤 물리적인 장치를 추가하는 것에 달려있다. 렌즈나 카메라 그리고 테이프 녹화 장치의 추가 말이다. 마지막 난제는 이 렌즈나 카메라 뒤에 서 있는 구경꾼으로부터 자연스럽게 형성될지도 모르는 화면만으로는 파솔리니의 논점을 적절하게 번역하지 못한다는 것이다. 왜냐하면 (자프루더가 주관적으로 바라보는 대상과 반대로) "렌즈가 보는 대상"은 (바라보는 자가 종종 포함된) 시점 숏들을 통해 표현되기 때문이다. 객관성을 산출하는 렌즈는 구경꾼 앞이 아니라 뒤에 있는 것으로 상상되어야 한다. 다시 말해 영화제작자는 그가 렌즈를 통해 보는 세계의 일부여야 할 것이다. 이러한 렌즈에 대한 언급은, 파솔리니가 귀속불가능한 숏들에 대한 언급을 억제함으로써 삭제해 버린 주장에 복합성을 재도입하려는 시도로 보인다.

이러한 수정 사항들 — 이것들은 롱 테이크와 주관적 숏의 사이의 강력한 연관성을 강조한다 — 을 고려하면 파솔리니 자신의 영화 중 하나인 <살로, 소돔의 120일>의 한 시퀀스가 우리의 주의를 끈다. 거기에서는 일련의 주관적 숏이 오싹한 효과를 낼 정도로 전개된다. 나는 이 시퀀스가 자프루더 영화가 그 에세이에서 하는 역할과 동일한 역할을 한다고 제안한다. 그 시퀀스는 컷을 부인함으로써 초래된 무시무시한 결과를 예증한다는 것이다. 실로 자프루더 영화와 이 시퀀스 사이에는 많은 유사성이 있다. 그의 에세이에서 파솔리니가 자프루더라는 사람의 외관상으론 익명적이지만 실제로는 고도로 — 그리고 불안정하게도 — 주관적인 시선에 집중했다면, <살로>의 시퀀스에는 세 명의 구경꾼들이 연루되며 그들의 불안정하게도 주관적인, 집요한 시선들은 카메라가 아닌 쌍안경이라는 보철에 의해 강화된다. 내러티브의 중심에 있는 네 명의 사디즘적인 난봉꾼들 가운데 세 명인 그 구경꾼들은 사디

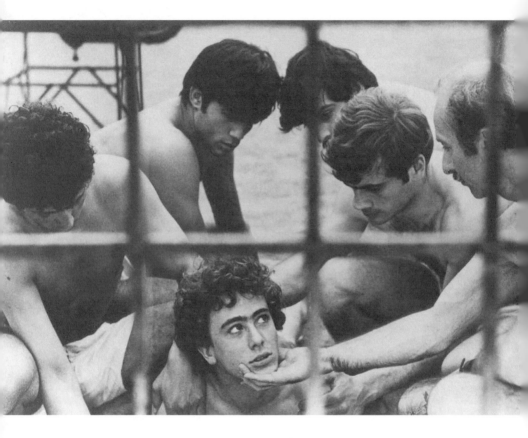

그림 8.1. 파솔리니, <살로>, Courtesy The Museum of Modern Art(N.Y.)/Film Stills
Archive.

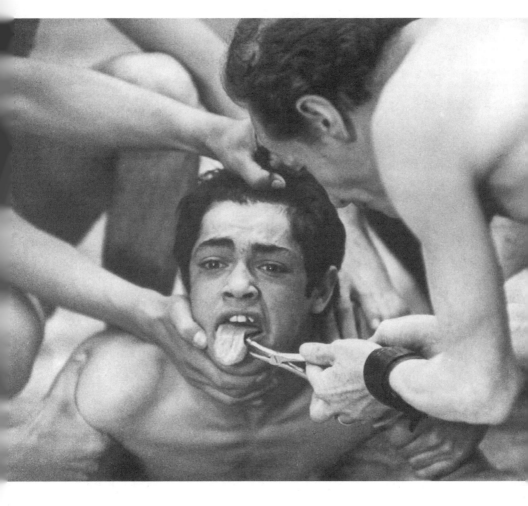

그림 8.2. 파솔리니, <살로>, Courtesy The Museum of Modern Art(N.Y.)/Film Stills Archive.

스트 특유의 일정 거리를 두는 잔인한 객관성의 냉담한 자세를 취하지만 그들이 보는 이미지는 분명 주관적인 것으로 나타난다. 장면을 걸러 내 보여주는 (주관적) 여과장치[쌍안경]의 윤곽을 나타내는 테두리와 중심부가 가려짐으로 인해 그 이미지가 시각적으로 불투명하고 일그러져 있기 때문이다. 그렇게 가려진 부분이 우리에게 말해주는 것은 그 장면이, 틀림없이 쌍안경 뒤에 자리 잡은 구경꾼들과 정확히 일치하는 위치에서 촬영되고 있다는 사실이다. 난봉꾼들의 시선의 대상은 자프루더가 초점을 맞춘 것만큼이나 무시무시한 — 이번에는 암살의 행위를 통해서가 아니라 난봉꾼들의 아름다운 희생자들에 대한 제의적인 고문과 처형을 통한 — 살을 벗기고 찢는 행위이다.

파솔리니가 언급한 암살 이미지의 강렬한 현존은 <살로>에서 나타나는 숨 막힐 듯한 근접성과 유사하다. 실로 난봉꾼 중 한 명이 쌍안경을 거꾸로 돌려서 보려할 때 관객은 이미지가 축소되면 거리가 생겨 그 압도적인 현존으로부터 얼마간의 안도감이 생기리라는 헛된 희망을 가져본다. 하지만 그렇게 되지 않는다. 그 시퀀스가 진행되는 동안 소리는 거의 완전히 제거되어 있고, 이는 근접성의 느낌을 훨씬 강화시키는 효과를 갖는다. 소리가 죽지 않았더라면 이는 그 소리가 울려나오는 원천으로 관심을 이끌었을 것이고 그 결과 시각적인 것의 헤게모니에 도전했을 것이다. 다시 말해 소리는 시각장에 한계, 절단을 도입했을 것이고 우리와 이미지 사이에 어떤 거리가 열릴 수 있도록 했을 것이다. 침묵은 우리를 이미지의 현재시제에 결박한다. 모든 것은 여하튼 이미지의 외적 프레임, 즉 차폐 장치가, 거리를 발생시키는 내적 절단의 대체물인 것처럼 일어난다. 그 프레임은 세계를 그 내부로부터 분리시키는 것이 아니라 세계를 검은 배경으로부터 잘라내어 하나의 단편, 하나의 페티시처럼 보이게 한다.

이제 우리 앞에 있는 문제는 다음과 같다. 이런 이미지들의 내용은 시점 혹은 몽타주의 현존/부재와 관련하여 제기된 형식적 주장과 어떤 관련이 있는가? 몽타주(즉 내적 절단)의 형식적 부재는 살을 물리적으로 잘라내는 것과 어떤 관련이 있는가? 파솔리니의 에세이에는 영화에 관한 논변의 외관상 제한된, 형식적 의도와 그 논변을 예시하기 위해 선택된 영화에 실린 내용 사이에 당혹스러운 불균형이 존재한다. 롱 테이크에 의해 기록된 행동은 거의 형식적 논점을 벗어나 있거나 초과한 것처럼 보인다. 하지만 파솔리니가 그 행동을 요약할 때 — "연약한 품에 안겨 검은색 대통령 차량의 의자에서 쓰러져 죽어가는" 등등 — 그의 비감상적인, 약간은 경멸적인 어조는 중립성과는 다른 그 무엇을 무심결에 드러낸다. 파솔리니의 그 요약은 기술하는 내용의 **영향을 받는** 것처럼 보인다. <살로>에 관한 부가적인 언급을 통해 내용을 배가함으로써 나는 이러한 주관적인 숏이 겨냥하는 행동들을 전경화하고자 한다. 문제는 자프루더 영화에서 일어나는 것과 <살로>의 시퀀스에서 일어나는 것 사이의 유사성들을 얼마나 고려할 것인가를 아는 일이다. 왜냐하면 우리가 희생자들의 고문과 처형을 목격하는 <살로>에서 우리 눈앞에서 벌어지는 행위들은 그저 아무 행위인 것이 아니라 **도착증의 행위들**이기 때문이다. 물론 자프루더의 악명 높은 영화에서 우리 눈앞에 벌어지고 있는 행위에 대해서 동일한 말을 할 수는 없지 않을까?

도착증이라는 논쟁적 용어를 내가 사용하는 방식에 관해 나는 그 어떤 오해도 사전에 차단하고자 한다. 라플랑슈와 퐁탈리스가 경고했듯이 "도착증이라는 개념을 규범과 관계없이 이해하기는 어렵다."[4] 다시

---

4 | Jean Laplanche and J. B. Pontalis, *The Language of Psychoanalysis*, trans. Donald Nicholson-Smith (New York: Norton, 1973), p. 306. [장 라플랑슈 외, 『정신분석 사전』, 임진수 옮김, 열린책들, 2005, 115쪽.]

말해 도착증을 성행위의 규범으로부터의 일탈이 아닌 그 무엇으로 이해하기는 어렵다. 하지만 여기서 문제는 가정된 규범 — 프로이트는 이를 다음과 같이 요약했다. 전형적으로 성욕은 "유년기에는 부재하고, 성숙되어 가는 과정과 연관해 사춘기에 시작되고, 한 성이 다른 성에 행사하는 불가항력적인 매력의 표출 속에서 드러나는 것으로 이해된다. 반면 그것의 목적은 성적 결합 혹은… 그런 방향으로 이끄는 행동인 것으로 추정된다."[5] — 은 프로이트의 이론에 의해 거의 즉각 폐기되었다는 것이다. 그 이론은 인간의 성욕의 심장부에서 **일반화된** 도착증을 발견했고 상이한 성들 사이에서 확립되는 그 어떤 성비性比도 근본적으로 존재하지 않음을 밝혀내었다.

그렇다면 정신분석에서 **협의**의 도착증 개념은 어떤 의미를 갖는가? 이 물음에 답하려면 우리는 우선 성욕을 더 이상 주체와 타자 사이의 관계로 생각하거나, 옳거나 그른, 정상적이거나 일탈적인 대상 선택으로 생각해서는 안 된다. 이러한 제한 하에서는 가령 동성애는 자동적으로 도착증으로 분류되지는 않을 것이다. 신경증과 도착증의 차이는 대상 선택이나 특수한 타자와의 관계뿐만 아니라 대타자와의 관계, 사회적인 존재를 지배하는 다양한 법과 제도와의 관계와도 관련이 있다. 이러한 구조적인 정의는 프로이트가 기존 심리학에서 전수받은 임상 "병리"보다는 하이데거의 "실존론적"Existentialen에, 즉 세계 내 존재의 가능성에 대한 형식적 조건에 보다 가까운 신경증, 정신병, 도착증이라

---

5 | Sigmund Freud, *Three Essays on the Theory of Sexuality, The Standard Edition of the Complete Psychological Works of Sigmund Freud*, trans. Alix Strachey (London: Hogarth Press and the Institute of Psycho-Analysis, 1957), 7:135. [지그문트 프로이트, 「성욕에 관한 세 편의 에세이」, 『프로이트 전집 9』, 김정일 옮김, 열린책들, 1996, 235-236쪽. 번역수정.]

는 심적 범주를 불러들인다는 사실이 종종 지적되어왔다. 정신분석을 넘어서 우리는 정치 철학의 다양한 저작들이 또한 주체가 세계와 맺는 관계의 새로운 양식의 출현을 명명하려고 하는 가운데 사드라는 이름을 불러낸다는 사실을 지적해야 한다. 아도르노와 호르크하이머는 『계몽의 변증법』에서, 한나 아렌트는 『예루살렘의 아이히만』에서, 그리고 물론 라캉은 「칸트를 사드와 더불어」에서 모두 진지하게 사디즘이라는 도착증을 전-프로이트적인 의미에서의 개인적인 병리로서가 아니라 칸트가 기술하는 근대 주체와 세계 사이의 관계와 동일한 질서와 수준에 있는 어떤 유형의 관계로서 고려한다. 바로 그 때문에 사드가 (병리적이고 복수적인) "도착증의 목록"을 제공함으로써 프로이트를 예고한다고 "말하는 것은 어리석은 일"이다. 왜냐하면 도착증적 구조를 명료하게 보여줄 수 있었던 사드적 규방의 진정한 가치는 그 규방을 "고대 철학의 학파들이 그 명칭들을 획득했던 바로 그 장소들과 동등한 것"으로 만들기 때문이다.[6] 라캉, 아렌트, 호르크하이머, 그리고 아도르노가 일차적으로 참조한 것은 칸트의 도덕철학이고 이들 모두에게 문제는 다음과 같다. 칸트적 주체의 무심함apathy 혹은 무관심함 그리고 이와 연관된, 인간이 만든 법에 대한 위반적인 무관심은 사디즘에서 발견되는 무심함의 형식과 위반의 유형들과 어떻게 다른가? 혹은, 만약 구분할 수 있다면, 어떻게 자유로운 윤리적인 행위를 사디스트가 잔인하게 타자들을 도구화하는 것과 구분할 것인가? 칸트는 근대 주체를 세계와

---

6 | Jacques Lacan, "Kant with Sade", trans. James Swenson, *October 51* (winter, 1989), p. 55. Max Horkheimer and Theodor Adorno, *Dialectic of Enlightenment*, Johan Cumming, trans. (New York: Seabury Press, 1972), pp. 81-119와 Hannah Arendt, *Eichmann in Jerusalem: A Report on the Banality of Evil* (New York: Viking, 1963)도 보라.

"어긋나 있는" 것으로, 즉 법과 제도에 "구조적으로" 반항하는 것으로 본다. 그렇기 때문에 이러한 텍스트들 — 그리고 사드를 용기 있는 인간, 윤리적 인간으로 축복함으로써 "유행"을 추구하는 다른 텍스트들[7] — 에서 계속 제기되는 문제는 다음과 같다. 도착증의 위반들은 이러한 근대적인 반란 혹은 "어긋남"의 태도가 변증법적으로 혹은 직접적으로 전개되어 나온 것은 아닌가?

먼저 해야 할 구분은 칸트적 주체에게 열려있는 반란의 **가능성**과 도착증자를 짓누르는 반란의 **의무** 사이의 구분이다. (감옥에서 평생의 1/3을 보낸) 사드는 부르주아 사회의 금지 사항들을 극악무도하게 위반함으로써 계속 교수형을 자초했지만 이런 위반을 윤리적인 독립으로 오해하는 것은 어리석은 일이다. 사드의 반항 행위는 법을 분쇄하려는 시도라기보다는 그것이 "올바른" 기능을 수행하도록 하려는, 즉 그를 처벌하도록 하려는 수단이다. 무엇보다 그가 원했던 것은 법이 온전한 힘과 능력을 갖는 것이며 그는 자신의 피부로 법의 힘을 시험하고 싶었던 것이다.

칸트와 사드를, 혹은 윤리적 행위와 도착증을 혼동하는 것은 분명 상당 부분 위반의 문제에 대한 이론적인 소홀함에 기인한다. 기 로솔라토는 얼마 전에 다음과 같이 지적했다. 위반에 대해 말하기 위해서는 "먼저 법의 질서와 정신 속에서 이의제기를, 믿음의 마음속에서 분열을, 신용 속에서 어떤 주저를, 혹은 심지어는 쾌락에 대한 반란을 상상할 필요가 있다."[8] 왜냐하면 법의 영역에서 변형이나 반항을 파악할 수

---

7 | Lacan, "Kant with Sade", p. 65.

8 | Guy Rosolato, *Essais sur le symbolique* (Paris: Gallimard, 1969), p. 172. 로솔라토의 도착에 관한 논의는 지금까지 여전히 가장 설득력 있는 것 가운데 하나이다.

있는 것은 오로지 어떤 부적격이 있는 한에서이기 때문이다. 위반이 발판을 얻기 위해서는 법 그 자체 내에 균열이 있어야 한다. 프로이트가 충동 그 자체의 도착성에 대해, 성 본능의 일반화된 도착증에 대해 말할 수 있는 것은 주체가 종속되어 있는 법이 균열되어 있기 때문이다. 이런 이유로 도착증이 정확히 "문명화된 성적 도덕"의 법을 침해하는 것으로 전개될 수 있다.

아마도 대타자가

몽타주 대 롱 테이크라는 영화적 형식에 대한 파솔리니의 견해로부터 칸트 대 사드로. 우리가 어떻게 이러한 지점에 도달했는지 상기해보자. 파솔리니는 우리에게 "단일한 시점에서가 아니라면 현실을 일어나는 대로 지각하는 것은 불가능하다. 그리고 이 시점은 항상 지각하는 주체의 시점이다"(3)라고 말한다. 앞에서 언급했듯이 이것은 칸트 철학의 주요 테제들 중 하나이다. 객관적 현실은 개별 주체의 시점 속에서 그리고 그 시점을 통해서 출현한다. 하지만 주관적인 숏에서 영화적 형식은 (칸트적 주체와 동시대에 출현한) 또 다른 유형의 지각하는 주체를 증언한다. 이 주체에 대해서는 세계가 더 이상 그런 동일한 객관성을 갖지 않는 것이다. 이로부터 우리는 주체와 법의 관계의 구조에 변경이 일어났다고 추론할 수 있다. 파솔리니에게 이런 종류의 주관적 숏의 가장 좋은 예는 자프루더 영화이다. 나는 <살로>가 똑같이 적절한 예라고 제안했지만 그 비교를 어느 정도로까지 할 수 있는가라는 물음은 열어두었다.

파솔리니의 초점이 그가 구분하고 싶은 두 가지 유형의 영화 특유의 시선에 있기 때문에 우리는 그의 구분을 영화 이론에서 전개된 시선과 응시의 이론을 통해 접근할 수 있을 것이다. 이 이론에 대한 라캉의 공헌은, 『존재와 무』에서 전개된 (다소 라캉의 **응시**와 동등한) "시선"에 대한 사르트르의 사유에 그가 의존한 것만큼이나 잘 알려져 있다. 사실 이러한 맥락에서 가장 유혹적으로 우리의 관심을 끄는 것은 사르트르의 텍스트이다. 왜냐하면 거기서 응시의 현상에 대한 일반적인 상술에 뒤이어 사디즘에서 응시의 기능에 대한 성찰이 등장하기 때문이다.

라캉이 사르트르에게서 빌려온 장면은 잘 알려져 있지만 다시 한 번 상기해 보겠다. 열쇠 구멍을 통해 엿보는 어떤 관음자는 그 자신의 바라보는 행위에 몰입되어 있다가 그의 뒤에서 들리는 나뭇가지의 바스락거리는 소리나 고요함에 뒤이은 발자국 소리에 돌연 놀란다. 이 지점에서 그 관음자의 시선은 그를 대상으로, 상처 받을 수 있는 신체로 전락시키는 응시에 의해 가로막힌다.[9] 이 응시는 무엇인가? 이 물음에 접근하는 최선의 방법은 응시 개념이 어떤 문제를 해결하려고 하는지를 규정하는 것이다. 그 문제는 우리의 논의가 출발했던 바로 그 가정이 제기한 문제, 즉 세계가 주체로서의 나와 관련해서만 존재하며 그것에 대한 나의 시점을 통해서만 존재한다는 것이다. 이 가정을 고려한다면 나는 어떻게 객관성을 요구할 수 있을까? 나는 내가 보고 있는 세계, 다시

---

9 | Jean-Paul Sartre, *Being and Nothingness*, trans. Hazel Barnes (New York: Washington Square Press, 1992), p. 347. 이 책에 관한 이후의 참조는 본문 안에 할 것이다. 나는 사르트르의 응시 이론에 대한 뛰어난 분석을 수행한 키어스튼 힐가에게 감사의 말을 전하고 싶다. 이는 무엇보다도 그것이 라캉의 응시 이론에 비견되기 때문이다. 애석하게도 이 분석의 축약본만을 영어로 접할 수 있다: "The Subject as an Ill-Timed Accident", *(a)*, vol. Ⅰ (fall 2000). 아루스에서 힐가와 나눈 대화는 이 문제들에 관해 많은 생각들을 발전시키는 데 영향을 주었다.

말해 내가 거주하고 있는 세계가 어떻게 단지 나 자신의 사적인 환상에 불과하지 않다고 확신할 수 있을까? 어떻게 내가 타자들이 존재한다고, 내 세계에 어떤 객관성이 있다고 확신할 수 있을까? 바로 이런 일련의 질문에 대한 응답으로 응시가 주어진다. 나는 내가 응시와 만나기에 타자들이 존재한다고 확신할 수 있다. 이제 사르트르는 응시에 객관성의 보증자라는 이런 역할을 귀속시킬 때 그가 말하지 않고 있는 것을 분명히 한다. 그는 대타자의 응시가 내 앎의 가능성의 형식적 조건이라고 말하고 있지 않다. 응시는 세계에 대한 나의 인식적 앎의 객관성의 증거가 아니라는 것이다. 그는 다음과 같이 거듭 분명히 항변한다. 응시로서의 대타자는 나에게 "나의 경험의 통일적이거나 규제적인 범주로서"(360) 등장하지 않는다. 응시는 "규제적이거나 구성적인 개념으로서 이바지하지 않는다."(367) 그것은 "… 편재하는 무한한 주체 — 이러한 주체에 대해 내가 존재한다 — 를 지칭하는 순수하게 형식적인 개념"(375)이 아니다. 그리고 기타 등등. 하지만 영화 이론은 부단히 응시를 영화적 공간에 완전히 외적이고 초월적인 단일한 지점이나 눈과, 즉 공간을 통일하고 지배하는 어떤 지점과 혼동하고서 처음부터 응시를 정확히 사르트르가 경계했던 바로 그 방식으로 이해하기로 결정했다. 영화 이론에서 응시는 나의 경험의 통일적인 혹은 규제적인 범주인 것이다.

하지만 영예롭게도 카자 실버만은 라캉의 응시 개념의 사르트르적 원천을 진지하게 바라본 유일한 영화 이론가이다. 그럼에도 불구하고 나는 몇 가지 점에서 그녀의 독해를 존중하면서도 동의하지 않는다. 그녀는 사르트르 자신의 경고를 그에게 돌리면서, 사르트르가 응시를 "초월적인 눈"으로 이론화한다고 비난하고 그가 기술하는 비역사적 구조는 역사적 차원을 포함하도록 수정되어야 한다고 제안한다.[10] 그런 다음 그녀는 선재하는 "문화적 스크린"(168) 혹은 "우리를 틀짓고"(135)

"우리가 보는 것을 조직화하는"(197) "상상적 뷰파인더"(197)로서 응시를 재고해야 한다고 주장한다. 다시 말해 그녀는 응시를 정확히 경험의 통일적이고 규제적인 범주로서 간주한 후에 **역사화**한다. 이 역사화는 지각 "가능성의 조건"이라는 칸트의 개념을 주어진 문화나 역사적 국면 특유의 일단의 사회적 관습이나 "무의식적인" 사회적 계약으로 환원시킴으로써 이루어진다. 우리가 응시에 종속되어 있다고 말하는 것은 우리가 "문화적 스크린"을 통해 우리 자신을 감지한다고 말하는 것이며 이 "문화적 스크린"은 경험을 통일하는 얼개, 경험의 인지적 조건의 역할을 한다. 실버만의 이와 같은 수정은 어떤 적대감에 기인하는데 이는 사르트르가 응시와 시각장의 관계를 정의하려고 사용한 **초재적** transcendent이라는 용어에 대한 오해에서 비롯된다. 사르트르의 주장에 따르면 (다시금 그가 반복해서 말하듯이) 응시가 초재적이라는 말은 응시가 나의 경험의 인지적 가능성의 조건이라는 의미가 아니라 **오로지 나의 세계 안에서만 만나지만 나의 세계의 여하한 대상에도 부착될 수 없다**는 의미이다. 이것은 실버만이 비난하는 사르트르의 제안과는 매우 다른 제안이다. 사르트르의 견해로는 응시는 나의 세계의 내재적 일부가 아니지만 그렇다고 다른 어느 곳에 실존하는 것도 아니다. 오히려 나는 세계 내의 잉여 대상으로서의 응시에 걸려 넘어진다. 라캉이 사르트르를 해석하면서 "실패한 조우"라고 부른 것을 통해서 말이다.

이 조우라는 개념을 좀 더 면밀히 살펴보자. 우선 주목해야 할 것은 그 조우가, 우리가 대타자에 대해 "공허하게" 생각하지 않도록 해준다는 점이다. 사르트르는 대타자를, 내가 미치는 범위 밖에 초재하기에

---

10 | Kaja Silverman, *The Threshold of the Visible World* (New York and London: Routledge, 1996); 이 책에 대한 이후의 참조는 본문 안에 할 것이다.

344 _2부 악과 관람자의 눈

내가 감지할 수 있는 여하한 감성적 내용도 결여한 것으로서 개념화하지 않는다. 그는 오히려 대타자가 우연한 만남을 통해 내게 **직접적으로** 드러난다고 주장한다. 관념론 철학자들이 대타자를 위치시키는 곳인, 무한히 후퇴하는 경험의 지평선은 갑자기 후퇴를 중단한다. 나는 어떤 감성적 형식으로 응시에 직접 걸려 넘어진다. 하지만 감성적 형식을 갖는 것은 응시가 아닌데 응시는 평범한 의미에서의 대상이 아니기 때문이다. 응시는 항상 대상들 가운데서 만나지만, 항상 "감성적 형식의 외양과 연관되어 표출되지만", 즉 (가령 공포영화에서 창문의 커튼 사이의 작은 틈에서) 볼 수 있거나 들을 수 있거나(문의 삐걱거림) 냄새 맡을 수 있지만(이국적 향기), 이러한 감성적 동요가 규정된 관찰자의 지표가 된다면, 즉 응시의 대타자가 규정된 사람, 즉 작은 타자가 된다면, 응시 자체는 순식간에 증발하고 말 것이다. 대타자의 응시와의 만남에서는 특정한 보는 자에 대한 지시는 유보되어 있다. 또한 이 때문에 나는 응시가 주체의 "상상적 경쟁자"(166)라는 실버만의 평가에 동의하지 않는다. 관찰하는 주체와 응시의 대타자 사이에는 서로가 서로를 인식할 수 있게 되는 상호성이 존재하지 않는다. 이 점에서 사르트르는 분명하다. "〖응시의〗 대타자는 감지될 수 없다. 그는 내가 찾게 될 때 나에게서 도망치며 내가 그로부터 도망칠 때 나를 사로잡는다."(529) 응시는 나를 바라보지만 나는 응시가 [나를] 바라보는 거기에서 응시를 포착할 수 없다. 응시가 [나를] 바라보는 그 어떤 "거기"도, 그 어떤 규정된 장소도, 그 어떤 자리도 없기 때문이다.

　대타자의 현존이 내게 **감성적**이라는 사실을 좀 더 면밀하게 주목해보자. 우선 이것은 다음과 같은 주장과 일맥상통하는 것처럼 보인다. 내가 이러한 응시의 경험을 통해 즉각 감지하는 것은 "저기 누군가 있다"가 아니라 "나는 취약하다, 나는 상처받을 수 있는 신체가 있다"이다. 응시가 내게 드러난다면 이는 순수 인지를 통해서가 아니며, 내가 탈체화된 주체인 한에서가 아니다. 오히려 내가 대타자의 응시와 만나는 것은 감성적 지표를 통해서이며, 내가 체화된 주체인 한에서이다. 하지만 그 신체를 급성장하는 "생명과학"에 의해 19세기에 구성된 생명생리학적 허구와 혼동하지 않도록 유의해야 한다. 이러한 과학에 따르면 신체는 표면에 위치한 감각기관들을 통해 세계 내의 다른 대상들과 부딪히는 대상이다. 하지만 불가해하게도 말하자면 이러한 역학적 개념의 접촉에 의해 "멍드는" 것은 신체가 아니라 "마음" 혹은 의식이다. 감각sensations 이라고 불리는 흔적은 마음속에 형성되며 이 흔적으로부터 우리는 그 흔적을 유발한 특수한 외부 대상을 역으로 언급할 수 있을 것이다. 이 감각 개념은 권위적 명령에 의해 지각의 문제를 해소하려고 시도한다. 그것은 외부 세계의 존재를 목적론적으로 정립한다. 내가 세계와 접촉하게 해주는 감각기관들을 부여받았다는 사실을 기초로 해서 말이다. 하지만 그렇게 하기 위해 감각 개념은 마음과 신체 사이에 연결 불가능한 간극을 열어놓는데, 이 간극은 감각 개념이 제공하는 해결책을 완전히 와해시킨다. 따라서 지각의 문제 — 어떻게 우리는 지각이 지각 자체와 분리된 존재를 지시한다고 확신할 수 있는가라는 문제 — 는 여전히 해결되지 않은 채로 남는다.

응시를 표출하는 감성적 형식 — 셔터를 통해 엿보는 한 쌍의 눈이건, 나뭇가지의 바스락거림이건, 발자국 소리건 — 은 위에서 말한 의미에서의 감각, 즉 규정된 대상을 지시대상으로 갖는 감각이 아니다. 발자국 소리를 듣자마자 관음자가 돌아보고서 그를 보고 있는 누군가를 포착한다면 그가 직면하는 것은 응시가 아니라 단지 특수한 관찰자의 눈일 따름이다. 사르트르는 응시에 관한 논의를 다음과 같은 함축된 질문으로 시작한다. "대타자는 존재하는가?" 이에 대해 그는 확고하게

"아마도"라고 대답한다. 우리는 그의 대답의 의미를 분명히 해야 한다. 사르트르는 "확신할 길은 없지만 내 추측에 대타자는 존재한다"고 얼버무리거나 추정하지 않는다. 그는 주저 없이, "대타자는 아마도 존재한다"고 대답한다. 아마도는 대타자의 존재의 가능성이 아니라 그 존재의 양상을 기술한다. 대타자는 우연히, 만남의 우연성을 통해 존재한다는 것이다. 하지만 이러한 만남의 우연성으로부터 출발해서 분석적으로 대타자에 대한 그 어떤 인지적인 앎으로도 나아갈 수 없다. 대타자는 인지 가능한 대상이 아니다.

하지만 사르트르는 또한 분명히 우리가 대타자의 응시와 조우하는 것과 결부된 확실성에 대해서 말한다. 무엇에 대해 우리가 확신할 수 있다는 것인가? "무언가some" 대타자가 있다는 것. 나의 존재에 대한 (무언가) 의식"이 있다는 것.(374)[11] 무언가라는 용어는 수량과는, 즉 (대상들에만 귀속될 수 있을 뿐인) 복수성과는 아무 관계가 없다. 그것은 대타자의 일부가 그 자신을 내게 알려준다는 사실도, 구체적으로 몇 명의 구체적인 타자가 내 곁에 존재한다는 사실도 암시하려고 하지 않는다. 사르트르가 쓰고 있듯이 우리가 응시에 대한 경험에서 만나는 **타자**는 "선-수량적"이다.(375) 그것은 존재를 통일하고 보증하는 텅 빈, 초재적인 일자도, 현실에 대한 공유된 개념이 보증하는 **구체적인 타자들의 공동체**도 아니다. 다시 말해 그 조우가 우리에게 확증해주는 타자들 그 자체의 현존은 (1) 내가 보는 것이 객관적으로 참이라는 것을 ― 내가 나의 모든 편견과 특수성을 벗어 던지는 한 ― 보증할 통일적이고 추상

---

11 | *Encore: On Feminine Sexuality, The Limits of Love and Knowledge* (ed. Jacques-Alain Miller, trans. Bruce Fink [New York: Norton, 1998])에서 "무언가 일자가 있다[Y a d'l'Un]"라는 라캉의 정식화는 사르트르에게서 차용한 것처럼 보인다.

적인 그 무엇, 즉 앎의 형식적 조건으로도 객관화될 수 없고 (2) 우리가 공유한 규범과 절차에 기초해 나의 지각의 타당성을 확증해줄 수 있는 "과학적인" 공동체로도 객관화될 수 없다. 이것은 분명 응시가 사회적 합의의 문제나 "문화적 스크린"으로 이해될 가능성을 배제한다.

여기에 우리가 찾고 있던 그러한 객관성의 증거가 있다. 하지만 그 증거는 우리가 찾게 될 것이라고 기대해온 그 무엇이 아니다. 응시는 나의 지각에 객관성의 도장을 찍지만 이 날인은 단지 무언가 타자들이 존재한다는 것만을 보증할 뿐이며 내가 보는 그 무엇이 "참된" 것임을, 즉 내 시점 바깥에 있는 현실에 대한 적절한 표상임을 보증하지는 않는다. 나는 내 지각이 명확하고 참된 것이라는 점에 대한 외적 확증이 아니라 그러한 확증에 대한 장애물과 만난다. 지각은 비틀거린다. 또다시 라캉의 번역 —— 조우는 항상 빗나간 조우다 —— 이 도움이 된다. 그리고 이는 결코 그 번역이 프로이트와 악명 높을 정도로 무의식을 거부하는 사르트르 사이에 중요한 연결고리를 형성하기 때문이 아니다. 「무의식에 관하여」라는 에세이에서 프로이트는 의식을 흐리게 하는 바로 그 현상들 —— 실착, 꿈, 증상, 낯선 생각, 사고 억제 등 —— 이 무의식의 존재에 대한 논박할 수 없는 증거로, 직접적인 **증명**으로 기여한다고 주장했다.[12] 그런 다음 프로이트는 무의식은 이차적 의식과 혼동해서는 안 된다고 즉각 경고한다. 따라서 실착이 무언가 **다른**Other (장면)이 존재한다는 논박할 수 없는 증거이기는 하지만 그것을 규정된, 이차적 의식과 연관시키는 것은 무의식의 "선–수량적" 현실을 대상화(하여 파괴)함으로써 무의식의 개념을 위태롭게만 할 뿐이라는 것이다. (여기서 논점은

---

12 | Freud, "The Unconscious", SE, 14: 170. [지그문트 프로이트, 「무의식에 관하여」, 『프로이트 전집 13』, 윤희기 옮김, 열린책들, 1997, 168쪽.]

단순히 사르트르를 이해하는 데 도움을 주기 위해 프로이트를 이용해야 한다는 것이 아니다. 또한 무의식에 대한 후-프로이트적 개념들이 너무도 자주 빠지는 함정을 피하는 데 도움을 주기 위해서 사르트르를 이용해야 한다는 것이다.)

이 객관성의 날인, 즉 타자들 그 자체의 현존의 의미는 인지의 계기("나는 타자들이 존재한다는 것을 알고 있다")에서가 아니라 관찰자의 신체를 뒤덮는 수치심의 느낌에서 출현한다. 이러한 계기는 통상 시각 이론가들에 의해 수축의 계기라고 찬양되곤 한다. 순수 초재적 의식은 불현듯 자신이 육체적 관찰자의 지위로 강등되었다는 것을 알게 된다. 의식은 결국 자신이 신체적 취약함에 속박되어 있음을 뜻밖에 상기시켜 주는 그 무엇에 의해 부끄러워진다는 것이다. 이것은 사르트르의 논점에 대한 곡해이며 수치심을 사회적 질책이나 불명예의 낯 뜨거움과 혼동하게 할 여지가 있다. 관음자는 방심한 사이에 사회적으로 존경할 만한 사람들의 대표자에게 포착되어 그의 검열의 눈에 비난받는 처지로 전락하는 — 아무리 가장하더라도 당신은 육체적 존재에 불과하다 — 것이 아니다. 그는 응시에 의해 포착된다는 것이다. 응시는 그 어떤 규정된 대상도 지시하지 않기 때문에 그 어떤 특정 판단 규범도 지시할 수 없다는 것을 기억해보는 것이 좋을 것이다. 관찰자의 신체를 통해 스며나오는 수치심은 특수한 판단을 공언하는 것이 아니라 사회적인 것 그 자체의 탄생을 공언한다. 따라서 그것은 사회학적이거나 시민적인 의미로 이해되는 수치심의 가능성에 선행한다.

우리는 프로이트가 특정하게는 여자를 수치심의 느낌과 연관시켰다는 것을 알고 있다. 하지만 이러한 연관이 암시하는 것이 무엇인지는 일반적으로 철저히 사유되지 않았다. 여성주의자들은 여자들이 이러한 느낌의 특수한 저장고라면 이는 여자들이 자신들을 열등하다고 낙인찍는 그들 자신의 사회의 눈 — 혹은 "문화적 뷰파인더" — 을 통해서 스스로를 바라보기 때문이라고 일상적으로 주장한다. 이러한 설명은 정신분석적이라기보다는 사회학적인 것이며 수치심의 의미를 오해하고 있다. 수치심은 흔히 가정되듯이 "대타자를 통해서 자신을 보는 것"으로부터 생겨나는 것이 아니라 "자신을 보이게 하는 것making oneself seen"으로부터 생겨난다. 라캉은 이 구분을 프로이트에게서 가져오는데, 프로이트는 그만의 방식으로 수치심의 느낌에 대한 사르트르의 주장을 예견했다는 것이다.

사르트르의 구분은 그가 이미 도입한, 대상화된 대타자 — 규정된 개인이거나 헤아릴 수 있는 수의 그런 사람들 — 와 "주체-로서의-대타자", 즉 선-수량적인 대타자 사이의 차이에 의거한 것이다. 수치심은 전자를 통해서가 아니라 후자를 통해서, 즉 대상화된 대타자를 통해서가 아니라 "주체-로서의-대타자"를 통해서 자신을 바라보는 것에서 생겨난다. 프로이트의 주장은 [사르트르와] 놀랄 만큼 유사하다. 그의 주장은 낯선 대상을 매개로 자신을 바라보는 행위를 낯선 사람을 통해서 자신을 바라보는 행위와 구분한다.[13] 전자와 관련된 재귀적인 회로에서 우리는 우리 자신을, 우리가 속한 문화라는 범주 혹은 우리가 기쁘게 하고 싶은 그 누구라는 범주에서 감지한다. 그 결과 우리는 우리 자신을 알려진 혹은 알 수 있는 대상으로서 간주하게 된다. 후자는 완전히 다른 종류의 회로, 스스로에게로 선회하는 능동적-수동적 충동의 회로와 관련되어 있다. 이 경우 나는 나 자신을 규정된 타자의 시선에 드러내지

---

13 | Jacques Lacan, Seminar XI: *The Four Fundamental Concepts of Psycho-Analysis*, ed. Jacques-Alain Miller, trans. Alan Sheridan (London: Hogarth Press and the Institute of Psycho-Analysis, 1973), p. 194. [자크 라캉, 『정신분석의 네 가지 근본 개념』, 294-295쪽.]

않기 때문에 나는 나의 규정된 정체성과 관련된 메시지를 되돌려 받지 않는다. 시관 충동의 재귀적 회로는 알 수 있는 대상을 산출하지 않는다. 그것은 쾌락 원칙에 구멍을 냄으로써 쾌락 원칙에 대한 위반을 산출한다. 시관 충동은 전자의 회로[낯선 대상을 매개로 한 재귀적 회로]에 의해 형성된 자아 정체성을 교란시키는 과도한 쾌락을 산출한다. 다시 말해 충동 속에서 주체는 대타자를 통해서 자신을 바라보는 식으로 자신을 보지 않으며, 프로이트의 말로 표현하자면 "자신은 성기 속에서 보여진다Selbst ein Sexualglied beshauen".[14] 수치심의 느낌을, 즉 타자들 그 자체에게 보여진다는 느낌을 야기하는 것은 이렇게 "성기 속에서", 충동의 과도한 쾌락 속에서 "자신을 보는 행위"이다.

이 수치심의 문제를 더 검토하기 전에 우리는 잠시 멈추어 사르트르의 주장의 함의를 평가해야 한다. 그 주장은 결국 우리가 조사하고 있는 바로 그 영역에서 반향이 없지 않다. 우리가 우리 자신을 세계 속에서 가시적인 것으로 경험하는, 사르트르가 기술하고 있는 구조는 예를 들어 들뢰즈가 특히 파솔리니와 관련하여 내놓은 다음과 같은 통찰을 특징짓는다.

> 우리는 언어 속에서 주체의 이러한 둘-로의-분열, 혹은 주체의 이러한 분화를, 사유 속에서, 그리고 예술 속에서 발견할 수 있지 않은가? 그것은 코기토이다. 경험적 주체는 초월적 주체 속에 동시에 반영되지 않고서는 세상에 태어날 수 없다. 초월적 주체는 경험적 주체를 사유하며 초월적 주체 속에서 경험적 주체가 그 스스로를 사유하기에 말이다. 또한 그것은 예술의 코기토이다. 또 다른 주체 없이

---

14 | Ibid. [같은 책, 294쪽.]

행위하는 주체는 없다. 주체가 행위하는 것을 지켜보고 주체가 행해
지는 것을 포착하는 또 다른 주체가 없이는 말이다. … 하지만 이러
한 둘로의 분열은 결코 무한히 진행되지 않는다. 그것은 오히려
한 인물이 자신에 대한 두 시점 사이에서 진동하는 것이다. … 이
모든 것이 영화와 무슨 관련이 있는가? 왜 파솔리니는 영화[에]
자유간접 담화의 이미지적 등가물이 [있다고] 생각하는가?[15]

파솔리니는 자유간접 담화에 대해 오래전부터 관심이 있었다. 그
담화는 소설의 탄생과 더불어 존재하게 된 서사 형식으로서 본래 패니
버니와 제인 오스틴과 같은 여자 작가들과 연관되어 있었고 그들에 의
해 완성되었다고 간주된다. 간략히 말하면 자유간접 담화에서 한 인물
의 사고나 말은 직접 재현되거나 인용되지도 않고 일정한 거리를 둔
보고에 의해 간접적으로 표현되지도 않는다. 오히려 인물과 내레이션의
심급 사이에는 모종의 "언어적 열정의 교환"이 발생한다.[16] 그 교환 속에
서 내레이션 그 자체는 그 인물의 담화의 어휘적 특색을 채택하는 것처
럼 보이거나 그렇지 않으면 그 인물에게 그 혹은 그녀가 현실적으로
구사하지 않을 유형의 발화를 부여한다. 후자의 경우는 가령 『보바리
부인』을 생각해보라. 여기서 엠마의 진부한 생각들과 재미없는 환상은
분명히 엠마에게 낯선, 격상된 양식으로 종종 서술된다. 혹은 전자의

15 | Gilles Deleuze, *Cinema Ⅰ: Movement-Image*, trans. Hugh Tomlinson and
Barbara Habberjam (Minneapolis: University of Minnesota Press, 1988), p.
74.

16 | Pier Paolo Pasolini, "Comments on Free Indirect Discourse", in *Heretical
Empiricism*, trans. Ben Lawton and Louise K. Barnett (Bloomington: Indiana
University Press, 1988), p. 87.

경우의 예를 들자면 이본느 라이너의 <어떤 여자에 관한 영화…>를 생각해보라. 여기서 내레이션은 그 여자의 감정을 이렇게 전하고 있다. "그녀는 그 망할 놈의 얼굴을 후려갈기고 싶었다." 그 남자의 얼굴에 붙인 형용사는 객관적인 묘사를 제시하고 있지 않기에 중립적인 관찰자에 속할 리가 없고 오히려 후려갈기고 싶어 했던 여자의 말투에서 차용한 것이다. 두 경우 모두 우리에게 인물의 시점, 즉 엠마 혹은 익명의 여자의 시점을 부여하지만 이 시점은 파솔리니의 주장대로 직접 표현되지 않고 관찰되듯이 표현되거나 혹은 초월적 주체 속에서 반영되듯이 표현됨으로써 단지 주관적인 것에 불과하지만은 않게 된다. 하지만 이러한 관찰자는 결코 또 다른 인물, 어떤 실제적인, 규정된 관망자로 결정화되지 않는다. 그 결과 이 초월적 주체는 편재하는 것처럼 보인다. 다시 말해 그는 인물들이 관찰하지 못하는 (하지만 그럼에도 불구하고 그들의 시점의 제시에 결정적인) 사건들을 관찰할 수 있고 각각의 인물의 마음 깊숙한 곳에 있는 생각과 감정까지도 관통할 수 있는 것처럼 보인다. 하지만 서술되는 모든 것이 반영되는 것처럼 보이는 이 초월적 주체는 특정한 그 어디에서도 찾을 수 없고 그렇기에 비가시적이다.

파솔리니는 자유간접 담화를 가리켜 "소생된reanimated 말"이라고 불렀는데 이는 그 속에서 우리가 "명상적인 생각, 불평, 후회, 원한 등이 그르렁거리는 소리로 말하는 것"을 들을 수 있기 때문이다.[17] 모든 것은 인물들이 자신들의 시점이나 삶 그 자체에 완전히 몰입해 있으면서도 동시에 부분적으로 그 자신들 바깥에, 즉 어떤 타자의 응시에 반영되어 있는 것처럼 일어난다. 우리가 내러티브를 통해 듣게 되는 그르렁 소리, 불평, 후회, 원한은, 모든 생각과 행동이 동시에 어떤 외적 응시의 지점

---

17 | Ibid., p. 85. 같은 책에 있는 파솔리니의 "The Cinema of Poetry"도 보라.

에서 검토된다는 우리의 직감으로부터 나온다. 하지만 우리가 주목했듯이 우리가 얻게 되는 모든 것은 이러한 "언어적 열정"의 계기들, 이러한 "어휘적 왜상"의 계기들이다. 말투가 우리가 듣기에 인물이나 내레이션에 부적절하게 보이는 계기들, 다시 말해 기대되었던 그 내레이션의 중립성을 줄표나 느낌표가 불쑥 끼어들어 망치는 계기들 말이다. 여기서 사르트르의 주장과의 유비는 정확하다. 이러한 어휘적 동요의 계기들은 나뭇가지의 바스락거리는 소리, 커튼 사이의 틈, 혹은 발자국 소리와 정확히 동등하다. 소설이나 시의 바깥에서, 가령 영화에서 그러한 계기들은 "'완강한' 혹은 '강박적' 프레이밍"에서 찾아볼 수 있다고 들뢰즈는 우리에게 말한다. 그러한 프레이밍에서 "카메라는 인물이 프레임에 등장하기를 기다리고 그가 무언가를 하고 말하고 그런 다음 나가기를 기다리며, 하지만 이제 다시 텅 비게 된 그 공간을 계속 프레임 속에 담는다".[18] 다시 말해 그런 계기들은 내가 좀 전에 귀속불가능한 숏이라고 불렀던 것, 즉 특정한 관찰자와 연결될 수 없는 숏에서 찾아볼 수 있다. 요점은 다음과 같다. 이러한 카메라 운동이나 숏은, 나뭇가지의 바스락거리는 소리 등과 같이, 대타자의 응시의 감성적 지표들이지, 대타자 그 자체의 감성적 지표가 아니다. 대타자 그 자체는 결코 육체적으로, 감성적 현존으로서 등장하지 않기 때문이다. 이 모든 사례들에서 우리는 대타자와 만난다기보다는 응시와 만난다. 그것도 대타자의 일부가 아닌 것으로서 말이다. 응시의 담지자와 같은 것은 없으며 오직 응시만이 있을 뿐이다. 그리고 들뢰즈 식으로 말하자면 이것이 근대 예술의 코기토이다. 객관적 현실은 소설적으로 그리고 영화적으로 인물의 시점을 통해 표현된다. 그 시점은 "또 다른 의식"에 반영된다. 하지만 아무런

---

18 | Deleuze, *Cinema I*, p. 74.

초월적 주체도 찾을 수 없고, 모든 것을 보는 전지적인 신은 없다. 이 점은 시점 구조가 — 소설적이고 영화적인 내러티브 형식이 — 기초하고 있는 불가피한 사실이기까지 하다. 시점 구조는 총체적 조망이 없다는 것에, 원칙적으로라도 모든 것을 조망할 초월적 위치는 없다는 것에 의거해 있다.

그렇다면 부분적으로밖에 대답하지 않은 우리의 원래의 물음으로 되돌아가보자. 응시는 무엇인가? 그것은 시점 속의 어떤 동요로서 만나게 된 그 과잉 대상이다. 이 대상은 초월적 위치가 비어있음을, 초월적 주체가 **부재함**을 가시화한다. 유목적 응시에 의해 사방에서 보여진다는 것은 우리 자신을 세계 속에서 가시화되는 것으로, 즉 또 다른 관점이 겹쳐질 수 있는 어떤 하나의 관점 내부에 가라앉아 있는 것으로 경험한다는 것을 의미한다. 반면에 모든 것을 보는 신에게 가시화된다는 것은 우리 자신을 그 어떤 전체의 일부로서 경험한다는 것을 의미한다. 전자의 경우 또 다른 관점은 우리 자신의 관점을 분쇄하거나 압도하겠다고 위협한다면, 후자의 경우 이러한 관점들의 근본적 적대는 신의 조망이 우리 자신의 조망을 확장하거나 교정한다는 직감에 굴복한다. 이 후자의 경우 우리는 더 이상 세계 속에서 가시화되는 것이 아니라 세계의 바깥에서만 완전히 가시화된다.

사르트르가 확립한, 수치심의 낯뜨거움과 사회적인 것의 탄생 사이의 관계로 돌아가자. 이 관계는 라캉의 관심을 끄는데 그는 우리가 주목했듯이 「충동과 그 운명들」을 참조하여 그 관계를 확증하려고 하기 때문이다. 그 글에서 프로이트는 시관 충동의 기원적 대상은 주체 자신의 성기라고 단정한다. 충동에서 주체는 능동적으로 자기 자신을 자신의 성기 속에서 보여지게 한다. 즉 주체는 자신이 보여지면서 겪는 수동성을 능동적으로 야기하고자 한다. 수치심은 종종 성적인 노출 혹은 벌거벗음과 연관되기에 우리는 이러한 묘사에 대한 성급한 해설에 만족할 가능성이 있다. 하지만 좀 더 유의할 필요가 있다. 수치심을, 순수의식으로 도피하려던 주체가 자신의 신체의 불가피성을 불현듯 깨닫게 되는 것으로서 해석하는, 이미 언급한 오류를 피하려면 말이다. 첫째, 충동의 행위자와 대상은 동일한 주체에게서 일치하지만 동시적이지는 않다. "불안한 비규정"(351)이라는 사르트르의 구절은 충동의 능동적 계기와 수동적 계기가 서로에 대해 맺는 명멸하는 관계에 대한 기술로서 여전히 적용 가능하다. 주체는 자신을 그 어떤 순간에도 실제로 보지 않고서 자신이 보여지고 있다고 느낀다. 주체는 그 자신에게 투명하지 않다. 그가 보는 한, 그는 보여지지 않는다. 따라서 주체와 그 자신 사이에는 어떤 틈새가 열린다. 그리고 (무언가) 비규정된 타자들이 있다는 직감은 바로 이 열림에 기인한 것으로 볼 수 있다. 둘째, 수치심은 일반적으로 성적 노출과 연결되어 있지만 "수치심을 갖는다는 것"은 또한 일종의 제한을, 즉 자기 자신을 베일로 덮는 행위를 내포한다. 수치심은 한계를 인식한다.

노출과 베일로 덮기의 관계를 어떻게 정의할 수 있을까? 가장 쉬운 해결책은 후자를 전자에 대한 반응으로서 이해하는 것일 텐데 나는 이것은 잘못이라고 생각한다. 나는 그 둘을 동등한 것으로 생각하자고 제안한다. 엿보는 눈앞에서 취약하다고, 탄로 난다고 느끼기에 우리는 우리 자신을 숨김으로써 반응한다는 것이 아니다. 오히려 응시에 의해 노출되는 것은 베일로 덮는 행위이다. 『안티고네』에 대한 독해에서 라캉은 이른바 "두 번째 죽음"의 한계라는 개념을 세공하려고 시도한다. 수치심이 증언하는 것은 바로 이러한 한계이다. 그것이 유일한 증언은 아니지만 말이다. 왜냐하면 아름다움 또한 이러한 한계를 인정하기 때문이다. 라캉은 아름다움의 경험에 초점을 맞추면서 아름다움과 수치심의 경험의 유사성에 주목한다. 그의 분석은 코러스의 눈에 보이는, 안티고네의 이미지가 띠는 "참을 수 없는 광채"에 집중한다. 코러스가 그녀를 주시하면서 이러한 광채를 보는 것은 그녀가 죽음에 직면해 있을 때, 그리고 그녀가 사형 선고로 인해 박탈당할 그 모든 즐거움에 대해 기나긴 한탄을 한 직후이다. 주석가들은 이토록 격렬하고 열정적인 말에, 그리고 그녀가 최후의 순간에 삶에 매달리는 것에 종종 분개했다. 그들에게 그것은 적절치 않은 것처럼 보이기 때문이다. 결국 그녀는 크레온이 적절하게 지적했듯이 "달랠 수 있는 냉정한 대상"이며 이 순간까지 자기 자신의 이익을 무시해왔다고 그들은 주장한다.[19]

임박한 죽음의 위협에 대한 안티고네의 반응을 조르조 아감벤이 로베르 앙텔므의 『인간 종』에서 인용한, 다음과 같은 반응과 비교해보라. 이 구절은 제2차 세계대전 말에 일어난 한 사건에 대해 이야기하고 있다. 그 사건은 포로들이 부헨발트에서 다하우로 행진하던 중에 나치 군인들이 한 이탈리아 포로를 외관상 임의로 골라내어 즉각 총살한 사건이다. 나는 전문을 인용한다.

> SS는 계속해서 말한다. "너 이리 와Du komme hier!" 또 다른 이탈리아인이 열외로 걸어나온다. 볼로냐에서 온 한 학생이다. 나는 그를 알고 있다. 그의 얼굴은 홍조로 변했다. 나는 그를 면밀히 바라본다. 그 홍조는 아직도 내 눈앞에 선하다. 그는 거기 길가에 서 있다. 그는 자기 손으로 무엇을 해야 할지 모르고 있다. … 그는 SS 단원이 그에게 "Du komme hier!"라고 말한 후에 홍조로 변했다. 그는 얼굴이

---

19 | Jacques Lacan, *Seminar VII: The Ethics of Psychoanalysis*, ed. Jacques-Alain Miller, trans. Dennis Porter (London: Routledge, 1992), p. 280.

붉어지기 전에 그의 주위를 둘러보았음에 틀림없다. 하지만 그렇다. 뽑힌 것은 그였다. 그리고 그가 [자신이 뽑혔음을] 더 이상 의심하지 않게 되자 그는 홍조로 변했다. 누구든 간에 죽일 사람을 찾고 있던 그 SS는 그를 찾아낸 것이다. 그를 찾아낸 뒤 그 SS는 더 이상 쳐다보지 않았다. 그는 자문하지 않았다. "왜 다른 사람이 아니고 그인가?" 라고. 그리고 그 이탈리아인도 그것이 정말 자신이었음을 알고 나서는 이 우연의 선택을 받아들였다. 그는 궁금해 하지 않았다. 왜 다른 사람이 아니고 나인가라고.[20]

논점은 그 이탈리아 병사가 자신의 잔인한 운명을 받아들인 것을 안티고네의 저항적인 한탄과 대조하려는 데 있지 않다. 안티고네가 자신에게 선고된 사형을 완전히 알고 있고 수긍한다는 것은 거의 의심의 여지가 없다. 우리는 격앙된 그녀의 말을 그 병사의 얼굴을 달아오르게 만든 그 홍조와 동등한 것으로 보아야 한다. 그 그리스인 여주인공과 그 이탈리아 병사는 이 순간 미래에 대한 모든 환영을 완전히 박탈당하고 그들 자신이 죽음의 문턱에 와 있음을 알고 있지만 그 모든 삶과 모든 환영을 이처럼 박탈당하는 것은 잔여를, 삶을 넘어선 일종의 삶의 잉여를, 다시 말해 삶과 그들의 궁극적인 절멸 — 무無로의 전락 — 사이의 최후의 장벽을 드러낸다. 다시 말해 이 순간 드러나는 것은 죽음이라는 무를 감추는 그 무엇이다.

한탄하는 와중에 안티고네는 자신을 신화적인 인물인 니오베에 비유했다. 니오베는 자신이 돌이 되었을 때 온 가족을 잃어버린 것에 대한

20 | Giorgio Agamben, *The Remnants of Auschwitz: The Witness and the Archive*, trans. Daniel Heller-Roazen (New York: Zone Books, 1999), p. 103.

참을 수 없는 비탄을 영원히 보존할 수 있었다. 안티고네는 다음과 같은 점에서 니오베와 유사하다. 그녀의 참을 수 없는 고통은 삶에 대한 모든 권리를 포기한 후에도 영속화된다. 이제 우리는 사르트르가 수정되어야 함을 알 수 있다. 왜냐하면 그는 수치심이 우리가 상처 받을 수 있는 신체를 갖고 있다는 것을 나타낸다고 주장하지만, 안티고네와 볼로냐 출신 학생의 사례에서 분명한 것은 수치심이 견딜 수 없는 고통 — 즉 의식이 소유할 수 없는 고통 — 을 겪게 될 수 있는 신체를 입증한다는 것이다. 정신분석은 이러한 특수한 고통을 가리켜 리비도적 만족 혹은 향유라고 부른다. 그것은 의식이 흡수할 수 없는 쾌락이다. 고전학자들은 그리스 비극이 주인공의 "아름다운 죽음"의 전시에 초점을 맞추었다고 말해준다. 이 말은 그리스인들이 자신들은 필요하다면 눈도 깜빡이지 않고 죽음을 대면할 수 있음을 아는 것에서 어떤 쾌락이나 쾌적함을 찾았다는 것을 뜻하지 않는다. 이 비극들에서 전시되는 것은 죽음이 아니라 불멸의 향유의 끔찍한 이미지, 죽음에 대항한 최후의 장벽이다. 물론 이러한 이미지는 이상화가 산출할지도 모르는 어떤 종류의 이미지들과 대비되어야 한다. 이상화된 이미지와 아름다운 죽음의 이미지는 모두 그 이미지들이 규정하는 한계를 관객이 존중하도록 하는 장벽들로서 기능한다. 하지만 이상화된 이미지는 우리가 그 이미지 너머 도달 불가능한 충만함을 염원하게 하는 데 반해 아름다운 죽음의 이미지는 우리가 그 이미지 너머에 있는 무를 경멸하게 한다.

불안과 응시

어떤 지점에서 사르트르는 응시와의 조우에 수반되는 정서를 가리켜 순수 경고pure monition의 정서라고 부른다. 프로이트라면 그것을 불안이라고 불렀을 것이다. 규정된 원천으로부터 혹은 규정된 경고로서 나오지 않기에 그 정서는 공허한 위협, 혹은 대상 없는 두려움이다. 불안과 응시의 정확한 관계를 추적해가려고 시도한다면 리오 버사니의 추론은 따를 만한 가치가 있다. 늘 신중한 까닭에 그는 프로이트의 가장 면밀한 독자 중 하나가 되었다. 『사람들』에서 버사니는 늑대 인간의 사례를 검토한다. 아버지에 의한 거세 위협이 야기한 불안이 최초로 이론화되는 곳이 바로 이 사례이다. 버사니의 의혹을 야기한 것은 아버지에 대한 늑대 인간의 분명한 감정이다. 그 감정은 프로이트가 그 사례로부터 끌어 온 이론에 기초해 기대할 수 있는 것보다 훨씬 더 자비롭고 애정어린 것이다. 하지만 버사니가 감탄하듯이 아버지와 아들의 현실적인 관계에 관해 아무리 많은 증거가 있어도 프로이트가 "아버지에게 그의 거세 특권을 행사할 수 있는 미심쩍은 특권을 부여하지" 못하게 할 수는 없다.[21] 다시 말해 "그 모든 것에도 불구하고", 그 남자 아이의 **현행적** 혹은 "우연적 경험"에도 불구하고 프로이트는 그 남자 아이는 그의 아버지를 위협의 담지자로 지각했다고 완강히 주장한다. 왜 그런가? 제시할 수 있는 유일한 대답은 그것이 아버지였**어야만** 한다라는 것이다. 왜냐하면 인간의 선사先史를 들여다본다면 우리는 거세를 위협으로서 실행에 옮긴 자는 의문의 여지없이 아버지였다는 사실을 알게 될 것이기 때문이다. 이는 증거로서는 취약하며 그렇기에 버사니는 다음과 같이 암시한다. 프로이트는 자신의 이론을 보존하기 위해서라면 어떤 일도 서슴지 않고 하며 결국 그것을 구하려는 최후의 노력으로서 그것은 그

---

21 | Leo Bersani, *Homos* (Cambridge, MA: Harvard University Press, 1995), pp. 110-111.

래야만 한다고 주장하기에 이른다는 것이다. 하지만 좀 더 면밀히 검토해보면 프로이트가 애써 보존하려는 이론은 버사니가 여기서 인정하고 싶어 하는 것보다 훨씬 더 흥미롭다. 그 지점에서 필사적인 것처럼 보이는 선사에 대한 참조는 프로이트의 후기 저작에서도 마치 치기 어린 실수라도 되는 양 폐기되지 않는다. 반대로 그것은 정신분석의 주요한 발명들 가운데 하나가 된다. 원초적 무리라는 신화가 그것이다. 이 신화로부터 우리는 왜 선사적 아버지에 대한 참조가 유지되어야 하는지를 알게 된다. 이 아버지는 시간이 개시되어 그의 아들들이 그를 살해하려고 봉기했을 때 죽었지만 그가 죽었다는 사실로 인해 그의 존재의 필연성이 그의 사후에도 살아남지 못하는 것은 아니었다. (여기서 우리는 현실 그 자체에서 발견할 수 있는 그 무엇보다도 견고한 사실, 더 완고한 현실과 만난다. 안전하게 그것을 실재라고 부를 수도 있을 것이다.) 따라서 아들들은 아버지의 죽음에 대한 앎을 아버지에게 숨기는 일을 떠맡는다. 왜냐하면 그가 만약 그냥 죽고 만다면, 무의식 속에서 이러한 영속적인, 제거할 수 없는 자리를 갖기를 그친다면 현실 그 자체는 와해될 것이기 때문이다. 이는 현실이 원초적 아버지를 살려두는 것에 달려 있음을 뜻하지 않는다. 보존되어야 하는 것은 그의 텅 빈 자리이다.

죽은 아버지의 법과 그 아들들의 관계에 관한 이러한 기술과 관음증자의 응시에 관한 사르트르의 기술 사이에서 발견되는 유사성을 간과하기란 어려운 일이다. 대타자가 죽었다는 사실은 논쟁의 여지가 없지만 그의 법의 필연성과 그의 응시의 실재는 그의 죽음 이후에도 살아남는다. 그렇다면 죽은 아버지의 이러한 법은 사르트르에 의해 제시된 것과 같은 응시의 논리에 따라 세계에 대해 내재적이지도 않고 — 법정에서 집행될 수 있는 성문법도 아니고 — 세계에 대해 초재적이지도 않다 — 신의 법도 아니다. 하지만 우리는 아버지와 그의 법을 살아있는 구체적인 그의 대표자들—세속적 아버지, 판사, 경찰 등등—속에서 비스듬하게 만난다. 이는 아버지나 아버지의 법이 이러한 세속적인 실례들로 환원된다는 말이 아니다. 이러한 부성적 형상들은 **오로지** 법의 대표자들로서 지각되며, 법의 창조자들로서 지각되는 것이 아니다. 그렇다면 버사니가 찾으려고 시도했던 어려움은 다음과 같이 진술되어야 할 것이다. 남자 아이의 실제 아버지는 거세 불안의 원천일 리가 없다. 위협은 오히려 아버지와 그를 넘어설 것으로 느껴지는 법 사이에 열리는 틈새로부터 나온다. 대표자와 창조자가 이처럼 합체되지 않는다는 사실이야말로 상징적 법에 균열을 내며 결국 그 법을 위반 가능하게 한다. 인간이 만든 법 혹은 문화의 법은 결코 법 그 자체를 구성하지 않으며 바로 이 때문에 위반이 가능해진다.

절대적 권력을 가진 아버지의 살해에 관한 신화는 어떤 기묘한 상황을, 즉 근대 세계에 분명히 나타난 어떤 문제를 설명해준다. 우리는 죽은 아버지에게 어떻게 맞설 것인지 알기 어렵다는 점에 직면해있다. 어떻게 우리는 얼굴 없는 법에, 사르트르의 시나리오에서 그렇듯이—응시처럼—항상 **배후**에서 우리에게 다가오는 법에 말을 거는가? 이것들은 응시가 항상 예기치 않게 환영같이 등장하는 근대 공적 영역의 출현이 제기하는 물음들과 동일하다. 청중이 더 이상 우리 앞에 있는 것이 아니라 도처에 있고 아무 데도 없는 경우에 우리는 어떻게 공적 무대에 서는가? 근대성에서 확립된 사회적 관계의 새로운 영역인 "공공성"이 곧바로 "연극성"(연극 공간과 연극 공연)을 위협했다는 것은 우연이 아니다. 연극성은 결국 "몰입" 기법에 의해 밀려났는데, 이 기법은 마이클 프리드가 18세기 후반 회화에서 확인했을 뿐만 아니라[22] 소설적

---

22 | Michael Fried, *Absorption and Theatricality: Painter and Beholder in the*

서사의 특징으로 간주되며 훨씬 이후에는 서사 영화에도 채택되었다. 요컨대 18세기 말 공공성의 출현은 프로시니엄 무대 회화로부터의 퇴각을 ─ 그 결과, 규정된, 위치 지정된 청중과의 결별을 ─ 수반했다. 그 대신 선호된 것은 내적으로 정합적인 공간(혹은 내가 주장했듯이 분열에 의해 찢겨진 반#정합적 공간)을 구성하는 것이었다. 인물들은 이 공간에 완전히 "몰입되어" 디에게시스 외적인 청중을 결코 인식하지 않으려고 했다. 그들은 그들을 둘러싸고 형성된 디에게시스적 세계에만 관심을 한정하려고 했다. 몰입 기법은 소설(과 이후에는 영화)을 청중 자체와 절연시킨 것이 아니라 단지 생생한, 연극 공연 앞에 위치했던 옛 유형의 청중과 절연시켰다는 것을 알아두는 것이 중요하다. 소설은 여전히 청중에게, 공중에게 말을 걸고 있었지만 그 공중은 사르트르가 기술했듯이 비규정된 공중이었다. 소설이 연극적 유형의 청중과 절연하고 디에게시스적 공간을 확립하기 위해 도입한 가장 중요한 장치 중 하나는 파솔리니가 「롱 테이크」 에세이에서 논의한, 표 나지 않는 현재시제의 완강한 사용이다. 현재시제를 포기하고 (파솔리니가 언급하듯이) "과거현재past present"를, 즉 내러티브의 객관성의 시제를 채택하는 깃은 분명한 기능이 있다. 정면에서 말을 건네는 현재로부터, 즉 대화 상대자를 우리 면전에 드러내는, "나는 여기 지금 당신 앞에 서있다"의 현재로부터 내레이션을 자유롭게 풀어놓는 기능 말이다. 과거현재는 좀 더 비스듬한데 이는 과거현재가 엄밀하게 위치설정될 수 있는 "거기"와 대면하지 않기 때문이다. 크리스티앙 메츠는 그의 잘 알려진 에세이

Age of Diderot (Chicago: Chicago University Press, 1980)를 보라. 작품이 그 자체의 허구적인 공간으로의 몰입을 위해 청중을 마주 대하는 연극적 배치를 포기한다는 이 테제는 18세기 후기 회화와 디드로의 글에 대한 상세한 조사를 통해 제시되었다.

인 「역사(이야기)/담화」에서 표 나지 않는 과거시제와 객관적 내레이션의 비규정된 말 건넴 사이의 이러한 연결에 대해 논의하지만 이러한 비규정성은 영화의 제한되고 특수한 시점을 은폐하기 위해, 또 역사적 객관성을 자처하기 위해 고안된 이데올로기적 작용의 효과라고 주장한다.[23] 이러한 독해에 대한 우리의 이의는 지금까지 충분히 표현되었다. 그러한 이의의 핵심은 시점이 객관성의 반대가 아니라는 사실이다.

파솔리니에게서는 죽은 아버지의 법에 대한 그 어떤 언급도 찾아볼 수 없다. 하지만 이러한 사실은 내가 그의 주장에 어떤 비판적 제한사항을 덧붙일 수 있게 해준다. 파솔리니는 죽은 아버지에 관해서라기보다는 죽음에 관해 말한다. 우리가 보았듯이 그에게 죽음은 순수 현재를 중단시키는데 이는 소급해서 의미로 그 현재를 덮어버리기 위해서이다. 컷을 통해서 죽음이 들어와서 의미 없는 우연성을 의미로 전환시킨다. 이 주장에 따르면 죽음은 삶의 절대 주인이 된다. 컷을 죽음과의 조우로 보는 대신 아버지의 죽음에 의해 텅 빈 채로 남겨진 자리를 나타내는 응시와의 조우로 본다면 그 주장은 더 잘 이해될 것이다. 파솔리니의 설명에서 죽음이 삶을 의미로 전환함으로써 삶의 우연성을 초월할 가능성을 제공한다면 프로이트의 설명에서 우리가 새로운 의미를 만들어낼 수 있게 하는 것은 죽은 아버지의 응시와의 조우이다. 그 응시가 항상적인 쾌락 원칙에 구멍을 내는 한에서 말이다.

한 가지 더 지적할 사항이 있다. 죽은 아버지의 법은 지금까지 비규정된 것처럼 보였지만 정신분석은 이 법이 성적 차이의 법이라고 주장한다. 성적 차이의 법은 무의식적 필연성의 법이다. 다시 말해 그것은

---

23 | Christian Metz, "Story/Discourse (A Note on Two kinds of Voyeurism)," in *The Imaginary Signifier* (Bloomington: Indiana University Press, 1982).

문화를 정초하는 법이지 문화적 법이 아니다. 이것이 뜻하는 바는 이렇다. 이 법은 각각의 주체가 자기 자신의 성적 정체성에 대해 선택하도록 명령하는 법으로서 고정된 정체성을 정의하지도, 심지어 허용하지도 않으며 오히려 주체가 자기 자신의 정체성과 그 정체성을 고정시키려고 하는 문화적 법들을 의문시하고 그 법들에 도전하는 방식을 규정한다. 문화를 정초하는 법은 그 법이 정초하는 문화의 구성적 일부가 아니며 문화와 이율배반적 관계를 맺는다. 그리고 이 법이 무의식적 필연성인 한에서 주체 ── 특정하게는 신경증적 주체 ── 는 그 자신의 쾌락과 성적 정체성의 문제에 관해 "불안한 비규정"의 상태로 남아 있다. 하지만 다음 절에서 논의하게 될 도착증에서 성적 차이의 법은 오히려 문화의 자의적인 법으로 취급된다.

절대적으로 대타자가

"<소돔의 120일>에서 공작은 섹스, 폭력, 이야기하기의 유흥이 시작되기 직전에 여자 노예들에게 경고한다. '전체적으로 너희의 거시기를 아주 조금만 우리에게 보이도록 해라. 오로지 자연이 제정신을 잃어버렸기에 만들어낼 수 있었던 그 역겨운 부위는 언제나 우리에게 가장 꺼림칙한 것이다.' 사드적인 여성 혐오는 여성의 성기를 이성에 대한 추문적인 모욕으로 보는 난봉꾼의 견해에 기초하고 있다."[24] 도착증적 구조에서 주체는 대타자와 다른 관계를 맺는다. 주체는 신경증자가 지

---

24 | Leo Bersani and Ulysse Dutoit, "Merd Alors", *October 13* (summer 1980), p. 24. 이 에세이는 파솔리니의 <살로>에 대한 훌륭한 분석이다.

8. 자프루더가 본 것 _ 365

각하는 대타자 속의 결여를 부인한다. 이 결여는 사라진 모성적 남근에 대한 불쾌한 지각에서 가장 분명히 가시화되며 그렇기에 이 지각은 부인된다. 억압은 응시와 시각 사이에, 욕망과 법 사이에, 무의식과 의식 사이에 이율배반적 관계를 (둘 중 하나를 가질 뿐 둘 다 동시에 갖는 것은 아니다) 설정하는 데 반해 부인은 동일한 관념을 부인하는 동시에 인정함으로써 갈등하는 항들을 동시에 붙잡는다. 도착증에 대한 옥타브 마노니의 유명한 공식 — "나는 아주 잘 알고 있어, 하지만 그래도…" — 은 사실상 더 이상의 탐구를 차단할 만큼 부인에 내포된 그 특유의 동시성을 아주 성공적으로 번역해낸다. 마치 이 공식만으로도 우리가 물음을 제기할 여지를 갖기도 전에 모든 물음을 해소하는 것처럼 보인다.

그럼에도 불구하고 우리는 신경증에서의 분열된 주체의 이율배반적 구조는 도착증에서의 의식의 **분열**과 완전히 다르다는 사실을 강조할 필요가 있다. 우리는 이 두 사례에서 동일한 분열에 대해 말하고 있는 것이 아니다. 오히려 반대로 도착증은 주체의 바로 그 [분열적] 지위를 피하려는 시도이다. 정확히 (신경증적) 주체를 특징짓고 동요시키는 — 온갖 이율배반들 속에서 구현되는 — 분열을 피함으로써 말이다. 도착은 응시와 시각, 욕망과 법, 의식과 무의식이 더 이상 서로 모순되지 않고 같은 평면에 거주하게 하려고 하며 그것들이 합류하게 하려고 한다. 마노니의 공식을 진술하는 것이 그 두 가지 분열에 대한 이러한 구분을 은폐하는 데 부분적인 책임이 있을 수 있다면 이는 그 공식이 **반항적인** 믿음(오류는 물론 그 건방진 "하지만"에 있다)을 정착된 규범적 지식에 대항하여 싸우게 한다고 읽히는 경향이 있기 때문이다. 하지만 이것은 도착증에 대한 정확한 기술과는 거리가 멀다.

도착증이라는 주제에 관한 가능한 가장 소박한 접근에서 시작해보

자. 호르크하이머와 아도르노의 작업이 출발하고 있는 (도착증 일반에 대해서가 아니라 특히 사디즘에 대한) 그 단순하고도 "명백한" 현상학적 기술을 검토해보자. 이러한 기술은 사디즘이 타자를 도구화함으로써, 그저 착취하고 고문할 대상으로 취급함으로써 그를 지배할 의지를 표현한다고 가정한다. 사르트르는 이러한 정의에서 잘못된 것을 주저하지 않고 지적했다. 사디스트가 사실 타자를 도구화하거나 대상화한다면 그는 그 자신의 기획을 망치게 될 뿐이라는 것이다. 왜냐하면 "사디스트는 자신에게 고문당하는 자의 자유를 억누르려고 하는 것이 아니라 이 자유에게, 고문당하는 살과 자유롭게 동일시하도록 강요하기"(523) 때문이다. 고통을 가함으로써 사디스트는 호르크하이머와 아도르노가 주장하듯이 진정 타자에게서 어떤 대상화를, 육체성의 과잉을, 더 이상 합목적적 행동에 불러낼 수 없을 신체의 괴로움 혹은 순전한 수동성을 산출하고자 한다. 하지만 사디스트의 궁극적인 목표는 그저 그가 가까스로 상연하는 괴로움의 장면, 타자의 무력한 수동성의 광경이 아니다. 오히려 사디스트를 흥분시키는 광경은 타자가 자신이 이제껏 받아왔던 고통을 더 이상 넘어서지 않기로 마음먹고 그 대신 그 속에 빠져들기로 결심하는 광경이다. 사디스트의 쾌락 혹은 사드적인 난봉꾼의 쾌락의 원천은 타자가 자기 자신을 자신의 고통의 외설적인, 활용 불가능한 사실성과 동일시하겠다고 자유롭게 결단을 내리는 것에 있다. 왜냐하면 여태껏 이율배반적인 것으로 보였던 자유와 살은 이 순간 더 이상 그렇지 않기 때문이다. 그것들은 갑자기 새로운 "대타자의 종합"(521)으로 한데 모이기 때문이다. 사르트르의 전반적인 주장에 비추어 보건대 이 논점은 이렇게 재진술될 수 있을 것이다. 응시와의 조우 속에서, 나에게 현시되는 대타자는 현행적인, 속세 속의 현존으로 환원되지도 않고, 완전히 비워져서 초재적인 가능성의 조건이 되지도 않는다. 반면 사디즘에

서 고문의 노력은 대타자를 현실적인 사람이자 동시에 초재적인 가능성의 조건이 되도록 몰고 가는 데 바쳐진다. 사디스트는 살로 자유를 포획하고 싶어 한다. 그는 응시를 규정된, 피와 살을 가진 개인에게 부착하고 싶어 하는 것이다.

정신분석이 도착증을 일차적으로 부인의 기제를 통해 정의한다면 사디즘에 관한 사르트르의 이론은 부인이 어떻게 행동하는지에 관한 정확한 그림을 우리에게 제시한다. 그것은 두 개의 대립하는 관념을 나란히 떨어뜨려 놓기보다는 결합하여 단일한 존재자, 새로운 종합을 형성하려고 한다. 이러한 통찰은 도착증의 현상에 의해 다른 방식으로 확증된다. 가장 악명 높은 도착증의 사례 가운데 하나인 사드 백작의 사례를 한 번 더 살펴보자. 이 사례에서 우리는 사드의 장모인 몽트뢰이유 부인이라는 인물에서 유사한 종합을 만난다. 사드에게 법의 대표자인 몽트뢰이유 부인과 무언가 감지할 수 없지만 필연적인 권위 사이에는 아무런 틈새도, 아무런 이율배반도 존재하지 않았다. 장모[법률상의 어머니]mother-in-law인 그녀는 사드에게 법 그 자체였다. 즉 그녀는 이상화되었으면서도 동시에 외설적이고, 무오류적인 동시에 우연적이었다. 신경증자에게 아버지의 법은 필연적이지만 죽은 것이라면 그녀는 그렇지 않았다. 아돌프 아이히만은 그의 악명 높은 재판에서 한 증언에서 무의식적 법과 그것의 세속적 대표자 사이의 틈새를 도착증적으로 말소하는 행위의 또 다른 증거를 제공했다. 히틀러는 아이히만에게 오류를 범할 수 있는, 법의 대표자라기보다는 무오류적인 권위였다. 자신은 유태인들에게 해가 되는 건 아무것도 하지 않았다고 항변하면서 아이히만은 히틀러의 칙령들의 자의성을 분명하고 공공연하게 인정했다. 그 칙령들은 그에게 그 어떤 필연적인 진리도 담고 있지 않았지만 그는 그 칙령들이 법이었기 때문에 문자 그대로 그것들에 복종해야만 했다고 완강히 주장했다. 자의적이고, 상대적이면서 동시에 절대적인 힘을 가진 법. 이것은 도착증자의 대타자, 부인否認의 도가니에서 주조된 대타자이다.

이 자의적이고, 상대적이지만 동시에 절대적으로 강력한 권위에 대해 도착증자는 어떠한 의문도 제기하지 않는 관계를 유지한다. 다시 말해 그는 그가 접촉하는 다양한 권위의 형상들 앞에서 주저하지 않는다. 그는 그 형상들이 그에게 무엇을 요구하는지 알아내려고 하지 않는다. 신경증자의 방식은 주저함이다. 그녀는 한편으로 권위의 형상들을 기쁘게 하려고, 적절한 존경을 보여주려고 하면서도 다른 한편으로 그들의 적법성을 의문시하며, 그들이 틀릴 가능성에 대비하거나 그 가능성을 고려한다. 왜냐하면 신경증자는 대타자의 욕망을 확신하지 못하며, 그렇기에 이 특수한 대표자가 실제로는 사기꾼인지 아닌지를 확신하지 못하기에 특수한 법에 충실할지를 놓고 결국 주저하게 되기 때문이다. 신경증자가 법을 따르고 싶어 하지 않는다는 것이 아니다. 단지 신경증자는 그 법이 무엇인지에 대해 약간 모호하게 여긴다는 것이다. 도착증자가 법에 대해 맺는 관계에는 그런 모호함이나 주저함이 없다. 이 때문에 그가 타자들과 맺는 관계는 종종 주목되어 왔듯이 **상징적인 결속**의 성격보다는 **계약**의 성격을 갖는다. 계약은 사태를 분명히 나타내며 애매함을 제거한다. 계약이 하는 일은 상징적인 불확실성을 도착적인 명확함으로 대체하고 욕망이 오로지 중얼거리기만 하는 그 무엇을 말로 분명히 나타내는 일이다. 따라서 계약 협정은 항상 상징적 법보다 더 엄격하고 경직되는 경향이 있다. 사실 바로 이런 **경직성**이야말로 프로이트가 도착증의 가장 중요한 특징이라고 생각했던 것이다. "우리가 점점 더 분명히 인식하는 것은 도착증의 본질이 성적 목표의 확장에 있는 것도, 성기를 대체하는 것에 있는 것도, 심지어는 반드시 대상 선택의 변경에 있는 것도 아니라는 사실입니다. 그것은 오로지 이러한 일탈들만 실행된다는 점에 있을 뿐입니다."[25]

들뢰즈는 도착증을 "검은 신학"으로 정의하는데 이는 이 특유의 경직성이 도착증자가 쾌락과 맺는 관계와 어떻게 관련되는지를 강조한다. 도착증에서 "쾌락은 더 이상 의지를 자극하지 않으며 버림받고 부인되고 '포기되'는데 이는… 법으로서 더 잘 회복되도록 하기 위해서이다."[26] 도착증자와 대타자의 관계는 계약의 형식을 취하고 대타자는 단지 보다 더 잔인하고 "가혹한 요구를 하며 논박할 수 없는"[27] 실제 인물의 형식을 취한다. 그렇기에 도착증자는 (들뢰즈의 묘사와 놀랄 만큼 유사한 라캉의 묘사에 따르자면) 자신의 향유 권리를 포기하는데 이는 그 권리를 그가 실행하기로 계약한 의무로서 떠맡기 위해서이다. 향유는 그가 대타자를 위해 수행하는 봉사가 된다.

무수히 많은 물음이 이러한 다양한 묘사를 둘러싸고 형성되기 시작하지만 다른 물음들은 사라지기 시작한다. 가령 이제 왜 도착증이 그토록 자주 위반과 혼동되는지, 왜 사드는 종종 혁명적 영웅, 즉 용기 있는 인간, 도덕적 인간으로 오해받는지가 더욱 분명해진다. 칸트는 겁쟁이의 삶은 의미 없는 삶이라고 우리에게 가르쳤다. 만약 우리가 우리 이웃에 해가 되는 거짓 증언을 하는 것을 원칙상으로라도 거부하지 못한다면 — 설령 그 거부가 우리 자신의 행복과 궁극적으로는 우리의 바로

---

25 | Freud, *Introductory Lectures on Psycho-Analysis*, SE, 16: 322. [프로이트, 『정신분석 강의』, 임홍빈 외 옮김, 열린책들, 2003, 435-6쪽. 번역 수정.]

26 | Gilles Deleuze, *Coldness and Cruelty, in Masochism* (New York: Zone Books, 1991), p. 120. [질 들뢰즈, 『매저키즘』, 이강훈 옮김, 인간사랑, 1996, 136쪽, 번역 수정.]

27 | Rosolato, *Essais*, p. 175.

그 삶을 위태롭게 하는 것을 뜻한다 할지라도— 우리는 우리 자신이 온당하다고 생각할 수 없을 것이다. 어떤 지점에서 우리는 대타자의 욕망에 대한 신경증적 망설임을 그만두고 우리 자신의 도덕법칙에 따라야 한다. 칸트가 이러한 교훈을 정식화하고 있었듯이 사드는 그의 행동이 그의 안녕에 미칠 결과에 아랑곳하지 않고 사회적 습속을 조롱하고 있었다. 그는 타자들의 판단을 신경증적이지 않게 단호히 무시함으로써 자신을 칸트의 자유 개념의 대명사로 만들고 있는 것처럼 보였다. 도덕적 인간처럼, 사드는 망설이는 신경증자가 상상할 수 있는 것 이상으로 더욱 잔인하고 더욱 비인간적인 법을 위해 눈에 띠게 봉사했다. 하지만 (단지) 몇몇은 알 수 있었을 테지만 사드의 무자비한 장모와 아이히만의 히틀러는 칸트의 분열된 주체에게 자신의 주저함을 포기하도록 강요하는 그 정언명령의 기괴한 희화화들이다.

파솔리니의 <살로>는 도덕적 명령에 대한 그러한 도착을 폭로하려는 시도라고 적절하게 묘사할 수 있을 것이다. 마르자보토— 북부 이탈리아의 한 도시로서 여기서 일어난 자생적인 저항 행위들은 파시스트들에 의한 악명 높은 대규모 학살을 촉발했다— 의 도로 표지판을 보여주는 영화의 프롤로그는 자연적인 실외 세팅을 배경으로 한, (네오)리얼리즘적으로 묘사된 행동으로 가득 차 있다. 하지만 이 프롤로그는 영화의 나머지 부분에 의해 돌연 괄호쳐진다. 그때부터 영화는 완전히 실내에서, (한 난봉꾼의 말을 인용하자면) 몇몇 "부유한 유태인들"로부터 몰수한 한 이탈리아 바우하우스 빌라의 합리주의적인 내부 공간 속에서 일어난다. 내부로의 이러한 이행의 문턱은 네 명의 난봉꾼이 어떤 계약서에 서명하는 것을 보여주는 한 장면에 의해 규정된다. 따라서 이러한 장소의 변화는, 상징적 관계를 통해 구조화된 리얼리즘적 세팅이 계약적 결속에 의해 모두가 묶이는 대항세계counterworld로 대체된다는 것을 시사한다. 이러한 이행은 또한 의미심장하게도 영화적 스타일의 변화로 나타나기도 한다. 스타일은 오프닝 시퀀스에서는 [숏들이] 번갈아 교차하는 추적 몽타주이지만 그 이후로는 극도로 긴 롱 테이크가 된다. 내부로 들어감에 따라 우리는 예술 창작이라는 특정한 행위에 초점을 맞추기 위해 자생적인 정치적 행위의 문제를 제쳐 놓는다. 파솔리니는 네 명의 여자 이야기꾼의 문학적 창안물을, 마치 난봉꾼들이 그 창안물을 창조적 행위의 희화화로서 상연하는 것처럼 드러내기로 결심한다.

이런 의미에서 <살로>는 파솔리니 자신의 「칸트를 사드와 더불어」이다. 사디스트는 칸트의 실천 이성뿐만 아니라 그의 미감적 판단 또한 몰락시키며 영화는 그 몰락의 잔해를 샅샅이 뒤진다. 그 영화는 냉담하게 멋들어진 난잡함이지만 특히 눈에 들어오는 것은 그 모든 것이 얼마나 정적이고 반복적인가 하는 것이다. 바닥 타일의 기하학적 패턴이 강조하는 균형 잡힌 구도는 이미지로부터 그 모든 역동성을 제거해버린다. 좀 전에 언급했듯이 이 거의 에세이적인 (몽타주가 아닌) 롱 테이크 영화에서 컷은 최소화되어 있다. 이는 창조 행위가 이 심미화된 장면들에서 꼼짝 못하고 얼어붙어 버린 것만 같고 고문 행위들은 그것을 해동시키려는 시도인 것만 같다. 향유가 자아의 항상적인 쾌락에 구멍을 낼 때 우리가 만나는 것과 같은 **창조하려는 충동과 연구** 대신에 여기 이 도착증적 세계에서 우리는 단지 **확실함의 상태와 전시**만을 보게 된다.

미감적 판단 행위는 블랙 유머적인 한 시퀀스 속에서 격려되고 패러디된다. 그 시퀀스에서 네 명의 난봉꾼-집행자는 그들의 희생자들 중 누가 이 거의 특색 없는 특색의 가장 좋은 예를 갖고 있는지를 결정하기 위해 그들이 "가장 아름다운 엉덩이" 경연 대회라고 부르는 것을 고안해낸다. 흐릿하게 조명된 한 장면에서 판사들은 최종 판단을 내리기

지만 우리는 방금 전에 이러한 의지는 도착증자에게 대타자를 고문당하게 하라는 명령으로서 경험된다는 기묘한 생각을 내놓았다는 것을 잊어서는 안 된다. 임상적인 증거에 따르면 도착증자는 끊임없이 존경할 만한 사람들을 찾아나서는 자이다. "사회적인 구조에 충분히 관여하는, 거기 각인되어 있는 사람들",[31] 단지 법의 위임자가 아니라 현행의, 오류 없는, 법의 실례들 말이다. 이러한 교제의 목적은 법을 모욕하거나 타락시키는 것이다 — 하지만 이 틀릴 수 있는 법을 내쫓기 위해서가 아니라, 즉 그 법을 위반하고 자기 자신의 자율적인 법으로 대체하기 위해서가 아니라 그 법을 더 잘 숭배하기 위해서. 도착증자가 법적인 권위자들이 외설적 행위를 증언하기를 기대하고, 그럼으로써 그들의 미덕을 저버리게 유혹하는 바로 그 장면에 자신들이 연루되어 있음을 폭로하게 되기를 기대하고, 자신들의 향유를 고백하기를 기대한다면 이는 법을 단지 억제하기 위해서가 아니라 이런 억제를 통해 법에서 자의적인 것과 우연적인 것을 깨끗이 제거하기 위해서, 즉 법에서 살을 깨끗이 제거하기 위해서이다. 로솔라토의 여전히 타당한 테제에서 도착증자가 떨어져 나간 살에 대한 향유를, 온갖 종류의 성적 방탕함을 능동적으로 추구하는 것은 일차적으로 그러한 향유와 방탕함의 매력을 소모하는 것을 목표로 한다. 결국 확실성의 계시적 해명을 획득하고 그럼으로써 어떤 불가피한 경로로서의 법을 따를 수 있도록 하기 위해서 말이다.[32] 따라서 자크-알랭 밀레가 주장했듯이 "최악의 도착증자"는 당신이 문학이나 삶에서 만나왔던 가장 외설적인 혹은 가장 **뻔뻔스럽게** 위반적인 인물이 아니라

31 | Jean Clavreul, "The Perverse Couple", in *Returning to Freud*, ed. and trans. Stuart Schneiderman (New Haven and London: Yale University Press, 1980), p. 227.

32 | Rosolato, *Essais*, p. 176.

가장 정직한 자, 자신을 단지 법의 도구로 보는 야만적인 도덕주의자이다.[33] 사드의 도덕주의적 슬로건은 '당신이 공화주의자라면 한 번 더 노력하라!'였다.

"케네디는 죽어가면서 그의 마지막 행동 속에서 자신을 표현한다. 검정색 대통령 전용차 좌석에서 프티-부르주아 아내의 연약한 품에 안겨 쓰러져 죽어가는 행동 말이다." 이것이 자프루더 영화다. "한 번의 총격, 더 많은 총격, 몸이 쓰러진다, 차가 멈춘다, 여자는 비명을 지른다, 군중은 소리친다⋯."(4). 파솔리니가 말하듯이 하나의 주관적 롱 테이크인 그 영화는 "극단적인 행위 언어" 속에서, 다시 말해 도착증 일반의 언어처럼 상징적인 것을 기호들로 대체하려고 하는 "비상징적 기호들" 속에서 자신을 표현한다. 이러한 기호들은 즉각적으로 감각을 자극하려 하며 차이적differential 관계들의 그물망 안에 더 이상 영속적인 흔적을 남기려 하지 않는다. 현재 속에서 그 자신을 소모하는 언어. 시각을 타자들 그 자체의 현존에 열어놓는, 눈과 응시 사이의 틈새가 사라져 버린 한, 공적 의례는 진정 사적인 홈 무비로 바뀌었다. 눈과 응시의 차이는 와해된다. 혹은 라캉이 언젠가 말했듯이 "관조적인 눈"은 "신〚대타자〛이 〚우리를〛 바라보는 눈〚응시〛과"[34] 혼동된다. 우리는 더 이상 "무언가" 비규정적인 다른 의식의 현존 속에, 우리와 불편한 비규정성의 관계를 맺는 공중의 현존 속에 있는 것이 아니라 우리와 의심의

---

33 | Jacques-Alain Miller, "On Perversion", in *Reading Seminars I and II*, ed. Richard Feldstein, Bruce Fink, Marire Jaanus (Albany: SUNY Press, 1996).

34 | Jacques Lacan, *Encore: On Feminine Sexuality, The Limits of Love and Knowledge* (S XX), ed. Jacques-Alain Miller, Bruce Fink, trans. (New York and London: Norton, 1998), p. 76.

여지를 남기지 않는 관계를 맺는 무오류적 법의 현존 속에 있다. 눈과 응시의 일치야말로 우리가 여기에서 그리고 <살로>에서 보는 빡빡하게 압축된 공간을 만들어낸다. 우리는 우리가 거리를 취할 수 없는 대타자의 눈을 통해서 바라보게 된다. 시점 구조에 항상 열려있는 또 다른 반박하는 시선의 가능성은 구조적인 이유에서 차단되었다. 하지만 주관적 숏이 확실히 대타자의 응시를 배가한다면 그것은 투명하거나 전지적이라고 기술될 수 있는 조망을 제공하는 것이 아니라 오히려 외설적 향유로 얼룩진, 자의적인 시각의 주관적 표지 ─ 흐릿하게 만들기, 그림자 드리우기 등등 ─ 로 얼룩진 조망을 제공한다.

혹자는 파솔리니가 미국 제일의 법적 권위자의 살해를, 즉 그의 살이 찢어지는 것을 담은 이 필름에서 법에 대한 도착증적 관계 ─ 법을 필연적이지만 (특수한 정책과 인물로 대표되어야 하기에) 오류를 범할 수 있는 것으로 더 이상 간주하지 않고 무오류적인 우연성으로 간주하는 관계 ─ 를 일별했는지 궁금해 할 것이다. 후자[법이 무오류석인 우연성으로 간주되는 관계]의 경우 법의 대표자를 처벌하고 모욕하는 것의 목적은 새로운 법을 창설하는 데 있는 것이 아니라 법의 진리의 확실성을 보존하고 그럼으로써 시민-주체의 자율성을, 타율적인 칙령이 명시하는 의무를 이행할 결심으로 대체하는 데 있다.

형식에 관한 파솔리니의 주장은 자프루더를 그저 역사의 하인으로, 그가 목격하는 사건을 포착하는 앵글을 선택할 기회를 포기하는 것으로 묘사함으로써 분명 이런 정치적 통찰의 방향으로 움직여간다. 파솔리니가 그의 짧은 에세이에서 단지 자프루더 영화의 도착증적 구조만을 볼 수 있었던 것 같지는 않다. 그는 또한 한 미국 대통령과 그의 프티-부르주아 부인이 어떤 냉담한 특별 검사에게 추적당할 때를 예견했던 것 같아 보인다. 그 자신의 시점에 대한 그 어떤 권리도 포기하고 초라하지만 망설이지 않는 "법의 지배"의 도구로서 이바지하게 될 검사. 다시 말해 법적 기록을 위해, 법에 관한 무수한 정보를, 법 그 자체의 살이 성적으로 허약함을 입증하는 그 모든 증거를 찾아나서고 공표함으로써 공식적으로 명령된 의무를 이행하고, 법에게 카메라 앞에서 최대한 상세하게 법 자신의 향유를 고백하도록 강요하게 될 검사 말이다. 이 검사가 최악의 도착증의 한 사례라고 주장할 수 있다면 우리가 "그의 마음속에서" 은밀한 "색정"을 감지했기 때문이 아니라 그에게서 욕망의 어떤 메마름을 보지 않을 수 없기 때문이다. 이는 또한 그가 혁명적인 새 질서를 건설하려고, 법을 전복하려고 했기 때문이 아니라 법을 정화시키고 싶어 했기 때문이다. 공화주의자여, 당신이 신성한 대통령 집무실로부터 성적 방탕함을 몰아내려면 한 번 더 노력하라!

(ㅅ)

(ㅇ)

(ㅎ)

작품명 찾아보기

(ㄱ)

(ㄹ)

옮긴이의 글

개인적인 얘기로 시작해보자. 나를 자크 라캉의 정신분석학으로 이
끈 것은 그의 '윤리' 개념이었고, 이후 긴 시간을 거기에 머물 수밖에
없도록 붙든 것은 그의 '성구분' 이론이었다. 정신분석의 윤리는 1990년
대로 접어들며 갈피갈피 두서없던 한국사회에서 내 양심의 가장 밑바닥
을 바라보며 나아가는 방법을 가르쳐주었다. 성구분 이론은 80년대 내
내 친숙했던 저항과 변혁의 관점과 방법이 어째서 근본적으로 남성적이
며 보수적인지, 그런 한에서 내가 얼마나 자연스럽게 남성성의 렌즈를
통해 세계와 역사를 바라보고 있었는지를 깨닫게 해주었다. 과거의 반
성과 미래의 선취가 절묘하게 교차하는 그 지점에 라캉의 정신분석이
있었다. 그렇게 나는 "라캉대고 지젝거리는" 이들에게 조용히 마음을
붙였다.

이 책의 부제는 "윤리와 승화", 오늘날 나를 포함한 많은 이들이 라캉
에게 당도하게 해준 바로 그 이정표를 치켜들고 있다. 물론 윤리도 그렇
고 승화도 그렇고 그리 신선한 개념은 아니다. 윤리는 사유의 역사 전체

를 관통해온 관심사였으며 승화는 이미 다중의 생활언어가 된 지 오래다. 그렇다면 21세기를 진지하게 감당해 나가려는 지구인들에게 오늘날 새삼 윤리와 승화의 문제가 다시 부각되는 이유는 무엇인가? 무엇이 정신분석적 관점에서의 윤리와 승화를 특별하게 하는가? 이 책의 제목은 이미 그 답을 내비치고 있다. 정신분석적 윤리는 승화의 문제이기도 하며 윤리가 됐든 승화가 됐든 그것은 여자에게만 허용된 길이라는 것이다.

이러한 단언은 도발적이다. 더군다나 오늘날처럼 여성 혐오가 (깡)판치고 있는 상황에서는 더욱 그렇다. 물론 그처럼 예외적으로 폭력적인 현실을 고려하지 않더라도 이러한 주장은 여전히 반사회적으로 느껴진다. 지금은 차이를 억압하지 않(아야 하)는 시대, 다문화의 시대가 아닌가. 그런데 이처럼 배타적인 관점이라니? 어떻게 지구인의 절반을 배척하겠노라 주장할 수 있단 말인가? 그렇다고 이러한 관점이 여성들의 환영을 받은 것도 아니다. "여자는 존재하지 않는다"는 라캉의 테제(에 대한 오해)는 페미니즘과 라캉 정신분석의 양립을 결정적으로 가로막은 바 있다. 자, 이러한 난국을 어떻게 헤쳐 나올 것인가?

라캉의 논리는 남성과 여성의 차이가 어떤 생물학적, 실정적, 상징적 차이가 아니라는 데서 시작한다. 남성과 여성의 차이는 욕망과 향유를 다루는 방식의 차이이며, 내속적 장애와 곤궁으로서의 차이 그 자체에 대응하는 양태의 차이라는 것이다. 요컨대 남성은 차이를 보편성과 대립하는 예외로 응결시키며 여성은 차이를 그렇게 응결되거나 한정될 수 없는 것으로서 다룬다. 그 결과 남성에게 세계는 보편성과 예외로 이루어진 닫힌 집합으로서 '전체화'되는 반면, 여성에게 세계는 하나의 전체로서 구성할 수 없는 열린 집합으로서, 즉 '비전체'로서 '무한화'된다. 그러므로 만일 어떤 변화가 단지 보편성과 예외의 위치를 서로 뒤바꾸는 것에 불과하다면, 또 어떤 자유가 단지 예외로서의 위치를 고수하는 것에 불과하다면 그것은 여전히 전체성의 온존을 전제로 한 변화와 자유의 제스처에 그칠 뿐이다. 반면 여성 주체로서 산다는 것은 상징적 질서를 무한히 실패하게 하는 내재적 틈새와 심연으로서 살아가기를 선택한다는 뜻이다. 라캉이 "아킬레스는 거북이를 지나칠 수 있을 뿐이다. … 그는 다만 무한에서 그를 따라잡는다"라는 비유로써 설명하고자 했던 것이 바로 이런 여성성의 상태.

라캉 정신분석의 윤리가 가리키는 것은 당연히 이러한 여성 주체성의 구현이다. 기존의 관습이나 도덕이나 법이나 지식으로는 전혀 포착할 수 없는 어떤 차이의 상태, 무엇무엇과의 차이가 아니라 차이 그 자체로서 존재하기를 고집하는 상태, 작두날을 타는 무당이 형상화하는 것 같은 상태, 혹은 서양식 버전으로는 분홍신을 신고 춤추는 무희 소녀를 떠올리게 하는 상태, 안티고네의 상태. 주체를 의식적, 무의식적으로 지배하는 대타자와의 관계로부터 분리되어 스스로 만족을 누리는 이러한 상태는 그래서 '(죽음) 충동'의 실현일 수밖에 없다. 이때 충동은 목표 대신 목적을 추구함으로써, 즉 대상의 획득을 지향하는 대신 대상의 내적 균열과 관계함으로써 주체가 대상에 무관심한 채로도 만족할 수 있게 해준다. 승화의 힘은 거기서 나온다. "평범한 대상을 **사물**의 존엄으로 고양시킨다"는 승화의 정의는 그러므로 대상의 이상화를 함축하지 않는다. 그것은 평범한 (상징적) 대상과 비범한 (실재적) 존엄성의 최소 차이를 드러내는 것, 그럼으로써 그 대상을 "창조주의적"으로 다시 글쓰기하는 것을 함축한다.

이러한 윤리와 승화의 논리를 좀 더 정교하고 치밀하고 풍부하게, 프로이트와 라캉뿐만 아니라 벤야민, 푸코, 들뢰즈, 롤스, 포이어바흐, 키르케고르, 헤겔, 칸트, 아감벤, 바디우, 리오 버사니, 카자 실버만, 피터 브룩스 등 다양한 철학자들과 문화이론가들의 이름을 함께 호명하는 가운데 다루는 것이 바로 이 책,『여자가 없다고 상상해봐: 윤리와 승화』다. 콥젝의 장점은 이 과정에서 육체성과 죽음, 근대적 시간과 불멸성의 문제, 나르시시즘과 자기분열, 인종주의와 탈식민적 미학, 히스테리와 관객성, 법과 죄의식, 자유주의와 공리주의, 근대적 시각성, 시선의 객관성과 몽타주 형식의 관계 등등을 망라하는, 이 시대를 살아가는 이들에게 반드시 필요한 사유의 보고를 열어젖힌다는 것이다.『안티고네』, 재스퍼 존스와 신디 셔먼, 카라 워커의 작품들, <스텔라 달라스>, <살로, 소돔의 120일>, 자프루더 영화 등에 대한 섬세하고 참신한 비평적 접근은 거기에 얹힌 덤이다. 한 가지 더. 지금까지 국내에서 라캉주의 정신분석을 알리는 데 슬라보예 지젝의 저술들이 큰 몫을 한 건 사실이지만 그의 분산적이고 비약적인 글쓰기 방식이 불친절했던 것도 사실이다. 빈틈없이 차곡차곡 논리를 축조해 나가는 콥젝의 방식은 확실히 지젝과 대조적이다. 물론 전체적으로 논의의 스케일이 크고 글쓰기의 호흡이 길기 때문에 정교한 논리의 지도 위에서 정신을 바짝 차리고 따라가야만 길을 잃지 않는다. 하지만 그러한 긴장감조차 이따금씩 짜릿할 만큼, 우리 시대의 묵직한 쟁점들을 풀어나가는 콥젝의 노련함은 감탄스럽다.

조운 콥젝의 책을 번역하자고 작심한 계기는, 적어도 내게는 간단명료한 것이었다.『여자가 없다고 상상해봐』라는 제목이 너무나 매혹적이었다. 어쩌다가 세미나 동료들과 노래방에 갈 때면 들었던 노래, 존 레논의 <이매진Imagine>. 이 노래의 경천동지할 상상력을 성구분 이론의 치명적인 설득력으로 무장시켰으리라는 짐작이 절로 들었다. "OK." (물론 이 'OK'는 이내 '아뿔싸'로 바뀌었다. 이 결심으로 인해 얼마나

414

힘들게 노동해야 했던지.) 어쨌든 내 짐작은 틀리지 않았다. 콥젝의 『여자가 없다고 상상해봐』는 한국의 진지한 독자들에게 소개할 만한 가치가 차고 넘치는 책이었다. 물론 이것이 역자만의 생각이라면 다 무슨 소용이랴. 지금부터 정리하는 내용은 이 책의 예고편이다. 이것이 본편에 대한 독자들의 호기심과 이해를 끌어올릴 수 있기를 바란다.

1장에서 콥젝은 특히 헤겔과 라캉의 『안티고네』 독해를 비교한 다음 안티고네의 행위를 윤리의 문제의식 속에서 재조명한다. 헤겔은 안티고네("신의 법칙에 따르는 의식")와 크레온("인간의 법칙에 편입되어 있는 의식")이 하나의 원칙을 포용하는 가운데 다른 원칙을 소외시킨다면서 둘 다 유죄라고 선언했다. 반면 라캉은 안티고네의 고집과 크레온의 고착을 구별하고 안티고네만을 윤리적 행위의 주체로 보았다. 안티고네는 단지 오빠라는 특수성을 위해 공동체라는 보편성을 희생시킨 것이 아니다. 그녀의 고집스런 행위가 불멸화시킨 것은 오빠의 개체성이 아니라 삶과 죽음 사이의 공간인 아테였다.

여기서 콥젝은 안티고네가 구현했던 것과 같은 '행위'와 '승화'가 어떻게 '죽음 충동' 개념으로써 매개되는지, 그리고 그것이 어떻게 '단독성'을 통해 실현됨에도 불구하고 사회적 연대를 형상화할 수 있는지의 문제로 논의를 진전시킨다. 우선 단독성 개념의 이해를 위해 콥젝은 벤야민, 푸코, 아감벤, 바디우로 이어지는 생명과 죽음의 논의를 비교한다. 벤야민과 푸코의 입장을 정련하는 가운데 아감벤은 벌거벗은 생명(순수한 존재)의 취약함을 벌거벗은 생명과 주권 권력의 연결이 응결되는 극점으로 보았다. 그러나 콥젝은 생명정치가 예외의 논리에 수렴될 가능성을 경계한다. 저항과 반역을 예외적으로 승인하는 것은 결국 주권 권력을 영속화하기 위한 자양분이 될 수가 있다는 것이다.

아울러 콥젝은 정신분석이 육체를 죽음의 자리로서 생명정치적으로 이해하기보다는 성화된sexualized 육체라고 정의함으로써 육체를 불멸성의 새로운 차원을 여는 향유(외설성)의 현장으로서 인식할 수 있게 해주었으며, 그 결과 세계에 무한성의 세속화된 관념을 제공할 수 있었다고 역설한다. 정신분석은 칸트의 "사고의 필연적 형식들"을 응시, 목소리, 젖가슴, 남근이라는, 충동의 부분 대상들로 대체했다. 향유 혹은 충동의 만족이 젖가슴이나 목소리 같은, 시원적 어머니에게서 떨어져 나온 표상들과의 관계에서 이루어진다는 것은 충동의 실현 속에서 주체가 어머니로부터의 분리 이전의 시간을 겨냥함을 뜻한다. 즉 충동은 주체가 시간 속에 끼워 넣어진 채 죽음을 향해 나아가기 이전의 무한한 시간을 향해, 즉 잠재적 불멸의 방향으로 작동한다. 이것이 바로 라캉에게 모든 충동이 죽음 충동인 이유다.

안티고네가 열어젖힌 아테의 영속성은 그러한 무한성과 같은 것이다. 그녀에게 오빠는 충동의 대상이었다. 충동의 대상은 다른 어떤 것을 위한 수단이 아니며, 마치 재스퍼 존스가 상업용 스텐실을 이용해 미술 작품을 만든 것처럼 그 스스로가 그 자체와 다름으로써 승화를 실현하며 주체에게 만족을 주는 대상이다. 오빠를 향한 사랑이 주는 만족에 의해 충동된 안티고네는 그러한 사랑의 단독적 진실을 공개적으로 선언함으로써 그 사랑이 보편적 운명을 가질 수 있게 했다. 그런 식으로 자기 자신만의 법을 부여하며 그 어떤 다른 권위로부터의 인증도 추구하지 않았던 안티고네가 보여준 것은 소수자로서의 타자성이 아니라 대타자의 비존재였다.

2장은 나르시시즘과 승화의 개념적 구조가 갖는 유사성을 다루고 있다. 정신분석적 육체 개념은 육체가 자신에게 타자적인 것을 **육화**시킬 수 있다고 보는 근대적인 모델에 동조한다. 이때 타자적인 것이란 바로 프로이트가 충동의 지점들이라고 지적했던 "리비도의 시원적 형식들의 잔여들", 즉 충동의 부분 대상들이다. 마치 클로즈업 숏이 장면에 포함되어 있으면서도 장면에 속하지 않은 채 의미작용하듯, 이 기관들은 모두 유기체의 일부를 형성하는 대상이 아니라 상실된 모성적 **일자**의 부분적 육화다. 그런데 라캉은 엄마의 가슴이 시원적 어머니의 "대리자"로서 작용하며, 가슴이 엄마에게서 분리되는 거세의 순간에 엄마는 하나의 공백이 된다고 주장한다. 그러므로 거세란 불멸성의 원천인 이 작은 대표들 혹은 육화들을 시원적 모자관계가 구현했던 불멸성으로부터 떼어냄으로써 우리를 불멸적 삶의 낙원으로부터 추방하는 사태라 할 수 있다.

그렇다면 시원적 모자관계의 세속적 반복이라 할 수 있을 사랑에서 주체의 나르시시즘은 어디에 있는가? 프로이트는 인간의 성욕이 근본적으로 타자-지향적이지 않으며 나르시시즘적 쾌락이라고 보았던 관점에서 후퇴하여 나르시시즘이란 자아가 사랑받는/경멸되는 대상의 역할을 담당하는 일종의 대상-사랑이라고 개작했다. 그러나 라캉은 나르시시즘이 그 어떤 대상도 갖지 않는다고 결론짓는다. 이는 자아를 나르시시즘적 사랑의 대상이라고 가정하지 않음을 뜻한다. 마치 '승화'가 사회적으로 가치화된 대상을 획득하려는 노력이 아니라는 의미에서 어떤 대상도 갖지 않듯, 또 충동이 외부의 대상들에 대해 무관심하듯 말이다. 물론 충동의 등록소에서 입이 젖 대신 젖가슴이라는 부분 대상에 의해 만족되는 것처럼 충동을 만족시키는 대상이 없는 것은 아니다. 하지만 그 대상은 "결여의 대상", 즉 기원적 충만이나 **사물**의 상실에 의해 열린 공백으로부터 출현하는 대상으로서의 '대상 a'다.

대상 리비도집중의 최고 형태인 사랑은 근본적으로 나르시시즘적이며 사랑하는 주체로 하여금 개성을 포기하게 하는 충동의 운동이다. 사랑은 주체가 마음을 사로잡는 대상과 융합하는 것도 아니고, 주체가 대상 속에서 자신의 반영을 발견하는 것도 아니다. 오히려 그것은 비개성적인 충동과 있는 그대로의 대상 간의 조우다. 그러므로 라캉이 사랑에는 두 명이 있는 것이 아니라 '일자+a'가 있다고 주장할 때 일자란 사랑하는 이가 아니라 사랑받는 대상이다. 사랑하는 이는 오직 대상 a, 즉 사랑의 행위의 부분대상 혹은 분열 불가능한 잔여 속에만 위치할 수 있다. 이것이 바로 승화를 경유해서만 나르시시즘에 접근할 수 있다는 것의 의미다. 사랑하는 이는 a의 위치에 있기 위해 자아를 산산조각내는 죽음 충동을 경험하게 될 것이기 때문이다. 라캉의 성구분에서 이러한 사랑의 주체는 여성이다.

신디 셔먼의 <무제 영화 스틸>은 사랑받고 싶어 하는 나르시시즘적 여자들로 독해되곤 한다. 하지만 신디 셔먼의 모든 사진들에서 클로즈업으로(들뢰즈의 의미에서), 혹은 대상 a로, 즉 시네마적-사진적 이미지에 대한 그녀의 사랑의 거듭되는 잔여로 되돌아오는 것은 바로 부분대상으로서의 그녀의 '얼굴'이다. 요컨대 셔먼의 작품의 교훈은 진정한 사랑은 몰아적이지 않다는 것이다.

3장에서 콥젝은 카라 워커의 실루엣 작품들을 매개로 해서 프로이트의 인종 및 역사 개념을 검토한다. 프로이트는 『문명 속의 불만』 히브리어 판에서 자신이 유대교와 선민의식을 버렸음에도 자신을 여전히 유대인으로 규정하는 '무엇'이 있다고 주장했다. 그 무엇이란 물론 혈통은 아니다. 그것은 이스라엘의 객관적 역사서술에는 존재하지 않는 '이집트인' 모세다. 카라 워커는 흑인 여성이면서도 자신의 실루엣 작품에서 남북전쟁 이전 미국 남부의 흑인 노예들에 관한 추잡한 편견들을 형상화한다. 프로이트와 워커의 공통점은 두 사람 모두 자신의 인종으로부터 비난받는다는 사실이다. 하지만 프로이트와 워커가 자신들의 인종적 정체성으로써 주장하는 것은 그들 인종의 경험적 특성이나 이를 전적으

418

로 부정하는 중립적 인간성이 아니다. 그것은 나눌 수 없으며 정복할 수 없는 잔여, 비죽음undead으로서의 유령성이다. 콥젝은 이를 들뢰즈의 '접힘' 개념과 연결하며, 역사를 선형적으로 사유하는 방식의 한계를 규정한다고 주장한다.

4장에서 콥젝은 멜로드라마의 출현과 사실주의의 등장, 그리고 시각적 재현의 몰입기법, 나아가 울음의 발명이라는 다양한 근대 초기의 현상들은 동일한 위기에 대한 다양한 반응들이라고 주장한다. 그것은 근대세계의 '탈신성화'에 대한 반응이다. '탈신성화'는 삶과 세계를 판단하는 초월적 잣대를 제거하며 근대적인 시각체제를 낳는다. 콥젝은 이 새로운 시각체제를 라캉의 시각이론, 즉 시선과 응시의 구별을 통해 설명한다. 사실주의적 세계가 신성한 너머의 붕괴로부터 출현하는 순간에 주체는 위치를 정할 수 없는 응시의 바라봄에 종속되며 주체가 보는 세계 내부로부터 가시화된다. 다시 말해 관람 주체는 모든 것을 보는 행위자로서의 신의 자리가 비게 될 때, 신의 부재를 상기시켜주는, 세계 속의 정의하기 어려운 응시와 조우한다.

콥젝은 이러한 근대적 시각성 이론을 바탕으로 피터 브룩스의『멜로드라마적 상상력』이 주장하는 바를 수정한다. 멜로드라마는 이러한 세계의 근거 결여에 대한 여성적 반응이라는 것이다. 이에 대한 남성적 반응이 세계를 천박한 것으로 재현하는 데 비해 여성적 반응은 세계를 모조적인 것으로 재현한다. 이 모조성의 감각은 자신의 근거를 결여하는 세계에 대한 여성적 불평이다.

5장에서 콥젝은 도덕법과 자유 그리고 의지라는 계몽주의 관념들이 이해할 수 없는 법에 대한 자발적이지만 강력한 노예상태를 위한 필연적인 조건을 창출했다고 주장한다. 이를 전제로 칸트의『이성의 한계 안에서의 종교』를 중심으로 근대 속에서의 윤리와 자유의 가능성을 탐색한다. 콥젝에 따르면 칸트는 윤리적 의지가 초자아의 덫에 빠지지 않는 방식을 사유했다. 하지만 칸트에 대한 자유주의적 독해는 인간을 자유롭고 소외되지 않았으며 분열되지 않은 그의 의지와 동일시하면서, 칸트의 윤리를 시대에 뒤떨어진 것으로 평가절하한다. 반면 콥젝은 칸트에게서 자기 자신과 분열하는 의지, 자기 자신과 맞서는 의지를 읽는다. 그리하여 칸트에게 인간이 선하다는 것은 자신을 '합법적인' 위치로부터 절연하여, 이를 새로운 합법성과 대립하게 할 수 있는 능력, 즉 윤리적인 능력을 갖는다는 것을 의미함을 찾아낸다.

6장에서 콥젝은 서구 자본주의 사회의 주된 윤리적 원리이자 탈냉전 시대에 전 지구적인 원리로 확장된 자유주의의 윤리적 입장이 타당한지 여부를 정신분석적 윤리의 관점에서 비판적으로 재검토한다. 자유주의는 사회 구성원들의 다양한 쾌락을 동등하게 인정하고 그것들 사이의 균형과 대칭을 추구하는 윤리라고 종종 이상화된다. 하지만 콥젝은 정신분석적 통찰을 통해 그러한 윤리는 사회 구성원들 사이의 통약불가능한 관계를 어떤 가정된 표준에 의해 통약가능한 것처럼 환원하려는 시도임을 폭로한다. 하지만 정신분석적 윤리로써 자유주의 윤리를 이처럼 비판하는 것은 사회가 결국 사회 구성원들 간의 폭력에 의해 파국에 이를 수밖에 없다는 비관적인 결론으로 우리를 이끌지는 않는다. 콥젝은 아름다움에 대한 칸트의 논의와 평등에 대한 알랭 바디우의 논의를 창의적으로 재독해함으로써 주체와 타자 간의 환원불가능한 차이 혹은 불균형이 어떻게 아름다움과 평등의 원리로서 재이론화될 수 있는지를 설득력 있게 보여준다.

7장에서 콥젝은 시각장에서의 체화된 주체라는 쟁점을 정신분석적 입장에서 재고찰한다. 최근에 시각성에 관한 많은 연구는 기하학적으로 정의된 추상적 주체에서 생리학적으로 접근 가능한 체화된 주체로 관심을 전환했다. 하지만 콥젝이 보기에 이러한 전환은 인간의 체화와 동물의 체화를 구분하지 못한다는 한계가 있다. 이에 콥젝은 인간 주체의 체화를 더 이상 생리학적으로 규정된 욕구 혹은 본능과 결부된 것으로서가 아니라 정신분석적 의미에서의 충동 혹은 조망 충동의 대상인 응시와 결부된 현상으로서 재정의한다. 또한 이러한 재정의로부터 출발해서 콥젝은 시각장에서의 인간 주체의 체화를 기존의 연구와는 전혀 다른 방식으로 재이론화한다. 가령 그녀는 르네상스 원근법이 어떻게 더 이상 추상적 시각 주체와 결부된 재현 체계가 아니라 체화된 시각 주체를 시각장 내에 각인하는 기하학적 기술인지를 밝힌다. 이처럼 새로운 관점에는 시각성에 관한 표준적인 학설을 전복하는 효과가 있다.

8장에서 콥젝은 영화적 시각성의 윤리를 정신분석적 관점에서 이론화하고 있다. 케네디의 죽음을 기록한 자프루더의 영상과 마찬가지로 오늘날의 미디어가 앞 다투어 전시하고 있는 충격적이고 외설적이고 선정적인 이미지들은 관객을 기존의 관례적인 검열과 압제로부터 자유롭게 하는 것처럼 보인다. 하지만 콥젝은 정신분석에서의 핵심적인 구분인 신경증과 도착증의 구분을 참조하면서, 오늘날 미디어의 이러한 경향이 왜 도착에 지나지 않는지, 그럼으로써 조망 주체를 온갖 법적, 도덕적 굴레로부터 해방시키기는커녕 법을 더욱 더 정화하고 강화하는 데 기여하는지를 강조한다. 이러한 지배적인 경향, 혹은 정신분석적으로 말하자면 눈과 응시를 일치시키려는 경향에 맞서 콥젝은 눈과 응시 사이의 환원불가능한 간극을 유지하려는 시각성을 윤리적인 대안으로서 제안한다. 이러한 시각성이야말로 조망 주체와 대타자의 관계를 안정적이고 확실한 지배-종속의 관계가 아니라 무수한 비규정적 가능성들에 열어놓기 때문이다.

이 책의 7장과 8장에서처럼 어떻게 체화된 시각성이라는 형식으로 나타난 최근의 또 다른 서구의 시각 체계가 해방적이기는커녕 법을 더욱더 강화하는 데 기여하는지를 밝히는 데 주력했던 콥젝은 최근 체화된 시각성에서의 서구중심주의에 도전하면서 대안적, 비서구적인 '체화된 시각성'의 여러 가능성들을 열어놓기 위한 연구에 매진하고 있다는 소식이다. 가령 이슬람 문화에 특유한 히잡의 시각성이나 거기에 결부된 수치심의 정서에 초점을 맞춰 키아로스타미의 영화를 논의하면서 콥젝은 이를 라캉의 주요 개념들과의 대화 속에서 전개하고 있다. 이 현재진행형의 연구는 라캉주의를 서구로부터 탈식민화하려는 시도로 보인다. 콥젝의 이슬람 문화 연구는 『구름: 파리와 테헤란 사이Cloud: Between Paris and Tehran』라는 제목으로 출간될 예정이라고 한다.

1~2장은 김소연이, 3~5장은 정혁현이, 서론 및 6~8장은 박제철이 번역한 다음 돌려 읽었다. 특히 서론~2장까지는 친절한 동료 이성민의 깐깐하고 촘촘한 독서와 수정의 도움을 받았다. 깊은 감사를 보낸다. 2008년에 초역을 완성해놓고 질질 끌다가 저작권 계약이 일차 만료되자 다시 저작권을 확보하게 한 다음 이제야 완성본을 토해놓은 번역자들에게 싫은 소리 한 번 안 하신 믿을 수 없는 인격의 소유자 조기조 대표님께는 무조건 고개를 조아리며 감사드릴 뿐이다. 세 명의 역자들을 동시에 상대하며 더 많이 힘들었을 편집자 백은주 씨에게는 세 배의 감사를 보낸다.

사실 콥젝이 구사하는 문장과 단어의 사용법은 그녀가 모국어에 대한 애정으로 한 땀 한 땀 수를 놓았다는 느낌마저 자아내곤 했다. 그런 만큼 결코 완전한 자신감을 허용하지 않는 번역 작업이었다. 필시 부족함이 많겠지만, 그리고 그 부족함을 무엇으로도 상쇄할 수는 없겠지만, 원서로 내용을 이해하며 읽어나가기가 이토록 까다로운 책에 조금이나

마 접근성을 더했다는 것에 뿌듯함을 느끼고 싶다. 그러니 독자 제위시
여, 이 아름다운 지적 향유를 누리시기를.

2015년 9월 15일

김소연

한국어판 ⓒ 도서출판 b, 2015

■ 지은이_ 조운 콥젝 Joan Copjec

미국 브라운 대학교 근대문화와 미디어학과 교수. 오랫동안 『옥토버』의 편집위원이었으며
현재는 버소 출판사에서 나오는 『S』의 편집위원이다. 2013년 브라운 대학교로 옮기기 전에
재직하던 버펄로의 뉴욕 주립대에서는 <정신분석과 문화연구 센터>의 소장을 역임했으며
여기서 1995년부터 잡지 『Umbr(a)』를 발행했다. 『내 욕망을 읽어 봐: 역사주의자들에 반대하
는 라캉Read My Desire: Lacan against the Historicists』을 비롯, 11권에 이르는 저서 및 편저서를
출간했으며 각종 저널과 저술들에 60여 편에 달하는 논문을 발표했다.

■ 옮긴이_ 김소연

영화학 박사. 연세대와 서강대 영상대학원 등에서 강의하고 있다. 지은 책으로는 『실재의
죽음』, 『환상의 지도』, 『라캉과 한국영화』(공저)가, 옮긴 책으로는 『삐딱하게 보기』, 『영화에
관한 질문들』, 『항상 라캉에 대해 알고 싶었지만 감히 히치콕에게 물어보지 못한 모든
것』 등이 있다.

■ 옮긴이_ 박제철

영화학 박사. 싱가포르 국립대 영문과 교수. 지은 책으로는 『라캉과 한국영화』(공저), 『World
Cinema and the Visual Arts』(공저)가, 옮긴 책으로는 『신체 없는 기관』(공역), 『이라크』(공역)
등이 있다.

■ 옮긴이_ 정혁현

신학 석사. 영상원 영상문화이론 예술전문사 과정 수료. 한살림교회 목사. 지은 책으로는
『영화가 재밌다 말씀이 새롭다』, 『라캉과 지젝』(공저), 『라캉과 한국영화』(공저) 등이, 옮긴
책으로는 『이웃』, 『성서의 공유사상』, 『맥주, 타이타닉, 그리스도인』, 『전쟁과 선』 등이
있다.

부엉이 총서 ②

여자가 없다고 상상해봐: 윤리와 승화

초판 1쇄 발행 2015년 10월 23일

지은이 조운 콥젝 | 옮긴이 김소연·박제철·정혁현 | 펴낸이 조기조 | 기획 이성민, 이신철, 이충훈,
정지은, 조영일 | 편집 김장미, 백은주 | 인쇄 주)상지사P&B | 펴낸곳 도서출판 b | 등록 2003년
2월 24일 제12-348호 | 주소 151-899 서울특별시 관악구 난곡로 288 남진빌딩 401호 | 전화
02-6293-7070(대) | 팩시밀리 02-6293-8080 | 홈페이지 b-book.co.kr / 이메일 bbooks@naver.com
ISBN 978-89-91706-97-2 03190
값 25,000원